Handbuch Soft Skills

v/d\f
vdf Hochschulverlag AG
an der ETH Zürich

DEUTSCHER
MANAGER-VERBAND E. V.

Handbuch Soft Skills

**Band III:
Methodenkompetenz**

Bibliografische Information Der Deutschen Bibliothek

Die Deutsche Bibliothek verzeichnet diese Publikation in der Deutschen Nationalbibliografie; detaillierte bibliografische Daten sind im Internet über http://dnb.ddb.de abrufbar.

Das Werk einschließlich aller seiner Teile ist urheberrechtlich geschützt. Jede Verwertung außerhalb der engen Grenzen des Urheberrechtsschutzgesetzes ist ohne Zustimmung des Verlages unzulässig und strafbar. Das gilt besonders für Vervielfältigungen, Übersetzungen, Mikroverfilmungen und die Einspeicherung und Verarbeitung in elektronischen Systemen.

ISBN 3 7281 2880 5

© 2004, vdf Hochschulverlag AG an der ETH Zürich, Zürich/Singen

Inhaltsverzeichnis

1. Zeitmanagement und Zielplanung 7
Ricarda Romain / Annette Knaut

1. Einführung 7
2. Verschiedene Ziele im Lebenszusammenhang 17
3. Das eigene Ziel- und Zeitmanagement überprüfen 21
4. Die sieben Schritte des erfolgreichen Zielmanagements 26
5. 33 wertvolle Tipps zum Thema Zeit und Ziele 71

2. Kreativität und Problemlösung 85
Karin Asen

1. Was hat Kreativität mit Problemlösung zu tun? 85
2. Was ist Kreativität? 88
3. Methoden der kreativen Problemlösung 116
4. Ausblick in eine kreative Welt 141

3. Entscheidungsfindung 149
Eva Fischer / Karin Asen / Victor A. Tiberius

1. Warum Entscheidungen? 149
2. Begriffserklärung und Einordnung 151
3. Die biologischen Grundlagen des Entscheidens 155
4. Komponenten von Entscheidungsproblemen 156
5. Merkmale von Entscheidungssituationen 177
6. Arten von Entscheidungen 180
7. Darstellung von Entscheidungsproblemen 185
8. Probleme mit Problemen? 188
9. Entscheidungsregeln und -hilfen 221

4. Arbeitsmethodik und Projektmanagement 229
Ricarda Romain

1. Einführung 229
2. Arbeitsplatzorganisation 231
3. Arbeitstechnik 259
4. Planung 263
5. Projektmanagement 273

5. Präsentation und Moderation 299
Karin Asen

1. Was dieser Text erreichen will – Absichten und Ziele 299
2. Kommunikation und Rhetorik als Grundlagen für eine Präsentation 303
3. Die drei Hürden zur perfekten Präsentation 321
4. Probleme beim Präsentieren – Was tun? 360
5. Der geborene Redner 368

6. Lösungen zu den Übungsaufgaben 373

Alle Illustrationen: Sina Koall

Inhaltsübersicht der anderen Bände

I. Soziale Kompetenz

1. Kommunikation
2. Rhetorik und Verhandlungstechnik
3. Körpersprache
4. Konfliktmanagement und Mediation
5. Teamarbeit
6. Lösungen zu den Übungsaufgaben

II. Psychologische Kompetenz

1. Motivation und Selbstmotivation
2. Konzentrations- und Entspannungstechniken
3. Denktechniken und Denkgewohnheiten
4. Effiziente Lerntechniken
5. Effiziente Lesetechniken
6. Lösungen zu den Übungsaufgaben

Zeitmanagement und Zielplanung

1. Einführung

> **Lernziele dieses Abschnitts:**
> Nachdem Sie diesen Abschnitt durchgearbeitet haben, sollten Sie wissen
> - wie man Ziele definiert,
> - weshalb nur wenige Menschen ihre Ziele explizit ausformulieren und systematisch verfolgen und
> - warum aber gerade das von entscheidender Bedeutung für Ihren beruflichen und privaten Erfolg ist.

Unsere Gesellschaft hat sich in den letzten Jahrzehnten stark verändert. Dem Einzelnen werden heute mehr Möglichkeiten gegeben, sein Leben selbst zu gestalten. Entscheidungen, die früher durch gesellschaftliche Normen vorgegeben waren, kann heute jeder selbst treffen. Rollen in Beruf, Familie und Gesellschaft werden nicht mehr in dem Maße vorbestimmt, wie es noch Anfang des 20. Jahrhunderts üblich war. Eine Frau als Leiterin eines Unternehmens, Berufswahl entgegen dem Wunsch der Eltern, Berufswechsel im 40. Lebensjahr, ein längerer Auslandsaufenthalt – alles damals undenkbar.

Zu Beginn des einundzwanzigsten Jahrhunderts sind damit während Ihres gesamten Lebens wesentlich mehr persönliche Entscheidungen nötig als früher; nicht nur durch den Wegfall gesellschaftlicher Zwänge, sondern vor allem, weil die Arbeitswelt sich ständig und rasant verändert. Ein Arbeitsplatz, der fast das ganze Berufsleben beibehalten wird, ist heute nicht mehr die Regel. Tagespläne, die Inhalt und Struktur der Arbeit genau vorgeben, werden weniger. Nun wird verlangt, die Arbeit so zu organisieren, dass die Vorgaben innerhalb eines bestimmten Zeitraums erfüllt sind – wie das geschieht, bleibt meist dem Einzelnen selbst überlassen, und er muss mit dieser Aufgabe so gut wie immer allein fertig werden. Deswegen sind hohe Flexibilität, Eigenverantwortung, lebenslange Lernbereitschaft und Zielgerichtetheit heute mehr gefordert denn je.

Deshalb beschäftigt sich dieser erste Systemteil mit dem Thema Zeit und Ziele. Sie werden lernen, *wie* Sie Ziele formulieren und *wie* Sie vorgehen müssen, um Ihre Ziele zu erreichen und *wie* Sie sich Ihre Zeit auf diesem Weg optimal einteilen, denn **Zeit- und Zielmanagement** hängen sehr eng miteinander zusammen. Am Ende dieses Textes finden Sie zahlreiche Listen, Formulare und Arbeitsblätter, in die Sie Ihre Ergebnisse eintragen können.

Achtung: Wenn Sie sich schon mit dem Thema Zeitmanagement beschäftigt haben, können Sie sich direkt in das Kapitel vier begeben oder die folgenden Ausführungen als Wiederholung anzusehen bzw. sich bewusst noch einmal mit den dort aufgeworfenen Fragen konfrontieren.

Darüber hinaus muss sich jeder, der sein Leben nicht von anderen bestimmen lassen will, klar darüber werden, was er selbst will und in welche Richtung(en) er sein Leben gestalten will – das gilt sowohl beruflich als auch privat. Doch woher weiß man, welchen Weg man einschlagen soll? Daher sollten wir uns zunächst weniger mit dem Weg selbst beschäftigen als mit dem, was am Ende des Weges steht, nämlich dem Ziel. Was ist ein Ziel überhaupt? Wie sind unsere Ziele untereinander vernetzt und wie sind sie mit dem Stichwort Zeit verknüpft?

1.1 Was sind Ziele?

Es gibt **große** und **kleine** Ziele, **kurz-**, **mittel-** und **langfristige** Ziele, **Lebensziele** und **tägliche** Ziele; kurzum: Es gibt eine ganze Bandbreite von Zielen, die alle miteinander zusammenhängen. Viele Menschen machen sich ihre Ziele aber nicht klar oder sind sich derer nicht bewusst.

Ziele können nur dann erreicht werden, wenn sie mit der jeweiligen so genannten **Lebensvision**, also den Werten, den Grundsätzen, der Persönlichkeit und dem ganz großen Lebensziel der Person übereinstimmen. Wichtig ist, dass Sie täglich Ihre Vision, Ihre Lebensrolle leben, dass Ihre Tages-, Wochen- und längerfristigen Ziele in dieser Vision enthalten sind. Sonst ist es praktisch unmöglich, Ihre verschiedenen Ziele zu erreichen. Dabei sind Berufliches und Privates unmittelbar miteinander vernetzt. Denn wenn es Ihr privates Ziel ist, sich täglich drei Stunden alleine einem Hobby zu widmen, fünf Stunden mit der Familie zu verbringen, eine Stunde Sport zu treiben und Sie „ganz nebenbei" zwölf Stunden täglich für Ihre Arbeit (inklusive dem Weg dorthin) aufwenden, dürfte es schwierig sein, alle diese Ziele unter einen Hut zu bekommen. Anders ausgedrückt: Jeder Mensch hat nur **24 Stunden** am Tag zur Verfügung, und es liegt an Ihnen, wie Sie diese Zeit nutzen. Sie müssen Prioritäten setzen und Entscheidungen fällen; Sie müssen sich diese Zeit optimal einteilen und *jeden Tag erneut* auf Ihre Ziele hinarbeiten.

Hinzu kommt noch, dass Ziele auch sehr viel mit der jeweiligen Persönlichkeit eines Menschen zu tun haben. Ein genialer Musiker, dem allein der Gedanke an etwas Kaufmännisches den Schweiß auf die Stirn treibt, wird es höchstwahrscheinlich nie zum gefragten Unternehmensberater bringen. Ein erfolgreicher Kaufmann dagegen, der eine Trompete nicht von einer Tuba unterscheiden kann, wird wohl kaum zum begnadeten Cellisten. Setzt sich nun der Musiker das Ziel: „Alle Steuer- und Finanzangelegenheiten bis zum Jahresende selbst erledigen", wird er vielleicht kurz vor Weihnachten feststellen müssen, dass er sich überschätzt hat und das Ganze doch lieber einem Fachmann übergeben. **Stress** (siehe Systemteil Konzentrationstechniken und Stressmanagement), schlechte Laune und Termindruck schleichen sich dann schneller ein, als einem lieb ist. Das wirkt sich schnell auch negativ auf die **Kreativität** (siehe Systemteil Kreativität und Kreativitätstechniken) aus. Anders herum gilt natürlich dasselbe: Unser unmusikalischer Kaufmann lernt es wahrscheinlich nie, ein Instrument so gut zu beherrschen wie der begnadete Musiker.

Durch dieses kleine Beispiel sehen Sie schon, was gemeint ist: Ziele müssen im Einklang mit der Person sowie deren Lebensvision stehen. Sonst ist es äußerst fraglich, ein Ziel zu erreichen, dagegen sehr wahrscheinlich, **demotiviert** (siehe Systemteil Motivation und Selbstmotivation) aufzugeben und vielleicht die gesamte Ziel- und Zeitplanung in Frage zu stellen. Dazu werden Sie später noch mehr lesen. Nun erfahren Sie zunächst einmal, warum so viele Menschen ohne Ziele durchs Leben gehen.

1.2 Warum sich so wenige Menschen Ziele setzen

Unterwegs auf Reisen folgt jeder Wegweisern, die zum gewünschten Ort führen. Warum irren so viele Menschen aber orientierungslos und ohne Plan durch ihr eigenes Leben? Sie lassen sich treiben, mal hierhin, mal dorthin. Ergreifen Chancen, Angebote, knüpfen Kontakte, erfüllen Rollen. Trotzdem sind sie unzufrieden, enttäuscht und wundern sich, warum es in ihrem Leben nicht so recht **vorwärts** geht.

Überlegen Sie, bevor Sie weiterlesen, ob und warum Sie sich bisher keine oder zu wenige klare Ziele gesetzt haben. Was könnten Gründe für Ihr Zögern sein? Haben Sie vielleicht noch nie wirklich darüber nachgedacht, was Sie im Leben erreichen wollen? Oder sind Sie eher ein Mensch, der die Dinge auf sich zukommen lässt, ohne lange im Voraus zu planen und sich Gedanken zu machen?

Viele Menschen setzen sich **keine Ziele**. Sie sind es nicht gewohnt oder sie haben damit schlechte Erfahrungen gemacht. Gleichzeitig sehen sie mit Bewunderung oder Neid auf Menschen, die viel erreicht haben.

Erfolgreiche Menschen leben sehr **zielgerichtet**. Ihre Zufriedenheit ist *kein* Produkt des Zufalls. Sie stecken sich kurz-, mittel- und langfristige Ziele und verfolgen diese konsequent. Sicher passiert es auch diesen Menschen, dass sie Rückschläge erleiden, dass sie das eine oder andere Ziel nicht erreichen können oder dass der Weg dorthin beschwerlich ist. Aber sie behalten doch immer das Ziel klar vor Augen, das sie motiviert, weiter zu machen bzw. sie lernen aus ihren Fehlern. Vielleicht hatten sie sich ein Ziel einfach zu hoch gesteckt oder die äußeren Einflüsse nicht bedacht, die sich negativ auf dessen Erreichung auswirkten. Wie Sie solche Fehler vermeiden, lernen Sie im vorliegenden Text.

Bei den meisten Menschen stecken nicht diese Erklärungen hinter der Ziellosigkeit, sondern ganz einfach Angst. Es gibt vier Grundpersönlichkeiten, die bestimmte **Angstmuster** entwickeln. Bei jedem von uns sind diese Muster mehr oder weniger stark ausgeprägt vorhanden. Auch wenn diese Ängste nicht stark ausgeprägt sein müssen und wir uns keine Ziele setzen, weil wir es nie gelernt haben, lohnt es sich, diese Grundängste anzusehen. Denn daran lässt sich gut sehen, warum so viele ziellos sind.

- **Angst vor Hingabe**: Wenn wir uns ein Ziel setzen, geben wir uns dem Gedanken an die Zielerreichung vollkommen hin. Dadurch werden wir verletzbar. Andere greifen uns vielleicht an, lachen uns wegen unserer Ziele aus: „Das schaffst Du ja nie! Wie willst denn ausgerechnet *Du* das erreichen?!" Solcher Hohn und Spott tut weh und kann ganz schön entmutigend sein.

Mit einer neuen Zielsetzung **geben** wir außerdem etwas **Altes auf**. Das kann ein anderes – vielleicht unbewusstes – Ziel sein oder eine alte Gewohnheit; ein Teil unseres Selbst geht verloren. Wir werden unsicher, lassen uns leichter beeinflussen. Auch das verstärkt unsere Verletzbarkeit.

- **Angst vor Einsamkeit**: Ziele können einsam machen. Wir betreten unbekanntes Terrain mit unbekannten Wegen. Vertraute Gewohnheiten, Verhaltensmuster, vertraute Menschen begleiten uns nicht mehr. Wir sind auf uns gestellt und müssen lernen, uns selbst ernst zu nehmen und den Weg alleine zu gehen.
- **Angst vor Wandlung**: Wir geben mit der Zielsetzung alte, vertraute Wege auf. Jeder Mensch neigt eher dazu, alles beim Alten zu lassen, den gewohnten Pfaden zu folgen. Das ist bequemer und birgt auf den ersten Blick kein hohes Risiko. Sich äußere neue Ziele zu setzen, setzt innere Wandlung voraus. Das kann auf den einen oder anderen schon beängstigend wirken, denn oft müssen die Muster, die seit der Kindheit vertraut sind, losgelassen werden.
- **Angst vor Festlegung**: Sich Ziele zu setzen heißt, sich auf etwas festzulegen und dafür einzustehen. Nun gibt es kein „kann nicht", „weiß nicht", „geht nicht" und „vielleicht" mehr, sondern ein klares Ziel, dessen Konsequenzen wir bei seiner Verfolgung auf uns nehmen müssen. Wir selbst sind verantwortlich für alles, was sich aus diesen Zielen ergibt; wir müssen uns deswegen vor uns selbst und vor anderen rechtfertigen.

Lassen Sie sich dennoch nicht beunruhigen. All diese Ängste sind normal und gehören zum Leben dazu; sie werden immer wieder auftauchen. Es lohnt sich, die Angst genau anzuschauen, zu entdecken, was dahinter steckt, um ihr entgegen zu gehen. Wir müssen Mut und Vertrauen in uns selbst entwickeln, dann werden wir die uns gemäßen Ziele finden und formulieren können. Schließlich können wir uns auch Menschen suchen, die uns auf unserem Weg zum Ziel unterstützen. Zuerst aber müssen wir unser Selbst anschauen. Nur wenn Sie selbst klare Ziele leben, werden Sie auch die Anderen von diesen Zielen überzeugen können.

Neben den Ängsten spielen die Komfortzone und die Psychosklerose eine Rolle. Diese Punkte lernen Sie im vierten Kapitel kennen.

1.3 Warum sich Menschen Ziele setzen sollten

Die Antwort auf die Frage, warum Sie sich Ziele setzen sollten, liegt auf der Hand: *Sie nehmen Ihr Leben selbst in die Hand*, Sie sehen schon nach kurzer Zeit, dass sich Ihre Pläne verwirklichen, dass Sie wirklich das erreichen können, was Sie sich vornehmen, und Sie werden mit jedem Ziel, das Sie erreichen, motivierter, auch Ihr nächstes, größeres und längerfristiges Ziel mit Elan zu verfolgen und schließlich zu vollenden. Sie müssen nicht mehr von beruflichem Erfolg und einem harmonischen Privatleben träumen, sondern Sie dürfen diesen Traum leben – allerdings müssen Sie dazu natürlich geschickt vorgehen. Dieser Systemteil wird Ihnen nun alles Notwendige vermitteln, um Ihre Ziele zu erreichen.

Folgende wichtige Hinweise sollten Sie niemals vergessen, wenn Sie sich von nun an Ziele setzen: Kein Mensch ist perfekt, und es gibt niemanden, der immer alles richtig macht. Jeder Mensch hat und macht Fehler, doch jene Menschen, die erfolgreich und zufrieden sind, bringen meist genug Selbstkritik und Willen zur Veränderung mit, um aus ihren Fehlern zu lernen. Außerdem – und das ist besonders wichtig – befinden sich ihre Ziele im **Einklang** miteinander.

Sie können Ihre Ziele nur dann erreichen, wenn Sie Ihre **Stärken und Möglichkeiten** genau kennen und wenn die einzelnen Ziele aufeinander abgestimmt sind. Sie müssen aber auch Ihre **Schwächen** berücksichtigen und dürfen sich daher keine unrealistischen Ziele setzen. Wenn Sie zum Beispiel ein technisch sehr begabter Mensch sind, Ihnen Sprachen aber schwer fallen, wäre das Ziel, sechs Sprachen innerhalb eines Jahres fließend zu sprechen, höchstwahrscheinlich zu hoch angesetzt. Setzen Sie sich deshalb beispielsweise lieber das Ziel, Englisch sehr gut zu beherrschen, bevor Sie eine weitere Fremdsprache erlernen. Dafür können Sie sich auf Ihrem technischen Fachgebiet vergleichsweise sehr hohe Ziele setzen.

Bedenken Sie also, dass nicht jeder alles perfekt beherrschen muss. Unterschiedliche Menschen haben unterschiedliche Fähigkeiten. Niemand – auch nicht Sie selbst – darf von Ihnen erwarten, auf allen Gebieten ein Ass zu sein. Die größte Effektivität und den größten Erfolg erzielen Sie nämlich, wenn Sie sich auf Ihre Stärken konzentrieren. Doch die meisten Menschen haben diesen wichtigen Grundsatz noch nicht erkannt und unternehmen allerhand Anstrengungen, ihre Schwächen zu bekämpfen. Dabei *vernachlässigen sie ihre Stärken zugunsten ihrer Schwächen* – ihr eigenes Hauptaugenmerk sowie das ihrer Umwelt liegt nun auf den Schwächen – ein fataler Fehler, der ein Zerrbild entstehen lässt. Außerdem ist die Gefahr der Demotivation groß, wenn man sich ständig mit seinen Schwächen beschäftigt. Konzentrieren Sie sich deshalb lieber auf Ihre Stärken. Diese Stärken sind Ihr großes Potenzial und Garant dafür, dass Sie Ihre großen und kleinen Ziele erreichen.

Aber auch Ihre Stärken müssen Sie – ebenso wie später Ihre Ziele – genau definieren und analysieren, um dann eine möglichst realistische Zielplanung anzustellen. Fragen Sie sich deshalb vorurteilsfrei (und am besten schriftlich):

- Was kann ich wirklich besser als andere?
- Was fällt mir besonders leicht zu tun?
- Wofür muss ich mich wesentlich weniger anstrengen als andere?
- Wo liegen meine wirklichen Stärken?

Ihre Ergebnisse können Sie in Arbeitsblatt 1 festhalten.

Eine weitere Legende hält sich ebenfalls hartnäckig, nämlich die, dass man sein Leben angeblich nicht beeinflussen kann und dass das ganze Leben **Schicksal** sei, Fügung oder einfach nur **Zufall**. Viele Menschen haben diese Lebensauffassung, und sie bewegen sich ziel- und orientierungslos durch ihr Berufs- und Privatleben. Sie lassen alles auf sich zukommen, ohne selbst etwas in die Hand zu nehmen. Überspitzt formuliert könnte man sagen, dass sie Marionetten sind, die immer nur auf den Fadenzug der anderen **reagieren**, also **passiv** sind, anstatt selbst zu agieren. Wir wollen selbst handeln, wir wollen aktiv sein und unser Leben selbst in die Hand nehmen.

Außerdem sollten Sie sich noch etwas Anderes, sehr Wichtiges vor Augen führen: Was wirklich zählt – und das gilt sowohl für Ihre beruflichen Ziele als auch für Ihre Lebensvision – sind weder die geleistete Arbeit noch die Mühen und Anstrengungen, die Sie in Ihre Arbeit gesteckt haben. Was zählt, sind vielmehr die **Resultate**. Am Ende eines Tages sollten Sie sich deshalb nicht danach fragen, **wie viel** Sie gearbeitet haben, sondern **was** Sie damit **erreicht** haben.

Lassen Sie uns nun etwas genauer auf **berufliche Ziele** eingehen. Wenn wir von Ihren konkreten Arbeits- und Berufszielen ausgehen, so dürfen Sie nicht vergessen, dass zwischen Ihrer Person und Ihrer beruflichen Aufgabe ein Sinnzusammenhang besteht: das, was wir vorhin **Vision** genannt haben. Das bedeutet, dass zwischen Lebenssinn, Berufs-, Arbeits- und Arbeitsplatzzielen zumindest eine gewisse **Übereinstimmung** herrschen sollte. Sonst dürfte es schwierig sein, Ihre Ziele aus den verschiedenen **Lebensbereichen** zu verwirklichen. Denn ein Ziel sollte nie *auf Kosten* eines anderen gehen. Ihr großes Ziel sollte vielmehr viele kleine Unter- oder Nebenziele beinhalten, ein längerfristiges Ziel kann nach Erreichen eines kurzfristigen Ziels angepeilt werden usw. Wenn **Lebens-**, **Berufs-**, **Arbeits-** und **Arbeitsplatzziele** miteinander korrespondieren, haben Sie die besten Voraussetzungen, alle Ihre Ziele auch wirklich zu erreichen. Falls sich zwischen den eben genannten Faktoren jedoch kaum Übereinstimmungen feststellen lassen, sollten Sie sich fragen, ob das Tätigkeitsfeld, in dem Sie momentan beschäftigt sind, wirklich zu Ihnen passt.

Keine Angst, das soll nun nicht bedeuten, dass Sie sofort den Job wechseln sollen, wenn Sie den einen oder anderen Tag einmal müde und lustlos bei der Arbeit sind. Auch wenn Ihnen Ihre Tätigkeit an sich sehr gut gefällt, kann es sein, dass Sie ab und zu etwas erledigen müssen, das Ihnen nicht so richtig passt. Wenn Sie wegen Ihrer Arbeit aber immer öfter schlecht gelaunt sind, sich nicht richtig motivieren können, wenn Ihnen allein der Gedanke an den nächsten Arbeitstag den Schweiß auf die Stirn treibt und Sie nur *von Wochenende zu Wochenende* leben, stimmen Ihre Ziele im Leben wahrscheinlich gar nicht mit Ihren konkreten Arbeitszielen überein. Dann sollten Sie sich wirklich Gedanken machen, ob ein neues Aufgabenfeld unter Umständen von Vorteil für Sie wäre.

Im nächsten Kapitel werden wir die verschiedenen Ziele im Lebenszusammenhang näher erörtern.

2. Verschiedene Ziele im Lebenszusammenhang

Lernziele dieses Abschnitts:
Nachdem Sie diesen Abschnitt durchgearbeitet haben, sollten Sie wissen
- welche verschiedenen aufeinander aufbauenden Zielebenen es gibt und
- welche Aspekte es in diesen zu berücksichtigen gibt.

In Ihrem Leben gibt es verschiedene Ebenen, auf denen Sie sich Ziele setzen sollten. Diese Ziele sind in folgender Grafik veranschaulicht:

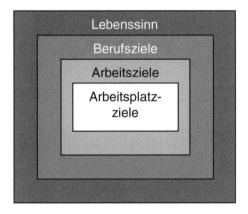

2.1 Lebenssinn

Die Frage nach dem **Sinn des Lebens** hat die Menschen seit jeher beschäftigt. Psychologisch gesehen ist das Leben aller Menschen auf Ziele ausgerichtet, die jedoch meistens sehr vage und oft nicht bewusst sind. Nach Viktor E. Frankl, dem bekannten Psychoanalytiker, kann der Mensch seinen Lebenssinn in einem der drei unten aufgeführten Lebensbereiche finden:

- durch Erarbeiten von **produktiven bzw. kreativen Werten** (ein Werk schaffen, eine Aufgabe erfüllen),
- durch Erarbeiten von **sozialen Erlebniswerten** (Kollegialität pflegen, sich sozial engagieren)
- durch Erarbeiten **ideeller Werte** (ideelle, religiöse oder sonstige Werte).

Im Allgemeinen spielen bei der Beantwortung der Frage nach dem Lebenssinn sowohl das Berufs- als auch das Privatleben eine entscheidende Rolle. Deswegen sollte man bei der Festlegung von Lebenszielen immer beide Aspekte mit einbeziehen. Fragen wie:

– Wer bin ich?
– Was sind meine Wertvorstellungen?
– Was ist für mich gut, was ist für mich schlecht?
– Wo will ich etwas leisten?

sind hilfreich, Lebensziele bewusst und konkret zu formulieren.

Die Frage: „In welchem Beruf kann und will ich meinen Lebenssinn verwirklichen?" bringt uns zu den Berufszielen.

2.2 Berufsziele

Hier geht es um die Frage, ob zwischen dem ausgeübten Beruf und dem Lebenssinn Übereinstimmung besteht. Ist diese **Übereinstimmung** erreicht, so ist der jeweilige Mensch von der Berufswahl aus gesehen am richtigen Platz. Bei Nichtübereinstimmung ist zu fragen, ob der Betroffene seinen Lebenssinn in einem anderen Bereich finden kann und ob ein Berufswechsel sinnvoll wäre. Eine Frage wie: „Erreiche ich durch die geschaffenen Werke Genugtuung?" hilft Ihnen dabei weiter.

Zeitmanagement und Zielplanung

Ansonsten ist ein Berufswechsel kein Beinbruch. Sicher ist es gerade für sehr bequeme Menschen keine große Freude, sich völlig neuen Aufgaben und Herausforderungen zu stellen. Auf der anderen Seite verbringen Sie aber so viele Stunden am Tag bei Ihrer Arbeit, dass Sie sich wirklich fragen sollten, ob Sie es sich antun möchten, ein Leben lang eine Aufgabe zu erfüllen, die Ihnen überhaupt keine Erfüllung bringt. Sie können sich bei Bedarf unverbindlich beraten lassen, nach Weiterbildungsmöglichkeiten suchen oder das Internet nach interessanten Jobs durchkämmen.

Die Frage nach dem richtigen Beruf und der richtigen Tätigkeit ist insbesondere wichtig, weil Sie in der Regel mehr als die **Hälfte** Ihres täglichen wachen Lebens mit Ihrer Arbeit beschäftigt sind.

2.3 Arbeitsziele

Selbst wenn Sie den für Sie richtigen Beruf gewählt haben, heißt das noch nicht, auch die richtige **Arbeitsstelle** zu haben. Deshalb gilt es zu überprüfen, ob der derzeitige Aufgabenbereich zur Verwirklichung der gesteckten Lebensziele beiträgt. Fragen Sie sich
- nach dem Arbeitsinhalt,
- der persönlichen Stellung innerhalb der Organisation,
- der Entlohnung sowie
- der Beziehung zu Vorgesetzten und Kollegen.

Wenn Sie zum Beispiel ein gefragter Finanzanalyst sind, die Beziehung zu Ihrem Vorgesetzten aber von ständigen Spannungen geprägt ist, könnten Sie sich überlegen, freiberuflich tätig zu werden bzw. den Arbeitgeber (oder auch nur die Abteilung) zu wechseln. Denn Sie arbeiten ja im für Sie richtigen Beruf, können Ihre Fähigkeiten aber nicht hundertprozentig einsetzen, weil Sie viel zu viel kostbare Energie verschwenden, sich mit Ihren Kollegen auseinander zu setzen. Mehr zu diesem Thema finden Sie im Systemteil Konfliktlösung und Mediation.

Auf der anderen Seite haben Sie als Finanzanalyst vielleicht ein großes Team unter sich, kommen mit Ihrer Personalverantwortung aber überhaupt nicht zurecht. Auch dann ist es sinnvoll, sich ehrlich zu fragen, ob die Arbeitsziele mit der Lebensvision in Einklang gebracht werden können. Denn auch hier gilt, dass Ihre Berufswahl perfekt auf Ihre Fähigkeiten abgestimmt ist, dass Ihr tatsächliches Aufgabengebiet aber nicht wirklich zu Ihnen passt.

2.4 Arbeitsplatzziele

Arbeitsplatzziele sind Ziele, die mit der **Gestaltung** und den **Abläufen** des **konkreten Arbeitsplatzes** zu tun haben. Es sind **sehr kurzfristige**, oft tägliche oder stündliche Ziele. Diese kleinen Ziele, die Sie tagtäglich an Ihrem Arbeitsplatz verfolgen, verweisen auf Ihre Arbeits- und Berufsziele. Nehmen Sie auch diese kleinen Ziele und Aufgaben ernst, denn sie sind Teil Ihrer größeren Ziele.

Auch für das Erreichen der Arbeitsplatzziele ist eine wohl durchdachte Zielplanung unabdingbar. Deshalb werden Sie in den nächsten Kapiteln erfahren, wie Sie am besten an Ihre Ziele herangehen. Dazu gehört zunächst die Bereitschaft, das bisherige Ziel- und Zeitmanagement kritisch zu überprüfen, Schwachstellen zu erkennen und Ziele realistisch zu planen.

Auf Arbeitsblatt 2 haben wir wichtige Fragen zum Thema Arbeitstechnik im Lebenszusammenhang für Sie zusammen gestellt.

Zeitmanagement und Zielplanung 21

3. Das eigene Ziel- und Zeitmanagement überprüfen

Lernziele dieses Abschnitts:
Nachdem Sie diesen Abschnitt durchgearbeitet haben, sollten Sie wissen
– wie Sie Ihr eigenes Zeit- und Zielmanagement sinnvoll überprüfen, um so zu erfahren,
– wie Sie ansetzen müssen, um dieses effizient verbessern zu können.

Viele Menschen hört man über **Zeitnot** und **Zeitdruck** klagen. Termine müssen eingehalten werden, es soll *schneller* – aber gleichzeitig mit *besserer Qualität* – gearbeitet werden, Überstunden sind oft ein Muss. Bewunderung wird dem zuteil, der von früh morgens bis spät abends am Schreibtisch sitzt und ohne Pausen durcharbeitet.

Ist so ein Leben wirklich erstrebenswert? Werden wir durch immer mehr Zeitdruck zufriedenere und glücklichere Menschen? Wir versuchen Zeit zu sparen, effizienter zu arbeiten, damit wir mehr von unserer freien Zeit haben. Und in dieser Zeit? Wir stopfen die Freizeit voll mit Terminen und geraten wieder unter das Diktat der Uhr. Und das kann auf Dauer nicht lange gut gehen; zumindest nicht ohne Lebensqualität und Gesundheit einzubüßen.

Statt ständig dem Takt der Uhr nachzuhecheln, sollten wir uns lieber fragen: Macht diese ständige Hast eigentlich Sinn? Oder gibt es Möglichkeiten, erfolgreich und effizient zu arbeiten, ohne ständig die Zeit im Nacken sitzen zu haben? Natürlich, Ihr Kunde möchte am liebsten heute den Auftrag geben und ihn gestern erledigt sehen, aber diesen Wunsch können weder der beste Manager noch die besten Fachleute erfüllen.

Eine amerikanische Managerweisheit besagt: Don't work hard, work smart. Frei übersetzt: Sie sollen nicht hart arbeiten, sondern das, was Sie machen, **klug** angehen. Darin liegt der Schlüssel zum wahren Erfolg im Zeit- und Zielmanagement. Denn was nützt es Ihnen, wenn Zwölf- oder Fünfzehnstundentage keine Seltenheit sind, Sie aber dennoch nicht mit Ihrer Arbeit nachkommen und die **wesentlichen** Aufgaben vernachlässigt werden?

Deswegen sollten Sie Ihr persönliches Zeitmanagement **kritisch** unter die Lupe nehmen. Gerade heutzutage in unserer schnelllebigen Zeit verändern sich die Arbeits- und Lebensbedingungen jedes Einzelnen so rasant, dass ein professionelles Zeit- und Zielmanagement – und das gilt für den privaten genauso wie für den beruflichen Bereich – unerlässlich wird.

Überprüfen Sie Ihr **Handeln** und Ihre **Wünsche**:

- Welche Wünsche und Träume haben Sie und
- was tun Sie dafür?
- Haben Sie feste Ziele?
- Planen Sie die Zukunft oder
- warten Sie einfach, was auf Sie zukommt?

Denken Sie manchmal, dass das Schicksal gegen Sie spielt, dass andere es aus unerklärlichen Gründen einfacher haben? Wenn ja, dann sollten Sie Ihr Leben endlich selbst in die Hand nehmen. Denn nur Sie selbst sind für Ihr Leben verantwortlich; Sie können die Richtung bestimmen, in die Sie gehen wollen, und Sie können Ihre Träume und Wünsche verwirklichen. Es nützt Ihnen nichts, ständig von einem besseren Job, einem intakteren Familienleben und größerer finanzieller Sicherheit zu *träumen*, wenn Sie diesen Traum nicht *in die Tat umsetzen*.

Natürlich ist es nicht immer leicht, alte Verhaltensmuster über Bord zu werfen und sich plötzlich ganz konkret zu fragen:

- Wer bin ich?
- Wo will ich hin?
- Wie habe ich bisher gehandelt?
- Welche Ziele habe ich in meinem Leben?

Das sind sehr persönliche Fragen, und sie verlangen so ehrliche Antworten, dass es manchmal unangenehm wird. Dennoch sind diese Fragen der **erste Schritt**, um grundlegende neue Ansätze in unserem Leben zu schaffen. Erst dann können wir wirklich auf unser Lebensziel hinarbeiten.

Dabei dürfen Sie nicht vergessen, dass dieser **Veränderungs*prozess*** Zeit braucht. Fangen Sie am besten damit an, den Rahmen festzulegen, durch den alle anderen Ziele

– nahe und ferne, größere und kleine – verbunden sind. Erst dann können Ziele klar entwickelt und formuliert werden. Alle Ziele und Wege beziehen sich auf diese persönliche Lebensphilosophie sowie die Vision des Einzelnen.

Das werden wir im nächsten Kapitel noch weiter ausführen. Sie werden lernen, in sieben Schritten zum erfolgreichen Zielmanagement zu gelangen. Dabei ist jeder einzelne Schritt von ungeheurer Wichtigkeit. Nehmen Sie sich Zeit, alles in Ruhe durchzulesen, ziehen Sie sich zurück und machen Sie sich eventuell Notizen, wenn Ihnen etwas einfällt, das Sie festhalten möchten.

Zusammenfassung Kapitel 1–3

- Heute sind während eines gesamten Lebens wesentlich mehr persönliche Entscheidungen nötig als früher. Deswegen ist ein hohes Maß an Flexibilität und Eigenverantwortung sowie lebenslange Lernbereitschaft und Zielgerichtetheit mehr gefordert denn je.
- Es gibt große und kleine Ziele, kurz-, mittel- und langfristige Ziele, Lebensziele und tägliche Ziele; sie alle sind untereinander **vernetzt** und hängen miteinander zusammen.
- Ziele können nur dann erreicht werden, wenn sie mit der jeweiligen so genannten **Lebensvision**, also den Werten, Grundsätzen, der Persönlichkeit und dem ganz großen Lebensziel der Person übereinstimmen. Dabei sind Berufliches und Privates unmittelbar miteinander verbunden.
- Viele Menschen irren orientierungslos durch ihr Leben und setzen sich **keine Ziele**. Das kann verschiedene Gründe haben. Einer dieser Gründe kann Angst sein. In diesem Zusammenhang gibt es vier verschiedene Formen der Angst:
  - **Angst vor Hingabe**: Wenn wir uns ein Ziel setzen, geben wir uns dem Gedanken an die Zielerreichung vollkommen hin. Dadurch werden wir verletzbar. Andere können uns leicht angreifen, verspotten uns vielleicht. Mit einer neuen Zielsetzung geben wir außerdem etwas Altes auf. Wir werden unsicher, lassen uns leichter beeinflussen. Auch das verstärkt unsere Verletzbarkeit.
  - **Angst vor Einsamkeit**: Ziele können einsam machen. Wir betreten unbekanntes Terrain mit unbekannten Wegen. Vertraute Gewohnheiten, Verhaltensmuster, vertraute Menschen begleiten uns nicht mehr. Wir sind auf uns gestellt und müssen lernen, uns selbst ernst zu nehmen und den Weg alleine zu gehen.
  - **Angst vor Wandlung**: Wir geben mit der Zielsetzung alte, vertraute Wege auf. Jeder Mensch neigt eher dazu, alles beim Alten zu lassen, den gewohnten Pfaden zu folgen. Sich äußere neue Ziele zu setzen, setzt innere Wandlung voraus. Das kann schon beängstigend wirken, denn oft müssen die Muster, die seit der Kindheit vertraut sind, losgelassen werden.
  - **Angst vor Festlegung**: Sich Ziele zu setzen heißt, sich auf etwas festzulegen und dafür einzustehen. Wir selbst sind verantwortlich für alles, was sich aus diesen Zielen ergibt; wir müssen uns deswegen vor uns selbst und vor anderen rechtfertigen.
- Bald werden Sie merken, dass Sie durch ein gutes Zielmanagement alle Ihre Pläne verwirklichen können. Dabei sollten Sie aber folgendes bedenken: **Kein Mensch ist perfekt** und es gibt niemanden, der immer alles richtig macht. Jeder Mensch hat und macht Fehler, doch jene Menschen, die erfolgreich und zufrieden sind, bringen meist genug Selbstkritik und Willen zur Veränderung mit, um aus ihren Fehlern zu lernen.
- Sie können Ihre Ziele nur dann erreichen, wenn Sie Ihre **Stärken** und **Möglichkeiten** genau kennen und wenn die einzelnen Ziele aufeinander abgestimmt sind. Sie müs-

sen aber auch Ihre **Schwächen und Risiken** berücksichtigen und dürfen sich daher keine unrealistischen Ziele setzen. Stecken Sie Ihre Ziele bei Dingen, von denen Sie wissen, dass Sie Ihnen nicht sehr liegen, deswegen nicht allzu hoch.
- Unterliegen Sie nicht dem **Irrtum**, der Erfolg stelle sich ein, wenn Sie an Ihren Schwächen arbeiten. Sonst liegt Ihre und die Aufmerksamkeit Ihrer Umwelt auf Ihren Schwächen – und das ist weder für Ihre Motivation noch für Ihr Image förderlich. Konzentrieren Sie sich lieber auf Ihre Stärken, auf das, was Sie wirklich gut können. Ihre Stärken unterscheiden Sie von den anderen und machen den wirklichen Erfolg aus.
- Machen Sie sich klar, dass es im Leben **keine Fügung, kein Schicksal und keine Zufälle** gibt. Wenn Sie Ihr Leben selbst in die Hand nehmen, werden Sie sehen, dass Sie es aktiv steuern können. Vermeiden Sie es, immer nur zu reagieren, sondern agieren Sie selbst!
- Zwischen Ihrer Person und Ihrer beruflichen Aufgabe besteht ein **Sinnzusammenhang**. Zwischen Ihrem Lebenssinn, Ihren Berufs-, Arbeits- und Arbeitsplatzzielen sollte zumindest eine gewisse Übereinstimmung herrschen. Sonst dürfte es schwierig sein, Ihre Ziele aus den verschiedenen Lebensbereichen zu verwirklichen. Denn ein Ziel sollte nie auf Kosten eines anderen gehen.
- Nach Viktor E. Frankl, dem bekannten Psychoanalytiker, kann der Mensch seinen Lebenssinn in einem der drei folgenden Lebensbereiche finden:
    - durch Erarbeiten von **produktiven bzw. kreativen Werten** (ein Werk schaffen, eine Aufgabe erfüllen),
    - durch Erarbeiten von **sozialen Erlebniswerten** (Kollegialität pflegen, sich sozial engagieren),
    - durch Erarbeiten **ideeller Werte** (ideelle, religiöse oder sonstige Werte).
- Wenn zwischen dem ausgeübten Beruf und dem Lebenssinn **Übereinstimmung** besteht, sind Sie von der Berufswahl aus gesehen am richtigen Platz. Doch selbst wenn Sie den für Sie richtigen Beruf gewählt haben, heißt das noch nicht, auch die „richtige" Arbeitsstelle zu haben. Deshalb gilt es zu überprüfen, ob der derzeitige Aufgabenbereich zur Verwirklichung der gesteckten Lebensziele beiträgt.
- Eine amerikanische Managerweisheit besagt: Don't work hard, work smart.
- **Überprüfen** Sie Ihr Handeln und Ihre Wünsche. Welche Wünsche und Träume haben Sie und was tun Sie dafür? Haben Sie feste Ziele? Planen Sie in die Zukunft oder warten Sie einfach, was auf Sie zukommt? Denken Sie manchmal, dass das Schicksal gegen Sie spielt, dass andere es aus unerklärlichen Gründen einfacher haben? Wenn ja, dann sollten Sie Ihr Leben endlich selbst in die Hand nehmen. Nur Sie selbst sind für Ihr Leben verantwortlich; Sie können die Richtung bestimmen, in die Sie gehen wollen und Sie können Ihre Träume und Wünsche verwirklichen.
- Vergessen Sie nicht, dass ein **Veränderungsprozess** Zeit braucht. Fangen Sie am besten damit an, den Rahmen festzulegen, durch den alle anderen Ziele – nahe und ferne, größere und kleine – verbunden sind. Erst dann können Ziele klar entwickelt und formuliert werden. Alle Ziele und Wege beziehen sich auf diese persönliche Lebensphilosophie sowie die Vision des Einzelnen.

4. Die sieben Schritte des erfolgreichen Zielmanagements

Lernziele dieses Abschnitts:
Nachdem Sie diesen Abschnitt durchgearbeitet haben, sollten Sie wissen
- in welchen sieben chronologischen Phasen ein sinnvolles Zeitmanagement aufzubauen ist,
- was Visionen und Strategien sind,
- wie Sie Gleichgewichte zwischen Zielen herstellen,
- wie Sie konkrete Ziele bestimmen,
- wie Sie eine Stärken- und Schwächenanalyse (Situationsanalyse) durchführen,
- wie Sie Ihre Zielplanung in einem effizienten Zeitmanagement umsetzen und
- wie Sie sich selbst in Aktion versetzen und Ihre Ergebnisse kontrollieren können.

4.1 Erster Schritt: Vision

Die persönliche **Vision** gibt einem Menschen **Kraft**, **Ausdauer** und **Mut**, Ziele zu verwirklichen. Sie schafft **Motivation** und **Energie**. Eine Vision gibt einem Menschen **Selbstvertrauen**. Dieser Mensch kann sich selbst vertrauen: Seinen Zielen, seinen Ideen, seinem Handeln, aber auch seinem Körper und seiner Seele. Eine klare Lebensvision wird für andere durch **Selbstbewusstsein** und **Ausstrahlung** bemerkbar. Sie zeigt, wer dieser Mensch ist; seine Persönlichkeit wird erkennbar – dies bezieht sich auf seinen **Körper**, seine **Psyche** (Charakter, Gefühle, Intuition), seinen **Intellekt** (Verstand, Geist, Wissen) und seine **Beziehungen** (soziale Kontakte).

- Die Dimension der Beziehung umfasst alle weiten und engen Kontakte: Partner/in, Familie, Freunde, Bekannte, Arbeitskollegen.
- Die Dimension des Intellekts bezieht sich auf Wissensarbeit, das Denken, die Entwicklung der Vorstellungskraft.
- Die Dimension des Körpers meint Pflege des Körpers durch Körperarbeit (zum Beispiel Sport), vernünftige Ernährung und ausreichend Schlaf.
- Die Dimension der Psyche beinhaltet Zugang zur Intuition und Charakterbildung.

Wir sind weder **Opfer** unserer Gene noch unserer Erziehung. Wir können darüber nachdenken, warum wir so sind, warum wir auf eine bestimmte Art und Weise handeln. Wir können Veränderungen einleiten und entscheiden, wie wir auf Einflüsse reagieren. Wir müssen nicht zulassen, dass Veränderungen oder Einflüsse sich negativ auf uns auswirken.

Wir sind **selbst verantwortlich** dafür, wie wir mit dem, was von außen kommt, umgehen. Vielleicht ist uns das auch klar, aber wir ziehen oft trotzdem keine Konsequenzen daraus und schauen lieber nicht so genau hin, wer wir sind und wie wir handeln.

Der Grund für fehlende Ziele liegt in unserer **Komfortzone** oder unserem **Referenzrahmen**. Der Referenzrahmen ist die Summe der negativen und unangenehmen Erfahrungen, die wir in unserem Leben gemacht haben. Immer wenn wir in eine mit schlechten Vorerfahrungen beladene Situation geraten, bekommen wir Angst oder glauben, die Situation nicht oder nur schlecht bewältigen zu können. Je größer die Summe unserer negativen Erfahrungen ist, desto kleiner ist der Referenzrahmen. Wir glauben dann nicht mehr an Veränderungen und probieren keine neuen Handlungsmuster aus. Unsere Denkgewohnheiten erstarren. Dies nennt man **Psychosklerose**. Wenn es uns aber gelingt, diese Verhärtung und ihre Ursachen wahrzunehmen, ist der erste Schritt für Veränderungen gemacht.

Versuchen Sie, eine Art **Ist-Zustand** der oben genannten Dimensionen aufzustellen. **Analysieren** Sie diesen Ist-Zustand dann:

- Womit sind Sie zufrieden?
- Was möchten Sie verändern?
- Sind Ihre Dimensionen ausgewogen?
- Wo gibt es Defizite?
- Ist es nötig, Prinzipien zu ändern, um zufriedenstellendere Ergebnisse zu bekommen?
- Wo haben Sie Schwachpunkte?
- Wo liegen Ihre Stärken?
- Wie können Sie versuchen, Ihre Stärken weiter auszubauen?
- Wo haben Sie Entwicklungspotenziale oder Talente, die Sie im Verborgenen lassen?
- Wie können Sie diese entdecken, um sie zu nutzen?
- Wie können Sie Ihre Fähigkeiten Ihrer Umgebung zugute kommen lassen?
- Haben Sie Ideen, die Sie weiter entwickeln könnten?

Auch dazu haben wir für Sie ein Arbeitsblatt vorbereitet (Arbeitsblatt Nr. 3).

Bedenken Sie, dass alle Dimensionen mit Inhalt gefüllt werden sollen, da jeder Mensch alle gemeinsam braucht, um gesund zu sein. Sie sind nur „ganz" und ausgeglichen, wenn Sie **körperliche, seelische, intellektuelle und soziale Prinzipien** in Ihrem Leben verwirklichen.

Eine kleine Übung kann Ihnen helfen, Ihre Vision konkret aufzuschreiben. Stellen Sie sich folgende Situation vor: Sie feiern Ihren 90. Geburtstag. Ein enger Freund der Familie hält zu diesem besonderen Anlass eine Rede. Er erwähnt alle wichtigen Stationen in Ihrem Leben, nennt Ihre Erfolge und stellt alles heraus, was Sie bisher – sowohl beruflich als auch privat – erreicht haben. Diese Rede können Sie auf Arbeitsblatt 4 niederschreiben.

Ziehen Sie sich zurück und schreiben Sie diese Rede. Formulieren Sie konkret, wie Ihr Leben ausgesehen haben soll. Vermeiden Sie dabei allgemeine Formulierungen (– die man gerade von den Leuten hört, die sich noch nie wirklich ein Ziel gesetzt haben –) wie: „Er war reich, hatte eine nette Frau und fünf Kinder, ein Haus, drei Autos, eine Yacht und einen Swimmingpool." Statt dessen gehen Sie lieber darauf ein, was genau Sie zum Beispiel mit 25, 30, 35, 40, 45 Jahren usw. erreicht haben. Dabei dürfen private Dinge wie etwa „Seine Frau sagt von ihm, dass er stets ein verständnisvoller, geduldiger und unheimlich liebevoller Ehemann ist und dass sie sich keinen besseren Partner vorstellen kann. Seine Kinder, die inzwischen alle selbst glücklich verheiratet sind, haben mir bestätigt, dass ihr Vater ihnen immer mit Rat und Tat zur Seite stand, dass er für sie das ganze Leben lang ein väterlicher Freund war und immer da, wenn man ihn brauchte. Seine Freunde beschreiben ihn als humorvollen, intelligenten und charmanten Menschen ..."

Führen Sie diese Rede beliebig weit aus. Malen Sie sich Ihr Leben in den schillerndsten Farben aus und halten sie alles schriftlich fest. Sie können auch zehn oder zwanzig Seiten schreiben. Je konkreter Sie diese Vision vor Ihrem geistigen Auge sehen und anschließend niederschreiben, desto leichter wird es Ihnen fallen, konkrete Ziele für Ihr Leben zu formulieren. Anhand der Ergebnisse, des „Lebens", das Sie so schriftlich erarbeitet haben, können Sie Ihre Lebensvision ablesen.

So sollte Ihre Vision aussehen:

1. Ihre Vision soll **pro-aktiv** formuliert sein, das heißt sie liegt in Ihrem Einflussbereich und stimmt mit Ihren Fähigkeiten und Möglichkeiten überein.
2. Die Vision muss mit Ihren **persönlichen Werten** und **innersten Überzeugungen** übereinstimmen. Erdichten Sie nichts, was nicht zu ihnen passt.
3. Jede Vision entspringt Ihrer **eigenen Vorstellungskraft** und **Ihrem eigenen Willen**. Deshalb kann Ihnen dabei keiner helfen.
4. Sie sind sich im Klaren, dass Sie für die Formulierung Ihrer Vision selbst verantwortlich sind.
5. Sie formulieren Ihre Lebensvision **positiv**. Sie wird Ihnen dadurch Motivation geben.
6. Sie sind bereit, die Vision als **Grundlage** für alle weiteren Ziele zu verwenden.

Diese nun entwickelte Vision ist **nichts Starres**. Sie sollte Ihnen zwar eine Richtung vorgeben, andererseits aber regelmäßig überprüft werden, ob sie noch für Sie und die Bedingungen, in denen Sie leben, stimmt. Ab und an muss sie ergänzt oder auch in Teilen oder im Ganzen neu formuliert werden. Geistiges Wachstum, neue Einsichten, Veränderung der Lebenssituation oder Änderungen der Umweltbedingungen können Kursänderungen nötig werden lassen.

Hier wird bewusst darauf verzichtet, Ihnen eine Muster-Lebensvision vorzustellen, da es nur individuelle Lebensvisionen geben kann. Nur Ihre persönliche Lebensvision kann Ihnen ausreichend Kraft und Ausdauer für eine konsequente Umsetzung geben.

4.2 Zweiter Schritt: Strategien entwickeln

4.2.1 Warum strategische Planung?

Ziele ohne **Strategie** machen nicht viel Sinn. Wir können uns noch so viele Ziele überlegen, wenn wir den **Weg** nicht planen. Die Ziele sind die **Wegweiser**; unsere Lebensvision schafft die **Grundlage,** quasi den Boden, auf dem Sie laufen. **Wege** zum Ziel müssen genauso sorgfältig geplant werden wie die Ziele selbst. Wege und Ziele sind also logisch miteinander verknüpft.

Stellen Sie sich vor, Sie wollen einen Tisch bauen. Eine Zeichnung, wie der Tisch aussehen soll, liegt bereit, ebenso diverses Werkzeug und Holz. Vermutlich werden Sie, bevor Sie beginnen, erst einmal einen genauen Bauplan anfertigen. Wenn Sie dies in diesem einfachen Beispiel vielleicht nicht schriftlich, sondern nur mental tun würden, bietet es sich bei komplexeren Lebenssachverhalten an, die in jedem Falle schriftlich zu tun.

Wenn wir keine Strategien entwickeln, wie wir unsere Ziele erreichen können, werden wir enttäuscht werden. Planen wir aber Wege sehr sorgfältig, überlegen uns **Alternati-**

ven, falls zu große Hindernisse auftauchen („Plan B") und nehmen genug Proviant mit (unsere Motivation), so ist es mehr als wahrscheinlich, dass wir Erfolg haben und unser Ziel erreichen.

Strategien entwickeln heißt aber nicht einfach nur **Planung**, sondern es bedeutet auch, dass wir uns **auf das Wichtige konzentrieren** und klare strategische Vorgaben entwickeln. Die Aufgabe lautet: Strategien zu finden, die uns Halt geben, auf die wir uns verlassen können und die uns gleichzeitig genug Freiräume geben, um flexibel reagieren zu können und anpassungsfähig zu bleiben.

Im Folgenden werden wir überlegen, welche Rollen wir in unserem Leben heute ausfüllen. Wir werden überlegen, welche Beziehungen zwischen mehreren Zielen herrschen können, wie wir unterschiedliche Ziele unter einen Hut bringen und wie Ziele formuliert werden müssen, damit sie letztlich zum Erfolg führen.

4.2.2 Zielgleichgewicht schaffen

4.2.2.1 Gleichgewicht der Lebensbereiche

Menschen, die hohe Anforderungen, Stress und Konflikte gut bewältigen können, leben ihre unterschiedlichen Lebensbereiche in weitgehender Ausgewogenheit. Denn nur ein Gleichgewicht der verschiedenen **Lebensbereiche** wie Beruf, Familie, Freunde, Hobbys und anderer schafft innere Ruhe und **Ausgeglichenheit**. So ist hochproduktive Arbeitszeit nur bei entsprechender körperlicher und geistiger Kraft möglich. Freunde und Familie ermöglichen Regeneration und Unterstützung. Unsere Freizeit ermöglicht es uns, Fähigkeiten zu leben, die in unserer Arbeitszeit zu kurz kommen.

Eine Illusion ist zu glauben, die verschiedenen Lebensbereiche seien vollkommen isoliert zu bestimmen und zu leben. Gerade die gelungene Verwebung der einzelnen Bereiche und die Ausrichtung auf die persönliche Vision gibt Kraft, den Alltag zu meistern. Glückliche und erfolgreiche Menschen schaffen es, allen Bereichen Aufmerksamkeit zukommen zu lassen.

Überlegen Sie, welche Rollen Sie in ihren Lebensbereichen ausfüllen.

Oft gehören mehrere Rollen in einen Bereich. Einzelne Rollen können sich überschneiden. So können Sie zum Beispiel Vereinsmitglied beim Tennisclub sein, dort aber auch Ihre beste Freundin treffen.

Folgende Liste mit Lebensbereichen und möglichen Beispielen für Rollen soll als Anhaltspunkt dienen:

- Beruf
  Pressesprecher/in
  Abteilungsleiter/in
  Ausschussmitglied
- Partnerschaft/Familie
  Partner/in
  Mutter / Vater
  Tochter / Sohn
  Tante / Onkel
- Freunde / Bekanntschaften
  Busenfreundin / bester Kumpel
  Berater/in
  Studienfreund/in
  Sportbekanntschaft
- Freizeit
  Vereinsmitglied
  Maler/in
  Wanderer
- Persönlichkeitsentwicklung
  Sprachschüler/in
  Yoga-Ausübende/r

Zu viele Rollen sind für viele Menschen ein Problem. Klagen über **Zeitnot** bzw. zu wenig Zeit für sich oder die Familie zu haben sind oft ein Anzeichen dafür, dass wir zu viele Rollen ausfüllen.

Bestimmen Sie die Rollen, auf die Sie unter keinen Umständen verzichten können:

- Welche Rollen sind am wichtigsten, welche weniger wichtig?
- Auf welche Rollen könnten Sie eigentlich ganz gut verzichten?
- Gibt es Rollen, die Sie eigentlich gar nicht wollen, die ihnen von anderen übergestülpt worden sind?

Betrachten Sie Ihre Rollen einmal mit ein wenig kritischer Distanz und bewerten Sie sie.

Wahrscheinlich merken Sie, dass Sie auf manche Rollen gut verzichten könnten. Dann reduzieren Sie sie und konzentrieren Sie sich auf die wesentlichen. Für diese Rollen sollen später Ziele bestimmt werden.

Durch die Konzentration auf unsere **wesentlichen** Rollen werden wir zufriedener und ausgeglichener, weniger gehetzt und können etwas mehr Ruhe in unseren Alltag bringen. Denn es stehen jedem Menschen nur 24 Stunden am Tag zur Verfügung – und die muss er so nutzen, dass sie mit seiner Vision übereinstimmen.

4.2.2.2 Fragen zur Zielfindung

Um Ziele zu benennen, müssen wir herausfinden, was wir wirklich wollen. Vielen fällt es schwer, gleich konkrete Ziele zu formulieren. Sie sind unsicher, ob ein Ziel ihrem inneren Wesen wirklich entspricht. Sie scheuen sich, es aufzuschreiben. Dann hilft es, sich langsam heranzutasten, einmal einen Gedanken aufzugreifen und weiterzuspinnen und so mehr über verborgene Wünsche zu erfahren.

Die folgenden Fragen finden Sie auf Arbeitsblatt 5 nochmals, zusammen mit dem Platz, Ihre Gedanken und Wünsche dazu einzutragen.

Lassen Sie sich von den folgenden Fragen anregen und schreiben Sie spontan auf, was Ihnen dazu alles einfällt:

1. *Was würden Sie tun, wenn Sie unbegrenzte Möglichkeiten hätten? Zeit und Geld spielen keine Rolle.*
2. *Was würden Sie tun, wenn Sie nur noch ein Jahr / einen Monat zu leben hätten?*
3. *Wohin würden Sie reisen, wenn Sie ein Jahr Zeit und unbegrenzt Geld zur Verfügung hätten? Was würden Sie auf dieser Reise erleben?*
4. *Haben Sie besondere Fähigkeiten oder Talente, die Sie bisher im Verborgenen gehalten haben?*
5. *Wie sähe ein Tag aus, von dem Sie sagen würden, er war vollkommen glücklich und erfüllend? Beschreiben Sie so einen Tag in allen Details.*
6. *Welche Tagträume haben Sie?*
7. *Welche Menschen und Dinge tun Ihnen in Ihrem Leben gut, welche nicht?*
8. *Gibt es Menschen, die Sie bewundern? Was fasziniert Sie an Ihnen?*
9. *Sind Sie Ratgeber oder Ansprechpartner für andere Menschen? Was schätzen diese Menschen an Ihnen?*

4.2.3 Zielbeziehungen

Wenn wir für unsere Rollen Ziele formulieren, ist zu bedenken, dass Ziele nicht vollkommen unabhängig voneinander sind, sondern in unterschiedlichen **Beziehungen** zueinander stehen. Man kann drei verschiedene Arten von Zielbeziehungen unterscheiden: Ziele können **komplementär**, **konfliktär** oder **indifferent** sein.

- **komplementäre Ziele**:
  Ziele können sich ergänzen. Wenn man sehr viele Ziele formuliert hat, kann es passieren, dass mit Erreichen eines Ziels auch ein anderes erlangt wird. Vermutlich handelt es sich dann dabei um Unterziele, die miterreicht werden, wenn man große Ziele in kleine Ziele aufgliedert. Die Aufgliederung in kleine Zieletappen sollte allerdings im Bereich der Strategiefindung erfolgen. Hat man zu viele Ziele formuliert, ist es wichtig, Prioritäten zu setzen und sich zu überlegen, welche Ziele die wichtigsten sind und zuerst erreicht werden sollen.

- **konfliktäre Ziele**:
  Ziele können zueinander in Konflikt treten und miteinander konkurrieren (daher auch konkurrierende Ziele genannt); manche können sich sogar ausschließen. Wenn Ziele miteinander konkurrieren, behindert ein Ziel die Erreichung eines anderen, oder es mindert seine vollständige Erfüllung.
  Hier müssen **Prioritäten** gesetzt werden. Ein Ziel wird zum **Hauptziel** erklärt, die anderen zu **Nebenzielen**. Die Nebenziele werden so gesehen, dass sie Nebenbedingung für die Erreichung des Hauptzieles sind. Dabei wird das Hauptziel eingeschränkt werden. Die Nebenziele setzen so der Erreichung des Hauptzieles Grenzen.

  Ein Beispiel: Wenn das Hauptziel lautet: „Ich möchte mehr Verantwortung im Beruf übernehmen", das Nebenziel ist: „Ich möchte pro Tag mindestens vier Stunden Zeit für mich haben", dann wird dem Hauptziel durch das Nebenziel Grenzen gesetzt. Wenn wir zu viele Ziele auf einmal verfolgen, können sich manche Ziele ausschließen. Angenommen, Ihre drei wichtigsten Ziele lauten, im Beruf eine höhere Position innerhalb eines Jahres zu erreichen, ein Haus zu bauen und täglich mindestens sechs Stunden mit Ihren Kindern zu verbringen, so schließen sich die Ziele aus und Sie müssen sich überlegen, welches Ziel Priorität hat.

- **indifferente Ziele**:
  Sehr selten sind Ziele vollkommen unabhängig von anderen Zielen. Unabhängigkeit beinhaltet auch, dass das Ziel ohne Unterstützung anderer Personen erreicht werden kann.

  Angenommen, Ihr Ziel ist es, Ihre Ausdauer zu verbessern. Um dies zu erreichen, wollen Sie jeden Morgen vor der Arbeit eine Stunde joggen. In diesem Fall sind Sie vermutlich unabhängig von Personen, und auch das Erreichen anderer Ziele dürfte Sie nicht daran hindern.

4.3 Dritter Schritt: Ziele bestimmen

4.3.1 Zieldimensionen

Ziele haben bestimmte Dimensionen. Sie müssen fassbar und überprüfbar sein, damit sie zum Erfolg führen können.

Drei Punkte sollten Sie bei der Zielformulierung stets beachten:

1. **Terminsetzung**: Wir setzen einen Zeitraum bzw. ein genaues Datum fest, zu dem das Ziel erreicht werden soll (Ende des Monats, in einem Jahr, in fünf Jahren, am 30. Dezember dieses Jahres). Durch die genaue Terminierung ist einerseits Kontrolle bei der Zielerreichung möglich, andererseits motiviert sie uns, *diszipliniert* und *konsequent* an der Zielerreichung zu arbeiten. Ohne Zielpunkt neigt man dazu, Ziele immer wieder zu verschieben, um sie dann möglicherweise ganz fallen zu lassen. Diese genaue Zielsetzung ist natürlich nur bei konkreten Zielen möglich. Bei Zielen, die zum Beispiel unsere Persönlichkeitsstruktur betreffen, z.B. geduldiger zu werden, sind solche genauen Termine nicht sinnvoll.

2. **Zielausmaß**: Ziele sollten außerdem immer so formuliert sein, dass ihr Ergebnis messbar ist. Wenn Sie zum Beispiel Ihre Ausdauer erhöhen wollen, können Sie sich das Ziel setzen: Ich möchte in 6 Monaten 30 Minuten joggen können. Oder: Ich möchte in einem Jahr 150 Euro pro Monat mehr verdienen. Vorsicht: Die Zielmaße müssen realistisch sein, das heißt wir gehen von unseren Voraussetzungen aus (un-

serem Anfangsmaß) und wir dürfen die eigenen Fähigkeiten nicht überfordern. Falls wir große Ziele erreichen wollen, ist es sinnvoll, diese in kleinere Zielstationen aufzuteilen und sie dann entsprechend zu formulieren.

3. **Zielinhalt**: Bei der Zielformulierung ist der Inhalt des Zieles genau zu bedenken. Formulieren wir ein Ziel, brauchen wir genügend Informationen, was alles zu diesem Ziel gehört. Es könnte ja sein, dass wir uns ein Ziel ausmalen, aber falsche Vorstellungen davon haben. Unser Ziel ist dann eine Blackbox, bei der wir nicht wissen, was darin steckt. Wir haben Vermutungen, die zufällig richtig sein können, vielleicht aber auch völlig falsch. Also: Fehlen nötige Informationen, kann die Zielerreichung zum Scheitern verurteilt sein. Es ist notwendig, sich umfassend über den Zielinhalt zu informieren.

4.3.2 Fragen zur Zielformulierung

Der nächste Schritt ist die Formulierung von Zielen für unsere unterschiedlichen Lebensbereiche.

Wie wir gesehen haben, sollen Ziele klar und deutlich formuliert werden. Sie sollen überprüfbar und zeitlich abgegrenzt sein. Ungenaue Zielformulierung führt leicht zu Misserfolg und schafft Frustrationen. Dazu ist es unbedingt nötig, die Zielformulierung schriftlich festzuhalten.

Zur Formulierung gibt es einige Grundsätze zu beachten:

1. Ziele werden **persönlich** formuliert. Ein Ziel darf nicht so formuliert werden, dass die Realisierung von anderen Menschen abhängig ist. Der Weg, der zum Ziel führt, muss in Ihrer Einflusssphäre liegen. Sie müssen das Ziel allein und ggf. mit Hilfe anderer Menschen erreichen können, aber es darf nicht vom Wohlwollen oder Taten anderer Menschen abhängen.

2. Ziele sollen **positiv** formuliert werden. Formulieren Sie, was Sie wollen, und nicht, was Sie vermeiden wollen. Nicht: „Ich will nicht länger das gleiche Gehalt bekommen", sondern: „Ich verdiene ab Januar 150 Euro mehr." Denn unser Unterbewusstsein kann zwischen verneinten und nicht-verneinten Sätzen nicht unterscheiden und wird sich so nur merken: „Ich will länger das gleiche Gehalt bekommen" – und das ist ja genau das Gegenteil von dem, was Sie erreichen wollen.

3. Ziele sollen **im Präsens** formuliert werden. Wenn Sie Ziele so formulieren, als ob Sie sie schon erreicht hätten, programmieren Sie Ihr Unterbewusstsein wirkungsvoll auf die tatsächliche Erreichung des Ziels. Also zum Beispiel: „Ich bin Vereinsvorsitzender" (statt „Ich werde ..."); „Ich bin Nichtraucher" (statt „Ich werde ab Juni nicht mehr rauchen"). Das Unterbewusstsein passt sich dann dem zu verändernden Muster an und schafft Bedingungen, damit das Ziel Realität werden kann.

4. Ziele sollen **realistisch** sein. Ziele, die nicht mit unseren Fähigkeiten, Voraussetzungen und unserer Motivation übereinstimmen, sind zum Scheitern verurteilt.

5. Formulieren Sie Ziele **präzise**: Beschreiben Sie den Zielinhalt mit möglichst vielen Details, packen Sie konkrete und direkte Angaben in Ihre Zielformulierung mit hinein. Je präziser und konkreter Sie Ihre Ziele formulieren, desto wahrscheinlicher ist es auch, dass Sie sie erreichen.

6. Ziele sollen **messbar** sein. Das heißt, sie sollten anhand von genauen Angaben überprüft werden können. Formulieren Sie also lieber: „Mein Blutdruck beträgt höchstens 130 zu 80", anstatt „Ich will endlich einen niedrigeren Blutdruck haben."

7. Ziele sollen **terminiert** werden. Noch einmal: Bestimmen Sie einen Zeitpunkt, bis zu dem das Ziel erreicht werden soll. Dieser Zeitpunkt darf nicht zu früh gewählt werden; besser ist es, wegen unvorhergesehener Probleme etwas mehr Zeit einzuplanen.

4.3.3 Zielumsetzung

4.3.3.1 Mentale Grundlagen

Sie wissen nun, wie Ziele zueinander in Beziehung stehen, welche Dimensionen sie annehmen können und wie sie wirkungsvoll formuliert werden. Welche Grundlagen brauchen wir aber, um sie umsetzen zu können? Welche Voraussetzungen sind nötig, um eine erfolgreiche Strategie zu entwickeln?

Es gibt einige Prinzipien, die die **mentale Grundlage** zur Zielerreichung bilden. Diese Prinzipien sollten wir immer im Hinterkopf behalten. Manches daran mag ungewohnt oder seltsam erscheinen, manches kennen Sie wahrscheinlich aus eigener Erfahrung, es ist Ihnen nur nicht bewusst gewesen. Nun kommt es darauf an, diese Grundlagen, nämlich die Rolle des Unterbewusstseins und wichtiger mentaler Regeln, in positiver Weise für unser Leben zu nutzen. In dem Systemteil Denktechniken und Denkgewohnheiten werden Sie dazu nähere Details erfahren.

1. Die **Rolle des Unterbewusstseins**: Klar formulierte Ziele gehen in unser Unterbewusstsein ein. Unser Unterbewusstsein ist dann quasi auf das Erreichen dieses Zieles programmiert und tut alles, um uns zu diesem Ziel zu führen. Wir merken das daran, dass wir plötzlich die richtigen Ideen haben, dass sich uns vorher nie bewusst wahrgenommene Möglichkeiten bieten oder dass wir Begegnungen mit Menschen machen, die uns weiterhelfen. Unser Unterbewusstsein öffnet unserem Bewusstsein Türen. Wir lernen, die Chancen zu erkennen, die uns auf dem Weg zum Ziel weiterhelfen.

2. **Glauben**: Wir müssen uns selbst vertrauen und an unsere Ziele glauben. Unser Glaube an ein Ziel bzw. unser tiefes Vertrauen, etwas zu erreichen, führt uns zum Ziel. Wenn wir aber meinen, wir würden ein Ziel aus bestimmten Gründen doch nicht erreichen, zum Beispiel weil wir glauben, wir hätten nie Glück, seien Versager und träfen auf unüberwindbare Hindernisse, dann wird es auch so sein. Man nennt das eine self-fullfilling prophecy (eine sich selbst erfüllende Prophezeiung). Oft hindern

wir uns selbst daran, etwas zu erreichen, wenn wir an unseren Fähigkeiten zweifeln oder aufgrund schlechter Erfahrungen denken, es müsste wieder so kommen. Der Glaube an ein Ziel heißt auch, ein Risiko einzugehen, den Weg zu wagen und Misserfolge zu bewältigen. Wir können nicht alles kontrollieren, wir können aber lernen, uns zu vertrauen und offen für den Weg zum Ziel zu werden.

3. **Erwartungen**: Glauben und Erwartungen sind sich ähnlich. Erwartungen gehen noch einen Schritt weiter. Nicht nur das, was wir wollen, ist wesentlich, sondern auch das, was wir erwarten. Wenn Sie von vornherein nur mit Skepsis an eine Aufgabe gehen, tun Sie sich viel schwerer mit der erfolgreichen Erfüllung. Wollen Sie zum Beispiel endlich Spanisch lernen, erwarten aber, dass es nicht klappt, weil Sie sich mit Französisch schwer getan haben, wird allein diese negative Haltung es Ihnen schwer machen. Wollen Sie dagegen unbedingt und mit Freude Spanisch lernen, und erwarten Sie, dass Sie diese Aufgabe mit Leichtigkeit erfüllen werden, weil Sie Spanisch schön finden und Land und Leute lieben, wird es Ihnen vermutlich leicht fallen, diese Sprache zu lernen – auch wenn Sie sich mit Französisch sehr schwer getan haben.

4. **Wie innen, so außen**: Wir ziehen Personen und Dinge an, die mit unseren Gedanken und Vorstellungen korrespondieren – im negativen wie im positiven Sinn. Ihre Freunde, die sie gefunden haben, Ihr Arbeitsplatz, Ihre Wohnung, entsprechen Ihren Denkmustern. Die Anziehungskraft unserer Gedankenstruktur zieht sowohl Probleme als auch Erfolge an. Es ist also kein Zufall, welchen Partner Sie gefunden haben, welchen Beruf Sie ausüben und wie andere Menschen auf Sie zugehen – auch wenn viele Menschen dieser Ansicht sind.

Auf den folgenden Seiten werden wir Methoden und Strategien kennenlernen, die uns unterstützen, diese mentalen Prinzipien in positiver Weise für unser Leben zu nutzen. Sie werden Wege kennen lernen, die Sie effektiv zu Ihren Zielen bringen können.

4.3.3.2 Strategien zur Zielerreichung

Das kennen Sie wahrscheinlich als Motto: Plane effizienter, arbeite effizienter, lerne effizienter, lebe effizienter, spare Zeit. Arbeitsabläufe und Zeitplanung werden auf **Effizienz** ausgerichtet. Diese so genannte operative oder dispositive Planung zielt darauf ab, die vorhandenen Ressourcen **optimal** zu nutzen. Die Folge ist, dass die Geschwindigkeit immer mehr zunimmt und der Arbeitsdruck immer größer wird, die *dringenden* (statt die wichtigen) Dinge zuerst erledigt werden und Selbstverantwortung, Führungsstärke, langfristige Planung und der Sinn hinter den Dingen zu kurz kommen.

Strategische Planung, d.h. effektives Handeln oder die *richtigen* Dinge tun, lenkt den Blick auf das Wesentliche. Das beinhaltet, Prioritäten zu setzen, schnell und sicher entscheiden zu können, die Zukunft im Blick zu haben, im Einklang mit der Vision und den Prinzipien zu handeln und manchmal auch das Motto anwenden zu können: *Je langsamer, desto schneller.* Die Schwächen des effizienten Planens (immer schneller, Gefahr

Zeitmanagement und Zielplanung

der Verzettelung) werden vermieden, die Stärken der Effizienz (ökonomisches Handeln, Strukturierung von Abläufen, Fähigkeit zum Selbstmanagement) werden mit den Prinzipien der Effektivität verbunden. Das Resultat ist, dass der Erfolg von Arbeits- und Lebenszielen durch langfristige, zielgerichtete Planung erreicht und erhalten wird.

> **Effizienz** heißt: Die *Dinge* richtig tun bzw. operativ / dispositiv planen, ökonomisch handeln, Arbeitsabläufe und Planung strukturieren.
>
> **Effektivität** heißt: Die *richtigen Dinge tun* bzw. strategische Planung. Eine Handlung ist zielorientiert, es werden Prioritäten gesetzt und die richtigen Mittel eingesetzt. Der Fokus richtet sich auf das Wesentliche.

4.3.3.3 Geistige Methoden

Verlangen: Entfacht unsere Zielsetzung das unbedingte Verlangen, dieses Ziel zu erreichen? Diese Frage sollten wir uns stellen, wenn wir ein Ziel formuliert haben. Unser Verlangen ist der Motor, der uns unserem Ziel immer näher bringt. Mit der Entwicklung des Verlangens ist die vollkommen selbständige Zielformulierung verknüpft. Das Verlangen nach einem Ziel wird Sie Ängste überwinden lassen. Sie werden genug Selbstvertrauen haben, Hindernisse zu überwinden und Schwierigkeiten zu meistern. Aber das Ziel muss Ihr ureigener Wunsch sein, nicht der Wunsch eines anderen Menschen.

Realismus: Damit Sie an sich und an Ihr Ziel glauben können, muss das Ziel realistisch sein. Ist es zu groß, werden Sie zu vielen Zweifeln und Ängsten begegnen. Große Ziele können Sie in kleinere unterteilen. Haben Sie ein kleines Ziel erreicht, so gehen Sie auf das nächste zu und erreichen so durch überschaubare Zielsetzung nach und nach das anfangs groß erscheinende Ziel Schritt für Schritt. Sie können leichter Vertrauen in das große Ziel entwickeln, da Sie die ersten Schritte auf dem Weg dorthin schon gemeistert haben.

Schreiben Sie Ziele auf: Ziele, die Sie nicht fixiert haben, werden vergessen, verändert und sind nicht mehr kontrollierbar. So sollten Sie jedes Ziel, das Sie erreichen wollen, festhalten. Ein Ziel schwarz auf weiß auf einem Stück Papier „verewigt" zu sehen, verstärkt das Verlangen und die Verbindlichkeit, das Ziel zu erreichen. Auch unsere Vorstellungskraft, wie der Weg aussehen soll, und der Glauben an unsere Ziele werden dadurch wachsen.

Emotionalisierung: Stellen Sie sich Ihr Ziel mit möglichst vielen Details klar vor. Schließen Sie die Augen und lassen Sie vor Ihrem inneren Auge das Bild des Ziels entstehen. Spüren Sie, was für Emotionen damit verknüpft sind. Wiederholen Sie diese Übung so oft es geht. Versuchen Sie von Mal zu Mal, das Bild schärfer und genauer werden zu lassen, nehmen Sie Ihr Ziel mit allen Sinnen wahr. Klare Bilder gehen in Ihr Unterbewusstsein über. Wie hört es sich an, wenn Sie das Ziel erreicht haben? Wie fühlt es sich an?

Appelle: Eine weitere mentale Methode besteht darin, Appelle an unser Unterbewusstsein zu richten. Ähnlich der Zielformulierung sollen Appelle persönlich, positiv, im Präsens, realistisch und präzise formuliert sein, so wie „Ich fahre jeden Tag mit dem Fahrrad zur Arbeit", „Ich bin Ausschussvorsitzender", „Ich lerne Italienisch".

Handeln: Gehen, handeln, reden und fühlen wir so, *als ob* wir unser Ziel schon erreicht hätten, so bringt uns das ebenfalls dem Ziel entgegen. Tun Sie so, als ob Sie Ihr Ziel schon erreicht hätten. Diese Als-ob-Methode können Sie gut als Visualisierungsübung anwenden, aber auch im Alltag üben. Übernehmen Sie die Rolle der Person, die Sie sein wollen. Ein einfaches Experiment macht die Wirksamkeit dieser Methode deutlich: Sind Sie gerade frustriert oder traurig, dann lächeln Sie bewusst mehrere Sekunden lang. Sie werden sehen, es ist unmöglich, Ihre negative Grundstimmung beizubehalten. Die Übernahme der lächelnden Rolle lässt Sie auch im Inneren fröhlicher werden. Was Ihnen umgekehrt selbstverständlich ist, nämlich dass sich Ihre innere Stimmung in Ihrem Gesicht und Ihrem Körperausdruck widerspiegelt, funktioniert umgekehrt genauso.

Die einzelnen Methoden sind nicht unabhängig, sie überschneiden sich teilweise und werden durch ihre Kombination hochwirksam. Sie werden sehen: Je länger und häufiger Sie diese Methoden anwenden, desto mehr werden sich Ihre Ziele verwirklichen.

Zusammenfassung erster bis dritter Schritt des erfolgreichen Zielmanagements

- Die persönliche **Vision** gibt einem Menschen Kraft, Ausdauer und Mut, Ziele zu verwirklichen. Sie schafft Motivation und Energie. Eine klare Lebensvision zeigt, wer dieser Mensch ist; seine Persönlichkeit wird erkennbar – dies bezieht sich auf seinen Körper, seine Psyche (Charakter, Gefühle, Intuition), seinen Intellekt (Verstand, Geist, Wissen) und seine Beziehungen (soziale Kontakte).
- Bedenken Sie, dass alle **Dimensionen** mit Inhalt gefüllt werden sollen, da jeder Mensch alle Dimensionen braucht, um gesund zu sein. Sie sind nur „ganz" und ausgeglichen, wenn Sie körperliche, seelische, intellektuelle und soziale Prinzipien in Ihrem Leben verwirklichen.
- Der **Referenzrahmen** ist die Summe der negativen und unangenehmen Erfahrungen, die wir in unserem Leben gemacht haben. Immer wenn wir in eine mit schlechten Vorerfahrungen beladene Situation geraten, bekommen wir Angst oder glauben, die Situation nicht oder nur schlecht bewältigen zu können. Je größer die Summe unserer negativen Erfahrungen ist, desto kleiner ist der Referenzrahmen. Wir glauben dann nicht mehr an Veränderungen und probieren keine neuen Handlungsmuster aus. Unsere Denkgewohnheiten erstarren. Dies nennt man Psychosklerose. Wenn es uns aber gelingt, diese Verhärtung und ihre Ursachen wahrzunehmen, ist der erste Schritt für Veränderungen gemacht.
- Diese **Vision** soll pro-aktiv formuliert sein; sie muss mit Ihren persönlichen Werten und innersten Überzeugungen übereinstimmen. Die Vision sollte Ihrer eigenen Vorstellungskraft und Ihrem eigenen Wollen entspringen. Sie sind für die Formulierung der Vision selbst verantwortlich, und Sie formulieren sie positiv. Außerdem sind Sie bereit, die Vision als Grundlage für alle weiteren Ziele anzunehmen. Dennoch ist die entwickelte Vision nichts Starres. Sie sollte regelmäßig darauf hin überprüft werden, ob sie noch für uns und die Bedingungen, in denen wir leben, stimmt.
- Ziele ohne **Strategie** machen nicht viel Sinn. Wir können uns noch so viele Ziele überlegen, wenn wir den Weg nicht planen. Die Ziele sind die Wegweiser; unsere Lebensvision schafft die Grundlage. Wir müssen Wege zum Ziel genauso sorgfältig planen wie die Ziele selbst und uns Alternativen überlegen, falls Hindernisse auftauchen.
- Menschen, die hohe Anforderungen, Stress und Konflikte gut bewältigen können, leben ihre unterschiedlichen Lebensbereiche in weitgehender **Ausgewogenheit**. Denn nur ein Gleichgewicht der verschiedenen Lebensbereiche wie Beruf, Familie, Freunde, Hobbys und anderer schafft innere Ruhe und Ausgeglichenheit.
- Zu viele **Rollen** sind für viele Menschen ein Problem. Klagen über Zeitnot bzw. zu wenig Zeit zu haben für sich oder die Familie, sind oft ein Anzeichen dafür, dass wir zu viele Rollen ausfüllen. Bestimmen Sie deshalb die Priorität der Rollen, von „unverzichtbar" bis „aufgezwungen".
- Um **Ziele** zu benennen, müssen wir herausfinden, was wir wirklich wollen. Vielen fällt es schwer, gleich konkrete Ziele zu formulieren, sie sind unsicher, ob ein Ziel ihrem inneren Wesen wirklich entspricht. Sie scheuen sich, es aufzuschreiben.

Dann hilft es, sich langsam heranzutasten, einmal einen Gedanken aufzugreifen und weiterzuspinnen und so mehr über verborgene Wünsche zu erfahren.
- Wenn wir für unsere Rollen Ziele formulieren, ist zu bedenken, dass Ziele nicht vollkommen unabhängig voneinander sind, sondern in unterschiedlichen Beziehungen miteinander stehen. Man kann drei verschiedene Arten von Zielbeziehungen unterscheiden: Ziele können komplementär, konfliktär oder indifferent sein.
  - **komplementäre Ziele**: Ziele können sich ergänzen. Wenn man sehr viele Ziele formuliert hat, kann es passieren, dass mit dem Erreichen eines Ziels auch ein anderes erlangt wird. Vermutlich handelt es sich dann um Unterziele, die miterreicht werden, wenn man große Ziele in kleine Ziele aufgliedert. Hat man viele Ziele formuliert, ist es wichtig, Prioritäten zu setzen und sich zu überlegen, welche Ziele die wichtigsten sind und zuallererst erreicht werden sollen.
  - **konfliktäre Ziele**: Ziele können zueinander in Konflikt treten und miteinander konkurrieren; manche können sich sogar ausschließen. Wenn Ziele miteinander konkurrieren, behindert ein Ziel die Erreichung eines anderen oder es mindert seine vollständige Erfüllung. Auch hier müssen Prioritäten gesetzt werden. Ein Ziel wird zum Hauptziel erklärt, die anderen zu Nebenzielen.
  - **indifferente Ziele**: Sehr selten sind Ziele vollkommen unabhängig von anderen Zielen. Unabhängigkeit beinhaltet auch, dass das Ziel ohne Unterstützung anderer Personen erreicht werden kann.
- Ziele haben bestimmte Dimensionen. Sie müssen fassbar und überprüfbar sein, damit sie zum Erfolg führen können. Drei Punkte sollten Sie bei der Zielformulierung stets beachten:
  - **Terminsetzung**: Wir setzen einen Zeitraum bzw. ein genaues Datum fest, zu dem das Ziel erreicht werden soll. Durch die genaue Terminierung ist einerseits eine Kontrolle bei Zielerreichung möglich, andererseits motiviert sie uns, diszipliniert und konsequent an der Zielerreichung zu arbeiten. Bei Zielen, die zum Beispiel unsere Persönlichkeitsstruktur betreffen, sind solche genauen Termine jedoch nicht sinnvoll.
  - **Zielausmaß**: Ziele sollten immer so formuliert sein, dass ihr Ergebnis messbar ist. Die Zielmaße müssen realistisch sein, das heißt wir gehen von unseren Voraussetzungen aus (unserem Anfangsmaß) und dürfen die eigenen Fähigkeiten nicht überfordern. Falls wir große Ziele erreichen wollen, ist es sinnvoll, diese in kleinere Zielstationen aufzuteilen und sie dann entsprechend zu formulieren.
  - **Zielinhalt**: Bei der Zielformulierung ist der Inhalt des Zieles genau zu bedenken. Formulieren wir ein Ziel, brauchen wir genügend Informationen, was zu diesem Ziel gehört. Falls nötige Informationen fehlen, kann die Zielerreichung zum Scheitern verurteilt sein. Es ist notwendig, sich umfassend über den Zielinhalt zu informieren.

- Zur Zielformulierung müssen sieben Grundsätze beachtet werden:
  - Ziele werden **persönlich** formuliert. Ein Ziel darf nicht so formuliert werden, dass die Realisierung von anderen Menschen abhängig ist. Der Weg, der zum Ziel führt, muss in Ihrer Einflusssphäre liegen.
  - Ziele sollen **positiv** formuliert werden. Formulieren Sie, was Sie wollen und nicht, was Sie *nicht* wollen.
  - Ziele sollen **im Präsens** formuliert werden. Wenn Sie Ziele so formulieren als ob Sie sie schon erreicht hätten, programmieren Sie Ihr Unterbewusstsein wirkungsvoll auf die tatsächliche Erreichung des Ziels. Das Unterbewusstsein passt sich dann dem zu verändernden Muster an und schafft Bedingungen, damit das Ziel Realität werden kann.
  - Ziele sollen **realistisch** sein. Ziele, die nicht mit unseren Fähigkeiten, Voraussetzungen und unserer Motivation übereinstimmen, sind zum Scheitern verurteilt.
  - Formulieren Sie Ziele **präzise**: Beschreiben Sie den Zielinhalt mit möglichst vielen Details, packen Sie konkrete und direkte Angaben in Ihre Zielformulierung mit hinein. Je präziser und konkreter Sie Ihre Ziele formulieren, desto wahrscheinlicher ist es auch, dass Sie sie erreichen.
  - Ziele sollen **messbar** sein. Das heißt, sie sollten anhand von genauen Angaben überprüft werden können.
  - Ziele sollen **terminiert** werden. Bestimmen Sie einen Zeitpunkt, bis zu dem das Ziel erreicht werden soll. Dieser Zeitpunkt darf nicht zu früh gewählt werden; besser ist es, wegen unvorhergesehener Probleme etwas mehr Zeit einzuplanen.
- Es gibt einige Prinzipien, die die mentale Grundlage zur Zielerreichung bilden. Diese sind:
  - **Unterbewusstsein**: Klar formulierte Ziele gehen in unser Unterbewusstsein ein. Unser Unterbewusstsein ist dann quasi auf das Erreichen dieses Zieles programmiert und tut alles, um uns zum „einprogrammierten" Ziel zu führen.
  - **Glauben**: Wir müssen uns selbst vertrauen und an unsere Ziele glauben. Unser Glaube an ein Ziel bzw. unser tiefes Vertrauen, etwas zu erreichen, führt uns zum Ziel. Wenn wir aber meinen, wir würden ein Ziel aus bestimmten Gründen doch nicht erreichen, dann wird es auch so sein. Oft hindern wir uns selbst daran, etwas zu erreichen, wenn wir an unseren Fähigkeiten zweifeln oder aufgrund schlechter Erfahrungen denken, negative Abläufe würden sich wiederholen.
  - **Erwartungen**: Nicht nur das was wir wollen ist wesentlich, sondern auch das, was wir erwarten. Wenn Sie von vornherein nur mit Skepsis an eine Aufgabe gehen, tun Sie sich viel schwerer mit der erfolgreichen Erfüllung.
  - **Wie innen, so außen**: Wir ziehen Personen und Dinge an, die mit unseren Gedanken und Vorstellungen übereinstimmen. Die Anziehungskraft unserer Gedankenstruktur zieht sowohl Probleme als auch Erfolge an.

- Die so genannte **operative oder dispositive Planung** zielt darauf ab, die vorhandenen Ressourcen optimal zu nutzen. **Strategische Planung**, das heißt effektives Handeln oder die *richtigen* Dinge tun, lenkt den Blick auf das Wesentliche. Das beinhaltet, Prioritäten zu setzen, schnell und sicher entscheiden zu können, die Zukunft im Blick zu haben, im Einklang mit der Vision und den Prinzipien zu handeln.
- Unser **Verlangen** ist der Motor, der uns unserem Ziel immer näher bringt. Das Ziel muss ein ureigener Wunsch sein, und nicht der Wunsch eines anderen Menschen.
- **Schreiben Sie Ziele auf.** Ziele, die Sie nicht fixiert haben, werden vergessen, verändert und sind nicht mehr kontrollierbar. Stellen Sie sich Ihr Ziel mit möglichst vielen Details klar vor. Schließen Sie die Augen und lassen Sie vor Ihrem inneren Auge das Bild des Ziels entstehen. Eine weitere mentale Methode besteht darin, Appelle an unser Unterbewusstsein zu richten. Ähnlich der Zielformulierung sollen Appelle persönlich, positiv, im Präsens, realistisch und präzise formuliert sein.
- **Emotionalisieren** Sie. Gehen, handeln, reden und fühlen wir so, als ob wir unser Ziel schon erreicht hätten, so bringt uns das ebenfalls dem Ziel entgegen.

4.4 Vierter Schritt: Situationsanalyse

Um etwas verändern zu können, muss man zunächst die Ausgangslage (also den **Ist-Zustand**) genau kennen – halten Sie ihn **schriftlich** fest. Das ist am objektivsten, da Sie sich sonst leicht verschätzen. Beginnen Sie bei der Ermittlung des Ist-Zustandes mit einer kleinen Einheit, zum Beispiel einem Arbeitstag. Schreiben Sie sich genau auf, wie lange Sie für eine bestimmte Aufgabe benötigen und was Sie in welcher Zeit und mit welchem Aufwand erreicht haben. Benutzen Sie dazu Arbeitsblatt 6. Tragen Sie in die Spalte Zeit Anfang und Ende jeder Tätigkeit ein, und errechnen Sie daraus den Zeitbedarf der jeweiligen Aufgabe. Schreiben Sie in die Rubrik Tätigkeit wertfrei das Ziel, den Inhalt und eventuell die Mitarbeiter, die Ihnen beim Ausführen der Aufgabe behilflich sind.

Auch Störungen können Sie an dieser Stelle eintragen. Dafür können Sie schon jetzt den Vordruck Störungsanalyse (Arbeitsblatt 7) benutzen; später werden wir noch einmal genauer auf Störungen eingehen.
Nach der Erfassung des Ist-Zustandes wird dieser ausführlich analysiert. Ziel der Analyse ist, Schwachstellen in der persönlichen Arbeitstechnik zu erkennen und Verbesserungen in die Wege zu leiten.

Lassen Sie uns zunächst einige wichtige Bemerkungen zum Ist-Zustand und seiner Analyse machen.

4.4.1 Die Qualität der Zeit ist entscheidend

Die meisten Menschen denken bei dem Stichwort Zeit an die objektiv messbare Zeit, also an Minuten, Stunden, Tage, Wochen und Monate. An dieser Stelle geht es aber um etwas anderes, nämlich um die **Qualität der Zeit im psychologischen und physiologischen Sinn**.

Sicher haben Sie das auch schon des öfteren erlebt: Einmal haben Sie stundenlang an einer einzigen Aufgabe herumgetüftelt und sind einfach nicht richtig weitergekommen. Mit dem Ergebnis waren Sie dann trotz stundenlanger Arbeit trotzdem nicht so richtig zufrieden. Dagegen haben Sie ein anderes Mal genau die gleiche Aufgabe in einem Viertel der Zeit erledigt und waren mit dem Ergebnis sehr zufrieden.

Manchmal vergeht die Zeit schneller, manchmal langsamer. Die Uhren drehen sich aber unverändert weiter. Was sich ändert, ist lediglich Ihr Zeitempfinden.

Natürlich können diese starken Leistungsschwankungen an Ihrer Tagesform liegen. Es ist jedoch wahrscheinlicher, dass Sie eine Aufgabe einfach zur falschen Tageszeit angepackt haben. Sicher ist nämlich, dass unsere Leistungsbereitschaft sich stündlich ändert, also nie über einen ganzen (Arbeits-)Tag lang genau gleich hoch ist – ob wir es wollen oder nicht. Auch wenn Ihnen diese Vorstellung vielleicht nicht gefällt, sollten Sie sich klar machen, dass es schon biologisch unmöglich ist, zu jeder Zeit die gleiche hohe Leistungsfähigkeit zu erreichen.

Dennoch kann es Ihnen unter Umständen passieren, dass Sie einmal über Wochen gute Ergebnisse liefern, ein anderes Mal aber tagelang nicht die Leistung bringen, die Sie selbst von sich erwarten. Hier spielen dann neben Ihrer stündlichen „Form" Ihr allgemeiner Gesundheitszustand sowie Ihre Stimmung eine entscheidende Rolle.

In der untenstehenden Grafik können Sie ablesen, wie die Leistungskurve bei den meisten Menschen aussieht. Ihre Kurve kann davon eventuell stark abweichen. Deshalb ist es besonders wichtig, dass Sie Ihre persönliche Leistungskurve ganz genau kennen. Beobachten Sie über längere Zeit, wann Sie besonders aufnahmefähig sind und wann Ihnen das Arbeiten schwerer fällt als sonst. Tragen Sie Ihre persönliche Leistungskurve in Vordruck 8 ein.

Verlegen Sie dann, soweit es möglich ist, schwierige Aufgaben, die eine hohe Konzentration erfordern, in Ihr Leistungshoch. Arbeiten, die Ihnen ohnehin nicht besonders schwer fallen, können Sie dann guten Gewissens während der Stunden erledigen, in denen Ihre Leistungskurve etwas niedriger verläuft.

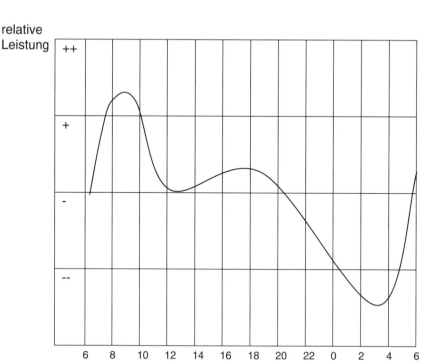

Sie werden die **positive Rückkopplung** spüren: Nach einer erfolgreich verrichten Aufgabe im Leistungshoch werden Sie diesen positiven Energieschub in die Phase mitnehmen, in denen es Ihnen bisher schwerer gefallen ist, konzentriert und effektiv zu arbeiten. So geht auch in einem (relativen) Leistungstief die Arbeit leichter von der Hand.

4.4.2 Das Pareto-Prinzip

Viele Menschen verbringen ihre Zeit mit banalen, unwichtigen und zeitraubenden Tätigkeiten. Sie verzetteln sich, statt mit Konzentration wenige wichtige Aufgaben zu erledigen. Dass dies ungünstig ist, wissen Sie vermutlich aus eigener Erfahrung:

- Nur ein kleiner Teil Ihrer Arbeit bringt den großen Teil Ihres Arbeitserfolgs.
- Nur ein geringer Zeitanteil in Sitzungen bewirkt letztlich die Ergebnisse.
- Ein kleiner Teil von Zeitfressern verursacht überproportional viel Schaden.
- Ein geringer Teil der Gespräche, die Sie für ein Projekt führen, hilft Ihnen wesentlich weiter.

Im 19. Jahrhundert fand der Ökonom Vilfredo Pareto heraus, dass **20%** der Bevölkerung **80%** des gesamten Volksvermögens besaßen. Dieses 80:20-Verhältnis findet sich auch in anderen Bereichen und wird nach seinem Entdecker als Pareto-Prinzip bezeichnet.

Auf das Zeitmanagement bezogen, besagt das Pareto-Prinzip folgendes: 20% dessen, was Sie tun, ergeben 80% des Wertes aller Ergebnisse. Mit 20% Ihrer Arbeit erreichen Sie 80% des gesamten Arbeitserfolgs.

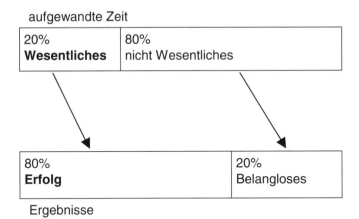

Es geht also darum, Prioritäten zu setzen, die für den Erfolg von Projekten, Besprechungen oder Tagesergebnissen wesentlich sind, und sich darauf zu konzentrieren. Prioritäten setzen zu können entscheidet über Erfolg und Misserfolg – privat wie beruflich. Gefühle der Überlastung, von Dauerstress, ständigem Zeitmangel, nicht fertig zu werden, resultieren häufig aus dem Unvermögen, Wichtiges von Unwichtigem zu unterscheiden.

4.4.3 ABC-Analyse

Jeder rationalen Arbeitsmethodik liegt eine ergebnis- bzw. zielorientierte Tätigkeits- und Aufgabenanalyse zugrunde. Wenn Sie Zeit gewinnen wollen, sollten Sie stets eine kritische Analyse der eigenen Tätigkeiten, der Schwachstellen, der Zeitfallen und Zeiträuber sowie der unrationellen Arbeitstechniken und -gewohnheiten durchführen.

Folgende Fragen sind dabei behilflich:

- Bringt die zu analysierende Tätigkeit wirklich die verlangten Ergebnisse? Leistet sie einen auf alle Fälle notwendigen Beitrag, um das gesetzte Muss-Ziel zu erreichen?
- Was passiert, wenn die Tätigkeit einfach gestrichen wird? Würde das Muss-Ziel dabei gefährdet?
- Was passiert, wenn die Aufgabe später begonnen, an andere Mitarbeiter delegiert oder mit anderen Aufgaben zusammengelegt wird?
- Was passiert, wenn nur noch die Hälfte oder ein Drittel der bisherigen Zeit und des bisherigen Aufwandes in Anspruch genommen werden können?

Zur Aufgabenanalyse und zur Rationalisierung der Arbeit eignet sich besonders gut die so genannte ABC-Analyse. Dazu haben wir ein Musterformular (Arbeitsblatt 9) mit einigen ergänzenden Analysetechniken vorbereitet, das Sie folgendermaßen bearbeiten können (die restlichen Kategorien können Sie auf Arbeitsblatt 9 nachlesen):

1. Tragen Sie in fortlaufender **Nummerierung** die Titel der einzelnen Aufträge, der Tätigkeiten, der Aufgaben und der Ergebnisse untereinander ein. Vergessen Sie dabei nicht zeitraubende Routinearbeit und Kleinigkeiten, da sich sonst Ihr kompletter Plan verschiebt.

2. Entscheiden Sie nun bei jedem Titel, ob es sich um einen **A-, B-, oder C-Titel** handelt. (Nebenbei sei angemerkt, dass es hier um Ihre persönliche Sichtweise geht. Eine Ihrer C-Aufgaben kann für einen Kollegen eine höchst wichtige A-Aufgabe sein.)

3.
> **A-Aufgaben sind sehr wichtige Aufgaben, die man nur selbst erledigen kann.**
> **B steht für Aufgaben, die nicht ganz so bedeutend, aber immer noch wichtig sind.**
> **C-Aufgaben sind weniger wichtig bis unwichtig bzw. insgesamt unbedeutender.**

Falls Sie sich bei der Einordnung eines Titels nicht ganz sicher sind, wählen Sie im Zweifelsfall die nächsthöhere Stufe. Sie können sie später ja immer noch herunterstufen.

4. Wenn Sie die ABC-Spalte ausgefüllt haben, stellen Sie fest, welche **Dringlichkeit** vorliegt. Titel, die unbedingt sofort erledigt werden müssen, erhalten die Ziffer 1, diejenigen, die noch Zeit haben, die Ziffer 3. Titel, die im Laufe der nächsten Tage oder Wochen (abhängig von ihrer gesamten Bearbeitungsdauer) dringend werden können, erhalten eine 2. Wer immer genügend Zeit für die Erledigung seiner Aufgaben haben möchte, sollte dafür sorgen, dass nach Möglichkeit (so gut wie) nur Dinge mit Dringlichkeitsstufe 3 anstehen. Erst dann ist stressfreies Arbeiten wirklich gewährleistet, und unvorhergesehene Störungen oder Verzögerungen bringen nicht gleich ein ganzes Projekt in Gefahr.

6. In der nächsten Spalte wird die **Dauer** der Erledigung des einzelnen Titels in Stunden angegeben. Daneben wird der Name derjenigen festgehalten, die die Aufgabe innerhalb des vereinbarten Zeitraums erledigen. Eine weitere Spalte „Bemerkungen" können Sie für verschiedene Zwecke nutzen.

7. Tragen Sie nun die **Rangfolge** im gesamten Arbeitszusammenhang ein. Diese Reihenfolge ergibt sich insbesondere aus der ABC-Analyse und der Dringlichkeitsstufe sowie den anderen genannten Faktoren.

8. Machen Sie in die letzte Spalte **Kontrolle** einen Haken, wenn die Sache erledigt ist. Das hat auch den psychologischen Effekt, dass Sie sehen, wie viel abgearbeitet wird. Außerdem wissen Sie immer genau Bescheid, wie weit Sie schon mit der Bewältigung Ihrer Arbeit vorangeschritten sind.

Stellen Sie sicher, dass die Liste möglichst vollständig ist. Unterziehen Sie sie dann einer rigorosen Analyse. Fragen Sie sich als erstes, ob wirklich alle Titel, die Sie mit einem A versehen haben, tatsächlich ein A verdienen. (Wahrscheinlich haben Sie jetzt noch ziemlich viele A's in Ihrer Liste stehen.) Überlegen Sie sich dann, ob Sie eventuell mit der Hälfte der Zeit bei den A-Aufgaben auskommen könnten und wie Sie das erreichen können. Langfristig gesehen sind A-Aufgaben diejenigen, von denen Ihr Erfolg abhängt. Fragen Sie sich deshalb immer wieder: „Bringt mich diese Sache wirklich meinen Zielen näher?"

In diesem Zusammenhang wird auch das Pareto-Prinzip wieder wichtig: Machen Sie sich klar, dass nur relativ wenige Aufgaben (die A-Aufgaben) entscheidend zu Ihrem beruflichen Erfolg beitragen. Konzentrieren Sie sich also auf die wesentlichen Dinge!
Falls A-Aufgaben mit Dringlichkeitsstufe 1 in Ihrer Liste auftauchen, haben Sie ein Problem: Sie müssen äußerst wichtige Aufgaben, die Sie unbedingt fehlerfrei abliefern müssen, unter hohem Zeitdruck erledigen. Hektik, Stress und schlechte Stimmung sind somit vorprogrammiert. Sie sollten alles daran setzen, in Zukunft solche Situationen zu vermeiden. Stellen Sie sich dazu folgende Frage: „Was kann ich dafür tun, dass in Zukunft nur noch A-Aufgaben mit Dringlichkeitsstufe 3 auf meiner Liste stehen?" In der Regel wird die Antwort lauten, dass Sie zum frühestmöglichen Termin starten und sich Ihre Zeit optimal einteilen. Das heißt, dass die Aufgabe rechtzeitig und angemessen in Ihrer Monats- und Wochenplanung berücksichtigt wird und dass Sie obendrein Ihre persönliche Leistungskurve bedenken, um wichtige Aufgaben optimal bearbeiten zu können.

Fragen Sie sich bei jeder B- und C-Aufgabe:

- Was passiert, wenn die Tätigkeit einfach gestrichen wird?
- Was passiert, wenn die Aufgabe später begonnen oder an andere delegiert wird?
- Was passiert, wenn nur noch die Hälfte oder ein Drittel der bisherigen Zeit in Anspruch genommen werden kann?

Vielleicht gehören Sie auch zu den Leuten, die immer alles selber machen wollen, weil Sie Angst haben, dass eine Aufgabe nicht richtig ausgeführt wird, wenn Sie sie delegieren. Fest steht jedoch: Auch in Ihrer Analyse dürften C-Aufgaben stark vertreten sein; in den meisten Fällen machen sie den Löwenanteil der Arbeit aus. Wenn Sie beruflich wirklich erfolgreich sein wollen, müssen Sie Ihr Augenmerk vor allem auf die A-Aufgaben richten. Es nützt Ihnen wenig, wenn Sie 80 Prozent Ihrer Zeit in C-Aufgaben investieren und dann mit Ihrer wirklich wichtigen Arbeit nicht nachkommen. Delegieren Sie C-Aufgaben lieber rechtzeitig, und halten Sie sich Ihren Rücken für die Erledigung der entscheidenden Aufgaben frei.

Das soll natürlich nicht heißen, dass Sie ab sofort nur noch A-Aufgaben erledigen. Sicher werden Sie auch noch nach einer sehr kritischen Analyse einige C-Aufgaben auf Ihrer Liste stehen haben. Dennoch sollten Sie sich klar machen, dass Ihr langfristiger Erfolg vor allem von der perfekten und fristgemäßen Ausführung der A-Aufgaben abhängt. Unterziehen Sie deshalb Ihren jetzigen Tätigkeitskatalog einer Radikalkur. Sie werden staunen, wie viel sich aussondern oder effektiver erledigen lässt. Richten Sie dann Ihr Hauptaugenmerk auf die A-Aufgaben. Bringen Sie diese in eine sinnvolle Reihenfolge und arbeiten Sie eine nach der anderen konsequent und zielgerichtet ab. Es gibt keinen anderen Weg, über Ihren Aufgabenberg hinwegzukommen und endlich mehr Freiheit in den eigenen Dispositionen zu erreichen!

Der ABC-Analyse sehr ähnlich ist die Zeitmanagement-Matrix. Diese wollen wir nun näher erläutern.

4.4.4 Die Zeitmanagement-Matrix

	dringend	nicht dringend
wichtig	**Priorität-1** *Matrixquadrant der dringenden Aufgaben* • Projekte, Besprechungen, Aufgaben mit Termindruck • Krisen und Probleme	**Priorität-2** *Matrixquadrant der wesentlichen Aufgaben* • Planung • Vorbereitung • langfristige Arbeit an Projekten • Selbstverantwortung
unwichtig	**Priorität-3** *Matrixquadrant der scheinbaren Dringlichkeit* • Dringlichkeit vortäuschende Aufgaben • Störungen • diverse Post, manche Anrufe • manche Besprechungen	**Priorität-4** *Matrixquadrant der Flucht* • zeitverschwendende Tätigkeiten • Ablenkung • Zeitfresser

Priorität-2 ist der Matrixquadrant des Pareto-Prinzips. Verbringen wir die meiste Zeit in Priorität-2, so integrieren wir unsere Ziele in die Tagesplanung und arbeiten effektiv. Langfristige Ziele werden erfolgreich mit Priorität-2-Zeit bewältigt. Arbeit an wesentlichen Dingen beugt zudem Krisen und Problemen vor, da wir vorausschauend handeln können und unterschiedliche Möglichkeiten des Handelns offen haben. Nicht zuletzt bringt die Bewältigung von Priorität-2-Aufgaben Selbst-Zufriedenheit.
Verbringen wir dagegen nur wenig Zeit mit Priorität-2-Aufgaben, so schwillt Priorität-1 an.

Priorität-1-Aktivitäten führen, wenn sie überhand nehmen, zu permanenter Hektik, Hetze, Getrieben-Sein und Burn-Out-Symptomen. In Priorität-1 re-agieren wir hauptsächlich, eine Art Feuerlöscher-Mentalität bestimmt den Tag. Wir verlieren die Kontrolle über langfristige Aufgaben und Ziele.

Priorität-4 resultiert häufig aus einer Flucht vor der Dominanz von Priorität-1. Herrscht Priorität-1 vor, ist die Versuchung groß, sich von dem Gefühl der Fremdbestimmung abzulenken.

Priorität-3-Aufgaben sind bei vielen Menschen beliebt, weil sie relativ belanglos und einfach zu bearbeiten sind und die Ergebnisse ohne Konsequenzen bleiben. Letztlich ist die vorwiegende Bearbeitung von Priorität-3-Aufgaben die Flucht vor Selbstverantwortung. Da langfristige Ziele nicht erreicht werden und Re-Aktion den Tag bestimmt, fühlen sich Menschen, die sich in Priorität-3-Aufgaben flüchten, als Opfer der Umwelt.

4.5 Fünfter Schritt: Schwächenanalyse

Nachdem Sie nun Ihre Situation analysiert haben, ist die Schwächenanalyse von großer Wichtigkeit. Um Ihre Zeit optimal zu nutzen, müssen Sie die Dinge ausfindig machen, die Sie unnötig Zeit kosten. Eine Möglichkeit, warum Sie ständig unter Zeitdruck leiden, könnte die Flucht in Priorität-3- und Priorität-4-Aktivitäten sein.

4.5.1 Flucht in Priorität-3- und Priorität-4-Aktivitäten

Flucht in diese Matrixquadranten hat oft ein Übergewicht von Priorität-1-Aktivitäten als Ursache. Aber auch komplizierte, viel Energie verbrauchende oder mit unangenehmen Dingen verbundene Priorität-2-Aufgaben können uns zur Ablenkung verführen. Gehen Sie auf „erhoffte" Störungen bei langweiligen, schwierigen Aufgaben ein, so werden Sie Mühe haben, sich wieder zu konzentrieren. Sie verzetteln sich, werden unzufrieden und verlieren eine Menge Zeit und Energie.

Machen Sie sich Folgendes zur Gewohnheit, um sich nicht in Priorität-3- und Priorität-4-Aktivitäten flüchten zu müssen: Legen Sie A-Aufgaben in Ihr Leistungshoch. Sagen Sie allen Kollegen, dass Sie dann (zum Beispiel zwischen 9 und 10 Uhr) nicht gestört werden wollen bzw. vereinbaren Sie verbindliche Signale wie „Tür zu" und „Wahlumleitung" beim Telefon bedeutet: „Ich möchte nicht gestört werden." Erledigen Sie dann konzentriert Ihre A-Aufgaben in dieser stillen Stunde. Außerdem können Sie Sprechzeiten einrichten, in denen Sie genügend Zeit haben, allen Ihren Mitarbeitern ein offenes Ohr zu schenken.

4.5.2 Perfektionismus

Perfektion ja, Perfektionismus nein! **Übertriebener** Perfektionismus kann sich in ständiger Kontrolle (Arbeitsschritte werden mehrfach überprüft), zwanghaftem und unflexiblen Einhalten von Tagesplänen, Überpünktlichkeit, übertriebenem Ordnungssinn und in übermäßiger Selbstdisziplin äußern. Letztlich bringen diese Faktoren einen hohen Zeitaufwand mit sich und sind ein zusätzlicher negativer Stressfaktor – für Sie selbst und Ihre Umgebung: Als Resultat erreichen Sie eine hohe Arbeitszeit, aber keine besseren Ergebnisse, Ihre Mitmenschen fühlen sich von Ihrem Perfektionismus eingeengt, wenn nicht sogar tyrannisiert.

Wenn Sie zu Perfektionismus neigen, versuchen Sie ab und zu etwas locker zu lassen. Es geht nicht darum, dass hundertprozentig aufgeräumt, alles genau schriftlich dokumentiert ist etc. Es geht vielmehr darum, Ihre *wichtigen* Aufgaben perfekt zu erledigen – das ist Ihr Garant für Erfolg und Zufriedenheit.

4.5.3 Aufgaben aufschieben

Neigen Sie dazu, Dringendes und Wichtiges, wenn es mit unangenehmen, komplizierten oder langweiligen Tätigkeiten verbunden ist, aufzuschieben? Lassen Sie Priorität-1 ständig anwachsen? Dann fühlen Sie sich wohl auch häufig unter Druck und haben abends oft das Gefühl, wie ausgepumpt zu sein?

Versuchen Sie in unangenehmen Dingen angenehme Teile zu finden, und belohnen Sie sich für die Erledigung solcher Aufgaben. Wenn Sie ehrlich sind, ist das Schwarz-Weiß-Denken Illusion. Auch für Sie erfreuliche Aufgaben haben meist mühsame, negative Komponenten; umgekehrt ist es mit den Dingen, die Sie gern immer weiter verschieben, so, dass sich auch dort Positives finden lässt. Nicht zuletzt schafft die erfolgreiche Bewältigung von komplizierten Aufgaben ungeheure Befriedigung und setzt Kräfte frei für Ihre nächste Herausforderung.

4.5.4 Störfaktoren

Die Störungsanalyse gibt Ihnen Auskunft darüber, wie viel Zeit täglich durch Störungen verloren geht. Wer denkt, eine fünf Minuten lange Störung würde tatsächlich nur fünf Minuten der Arbeitszeit in Anspruch nehmen, der irrt. Die **Folge** der Störung muss nämlich ebenso berücksichtigt werden wie Dauer und Umfang der Störung selbst.

Außerdem haben Störungen nicht nur den **quantitativen** Effekt, die eigene Arbeit für eine gewisse Zeit zu unterbrechen, sondern auch einen **qualitativen** Aspekt. Ihre Konzentration kann zum Beispiel durch eine nur kurze Unterbrechung aufs Empfindlichste gestört werden. Bis Sie sich dann wieder in Ihre Arbeit hineindenken und mit der Aufgabe fortfahren, kann es erstens einige Zeit dauern, und zweitens haben Sie vielleicht den sprichwörtlichen **Faden verloren** und damit eine gute Idee oder einen guten Gedanken schlicht vergessen.

Darauf, ob Sie mehr oder weniger regelmäßig gestört werden, haben Sie selber maßgeblichen Einfluss. Wenn Sie jeder immer alles fragen oder von Ihnen haben kann, werden Sie Schwierigkeiten haben, mit Ihrer eigenen Arbeit nachzukommen. Weiterhin werden Sie sich schwer tun, wenn Sie sich in Ihren Prioritäten selbst nicht auskennen und Ihre Zeit und Arbeitskraft nicht ausreichend vor störenden Einflüssen schützen.

Die wichtigsten externen Störfaktoren sind zum Beispiel das **Telefon, unangemeldete Besucher, ungenügende Tagesplanung, mangelhafte Vorbereitung** der Arbeit, der Besprechungen usw. Mit folgenden Fragen können Sie Störfaktoren leichter ausfindig machen:

- Welche Störfaktoren haben Einfluss auf meine Arbeit, und welche wirken sich dabei am meisten (negativsten) aus?
- Welche lassen sich abmildern bzw. ganz vermeiden?
- Welche kann ich persönlich abstellen?
- Welche Maßnahmen muss mein Arbeitgeber ergreifen, damit alle Beschäftigten konzentrierter und rationeller arbeiten können?

Nehmen Sie zur Störungsanalyse Arbeitsblatt 7 zu Hilfe. Auf diese Weise können Sie Störungen und deren Auswirkungen schriftlich dokumentieren.

Sicher wird es Ihnen zunächst nicht leicht fallen, gewohnte Verhaltensmuster zu ändern. Wenn Sie jahrelang eine bestimmte Tätigkeit ausgeführt haben, werden Sie sich kaum mehr nach dem Warum fragen, sondern die Ihnen gestellte Aufgabe einfach erledigen. Hinterfragen Sie Routinearbeiten trotzdem:
Sind sie überhaupt effektiv oder gibt es heute andere Mittel und Wege, diese Routinearbeiten zu erledigen oder sogar ganz bleiben zu lassen?
Kontrollieren Sie außerdem Ihre Tagesplanung genau und überprüfen Sie, ob Sie Störungen wie unerwartete Telefonanrufe nicht einfach ausschalten können (zum Beispiel durch Wahlumleitung oder Mailbox). Daneben können Sie beispielsweise mit Ihren Kollegen absprechen, dass Sie, wenn Ihre Bürotür geschlossen ist, nicht gestört werden möchten, außer es handelt sich um etwas wirklich sehr Wichtiges und Dringendes. Oder Sie können ein Schild mit der Aufschrift „Bitte nicht stören" an Ihre Tür heften.

4.5.5 Formulierung der Aufträge

Viel Zeitverlust, Hektik und ineffektive Arbeit könnte vermieden werden, wenn die Aufgabenstellung immer eindeutig wäre. Egal, ob Sie derjenige sind, der Aufträge erteilt oder Aufträge ausführt (bei den meisten Beschäftigungen werden Sie beides regelmäßig tun) – die Aufgabenstellung sollte allen Beteiligten stets klar sein, um optimales Arbeiten zu ermöglichen. Mit Hilfe folgender methodischer Fragen können Sie dies erreichen:

- Ist der Auftrag richtig verstanden worden? Steht die notwendige Zeit zur Verfügung und reichen die Fähigkeiten und Kompetenzen aller Beteiligten aus?
- Kann man den Auftrag in Unteraufträge splitten? Mit wem kann man zusammenarbeiten, welche Teams kann man bilden? Kann man einen Unterauftrag unter Umständen an eine andere Firma vergeben, wenn diese ihn (zum Beispiel aufgrund ihrer technischen Ausrüstung) besser, schneller und kostengünstiger erledigen kann?
- Sind Ziele und Spielregeln genau formuliert?
- Kann das Ergebnis auf verschiedene Arten realisiert werden; gibt es Varianten?
- Was ist zu tun, um optimale Ergebnisse und optimales Engagement seitens aller Beteiligten zu erreichen?
- Was kann der Auftraggeber auf jeden Fall voraussetzen? Welche Maßstäbe werden an die Ergebnisse angelegt? Wann gilt der Auftrag als gut, wann als weniger gut ausgeführt?

Merken Sie sich als goldene Regel: Vermeiden Sie **Unklarheiten** bei der Arbeit in jeder Form. Stellen Sie sicher, dass jeder genau weiß, was zu tun ist. Wenn Sie sich selbst nicht sicher sind, wie das Ergebnis genau aussehen soll, fragen Sie lieber nach, anstatt kostbare Zeit und Energie aufzuwenden, die sich letztendlich nicht lohnt. Wenn Sie selbst Aufträge erteilen, versetzen Sie sich in die Lage des anderen. Nur so können Sie vermeiden, dass Sie wirklich alle wichtigen Informationen übermitteln und diese auch empfangen werden!

Zusammenfassung vierter und fünfter Schritt

- Um etwas verändern zu können, muss man zunächst die Ausgangslage (also den **Ist-Zustand**) genau kennen. Es ist am besten, alles schriftlich festzuhalten. Beginnen Sie bei der Ermittlung des Ist-Zustandes mit einer kleinen Einheit, zum Beispiel einem Arbeitstag. Schreiben Sie sich genau auf, wie lange Sie für eine bestimmte Aufgabe benötigen und was Sie in welcher Zeit und mit welchem Aufwand erreicht haben. Nach der Erfassung des Ist-Zustandes wird dieser ausführlich analysiert. Ziel der Analyse ist es, Schwachstellen in der persönlichen Arbeitstechnik zu erkennen und Verbesserungen in die Wege zu leiten.
- Unsere **Leistungsbereitschaft** ändert sich stündlich, ist also nie über einen ganzen (Arbeits-) Tag genau gleich hoch. Es ist biologisch unmöglich, zu jeder Zeit die gleiche hohe Leistungsfähigkeit zu erreichen. Bei den meisten Menschen liegt das absolute Leistungshoch morgens. Am frühen Abend steigt die Leistungskurve ebenfalls wieder an. Es ist besonders wichtig, Ihre persönliche Leistungskurve genau zu kennen. Wichtige Arbeiten können Sie dann in Ihr Leistungshoch legen, um optimale Ergebnisse zu erzielen.
- Nur 20 Prozent Ihrer Aufgaben machen 80 Prozent Ihres Erfolges aus (**Pareto-Prinzip**). Deshalb ist es unumgänglich, sich auf die wenigen wichtigen Aufgaben zu konzentrieren und diese optimal zu bearbeiten.
- Teilen Sie Ihre Aufgaben in **A-, B- und C-Aufgaben** ein. A-Aufgaben sind sehr wichtig (von ihnen hängt Ihr beruflicher Erfolg ab!), B-Aufgaben sind weniger wichtig und C-Aufgaben sind unwichtig. Vergeben Sie außerdem Dringlichkeiten von 1 bis 3. Teilen Sie sich Ihre Arbeit so geschickt ein, dass Sie immer nur unter Dringlichkeitsstufe 3 arbeiten. Dann kann es erst gar nicht zu Stress und Hektik kommen. Delegieren Sie außerdem C-Aufgaben rechtzeitig und konzentrieren Sie sich auf Ihre A-Aufgaben.
- Der ABC-Analyse ähnlich ist die **Zeitmanagement-Matrix**. Priorität-2 ist der Matrixquadrant des Pareto-Prinzips. Verbringen wir die meiste Zeit in Priorität-2, so integrieren wir unsere Ziele in die Tagesplanung und arbeiten effektiv. Langfristige Ziele werden erfolgreich mit Priorität-2-Zeit bewältigt. Der P-2-Matrixquadrant ist der Matrixquadrant der wichtigen, nicht dringenden Aufgaben.
  - Priorität-1-Aktivitäten führen, wenn sie überhand nehmen, zu permanenter Hektik, Hetze, Getrieben-Sein und Burn-Out-Symptomen. In Priorität-1, dem Matrixquadrant der wichtigen, dringenden Aufgaben, re-agieren wir hauptsächlich, sind hektisch und gestresst. Wir verlieren die Kontrolle über langfristige Aufgaben und Ziele.
  - Priorität-4 (unwichtige, nicht dringende Aufgaben) resultiert häufig aus einer Flucht vor der Dominanz von Priorität-1. Herrscht Priorität-1 vor, ist die Versuchung groß, sich von dem Gefühl der Fremdbestimmung abzulenken.
  - Priorität-3-Aufgaben, also scheinbar dringende, nicht wichtige Aufgaben, sind bei vielen Menschen beliebt, weil sie relativ belanglos und einfach zu bearbeiten sind und die Ergebnisse ohne Konsequenzen bleiben. Letztlich ist die vorwiegende Bearbeitung von Priorität-3-Aufgaben die Flucht vor

Selbstverantwortung. Da langfristige Ziele nicht erreicht werden und Re-Aktion den Tag bestimmt, fühlen sich Menschen, die sich in Priorität-3-Aufgaben flüchten, als Opfer der Umwelt.
- Vermeiden Sie Perfektionismus. Merken Sie sich die Regel: Perfektion ja, Perfektionismus nein! Sie tyrannisieren damit nur sich selbst und Ihre Umwelt und werden durch übertriebenen Perfektionsmus von den wirklich wichtigen Dingen abgelenkt.
- Versuchen Sie, Störungen weitgehend auszuschalten. Machen Sie eine Analyse der Störungen und dokumentieren Sie, welchen Effekt Störungen auf Ihre Arbeit haben. Vereinbaren Sie klare Signale, wenn Sie ungestört arbeiten wollen.
- Vermeiden Sie Unklarheiten bei der Arbeit in jeder Form. Stellen Sie sicher, dass Aufträge immer richtig verstanden werden. Überwachen Sie deren Durchführung.

4.6 Sechster Schritt: Zeitliche Planung

4.6.1 Aufgaben planen und durchführen

Eine vernünftige und gut durchdachte Planung spielt sowohl bei der Ausführung eines Auftrags als auch im Zielmanagement eine der Schlüsselrollen. Halten Sie den Auftrag schriftlich fest und skizzieren Sie nach reiflicher Überlegung (sowie eventueller Beratung mit Ihren Kollegen) deren Durchführung. Das ähnelt dem Projektmanagement, das im Systemteil Arbeitsmethodik und Projektmanagement näher erläutert wird. Die unten stehenden Fragen helfen dabei:

- Wie lautet die Aufgabe? Welche Ergebnisse werden erwartet?
- Was will/ muss ich persönlich erreichen bzw. was will/muss ich nicht erreichen?
- Wie sehen die Muss- und wie die Wunschziele aus?
- Mit welcher Arbeitsmethode ist die Sache am effektivsten zu erledigen?
- Wie sieht die Zeitplanung aus? Wann ist wofür der günstigste Zeitpunkt?
- Was wird an Hilfsmitteln benötigt? Kann man einen Teilauftrag an eine andere Firma abgeben? Muss man sich dazu rechtzeitig um einen Termin oder ähnliches kümmern?

Wichtig ist vor allem, dass Sie selbst genügend motiviert sind und Ihr Team ebenso motivieren können. Dann fangen Sie rechtzeitig an, leiten alles Notwendige in die Wege und haben genügend Zeit, Ihre Aufgabe ohne Stress und Hektik zu erledigen.

4.6.2 Das Zeitplanbuch

Benutzen Sie statt eines Kalenders Ihr persönliches **Zeitplanbuch (Agenda)**. Sie werden sehen, dass es Ihre Zeit optimiert, Ordnung in den Dispositionen schafft und gleichzeitig als Planungskalender unerlässlich wird. Ein gut geführtes Zeitplanbuch ist das ideale Planungs-, Steuerungs-, Kontroll- und Informationssystem. Es ist das effektivste

Selbstrationalisierungsmittel und damit die Basis für beruflichen Erfolg. Folgende Kapitel sollte Ihr Zeitplanbuch auf jeden Fall enthalten. (Natürlich können Sie noch andere Kapitel nach Belieben zufügen, wenn eine weitere Kategorie in Ihrer Branche oder Ihrem Tätigkeitsfeld sinnvoll ist.):

- Jahres-, Monats- und Wochenpläne plus Übersichten über die wichtigsten Projekte.
- Ein Kalendarium: Für jeden Tag ein oder zwei Seiten, damit Sie alle Ihre Ziele und Prioritäten für diesen Tag genau festhalten können.
- Den Datenteil: Er ist Nachschlagewerk für alle wichtigen persönlichen und betrieblichen Daten. In diesen Teil können Sie auch einige Notizzettel legen, auf denen Sie zum Beispiel Anregungen für Diskussionsthemen, Besorgungen etc. festhalten können.
- Ein Adressen- und Telefonverzeichnis.
- Anleitungen, Arbeitsblätter, Checklisten und Ähnliches. Sie können auch positive Erfahrungen oder Ideen aufschreiben, die Sie bei einem Projekt gemacht haben. Falls sich dieses Projekt wiederholen sollte, haben Sie somit schon eine Grundanleitung, wie Sie erfolgreich vorgehen können.

Durch das Zeitplanbuch werden Sie mehr Ordnung und Organisation in Ihrer täglichen Arbeit erreichen und langfristige Ziele immer im Auge behalten. Sie haben stets alle wichtigen Informationen auf einen Blick, können Termine besser planen und Störungen leichter vermeiden. Sie sehen genau, was Sie wann zu tun haben und können dadurch Misserfolgserlebnisse durch abgebrochene, nicht zustande gebrachte und verschobene Arbeiten vermeiden. Sie arbeiten zielgerichteter und effektiver, zeit- und energiesparender.

All das sind Eckpfeiler der methodischen Arbeit. Methodische Arbeit und zeitliche Planung gehören eng zusammen. Deswegen haben wir die Grundsätze methodischer Arbeit im Folgenden für Sie zusammengefasst:

4.6.3 Grundsätze methodischer Arbeit

1. Gewöhnen Sie sich eine tägliche **Arbeitstagvorbereitung** von mindestens 10 Minuten an; am Morgen vor Beginn der eigentlichen Arbeit und / oder am Vorabend (kurz vor Feierabend oder zu Hause). So gewinnen Sie mehr Zeit für wichtige Dinge und behalten stets Ihr Ziel im Auge. Die abendliche Vorbereitung hat den *Vorteil*, dass Sie Ihr Unterbewusstsein in der Nacht bereits „vorarbeiten" lassen können, indem Sie Probleme, die am nächsten Tag gelöst werden müssen, aufschreiben. Dagegen hat sie den *Nachteil*, dass einige Menschen durch dieses Vordenken bereits wieder ins Arbeiten kommen und so schlecht einschlafen können.
2. Der **Tagesrückblick** gehört ebenfalls zu den Grundsätzen methodischer Arbeit. Kontrollieren Sie das Erreichte sowie das Nichterreichte und ziehen Sie daraus Schlussfolgerungen für die Tagesplanung des nächsten und der folgenden Tage. Um Ihre Strategie und Methodik ständig zu verbessern, stellen Sie sich folgende Fragen:

Wenn ich diesen Tag nochmals vorbereiten könnte: Was würde ich beibehalten und was würde ich besser machen? Was werde ich deshalb ab sofort besser machen? Wenn ich diese Woche, diesen Monat, dieses Jahr, diesen Auftrag, dieses Projekt, diesen Vertrag usw. noch einmal planen könnte: Was würde ich beibehalten und was würde ich besser machen? Was werde ich deshalb ab sofort besser machen?

3. Das Wesentliche an Ihrer Arbeit ist eine **gute Planung**. Nehmen Sie sich Zeit dazu, nachzudenken und die Arbeit gut vorzubereiten. Wenn Sie damit fertig sind, führen Sie Ihre Aufgabe zielstrebig, zeitgerecht und ohne Fehler aus.
4. **Schieben** Sie Dinge, die Sie für absolut notwendig erachten, **nicht auf**. Gehen Sie gemäß Ihrer Planung vor, anstatt wichtige Aufgaben in der Hektik des Alltags stiefmütterlich zu behandeln.
5. Bauen Sie auf den erreichten **Erfahrungsstand** von Kollegen und Vorgesetzten auf. Werten Sie eigene Erfahrungen und Erkenntnisse aus und stellen Sie diese dem Team zur Verfügung.
6. Verwenden Sie Arbeitsergebnisse und Erkenntnisse nach Möglichkeit **mehrfach**.
7. Und schließlich: Ohne positive Einstellung zu Ihrer eigenen Arbeit, zum Tagesablauf und zu Ihrem ganzen Leben werden Sie kaum richtig weiterkommen.

4.6.4 Eine Zielkarte erstellen

Wer alle Ziele auf einmal angehen will, läuft Gefahr, sich zu verzetteln, unter Zeitdruck zu kommen und nicht effektiv, geschweige denn effizient handeln zu können.

Sehen Sie sich die Ziele an, die Sie zu den einzelnen Lebensbereichen bestimmt haben. Überlegen Sie,
- wo Sie einzigartige Fähigkeiten haben,
- wodurch Sie sich von anderen Menschen unterscheiden,
- welche Aufgaben Ihnen leichter fallen als anderen,
- wo Ihre Kernkompetenzen liegen.

Wenn Sie wissen, was Sie können und sich darauf konzentrieren, gibt das einen ungeheuren Motivationsschub.
Formulieren Sie **Kernaufgaben** für alle von Ihnen definierten Rollen über einen Zeitraum von **ein bis drei Jahren**. Konzentrieren Sie sich dabei auf wenige Kernaufgaben. Pro Rolle sollten es nicht mehr als zwei oder drei Kernaufgaben sein. Es kann auch nur eine sein, die Sie dann mit aller Konzentration verfolgen können.

Auf der Basis dieser Kernaufgaben sollen nun mittelfristige Ziele (**ein bis fünf Jahre**) bestimmt werden. Entscheiden Sie selbst, für welche Rollen eine Fünf- (oder auch Zehn-) Jahresplanung sinnvoll ist. Für die Planung der Jahresziele nehmen Sie Ihre Rollen als Muster. Vergessen Sie nicht, Ihre Ziele persönlich, positiv, realistisch, präzise, messbar, terminiert und im Präsens zu formulieren.

Ihre Jahresplanung könnten Sie zum Beispiel so anordnen:

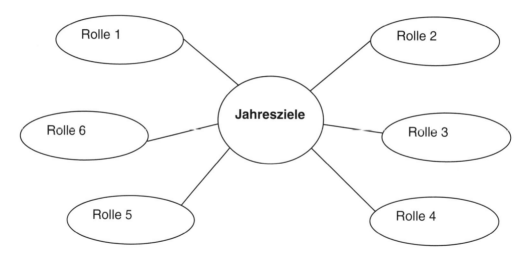

Geben Sie dann den Zielen Prioritäten und ordnen Sie sie auf einer persönlichen **Zielkarte** an.

So wie es auf Reisen schnell und ohne große Vorbereitungen zu erreichende Ziele gibt, andere Reisen dagegen lange vorbereitet werden müssen und auch länger dauern, bis das Ziel erreicht ist, haben Ziele **unterschiedliche Prioritäten**. Wir können nicht alle Ziele **gleichzeitig** und mit Erfolg erreichen. Für erfolgreiches, effektives Handeln ist das Setzen von Prioritäten eine unabdingbare Voraussetzung. Nicht die Mühen und die Zeit zählen letztlich, sondern das Ergebnis. Die Zielerreichung ist also ergebnisorientiert.
Entwickeln Sie anschließend zu jedem Ziel **unterschiedliche Strategien**, wie das Ziel erreicht werden soll. Die ideale Strategie gibt es selten, aber es wird immer mehrere Möglichkeiten geben, ein Ziel zu erreichen. Deshalb ist es wichtig, sich für jedes Ziel unterschiedliche Strategien zu überlegen. Die Strategie, die sich dann als die beste

herausstellt, suchen wir heraus. Dennoch ist es wichtig, Alternativen zu haben. Um herauszufinden, welche Strategie für unser Ziel optimal geeignet ist, können folgende Fragen helfen:
- Welche der verschiedenen Möglichkeit passt gut zu meiner Lebensvision?
- Welche Vor- und Nachteile hat jede Strategie?
- Welche Kräfte brauche ich, um die Strategie umzusetzen?
- Welche Strategie motiviert mich am meisten?

Nun ist es aber nicht so, dass die einmal gewählte Strategie unter allen Umständen beibehalten werden muss. Stellen sich Mängel im Plan heraus, ändern sich Umstände oder stoßen Sie auf Hindernisse, so müssen Sie **schnell** und **flexibel** darauf reagieren können. Ihr Plan muss den Veränderungen permanent angepasst werden. Sie selbst sind ein lernender Organismus. Nur durch Lernen wird Erfolg möglich.

Ordnen Sie nun zu den Zielen die Strategie zur Zielerreichung **zu**. Genauso wie für die Jahresziele können Sie Halbjahres- oder Monatsziele festlegen. Auch hier ist zu überlegen, für welche Rollen es sinnvoll ist, kleinere Zielzeiträume zu bestimmen. Für einen Studenten ist es erforderlich, Semesterpläne zu machen; für einen Marketingmitarbeiter sind Zeiträume zwischen Messen eine Planungseinheit; ein sportliches Ziel plant der Hobbysportler unter Umständen für einen Monat. Entscheiden Sie für Ihre individuelle Lebensstruktur, in welchen mittelfristigen Zeiträumen Sie planen.

Nun geht es weiter mit der Wochenplanung: Die Woche ist als Planungseinheit ein Abbild unserer Vision. Sie integriert alle Dimensionen und Lebensbereiche.

4.6.5 Wochenplanung

4.6.5.1 Die Woche als Schnittstelle zwischen Vision und Aktion

Die Woche schafft die **Verbindung** zwischen allen Lebensbereichen, unserer Vision und den formulierten länger- und kurzfristigen Zielen. In einer Woche gehen wir in der Regel durch alle Lebensbereiche. Blicken wir auf einen Tag, so werden wir oft nicht alle Lebensbereiche unter einen Hut bekommen. An einem Tag kann der Beruf die meiste Zeit verbrauchen, an einem anderen die Familie.
Innerhalb einer Woche sollten unsere Lebensbereiche im Gleichgewicht sein, damit wir ausgeglichen und stabil die Anforderungen der einzelnen Tage bewältigen können. Ein Ungleichgewicht ist sicher ab und an nicht zu vermeiden, wenn wir zum Beispiel beruflich mit einem wichtigen Projekt beschäftigt sind. Über die Jahre verteilt ist die Betonung eines Lebensbereichs und die Vernachlässigung anderer aber sehr ungünstig. Vernachlässigen wir beispielsweise ständig unsere Gesundheit, so werden wir vermutlich irgendwann unseren Beruf nicht mit genügend Energie bewältigen können und Freunden unausgeglichen und nervös begegnen. Die starke Ausrichtung auf einen Lebensbereich hat immer Auswirkungen auf die anderen. Jeder Lebensbereich hängt mit den anderen unzertrennbar zusammen.

Planen wir **wochenweise**, ist es leicht, alle Lebensbereiche in die Planung mit einzubeziehen und auf ein **Gleichgewicht** zu achten. Durch eine alleinige Ausrichtung des Zeitmanagements auf einzelne Tage dagegen verliert man schnell den Blick für eine Balance. Zudem verhindert die scheinbare Priorität von an einem Tag dringend zu erledigenden Dingen den Blick aufs Ganze. Wochenplanung ist auch aus einem anderen Grund vorteilhaft: Sie berücksichtigt, dass wir Menschen mit **Energie- und Leistungsschwankungen** sind. Nicht an jedem Tag sind wir gleich leistungsfähig, motiviert und kreativ. Tagesplanung macht an energielosen Tagen nur Frust und Unlust, wenn wir unser Pensum nicht geschafft haben. Wenn aus diesem Grund häufig Misserfolge eintreten, stellen sich Schuldgefühle über die eigene Unzulänglichkeit ein. Wochenplanung beugt hier vor.

Effektive Wochenplanung beinhaltet neben der Planung die **Rückkoppelung**. Am Ende der Woche ziehen wir Bilanz über die Erfüllung unserer Ziele, über Erfolge und Misserfolge. Über die Rückschau können wir Ursachen für Demotivation, Unlust und Fehler finden. Wir überlegen, welche Ziele wir erreicht haben, welche nicht und welche Ursachen dies hatte. Auch wird uns bewusst, was in dieser Woche gut gelaufen ist oder wo wir besonders zufrieden waren. Die bewusste Rückschau stärkt unser Selbstbewusstsein durch eine realistische Sicht auf uns selbst. Sie beugt einer Selbstüber- oder -unterschätzung vor. Sie wirkt motivierend, unsere Stärken weiterzuentwickeln und aus unseren Fehlern zu lernen.

Ausgehend von der Wochenrückschau planen wir dann die neue Woche. Die Wochenplanung bildet die Basis für unser tägliches Planen und Handeln.

Die Woche bildet so die Grundlage unseres Selbstmanagements. Sie integriert die Tage in die größeren Ziele. Sie schafft das Gleichgewicht zwischen unseren Rollen und lässt uns den Blick für das Wesentliche nicht verlieren.

4.6.5.2 Zielbestimmung für alle Lebensbereiche

Um ein Gleichgewicht der Lebensbereiche innerhalb einer Woche zu erzielen, formulieren Sie für alle Bereiche Ziele. Sie können mehrere Ziele für einen Lebensbereich formulieren. Zu beachten ist dabei, pro Lebensbereich unter mehreren Zielen oder Aufgaben ein **Schwerpunktziel** zu formulieren; die anderen Ziele müssen nicht (aber können!) erreicht werden. Machen Sie sich also eine Kann- oder Vielleicht-Liste neben den Schwerpunktzielen. Kann-Ziele können Sie bearbeiten, wenn Sie Zeit übrig haben. Es können auch Ziele sein, die noch einmal durchdacht werden müssen, die unter Umständen zu festen Zielen werden könnten, aber noch nicht endgültig sind.

Zeitmanagement und Zielplanung

Die schriftliche Fixierung der wöchentlichen Schwerpunktaufgaben hilft Ihnen im Alltag, den Blick für die wesentlichen Aufgaben nicht zu verlieren. Die Woche im Blick soll Sie unterstützen, sich nicht von Kleinigkeiten und Ablenkungen im Alltag beherrschen zu lassen, und Ihre Selbstdisziplin zu unterstützen.

Überlegen Sie, wenn Sie Wochenziele formulieren:

- Was will ich diese Woche erreichen?
- Was ist mir wichtig im Hinblick auf meine Vision und meine längerfristigen Ziele?
- Was möchte ich verbessern?
- Welches Schwerpunktziel setze ich mir für die folgende Woche?
- Was will ich für meine Selbsterneuerung tun?

Wenn Sie Ihre Wochenziele festgelegt haben, können Sie zur Tagesplanung übergehen.

4.6.6 Tagesplanung

4.6.6.1 Der Tag als kleinste Planungseinheit

Wochenplanung ermöglicht flexibles, zielgerichtetes Handeln, ohne dabei den Blick für das Ganze zu verlieren. Die Wochenplanung soll natürlich in Ihre **Tagesplanung** einfließen. Wir weisen dem Tag in einer ruhigen Minute des Vorabends oder des Morgens Elemente der Wochenplanung zu. Haben wir den einzelnen Tagen schon Prioritäten zugewiesen, so wird die Planung überprüft, ob sie noch stimmig ist und gegebenenfalls verändert. Im Folgenden erfahren Sie, was bei der Planung der Tagesstruktur zu beachten ist.

Bei der Tagesplanung können wir unsere Aufgaben in die einzelnen Matrixquadranten einordnen. Allgemein sollten Sie sich jedoch daran halten, nur **60 Prozent** Ihres Tages fest zu verplanen und **40 Prozent** Ihrer Zeit für Unerwartetes und Spontanes freizuhalten. So können Sie Unvorhergesehenem besser begegnen. Wenn am Ende des Tages doch noch etwas Zeit ist, können Sie sich guter Dinge an eine Aufgabe machen, die Sie eigentlich für den nächsten Tag geplant hatten.

Priorität-1- und Priorität-2-Aufgaben benennen
Nehmen Sie Tagespläne, so sollte ein Tag aus zwei Spalten bestehen. Die eine soll Ihre Termine enthalten, in die andere tragen Sie die Priorität-1- und Priorität-2-Aktivitäten ein.

Bestimmen Sie zuerst die Priorität-2-Aufgaben für den Tag. Nehmen Sie die Wochenplanung und überprüfen die Prioritätensetzung.

Folgende Fragen können helfen, Priorität-2-Aufgaben zu bestimmen:

- Für welche Aufgabe haben Sie die Verantwortung, welche können nur Sie allein erledigen?
- Welche Aufgabe bringt Sie weiter (beruflicher Erfolg)?
- Welche Aufgabe hat im Hinblick auf Ihre Vision, Ihre langfristigen Ziele den größten Nutzen?
- Welche Aufgabe schafft für Sie selbst die größte Befriedigung?

Folgende Tipps helfen Ihnen bei der Tagesplanung:

- Priorität-1- und Priorität-2-Aufgaben sollten **gebündelt** werden, das heißt gleichartige Aufgaben werden zusammengefasst. So ist es günstig, zum Beispiel alle Briefe auf einmal zu beantworten, alle Besorgungen auf einmal zu erledigen oder Telefonate wegen einer Sache hintereinander zu legen. Bei einer Sache zu bleiben ist viel effizienter und zeitsparender, als jedes Mal zu unterbrechen.
- Haben Sie mehrere Priorität-1- oder Priorität-2-Aufgaben, so ist es sinnvoll, auch **innerhalb** der Matrixquadranten **Prioritäten** zu setzen, zum Beispiel durch Nummerierung.
- Lernen Sie *nein* zu sagen zu Aktivitäten aus Matrixquadrant 3 und 4. Sie werden mehr Zeit für das Wesentliche gewinnen. Dem **Nein-Sagen** ist ein ganzer Abschnitt im Systemteil Kommunikation gewidmet. Wenn Sie hier Probleme haben, freuen Sie sich auf die Erkenntnis, dass Nein-Sagen erlernbar ist.
- Erledigen Sie Aufgaben und Projekte, bevor sie dringend werden bzw. ein Zieltermin immer näher rückt. Denken und handeln Sie **präventiv**.
- Probieren Sie aus, SOFORT morgens mit den **Priorität-1-Aufgaben** zu beginnen. Bleiben Sie dabei, bis Sie damit zu Ende sind. Danach erledigen Sie die Priorität-2-Aufgaben.
- Schaffen Sie sich **störungsfreie Zonen** für Priorität-1-Aktivitäten.

- Auf keinen Fall sollten Sie morgens in die Versuchung geraten, erst ein paar Priorität-3 oder Priorität-4 Aktivitäten „zum Aufwärmen" mitzunehmen. Sie täuschen sich selbst durch diese „Scheinaktivitäten" und sind womöglich schon erschöpft, wenn Sie wichtige Arbeit erledigen wollen.
- Ziel ist es, möglichst **wenig Zeit** mit Priorität-1-Aufgaben verbringen zu müssen und dennoch bravouröse Resultate vorweisen zu können.
- Priorität-2-Aufgaben am Ende eines Arbeitstages werden Ihnen dann leicht fallen, sie lassen sich auch leichter verschieben, ohne das Gefühl der Unzufriedenheit und des Versagens.
- Falls notwendig, wechseln Sie im Laufe eines Tages die Prioritäten: Tagespläne sollten nicht dogmatisch gehandhabt werden. Sie dienen als Orientierung und als Hilfe, die Verbindung zwischen den Zielen zu halten. Nicht Sie sollten durch Ihren Terminkalender gemanagt werden, sondern Sie managen sich selbst – mit Hilfe des Terminkalenders.

4.6.6.2 Einteilung der Tageszeit

Bei der Planung der Tageszeit sollten zusätzlich einige Prinzipien beachtet werden:

- Schätzen Sie den **Zeitaufwand** für die einzelnen Aufgaben. Rechnen Sie jeweils etwas mehr Zeit ein. Fällt Ihnen dies schwer und verschätzen Sie sich ständig, so schreiben Sie eine Zeit lang neben die veranschlagte Zeit die tatsächlich aufgewandte Dauer auf. Allmählich werden Sie realistischer planen lernen.
- Verplanen Sie wie oben beschrieben nie Ihre gesamte Arbeitszeit! Ca. 60 % Ihrer Zeit kann verplant werden, der Rest ist **Pufferzeit** für Unerwartetes. Nehmen Sie einen Acht-Stunden-Tag als Ausgangspunkt, so verplanen Sie fünf Stunden: drei Stunden für A-Aufgaben, eine Stunde für B-Aufgaben und eine Stunde für C-Aufgaben. Die Rest-Zeit bietet Raum für Lösung von unerwarteten Problemen, spontane Tätigkeiten und Zeit für Menschen.
- Reservieren Sie sich **Pausen**. Nach einer Stunde konzentrierten Arbeitens sollten Sie 10 Minuten Pause machen, um einen optimalen Erholungseffekt zu haben und das Leistungstief, das nach 60 Minuten erreicht ist, aufzufangen. Versuchen Sie, sich etwas zu bewegen und Luft zu schnappen. Längere Pausen sind dagegen nach mehr als einer Stunde noch ineffektiv.
- Beachten Sie Ihre persönliche **Leistungskurve** und legen Sie Arbeiten, die Ihre volle Aufmerksamkeit und Energie fordern, in ihre leistungsstarke Zeit. In der Regel liegt das Leistungshoch am Vormittag (es beginnt früher oder später), ein Zwischenhoch gibt es am frühen Abend. Nutzen Sie die schwache Zeit am frühen Nachmittag für leichtere Aufgaben, Routinetätigkeiten und soziale Kontakte.
- Lassen Sie ein **abendliches Resümee** über ihren Tag (Kontrolle, Kritik, Verschieben von Unerledigtem) und die Tagesplanung (am Vorabend oder am Morgen eines Tages) zur Gewohnheit werden.

Wenn Sie Ihren Tagesplan machen, überlegen Sie, welche Aufgaben *dringend* und welche *wichtig* sind. Die in der Wochenplanung gesetzten wesentlichen Aufgaben werden auf die einzelnen Tage verteilt bzw. täglich überprüft, ob ihre Aufteilung noch sinnvoll und schlüssig ist.

4.6.7 Klares Handeln

Der Kern des Ziel- und Zeitmanagements ist Planung. Da wir uns aber genauso permanent verändern wie unsere Umwelt, bildet die Planung nur die Struktur für **flexibles** und **spontanes Handeln**. Die tägliche Herausforderung ist die Achtsamkeit für den Augenblick der Wahl. Jede Entscheidung, die wir im Laufe eines Tages zu fällen haben, hat wiederum Auswirkungen auf andere Entscheidungen. An jeder Weggabelung wird uns die Frage, welche Richtung wir einschlagen wollen, erneut gestellt.

Klarheit in diesem Moment bedeutet dann, vorausschauend zu denken, Erkenntnisse anzuwenden und unser Wissen und unsere Selbstverantwortung in die Entscheidung einzubringen. Klug zu handeln, eine klare und überlegte Wahl zu treffen, lässt uns langfristig bessere Ergebnisse erzielen und hilft gleichzeitig, unsere Lebensenergie zu erhalten.

4.7 Siebter Schritt: Aktion und Kontrolle

Nachdem Sie Ihre Ziele formuliert, Situationen analysiert, Schwachstellen ausgemerzt und große und kleine Ziele geplant haben, müssen Sie handeln: Nun steht die **Aktion** im Vordergrund. Erinnern Sie sich: Es geht nicht um re-agieren, sondern um agieren; also die eigenen Ziele aktiv zu verfolgen. Lassen Sie sich durch dumme Kommentare der Anderen nicht beeinflussen, und lassen Sie sich nicht entmutigen, wenn Sie ein Soll-Ziel einmal nicht erreicht haben. Bedenken Sie außerdem, dass nicht jeder Mensch alles erreichen kann (nicht jeder kann Präsident der Vereinigten Staaten werden) und dass auch äußere Faktoren (Firmenpolitik, Umwelt) berücksichtigt werden müssen.

Das Wichtigste ist, dass Sie auch nach einer Enttäuschung **nicht aufgeben**. Denken Sie an berühmte Wissenschaftler. Wie oft hat ein Forscher wohl Rückschläge erleiden müssen, bis er tatsächlich eine bahnbrechende Erfindung oder Entdeckung gemacht hat? Thomas Edison ist berühmt dafür, einige Versuche mehrere Tausend Male durchgeführt zu haben, bis sie endlich funktionierten. Er sagte stets, er habe nicht erneut versagt, sondern sei wieder einen Schritt näher am richtigen Ergebnis.
Unterziehen Sie Ihre Ziele sowie Ihre Vorgehensweise auf dem Weg dorthin immer wieder einer **kritischen Prüfung**. Bleiben Sie auch weiterhin offen für Veränderungen. Bedenken Sie aber, dass niemand immer alles perfekt machen kann.

Belohnen Sie sich selbst und Ihre Mitarbeiter, wenn ein wichtiges (Etappen-) Ziel erreicht ist. Diskutieren Sie auch die Gründe offen im Team, warum ein gemeinsames Ziel nicht erreicht wurde, und überlegen Sie selbst genau, warum Sie Ihr persönliches Ziel nicht erreicht haben. Vermeiden Sie **Schuldzuweisungen** an andere und sich selbst. Überprüfen Sie lieber, ob Ihr Ziel wirklich realistisch war. Auch Ihre Strategie gilt es immer wieder, auf Herz und Nieren zu überprüfen.

4.7.1 Strategiekontrolle

Vor der Zielüberprüfung steht die permanente Kontrolle der gewählten Strategie. Keine Strategie ist von Anfang an perfekt.
Die letztlich realisierte Strategie kann von der ursprünglich geplanten erheblich abweichen. Vor allem das permanente Einwirken von äußeren Einflüssen und sich ändernde Rahmenbedingungen können eine Änderung der Strategie notwendig machen. Um ein unkontrolliertes Abweichen der Strategie auf Grund von Umwelteinflüssen zu vermeiden, ist eine ständige Rückkoppelung notwendig. Dadurch behalten wir die Kontrolle über unsere Strategie und somit auch über das Erreichen des Ziels. Die Kontrolle der Strategie sichert also erfolgreiche Zielergebnisse.

Strategieüberprüfung sollte eine Mischung aus **inkrementaler** und **synoptischer Logik** sein.

Inkrementale Logik ist das Reagieren auf **kurzfristige Probleme**. **Synoptische Logik** besteht aus einer Ausrichtung aller Maßnahmen auf **langfristige Ziele** und die Orientierung an der Vision. Verbinden Sie beides, so können Sie auf Störungen oder kurzzeitige Probleme schnell reagieren ohne sich zu verzetteln; dabei behalten Sie das Ganze, den roten Faden immer im Auge.

Fragen Sie sich kontinuierlich:

- Bin ich heute / diese Woche / diesen Monat meinen Zielen näher gekommen?
- Habe ich im Rahmen meiner Vision gearbeitet?
- Mit welchen Ergebnissen schließe ich den Tag / die Woche / den Monat ab?
- Stimmen die Rahmenbedingungen der Strategie noch?
- Gibt es Mängel?
- Wo werden Änderungen nötig?

4.7.2 Zielkontrolle

Beim Erreichen des Ziels erfolgt die Überprüfung des Resultates. Mit welchem Ergebnis haben Sie das Ziel erreicht? War es ein Erfolg oder ein Misserfolg?

Ziehen Sie Bilanz über positive und negative Faktoren des Zielergebnisses. Egal, ob und wie Sie das Ziel erreicht haben, Sie können daraus für die Zukunft lernen. Eine genaue Analyse ist Voraussetzung für neue, vielleicht kompliziertere, „höhere" Ziele.

Analysieren Sie die Methoden, die Sie verwendet haben. Gab es Methoden, die besonders wirksam waren, haben Ihnen manche besonders geholfen, was war unwirksam? Gab es unerwünschte oder unbeabsichtigte Nebenwirkungen?

Wenn wir Ziele nicht erreichen, kann das verschiedene Ursachen haben:

- Die Ziele entsprachen **nicht unserem Selbst**. Unser Selbstvertrauen, unsere Fähigkeiten und notwendige persönliche Eigenschaften waren noch nicht so weit gewachsen.
- **Unrealistische** Ziele führen leicht zu Misserfolg.
- Die **Umweltbedingungen** haben sich **geändert**, wir haben versäumt, die Strategie **anzupassen**.
- Wir haben die **Methoden** zur Zielerreichung nicht konsequent angewandt.
- Ziele hatten **Nebenwirkungen** auf andere Lebensbereiche. Unerwünschte und nicht bedachte Nebenwirkungen können uns vom Erreichen des Ziels abhalten.
- Manchmal ist es notwendig, nicht nur die Strategien zu **ändern**, sondern auch die Ziele. Wir selbst ändern uns genauso wie unsere Umwelt. Die Konsequenz muss dann manchmal eine Zielkorrektur oder auch ein Fallenlassen eines Ziels und das Suchen eines neuen sein.

Das Erreichen und das Nicht-Erreichen eines Ziels sollten wir als Herausforderung sehen. Nicht Umweltbedingungen sind verantwortlich für Erfolg und Misserfolg, sondern wir selbst. Also genießen Sie Ihren Erfolg, freuen Sie sich darüber, seien Sie stolz auf sich und lernen Sie aus Ihren Fehlern!

Zum Abschluss haben wir noch einmal 33 wichtige konkrete Tipps zum Ziel- und Zeitmanagement zusammengestellt.

Zusammenfassung sechster und siebter Schritt des erfolgreichen Zielmanagements

- Halten Sie Ihre Aufträge immer **schriftlich** fest und skizzieren Sie nach reiflicher Überlegung (sowie eventueller Beratung mit Ihren Kollegen) deren Durchführung. Wichtig ist vor allem, dass Sie selbst genügend motiviert sind und dass Sie Ihr Team ebenso motivieren können. Dann fangen Sie rechtzeitig an, leiten alles Notwendige in die Wege und haben genügend Zeit, Ihre Aufgabe ohne Stress und Hektik zu erledigen.
- Benutzen Sie statt eines Kalenders Ihr persönliches **Zeitplanbuch**. Ein gut geführtes Zeitplanbuch ist das ideale Planungs-, Steuerungs-, Kontroll- und Informationssystem. Folgende Kapitel sollte Ihr Zeitplanbuch auf jeden Fall enthalten: Jahres-, Monats- und Wochenpläne plus Übersichten über die wichtigsten Projekte; ein Kalendarium: für jeden Tag ein oder zwei Seiten, damit Sie alle Ihre Ziele und Prioritäten für diesen Tag genau festhalten können; ein Nachschlagewerk: für alle wichtigen persönlichen und betrieblichen Daten; ein Adressen- und Telefonverzeichnis; Anleitungen, Arbeitsblätter, Checklisten und Ähnliches.
- Gewöhnen Sie sich eine tägliche **Arbeitstagvorbereitung** von mindestens 10 Minuten an; am Morgen vor Beginn der eigentlichen Arbeit und / oder am Vorabend. Erstellen Sie am Abend einen Tagesrückblick. Kontrollieren Sie das Erreichte sowie das Nichterreichte und ziehen Sie daraus Schlussfolgerungen für die Tagesplanung des nächsten und der folgenden Tage.
- Das Wesentliche an Ihrer Arbeit ist eine **gute Planung**. Nehmen Sie sich Zeit dazu, nachzudenken und die Arbeit gut vorzubereiten. Wenn Sie damit fertig sind, führen Sie Ihre Aufgabe zielstrebig, zeitgerecht und ohne Fehler aus.
- **Schieben** Sie Dinge, die Sie für absolut notwendig erachten, **nicht auf**. Gehen Sie gemäß Ihrer Planung vor, anstatt wichtige Aufgaben in der Hektik des Alltags stiefmütterlich zu behandeln.
- Bauen Sie auf den erreichten **Erfahrungsstand** von Kollegen und Vorgesetzten auf. Werten Sie eigene Erfahrungen und Erkenntnisse aus, und stellen Sie diese dem Team zur Verfügung. Verwenden Sie Arbeitsergebnisse und Erkenntnisse nach Möglichkeit mehrfach.
- Erstellen Sie eine **Zielkarte**. Formulieren Sie Kernaufgaben für alle von Ihnen definierten Rollen über einen Zeitraum von ein bis drei, fünf und zehn Jahren. Konzentrieren Sie sich dabei auf wenige Kernaufgaben. Geben Sie dann den Zielen Prioritäten und ordnen Sie sie auf einer persönlichen Zielkarte an. Vergessen Sie nicht, Ihre Ziele persönlich, positiv, realistisch, präzise, messbar, terminiert und im Präsens zu formulieren. Entwickeln Sie anschließend zu jedem Ziel viele unterschiedliche Strategien, wie das Ziel erreicht werden soll. Filtern Sie nun die Strategie heraus, die optimal zu Ihnen und Ihrer Lebensvision passt.
- Die **Woche** schafft die Verbindung zwischen allen Lebensbereichen, unserer Vision und den formulierten länger- und kurzfristigen Zielen. Planen wir wochenweise, ist es leicht, alle Lebensbereiche in die Planung mit einzubeziehen und auf ein Gleichgewicht zu achten. Effektive Wochenplanung beinhaltet neben der Planung die Rückkoppelung. Am Ende der Woche ziehen wir Bilanz über die Erfüllung un-

serer Ziele, über Erfolge und Misserfolge. Ausgehend von der Wochenrückschau planen wir dann die neue Woche. Die Wochenplanung bildet die Basis für unser tägliches Planen und Handeln.

- Um ein Gleichgewicht der Lebensbereiche innerhalb einer Woche zu erzielen, formulieren Sie **für alle Bereiche** Ziele. Sie können mehrere Ziele für einen Lebensbereich formulieren. Zu beachten ist dabei, pro Lebensbereich unter mehreren Zielen oder Aufgaben ein Schwerpunktziel zu formulieren. Die schriftliche Fixierung der wöchentlichen Schwerpunktaufgaben hilft Ihnen im Alltag, den Blick für die wesentlichen Aufgaben nicht zu verlieren. Wenn Sie Ihre Wochenziele festgelegt haben, können Sie zur Tagesplanung übergehen.
- Die Wochenplanung soll in Ihre Tagesplanung einfließen. Weisen Sie dem Tag in einer ruhigen Minute des Vorabends oder des Morgens Elemente der Wochenplanung zu. Haben Sie den einzelnen Tagen schon Prioritäten zugewiesen, überprüfen Sie die Planung, ob sie noch stimmig ist, und ändern Sie diese gegebenenfalls. Verplanen Sie dabei nur 60 Prozent Ihres Zeitbudgets. Halten Sie 40 Prozent für Unerwartetes frei.
- Priorität-1- und Priorität-2-Aufgaben sollten gebündelt werden, das heißt gleichartige Aufgaben werden zusammengefasst. Haben Sie mehrere Priorität-1- oder Priorität-2-Aufgaben, so ist es sinnvoll, auch innerhalb der Matrixquadranten Prioritäten zu setzen (zum Beispiel durch Nummerierung). Erledigen Sie Aufgaben und Projekte, bevor sie dringend werden bzw. ein Zieltermin immer näher rückt.
- Lernen Sie, **nein** zu sagen zu Aktivitäten aus Matrixquadrant 3 und 4. Sie werden mehr Zeit für das Wesentliche gewinnen.
- Beginnen Sie morgens sofort mit den **Priorität-1-Aufgaben**. Bleiben Sie dabei, bis Sie damit zu Ende sind. Danach erledigen Sie die Priorität-2-Aufgaben. Schaffen Sie sich störungsfreie Zonen für Priorität-1-Aktivitäten.
- Falls notwendig, **wechseln** Sie im Laufe eines Tages die Prioritäten: Tagespläne sollten nicht dogmatisch gehandhabt werden. Sie dienen als Orientierung und als Hilfe, die Verbindung zwischen den Zielen zu halten.
- Schätzen Sie den **Zeitaufwand** für die einzelnen Aufgaben. Rechnen Sie jeweils etwas mehr Zeit ein. Reservieren Sie sich außerdem ausreichende Pausen.
- Beachten Sie Ihre persönliche **Leistungskurve** und legen Sie Arbeiten, die Ihre volle Aufmerksamkeit und Energie fordern, in Ihre leistungsstarke Zeit.
- Unterziehen Sie Ihre Ziele sowie Ihre Vorgehensweise auf dem Weg dorthin immer wieder einer **kritischen Prüfung**. Bleiben Sie auch weiterhin offen für Veränderungen. Bedenken Sie aber, dass niemand immer alles perfekt machen kann. Belohnen Sie sich selbst und Ihre Mitarbeiter, wenn ein wichtiges (Etappen-) Ziel erreicht ist. Vermeiden Sie Schuldzuweisungen an andere und sich selbst, falls Sie ein Ziel einmal nicht erreicht haben.
- Die **Kontrolle der Strategie** sichert erfolgreiche Zielergebnisse. Strategieüberprüfung sollte eine Mischung aus inkrementaler (das Reagieren auf kurzfristige Probleme) und synoptischer (langfristige Ziele) Logik sein.
- Wenn wir Ziele **nicht erreichen**, kann das viele Ursachen haben: Die Ziele entsprachen nicht unserem Selbst, waren unrealistisch oder die Umweltbedingungen haben sich geändert.

5. 33 wertvolle Tipps zum Thema Zeit und Ziele

> **Lernziele dieses Abschnitts:**
> Nachdem Sie diesen Abschnitt durchgearbeitet haben, sollten Sie wissen
> - mit welchen zahlreichen konkreten Tipps Sie in Ihrem Zeit- und Zielmanagement erfolgreicher werden können.

1. Fixieren Sie Ihre beruflichen und privaten Ziele schriftlich. Teilen Sie sie in kurz-, mittel- und langfristige Ziele ein und vergeben Sie Prioritäten.
2. Bleiben Sie bei der Zielverfolgung konsequent!
3. Ermitteln Sie Ihre persönliche Leistungskurve.
4. Analysieren Sie Störungen und schalten Sie diese weitgehend aus.
5. Nehmen Sie sich jeden Morgen 10 Minuten Zeit, um Ihre Aufgaben für den jeweiligen Tag festzulegen. Beginnen Sie den Tag in Ruhe.
6. Beginnen und enden Sie den Tag positiv. Niemand hat es gerne, wenn Sie Stress oder Ärger mit nach Hause nehmen.
7. Erstellen Sie ein realistisches Zeitbudget.
8. Verplanen Sie dabei nur 60 Prozent. 40 Prozent Ihrer Zeit sind für Unvorhergesehenes reserviert.
9. Planen Sie immer nur soviel, wie viel Sie auch wirklich erreichen können.
10. Teilen Sie Ihre Aufgaben in A-, B- und C-Kategorien ein und vergeben Sie Dringlichkeitsstufen.
11. Erledigen Sie wichtige Aufgaben in Ihrem Leistungshoch, wenn Sie voll konzentriert sind.
12. Bringen Sie eine Sache immer zu Ende, bevor Sie mit etwas Neuem anfangen.
13. Erledigen Sie ähnliche Aufgaben als „Bündel".
14. Setzen Sie sich einen fixen Zeitpunkt zur Fertigstellung einer Arbeit. Planen Sie aber genügend Zeit ein.
15. Notieren Sie sich Wichtiges sofort in einem persönlichen Zeitplanbuch.
16. Planen Sie für jeden Tag eine liegengebliebene Arbeit ein.
17. Bereiten Sie wichtige Telefonate, Besprechungen und Präsentationen stets schriftlich vor. Nehmen Sie Ihre Unterlagen mit.
18. Setzen Sie sich ein Zeitlimit für Telefonate und Besprechungen und halten Sie dieses konsequent ein.
19. Sorgen Sie dafür, dass Ihre Lebensrollen ausgeglichen sind. Gönnen Sie sich auch genügend Freizeit, in der Sie wirklich nur ausruhen.
20. Vertagen Sie Besprechungen und Meetings, wenn Sie trotz mehrerer Anläufe zu keinem vernünftigen Ergebnis kommen.
21. Delegieren Sie alle unwichtigen Aufgaben. Zeigen Sie Ihren Mitarbeitern Ihre Dankbarkeit, loben Sie sie, wenn diese die Arbeit gut erledigen.
22. Konzentrieren Sie sich stark auf A-Aufgaben. Von ihnen hängt Ihr beruflicher Erfolg ab.
23. Zögern Sie Entscheidungen nicht unnötig hinaus.

24. Beginnen Sie mit einer bestimmten Aufgabe *sofort*; schieben Sie nichts hinaus, sondern arbeiten Sie alles zügig ab.
25. Vermeiden Sie es, den Arbeitstag mit Unwichtigerem beginnen. Arbeiten Sie lieber eine Stunde konzentriert an einer A-Aufgabe.
26. Sagen Sie öfter *nein*. Die anderen müssen einsehen, dass sie nicht immer alles von Ihnen haben können.
27. Organisieren Sie Ihren Arbeitsplatz so, dass er für Ihre Tätigkeit zuträglich ist. Werfen Sie Unwichtiges weg und stellen Sie sicher, dass Sie wichtige Papiere sofort finden.
28. Arbeiten Sie jeden Tag an Ihrer Ablage. Vermeiden Sie es, dass sich Ablagentürme anhäufen.
29. Nutzen Sie die Möglichkeiten der Technik (Laptop, Handy, Fax etc.). Schreiben Sie dennoch ab und zu mit der Hand, wenn das schneller geht als das Tippen am Computer.
30. Machen Sie sich eine Liste mit den zu erledigenden Aufgaben. Streichen Sie Erledigtes ab und freuen Sie sich über das, was Sie erreicht haben.
31. Bleiben Sie selbstkritisch und ehrlich zu sich selbst; überprüfen Sie Ihre Arbeitsweise immer wieder und seien Sie offen für Veränderungen.
32. Stellen Sie eine genaue Analyse Ihrer Stärken und Schwächen auf. Konzentrieren Sie sich auf Ihre Stärken. Das sichert Ihren Erfolg.
33. Gönnen Sie sich jeden Tag etwas, auf das Sie sich wirklich freuen.

Im Anhang finden Sie nun wie versprochen die Formulare und Listen, die Ihnen beim Ziel- und Zeitmanagement behilflich sind. Für die Arbeitsblätter 6, 7 und 9 haben wir Musterbeispiele formuliert, um Ihnen das Ausfüllen zu erleichtern. Auf einigen Formularen können Sie zusätzlich zum Datum Ihren Namen und die Blattnummer eintragen. So können Sie beispielsweise eine Analyse in Ihrer gesamten Abteilung durchführen und den anderen Ihre Ergebnisse zur Verfügung stellen.

Wissensfragen

1. Warum ist ein gutes Ziel- und Zeitmanagement heute wichtiger denn je?

2. Welche Arten von Zielen gibt es?

3. Womit müssen Ihre Ziele auf alle Fälle übereinstimmen?

4. Nennen Sie die vier Grundformen der Angst und erläutern Sie diese kurz!

5. Warum sollte man sich Ziele setzen?

6. Was ist einer der größten Irrtümer, wenn es um persönliche Stärken und Schwächen geht?

7. In welchen drei Bereichen kann der Mensch seinen Lebenssinn (nach V. Frankl) finden?

8. Was bedeutet: „Don't work hard, work smart."

9. Welche Funktion hat die persönliche Vision?

10. Aus welchen Teilen setzt sich diese Vision zusammen?

11. Was ist der so genannte Referenzrahmen?

12. Welche Übung kann helfen, Ihre Vision konkret aufzuschreiben?

13. Wie soll die Vision aussehen? Nennen Sie die sechs Punkte!

14. Warum ist strategische Planung so wichtig?

15. Was bedeutet das Gleichgewicht der Lebensbereiche?

16. Rufen Sie sich einige Fragen zur Zielfindung ins Gedächtnis und schreiben Sie mindestens fünf davon auf!

17. Welche Arten der Zielbeziehungen gibt es? (Drei Nennungen genügen.)

18. Welche sieben äußerst wichtigen Punkte müssen bei der Zielformulierung beachtet werden?

19. Es gibt einige Prinzipien, die die mentale Grundlage zur Zielerreichung bilden. Wie lauten diese?

20. Was versteht man unter der Qualität der Zeit?

21. Was ist das Pareto-Prinzip?

22. Was ist die so genannte ABC-Analyse?

23. Was ist der ABC-Analyse sehr ähnlich? (Erläutern Sie an dieser Stelle auch Priorität-1 bis Priorität-4.)

24. Warum sollten Sie alles tun, um Störungen zu vermeiden?

25. Wie gehen Sie bei der Durchführung einzelner Aufträge (die Sie anderen auftragen) am besten vor?

26. Welche Kapitel gehören in ein Zeitplanbuch?

27. Nennen Sie drei Stichwörter (ohne Erklärung), die zu den Grundsätzen methodischer Arbeit gehören!

28. Wie erstellt man eine Zielkarte?

29. Warum ist Wochenplanung sinnvoll? Bitte erläutern Sie dies ausführlich! (Auch im Vergleich zur Tagesplanung.)

30. Wie sieht eine gelungene Tagesplanung aus?

31. Welche Tipps sind bei der Tagesplanung hilfreich? Nennen Sie mindestens sechs davon!

32. Welche Prinzipien sind bei der Planung der Tageszeit zu beachten? Nennen Sie nur einige wichtige Stichwörter!

33. Wie lautet der siebte Schritt des erfolgreichen Zeitmanagements?

34. Nennen Sie fünf Gründe, warum ein Ziel unter Umständen nicht erreicht wurde!

Datum: _____
Name: _____
Blatt-Nr.: _____

AB 1 MEINE PERSÖNLICHEN STÄRKEN

Was kann ich wirklich besser als andere?	Was fällt mir besonders leicht zu tun?	Wofür muss ich mich wesentlich weniger anstrengen als andere?	Wo liegen meine wirklichen Stärken?

Datum: _____
Name: _____
Blatt-Nr.: _____

AB 2 ARBEITSTECHNIK IM LEBENSZUSAMMENHANG

In welchen Bereichen finde ich meinen Lebenssinn? • Erarbeiten von produktiven bzw. kreativen Werten (ein Werk schaffen, eine Aufgabe erfüllen)? • Erarbeiten von sozialen Erlebniswerten (Kollegialität pflegen, sich sozial engagieren)? • Erarbeiten ideeller Werte (ideelle, religiöse oder sonstige Werte)?	
Wer bin ich? Was sind meine Wertvorstellungen? Was ist für mich gut, was ist für mich schlecht? Wo will ich etwas leisten? Was ist mir wichtig, im Leben zu erreichen?	
Inwiefern unterstützt mich mein Beruf bei der Verfolgung dieser Lebensziele und -vorstellungen?	
Inwiefern unterstützt mich meine aktuelle Arbeitssituation bei der Verfolgung meiner Lebensziele?	
Was sind für mich die wichtigsten Erkenntnisse aus meinen oben stehenden Antworten?	

AB 3 DER IST-ZUSTAND DER VIER DIMENSIONEN

Datum: _____
Name: _____
Blatt-Nr.: _____

Womit bin ich zufrieden?	
Was will ich verändern?	
Sind meine Dimensionen ausgewogen? Wo gibt es Defizite?	
Ist es nötig, Prinzipien zu ändern?	
Wo habe ich Schwachpunkte?	
Wo liegen meine Stärken?	

Datum: _____
Name: _____
Blatt-Nr.: _____

AB 4 REDE ZUM 90. GEBURTSTAG FÜR _____

Datum: _____
Name: _____
Blatt-Nr.: _____

AB 5 FRAGEN ZUR ZIELFINDUNG

Was würden Sie tun, wenn Sie unbegrenzte Möglichkeiten hätten? Zeit und Geld spielen keine Rolle.
Was würden Sie tun, wenn Sie nur noch ein Jahr / einen Monat zu leben hätten?
Wohin würden Sie reisen, wenn Sie ein Jahr Zeit und unbegrenzt Geld zur Verfügung hätten? Was würden Sie auf dieser Reise erleben?
Haben Sie besondere Fähigkeiten oder Talente, die Sie bisher im Verborgenen gehalten haben?

AB 5 FRAGEN ZUR ZIELFINDUNG

Wie sähe ein Tag aus, von dem Sie sagen würden, er war vollkommen glücklich und erfüllend? Beschreiben Sie so einen Tag in allen Details.
Welche Tagträume haben Sie?
Welche Menschen und Dinge tun Ihnen in Ihrem Leben gut, welche nicht?
Gibt es Menschen, die Sie bewundern? Was fasziniert Sie an Ihnen?
Sind Sie Ratgeber, Ansprechpartner für andere Menschen? Was schätzen diese Menschen an Ihnen?

AB 6 TÄTIGKEITS- UND ZEITANALYSE

Datum: _____
Name: _____
Blatt-Nr.: _____

| Nr. | Zeit | | | Tätigkeit | Wichtigkeit | Dringlichkeit | Ergebnis |
	Beginn	Ende	Dauer	Ziel, Inhalt etc.	ABC	Stufen 1 – 3	Noten 1 – 6

AB 7 STÖRUNGSANALYSE

Datum: _____
Name: _____
Blatt-Nr.: _____

Nr.	Tätigkeit			Störung				Tätigkeit	
	(vor der Störung)	ABC-Aufgabe	Art der Störung	f/s*	Ursache der Störung	Dauer		mühelose Einarbeitung wieder möglich? (Gründe)	Dauer

* fremdverursacht oder selbstverursacht?

AB 8 MEINE PERSÖNLICHE LEISTUNGSKURVE

Name: _____
Blatt-Nr.: _____

Datum: ____ . ____ . ____

++				
+				
-				
--				

6 8 10 12 14 16 18 20 22 0 2 4 6

Datum: ____ . ____ . ____

++				
+				
-				
--				

6 8 10 12 14 16 18 20 22 0 2 4 6

Datum: ____ . ____ . ____

++				
+				
-				
--				

6 8 10 12 14 16 18 20 22 0 2 4 6

Datum: ____ . ____ . ____

++				
+				
-				
--				

6 8 10 12 14 16 18 20 22 0 2 4 6

AB 9 AUFGABENANALYSE

Datum: _____
Name: _____
Blatt-Nr.: _____

Nr.	Titel der Aufträge/ Aufgaben/ Ergebnisse	A,B,C	Dringlich- keit 1,2,3	Dauer (Std.)	Bis spä- testens	Bemerkungen	Rangfolge	Kontrolle

Kreativität und Problemlösung

1. Was hat Kreativität mit Problemlösung zu tun?

Sind Sie gegenwärtig auf der Suche nach einem neuen Job? Haben Sie vor kurzem die Arbeitsstelle gewechselt? Oder lesen Sie aus Neugierde ab und an die Stellenanzeigen in Ihrer Tageszeitung?

Dann haben Sie mit Sicherheit schon einmal bemerkt, dass sich die Erwartungen der Personalchefs, ganz egal, um welchen Berufszweig es sich handelt, in mancher Hinsicht nicht allzu sehr unterscheiden: Ein potenzieller Mitarbeiter soll heutzutage nicht nur eine solide Bildung, Erfahrung im Beruf und Offenheit gegenüber Neuerungen mitbringen. Aufgeschlossenheit, Flexibilität und Teamgeist sind gefragter denn je, und es gibt ein Schlagwort, das die Anzeigen im Stellenmarkt immer mehr dominiert: Kreativität.

So betonen Bewerber in Vorstellungsgesprächen ihren Kreativitätssinn, versuchen ihre Bewerbungsunterlagen möglichst kreativ zu gestalten, um an den ersehnten Job zu kommen, und es werden Einstellungstests durchgeführt, die den Interessenten auf seinen Sinn für Kreativität prüfen.

Dabei beschränkt sich die Forderung nach dieser Eigenschaft längst nicht mehr auf die so genannten „Kreativberufe" der Mode- oder Werbebranche. Kreativität ist in allen Lebensbereichen gefragt: Kreativitätsseminare für Wirtschaftsmanager, die vielzitierten

„neuen Visionen" der Politiker, Kreativurlaub für gestresste Mitarbeiter und Kurse für kreatives Denken an Volkshochschulen. Es gibt keinen Bereich, vor dem die Kreativität in den vergangenen Jahren Halt gemacht hätte, und somit hat sich dieser Begriff zu einem der langlebigsten Modewörter unserer Zeit entwickelt.

Aber aus welchem Grund sollte nun ein Bankangestellter, eine Bürokauffrau oder ein Computerfachmann unbedingt kreativ sein? Reicht es für den Wissensarbeiter nicht aus, dass er, wie der Begriff bereits impliziert, ein enormes Potenzial an Wissen mitbringt, das er dann in seinem Beruf, in dem die Denkleistung die körperliche Arbeit immer mehr verdrängt, einbringt?
Die Frage, warum Kreativität seit den letzten Jahren eine immer größere Rolle im Leben des modernen Menschen spielt, ist im Prinzip einfach zu beantworten: Jeden Tag werden wir mit Problemen konfrontiert, die gelöst werden müssen. Und da im Berufsleben die Konkurrenz groß und der Faktor Zeit sehr wertvoll geworden sind, ist es wichtig, innerhalb kürzester Zeit zu möglichst innovativen Lösungen zu kommen.

Der Texter einer Werbeagentur kann es sich zum Beispiel nicht erlauben, sich für eine Kampagne viel Zeit zu lassen. Er steht unter dem Druck, schnell zu arbeiten. Dabei wird von ihm auch noch erwartet, dass er einen originellen Spruch findet, etwas, das es bisher noch nicht gab. Bringt er die geforderte Kreativität auf, hat er mit einiger Sicherheit Erfolg in seinem Beruf.
Sie als Wissensarbeiter geraten zwar nicht in die Situation, einen Werbeslogan kreieren zu müssen, aber die Anforderungen an Sie im Beruf sind trotzdem mit denen des Texters vergleichbar. In Ihrem Arbeitsbereich stehen auch Sie immer wieder vor Problemen, die möglichst effizient gelöst werden sollen.
Schnelligkeit steht dabei im Vordergrund, und die Originalität beweist sich meist darin, dass neue, unkonventionelle Lösungswege sich oft als wirtschaftlicher erweisen als herkömmliche Methoden.

Die Anwendung kreativer Denkmuster erleichtert es Ihnen also, eingefahrene Wege zu verlassen und sich Problemen zu stellen, indem nach neuen Möglichkeiten gesucht wird. Dabei macht es keinen Unterschied mehr, ob ein Werbetexter oder ein Büroangestellter vor einem Problem steht. Die Problemlage mag anders sein, der Weg zur Lösung ist jedoch der selbe: kreative Problemlösung.

Dieser Text wird Ihnen den Zusammenhang zwischen Kreativität und Problemlösung nahe bringen. Im ersten Kapitel werden Sie erfahren, wie die Wissenschaft Kreativität definiert, was beim Denken passiert und ob Kreativität angeboren ist. Außerdem geben wir Ihnen Tipps, wie Sie Ihre Kreativität steigern können.
Das zweite Kapitel wird sich mit der Entstehung und der Lösung von Problemen befassen und eine vielseitige Methode der Problemlösung vorstellen. Sie werden lernen, welche Stadien der Problemlösung es gibt, und im Anschluss daran stellen wir Ihnen im dritten Kapitel unterschiedliche Methoden der kreativen Problemlösung vor.

Mit dem Wissen über Kreativität, Problemlösungsverhalten und kreative Wege der „anderen Art" können Sie in Zukunft entspannter an Schwierigkeiten herantreten und werden diese mühelos meistern. Kreativität ist also nicht nur eine Anforderung, die Personalchefs immer häufiger an Ihre Mitarbeiter stellen, sondern auch eine Eigenschaft, von der Sie selbst im Beruf profitieren werden.

Doch bevor Sie erfahren, was es mit der Kreativität auf sich hat und wie Sie sie für sich nutzen können, versuchen Sie bitte, die folgenden Aufgaben zu lösen. Die beiden Tests wurden bewusst an den Anfang des Textes gestellt, damit Sie möglichst unvoreingenommen an sie herangehen. Es geht dabei auch nicht um eine Bewertung Ihres kreativen Potenzials. Ihre Ergebnisse dienen später lediglich zur Illustration bestimmter Denkvorgänge.

> **Aufgabe 1**: Notieren Sie sich auf einem Blatt Papier alle Begriffe, die Ihnen spontan zum Stichwort „Stuhl" einfallen. Nehmen Sie sich dafür nicht mehr als eine Minute Zeit.
>
> **Aufgabe 2**: Schreiben Sie alle Verwendungszwecke auf, die Ihnen zum Stichwort „Zeitung" einfallen. Überlegen Sie nicht länger als zwei bis drei Minuten.

Bewahren Sie Ihre Notizen bitte auf, Sie werden sie später verwenden können.

2. Was ist Kreativität?

Es scheint schon beinahe typisch für den trendorientierten Menschen geworden zu sein, sich kreativ betätigen zu wollen. Der extravagante Designer schmückt sich mit diesem Attribut genauso wie der durchschnittliche Bürger, der sich durch das Ausleben seiner kreativen Ader einen Ausgleich zum monotonen Berufsalltag erhofft. Als „kreativ" bezeichnet zu werden, empfinden wir als im allgemeinen als Lob, wir fühlen uns geschmeichelt und sind stolz darauf, dass andere unser Tun für originell halten.

Doch was ist eigentlich Kreativität? Die Kunst nimmt für sich in Anspruch, kreativ zu sein, die Industrie fordert kreative Neuerungen und Zukunftsforscher stellen die These auf, dass der gesellschaftliche Fortschritt nur dann gewährleistet sei, wenn ausreichend kreatives Potenzial vorhanden ist.

Kreativität ist zu einem modernen Mythos geworden. So entstanden in den vergangenen Jahren, in denen es „in" wurde, kreativ zu sein, Vorurteile gegenüber der schöpferischen Kraft. Die meisten Menschen glauben, man sei entweder kreativ, oder eben nicht, es wäre eine angeborene Begabung, die ausschließlich Künstlern, Schriftstellern oder Regisseuren vorbehalten sei. Außerdem denken viele, Intuition, Phantasie und Ideen würden vom Zufall bestimmt und Kreativität sei somit nicht planbar.

Dadurch, dass das Attribut der Kreativität immer wieder mit außergewöhnlichen Menschen in Verbindung gebracht wird, festigte sich das Vorurteil immer mehr, es sei lediglich einer Elite vergönnt, über Kreativität zu verfügen und diese mit dem Beruf verbinden zu können.

Ergebnisse psychologischer Studien bestätigen diese Einstellung zur Kreativität, und durch statistische Erhebungen wurde außerdem ermittelt, dass der Begriff der Kreativität im Alltag mit sehr unterschiedlichen Vorstellungen verbunden ist. Die Definitionen reichen von Ideenreichtum, künstlerische Begabung, Erfindergeist, Schöpferkraft, Kunst, Individualismus bis hin zu Enthusiasmus, Fleiß und Progressivität.

Kreativität und Problemlösung

Aber lassen sich diese unterschiedlichen Erklärungsversuche unter einen Hut bringen? Auf den folgenden Seiten werden Sie erfahren, wie die Wissenschaft Kreativität erklärt, welche Denkprozesse im Zusammenhang mit Kreativität eine Rolle spielen und wie Kreativität zustande kommt.

> Kreativität ist zu einem Modewort unserer Gesellschaft geworden, das mittlerweile in jedem Lebensbereich Einzug gefunden hat. Aus der Vielfalt des Begriffs haben sich unterschiedliche Vorstellungen von Kreativität ergeben, die von Ideenreichtum bis hin zu Extravaganz reichen.

2.1 Kreativität aus der Sicht der Wissenschaft

Kreativität wird vom Durchschnittsbürger mit zum Teil sehr unterschiedlichen Begriffen assoziiert; das heißt, es besteht ein gewisse Unsicherheit darüber, wer oder was kreativ ist oder nicht. Die Wissenschaft steht dabei vor einem ähnlichen Problem.
Die moderne Kreativitätsforschung fand ihren Ursprung in den USA in den späten 1950er-Jahren.

> **Exkurs –**
> Warum gerade Amerika?
>
> *Im Zuge des Kalten Krieges war es ein regelrechter Schock für die amerikanische Regierung, als es 1957 der Sowjetunion vor den Vereinigten Staaten gelang, einen Menschen ins All zu schicken. Das „Sputnik-Trauma" nagte am amerikanischen Selbstbewusstsein, und man fragte sich, warum die amerikanischen Wissenschaftler nicht schneller waren? Warum sie allem Anschein nach weniger erfinderisch und kreativ waren als ihre russischen Kollegen?*
>
> *Aus dieser Frage entwickelten sich rasch Untersuchungen und Projekte im Bereich der Kognitionsforschung. Psychologen beschäftigten sich verstärkt mit Kreativität, und der Psychologe Joy Paul Guilford, der später zum „Kreativitätspapst" wurde, übernahm die Leitung der wissenschaftlichen Untersuchungen.*

Renommierte Persönlichkeitsforscher und Psychologen nahmen an den amerikanischen Projekten teil. Ihre Forschungsergebnisse liefen immer wieder auf die Unterscheidung von konvergenten und divergenten Denkstrukturen hinaus (vgl. Kapitel 1.1.1). Man erklärte sich Kreativität im Wesentlichen so, dass offenes, zu allen Seiten hinführendes Denken zu ungewöhnlichen, neuen Lösungen führe und somit der kreative Prozess in Gang gesetzt werde.

Es gibt die unterschiedlichsten Auffassungen darüber, was Kreativität bedeutet, doch alle Definitionen weisen eine Gemeinsamkeit auf: Sie stellen die Innovation einer Idee in den Vordergrund. Das Neue, noch nie Dagewesene wird dabei aus zwei Blickwinkeln gemessen. Zum einen erfüllt eine Innovation immer einen qualitativen Anspruch, das heißt, die Brauchbarkeit kreativer Einfälle wird gemessen, und zum anderen bringt ein hohes Maß an Ideen den quantitativen Aspekt zum Ausdruck. Kreativ ist demzufolge derjenige, der überdurchschnittlich viele und gleichzeitig neue Realisierungsmöglichkeiten produziert. Kreatives Denken ist also ein Prozess, der völlig neue Aspekte beleuchtet und somit über den Schatten der alteingesessenen Erfahrungen springt.

Doch auch nach jahrzehntelangen Forschungen fällt es Psychologen nach wie vor schwer, Kreativität auf einen gemeinsamen Nenner zu bringen. Es gibt zahlreiche heterogene Ansätze der Begriffsbestimmung.
Die folgenden Definitionen demonstrieren die unterschiedlichen Auffassungen von Kreativität:

- Ein Großteil der Forscher bezeichnet schöpferisches Denken als Kreativität. Der kreative Mensch habe die Fähigkeit, bei Prozessen der Problemlösung neue Beziehungen zu finden und so flexibel und relativ zügig neuartige Einfälle zu produzieren. Bei diesem Erklärungsversuch liegt die Betonung auf der Aussage, Kreativität sei eine Fähigkeit. Das heißt, sie kann, im Gegensatz zu einer Eigenschaft, erlernt werden.
- Andere Wissenschaftler wiederum definieren Kreativität als die Gabe, für ein Problem unabhängig von Qualität und Quantität innovative Lösungen zu bieten.
- Eine weitere Definitionsmöglichkeit besteht darin, Kreativität als eine Denkleistung zu betrachten, die durch Neukombination und Systematik zu Neulösungen führt. Diese Definition wird durch einen gesellschaftlichen Aspekt bereichert: Nur wenn die Idee der Gesellschaft von Nutzen ist, kann man von Kreativität sprechen.

Natürlich gibt es trotz dieser unterschiedlichen Erklärungsversuche bestimmte Charakteristika, mit deren Hilfe Kreativität sich einordnen lässt. Es sind vier grundlegende Aspekte, die Kreativität beschreiben:

1. Das Wort leitet sich ab aus dem lateinischen Verb „creare", was übersetzt „erschaffen" heißt. Kreativität ist also mit einem geistigen oder körperlichen Erschaffungsprozess verbunden.

2. Phantasie und Logik verbinden sich in der Kreativität, das heißt, Vorstellungskraft und deduktives Denken kombinieren sich. Beim kreativen Akt zählen also weder die rationale Kalkulation oder der phantasiereiche Schöpfergeist allein, sondern ihre sinnvolle Kombination.

3. Kreativität hat immer mit innovativen Ideen zu tun, die sich oft aus der Neukombination von bereits vorhandenem und neuem Wissen zusammensetzen.

4. Kreativität ist nicht statisch, sondern dynamisch, da durch sie Ideen entwickelt werden.

Fest steht also, dass Kreativität mit Denken und dem Lösen von Problemen zu tun hat. Im Prinzip kann es für Sie als Wissensarbeiter allerdings von untergeordnetem Interesse sein, dass es unterschiedliche Ansätze zur Erklärung von Kreativität gibt.
Von weitaus größerer Bedeutung für Sie sind die Forschungsergebnisse, die belegen, dass Kreativität mehr ist als ein „Geistesblitz", wie der Laie oft denkt. Denn durch kreatives Denken sind Sie in der Lage, Probleme effizient zu lösen und so Ihre Chancen und Ihre Leistungsfähigkeit im Beruf zu erhöhen.

Wissenschaftlichen Untersuchungen zufolge kann Kreativität durchaus instrumentalisiert werden. Das heißt, dass kreatives Denken nicht dem Zufall überlassen ist, sondern dass es bewusst in ökonomischen Prozessen eingesetzt werden kann. Und nur so ist Denken zielgerichtet und produktiv.

Die folgenden Einzelkomponenten der Ergebnisse der Kreativitätsforschung sollen Sie von den typischen Vorstellungen von Kreativität wegführen zu einer neuen Sicht, die Einfluss auf Ihr produktives Denken nehmen kann.

> Jeder Mensch ist kreativ! In jedem Menschen ist kreatives Potenzial vorhanden, das nur geweckt werden muss.
>
> - Kreativität beschränkt sich nicht auf den künstlerischen Bereich. Vielmehr ist kreatives Handeln eine Strategie der Problembewältigung, die alle Lebensbereiche einnimmt.
>
> - Kreative Denkabläufe sind keine „Hirngespinste", sondern an die Realität angepasste Lösungsstrategien.
>
> - Kreative Problemlösung bedeutet nicht, dass eine völlig neue Idee entwickelt werden muss. Die Neukombination vertrauter Elemente führt zum Umdenken und produziert so innovative Lösungen.

Kreativität ist also eine Eigenheit des Menschen, die nicht bis ins letzte Detail erklärt, analysiert und definiert werden kann. Trotzdem hat die moderne Forschung vor allem im Bereich der Kognitionspsychologie Erkenntnisse über die Denkvorgänge im menschlichen Hirn erzielt, die dazu beigetragen haben, Kreativität weiter zu eruieren.

2.1.1 Konvergentes Denken contra divergentes Denken

In den vergangenen Jahren gelang es Neuropsychologen, aufschlussreiche Beiträge zur Kreativitätsforschung beizusteuern.

Binnen der letzten zehn Jahre hat sich unsere Gesellschaft entscheidend verändert. Wir sind zu einem Staat geworden, dessen wichtigstes Kapitel weder Rohstoffe noch Handwerk sind, sondern das Know-How, die Fähigkeit, Ideen zu entwickeln und in die Tat umzusetzen, prägen die Arbeitswelt des 21. Jahrhunderts. Unter diesem Aspekt ist es naheliegend, dass sich die Wissenschaft verstärkt auf die Erforschung der biochemischen Vorgänge und Verknüpfungen in unseren Köpfen konzentriert, sind diese doch der entscheidende Beitrag zur Entwicklung einer Gesellschaft auf einem hochtechnisierten Niveau.
Vor allem Einsichten auf dem Gebiet des divergenten und konvergenten Denkens sind für den menschlichen kreativen Bereich aufschlussreich.

Um die Unterschiede dieser beiden Denkarten zu verdeutlichen, soll erst einmal erläutert werden, was eigentlich passiert, wenn wir denken:
Das menschliche Gehirn ist außerordentlich komplex, und seine Leistungsfähigkeit ist enorm hoch, obwohl nur ein geringer Teil, etwa zehn Prozent des Gesamtpotenzials, genutzt werden.
Als menschliche Schaltzentrale hat das Gehirn die unterschiedlichsten Aufgaben. Sämtliche Prozesse, wie die Aktivierung des Immunsystems, die Ausschüttung von Hormonen, das Auslösen von Hungergefühlen oder die Verarbeitung äußerer Reize, werden von diesem Organ initiiert.

Kreativität und Problemlösung

Eine der wichtigsten und gleichzeitig komplexesten Funktionen des Gehirns ist das Denken. Der Mensch kann, sofern er nicht in Zustände wie Trance oder Ohnmacht versetzt wird, sein Denken nicht bewusst abschalten. Sogar nachts arbeitet das Gehirn und verarbeitet Eindrücke und Sinnesreize in Träumen.
Erst das bewusste Denken ermöglicht es dem Menschen, seine Gedanken in bestimmte Bahnen zu lenken.
Die meisten Denkprozesse laufen imgrunde darauf hinaus, ein Problem zu einer Lösung zu bringen. Im menschlichen Gehirn werden die Daten solange verarbeitet, bis eine adäquate Antwort gefunden ist. Probleme dürfen in dieser Hinsicht allerdings nicht als Schwierigkeiten oder Belastungen betrachtet werden; jedes Tun des Menschen setzt eine Entscheidung, eine Handlungswahl voraus, und schon die kleinste Entscheidung, etwa ob man ein Fenster ganz öffnet, oder lediglich kippt, wird in der Psychologie des Denkens als „Problem" bezeichnet.

Doch wie kommt die Verarbeitung des Problems, also das Denken, zustande?
Voraussetzung zum Denken ist, dass es Information gibt, die in unserem Gedächtnis gespeichert ist – unser Wissen.
Im Gegensatz zu der Wahrnehmung, die ausschließlich gegenwärtige Sachverhalte, die um uns herum passieren, aufnimmt, reicht das Denken über den Moment des Geschehens hinaus. Denken ist eine Vorstellung, eine Folgerung, die Vergangenes, Gegenwärtiges und Zukünftiges miteinander vernetzt und so Informationen dynamisch verarbeit. Diese Verarbeitung muss allerdings nicht immer bewusst ablaufen, sondern kann auch auf tiefer liegendes Wissen zurückgreifen, das in der Persönlichkeit des Menschen gespeichert ist.

Das Denken ist im Prinzip nichts anderes als ein Handeln auf Probe. Es wird das Für und Wider bestimmter Lösungsmöglichkeiten abgewogen und die möglichen Konsequenzen werden sozusagen in Gedanken durchgespielt. Dieser Akt kann in Bruchteilen von Sekunden ablaufen oder auch mehrere Minuten und länger dauern, das hängt ganz von der Komplexität des Problems ab.

Das Ergebnis eines Denkvorgangs ist nicht immer rational oder logisch erklärbar, und trotzdem ist das Denken keine zufällige Verkettung unzusammenhängender Wissenspartikel. Das innerliche Probehandeln wird vielmehr durch Erfahrungen, Erziehung und äußere Einflüsse strukturiert.
Sicherlich ist Ihnen an Ihrem eigenem Verhalten schon einmal aufgefallen, dass Sie manche Dinge immer wieder auf die gleiche Art tun, weil Sie damit Erfolgserlebnisse verbinden. Im Laufe seines Lebens baut der Mensch sich nämlich ein Netz unterschiedlicher Wege zur Problemlösung auf, die er in ähnlichen Situationen immer wieder anwendet, weil er gelernt hat, dass er damit sein Ziel erreicht.
Diese Erfahrungswerte mögen in vielen Situationen hilfreich sein, und manche Entscheidung wird uns durch sie erleichtert, doch gleichzeitig machen Erfahrungen träge. Warum soll man neue, unsichere Wege begehen, wenn man mit den festgetretenen geistigen Trampelpfaden ein sehr geringes Risiko eingeht?

An dieser Stelle setzt der deutliche Unterschied zwischen konvergentem und divergentem Denken an.

Unter konvergentem Denken versteht man das logische, völlig rationale Denken. Der konvergente Weg ist also der traditionelle, eingefahrene Weg zum Ziel. Wird nur diese Denkart zugelassen, fällt es schwer, ungewohnte Situationen oder Überraschungen zu verarbeiten. Menschen, die konvergent handeln, halten sich an bewährte Methoden. Experten zum Beispiel, die sich auf ein ganz spezielles Wissensgebiet versteift haben, neigen oft dazu, konvergent zu denken und zu handeln. Sie legen sich bevorzugt auf einen traditionellen Lösungsweg fest.

Diese Art des Denkens steht in einem deutlichen Gegensatz zum divergentem Denkmuster. Divergentes Denken findet dann statt, wenn man die Lösung eines Problems durch bewusst ungeordnete Gedankengänge erreichen will. Divergentes Denken lässt sich also nicht auf festgefahrene Strukturen ein, sondern schweift in verschiedenste Richtungen, um möglichst viele Aspekte der potenziellen Problemlösung mit einzubeziehen.
Divergente Denkmuster weisen eine gewisse Offenheit auf, keine noch so abstruse Idee wird sofort verworfen. Vielmehr lässt der divergente Denker seine Gedanken fließen, versucht alles verfügbare Material mit einzubauen und entwickelt auf diese Weise neue Ideen.
Nun können Sie Ihre Notizen, die Sie sich anfangs zur Aufgabe 1 gemacht haben, heranziehen. Sie sollten innerhalb einer Minute Ihre Assoziationen zum Stichwort „Stuhl" niederschreiben.

Die Ideen, die Ihnen dazu gekommen sind, zeigen deutlich den Unterschied zwischen konvergentem und divergentem Denken.
Mit sehr hoher Wahrscheinlichkeit sind Ihnen in erster Linie ganz naheliegende Begriffe wie Kissen, Lehne, Holz, Tisch, Sessel, Essen, Arbeiten, Sitzen oder Ausruhen eingefallen.
Sie haben also vermutlich an herkömmliche, traditionelle Dinge zum Thema Stuhl gedacht. Es ist also das konvergente Denken, das die meisten von uns spontan anwenden, einfach aus dem Grund, weil in unserem Gehirn das Wissen zum Begriff „Stuhl" diese naheliegenden Gedanken assoziiert. Mit dieser Methode des Denkens löst unser Gehirn kleine, ganz alltägliche oft unbewusste Entscheidungsprozesse, zum Beispiel, ob man seine Milch aus dem Glas oder aus der Tasse trinkt. Doch auch komplexere Probleme werden, dann allerdings durch bewusstes Nachdenken, durch konvergentes Denken gelöst.
Eher unwahrscheinlich ist dagegen, dass Sie Begriffe, die allem Anschein gar nichts mit dem Thema Stuhl zu tun haben, auf Ihrem Zettel vermerkt haben. Wenn auf Ihrer Liste etwa Worte wie Kirche, Wasserfall, Ziegelstein oder Stiefel stehen, dann haben Sie divergent gedacht.
Divergentes Denken wendet der Mensch in der Regel so gut wie gar nicht an, da die meisten von uns dazu neigen, in einheitlichen, homogenen Bahnen zu reflektieren.
Doch gerade das divergente Denken ist kreatives Denken und setzt den kreativen Prozess in Gang.

Konvergentes Denken: traditionelle Denkweise, in der naheliegende Dinge gedanklich miteinander verbunden werden. Es bildet sich so eine logisch einigermaßen nachvollziehbare Gedankenkette.

Divergentes Denken ist kreatives Denken. Es öffnet sich nach allen Seiten und lässt sich nicht auf alteingesessene Muster ein.

2.1.2 Der kreative Prozess

Sie wissen nun, dass es das divergente Denken ist, das zur Kreativität führt. Sie haben bereits erfahren, dass der herkömmliche Denkprozess durch eine zu lösende Problemstellung ausgelöst wird. Denken basiert auf einem Fundament aus Wissen, das, verbunden mit Erziehung und Erfahrung, zu der Lösung eines Problems führt, indem gedankliches Probehandeln durchgeführt wird.
Die verschiedenen Lösungsmöglichkeiten werden im Normalfall aus konvergenten Denkergebnissen hergeleitet.
Das divergente, kreative Denken kommt meist nur dann zum Einsatz, wenn es sich um komplexere Probleme handelt und man bewusst auf der Suche nach einer innovativen Lösung ist. Selbst kreative, phantasievolle Menschen denken erst in konvergenten Mustern, bis sie ihr Denken in fast divergente Bahnen umleiten können.

Der kreative Prozess steht in enger Verbindung mit Problemlösungssituationen, denn diese fordern erst das kreative Denken von uns. Es werden vorhandene Informationen mit Erfahrungen zu neuen Strukturen kombiniert, und die entwickelte Strategie wird dann zur Anwendung gebracht.

Steht man vor der Schwierigkeit eines komplexen Problems, geht es meist darum, dass man irgendetwas tun will, aber nicht weiß, wie.

Indem man neue Betrachtungsweisen mit einfließen lässt, entstehen neue Lösungsansätze. Das bedeutet also, dass Kreativität dort ihren Anfang findet, wo das routinierte, „einfache" Denken aufhört.

Der kreative Denkprozess beginnt immer damit, dass ein Problem als solches erkannt wird (vgl. 2.2).

Es baut sich automatisch eine psychische Spannung auf, die das Gehirn durch die Lösung des Problems abbauen kann. Dazu wird erst die konvergente Denkweise herangezogen, das heißt, das Problem wird rational betrachtet. Ergibt sich dadurch keine adäquate Lösungsmöglichkeit, beginnt man, planlos, ungezielt, oft begleitet von starken Emotionen wie Wut oder Hoffnungslosigkeit, immer unlogischere Möglichkeiten durchzuspielen. Dadurch gerät man in einen Zustand der Konzentration, auch wenn die Gedanken zu scheinbar ganz anderen Dingen abschweifen. Durch den berühmten „Geistesblitz", eine Intuition oder puren Zufall, gerät man dann vom konvergentem ins divergente Denkmuster, durch das der kreative Prozess sein Ende findet.

Im Allgemeinen kann man den kreativen Prozess in sechs Einzelschritte unterteilen:

1. Gewöhnungsphase
In diesem Schritt macht man sich erst mit Ideen vertraut, die mit dem Problem in einer Beziehung stehen. Mit der Sammlung von bereits vorhandenen Informationen vertieft man sich in alle Aspekte des Problems, denn nur durch dieses Vorwissen ist man in der Lage, neue Wege durch Neukombination zu finden.

2. Nachdenken
Im zweiten Schritt des kreativen Prozesses beginnt die Phase des intensiven Nachdenkens. Da es kein Muster gibt, nach dem man zu einem innovativen Konzept kommt, kann man nicht wissen, welche der gesammelten Informationen von Relevanz sind und welche uninteressant. In diesem Stadium wird also mit den zur Verfügung stehenden Informationen gespielt, sie werden neu angeordnet und einige werden fallen gelassen oder wieder aufgenommen.

3. Spekulation
Dieses Stadium nähert sich allmählich an die Lösung eines Problems an. Die Informationen und die rationalen Überlegungen aus Schritt 1 und 2 führen nicht zum gewünschten Ergebnis, also beginnt hier die planlose, unlogische Kombination der Informationsteile. Man kommt auf einige Ideen, die allerdings aus Gründen der Untauglichkeit wieder verworfen werden.

4. Frustration
Im vierten Schritt kommt es meist zu einem Frusterlebnis, denn die gesuchte Idee ist immer noch nicht aufgetaucht. Während dieses Stadiums ist es oft hilfreich, sich abzulenken, indem man sich körperlich betätigt.

5. Einsicht
Das Stadium der Einsicht ist oft sehr kurz. Meist hat man ganz unerwartet eine Idee, ein Aha-Erlebnis. Diese Phase ist etwas kritisch, da es im Augenblick der Einsicht darauf ankommt, dass man die Idee als die Lösung erkennt. Hier unterscheidet sich der kreative Mensch von anderen, denn die Idee können viele haben, aber ihre Bedeutung erkennt nicht jeder.

6. Testphase
Im letzten Schritt werden gedanklich Ableitungen der Grundidee durchgespielt, der Einfall wird verfeinert und so lange überdacht, bis er auf die ursprüngliche Problemstellung passt.

Mit der Testphase ist der kreative Prozess abgeschlossen.

Exkurs –
Pure Kreativität

Der Ablauf der sechs Phasen des kreativen Prozesses kann unter Umständen innerhalb einer relativ kurzen Zeitspanne und so intensiv verlaufen, dass es zum so genannten Phänomen des „Flow" kommt.
Der amerikanische Sozialpsychologe Mihaly Csikszentmihalyi hat diesen Begriff geprägt. Er bezeichnet damit den Zustand des totalen, zeit- und selbstvergessenen Aufgehens in einer Tätigkeit wie Tanzen, Malen, Operieren oder Spielen.
Die betroffene Person ist dabei im Zustand völliger Hingabe, wobei sie bei vollem Bewusstsein ist.
Bei spielenden Kindern ist dieser Zustand oft zu beobachten: Sie vertiefen sich derart in ihr Spiel, dass sie nicht mitbekommen, was um sie herum geschieht.
Personen, die ein Flow-Erlebnis hatten, beschreiben den Zustand oft als Versunkenheit und totale Konzentration, bei dem sich alles Denken und Tun in einer Tätigkeit sammelt. Dabei fühlt man Entspanntheit, Energie und Gelassenheit.
Diese seltene Bewusstseinserweiterung wird bereits als positiv und sinnvoll empfunden, im Vergleich zum zweckrationalen Denken, wo erst das gelungene Ergebnis als befriedigend gesehen wird.

Die Aufspaltung der Kreativität in diese sechs Schritte zeigt, dass Kreativität ein Zustand ist, der wissenschaftlich erfass- und damit auch messbar ist. Das bedeutet also, dass Kreativität nichts mit dem Zufall an sich zu tun hat.
Im nächsten Kapitel werden Sie deshalb erfahren, wie Kreativität zustande kommt, ob sie erlernbar ist oder ob es sich dabei um eine angeborene Eigenschaft handelt.

2.1.3 Kann man Kreativität erlernen?

Dass sich der Ablauf der einzelnen Phasen des kreativen Denkens so genau kategorisieren lässt zeigt, dass kreative Ideen nicht durch zufällige Begebenheiten allein bestimmt werden. Auf der Suche nach einer innovativen Problemlösung ist es zwar oft der Zufall, der den Gedanken auf die Sprünge hilft, trotzdem kann man von diesem Faktum nicht rückschließen, dass das gesamte Phänomen der Kreativität auf dem Zufallsprinzip beruht. Vielmehr ist es so, dass sich dieser Zufall, der eine kreative Idee zum Vorschein bringt, zwar nicht planen, aber immerhin provozieren lässt. In erster Linie ist es das Umfeld, das sich in einem Klima gestalten lässt, das das Auftreten kreativer Zufälle steigen oder fallen lässt. Wie das Umfeld aussehen soll, um die Kreativität zu steigern, und welche Faktoren den kreativen Ideenfluss hemmen, können Sie unter Punkt 1.2 nachlesen.

Mit dem Vorurteil, Kreativität sei zufällig, geht auch die Meinung einher, dass die Fähigkeit zur Kreativität angeboren sei und ein Mensch somit über dieses Attribut verfüge oder eben nicht. Auch diese Meinung kann widerlegt werden.

Hierbei ist allerdings eine Einschränkung zu machen: Kreativität ist zwar angeboren, jedoch nicht nur bei bestimmten Personen, sondern bei jedem Menschen.

Es liegt in der Natur jedes Babys, die Welt auf eigene Faust zu erkunden. Jedes Kleinkind hat den Drang, Dinge auszuprobieren und sie auf immer neue Weise miteinander zu kombinieren. So hat ein kleines Mädchen zum Beispiel kein Problem damit, die Pantoffeln des Großvaters in ein Puppenbett umzufunktionieren.

Kindliches Denken weist ein hohes Maß an Unbefangenheit und Geradlinigkeit auf. Kinder probieren auch Unsinniges aus, da sie spontan und weniger zielorientiert handeln als Erwachsene.

Im Laufe des Heranwachsens verliert jeder Mensch diese Art zu denken und zu handeln mehr oder weniger. Das Tun des modernen Menschen ist zweckorientiert, das Streben nach Anerkennung, Erfolg und guten Leistungen schließt dieses kindliche Denken aus, und so geht der uns angeborene Kern der Kreativität verloren. Es passt nicht in die erwachsene Welt, unsinnig zu agieren, also wird alles möglichst logisch und nachvollziehbar getan, um einen erwachsenen, vernünftigen Eindruck zu hinterlassen. Wie Sie später erfahren werden, gibt es jedoch einige Grundregeln, die unsere Kreativität wieder erwecken.

Dass Kreativität mit Intelligenz zu tun hat, ist ein weiteres Vorurteil in unseren Köpfen. Kreatives Schaffen wird nach wie vor mit Genies in Verbindung gebracht.

Lange Zeit ging auch die Kreativitätsforschung davon aus, dass kreative Menschen wie Künstler, Komponisten oder Architekten eine ähnliche Persönlichkeitsstruktur und einen besonders hohen IQ hätten, doch die neueren Forschungsergebnisse haben gezeigt, dass Intelligenz und Kreativität zwar einiges gemeinsam haben, letztlich aber weitgehend unabhängige Variablen sind.

Exkurs –
Wie kreativ ist ein Genie?

Viele Menschen assoziieren Kreativität mit genialem Verhalten.
Der Kult um das Genie entwickelte sich in der Romantik des 19. Jahrhunderts. Die Rückwendung zu alten Traditionen wurde wiederbelebt, und so glaubte man, dass es auserwählte Personen wie Künstler oder „Seher" gab, die mit besonderen, schöpferischen, also kreativen Kräften ausgestattet seien.
Noch heute hält man Kreationen eines Menschen für genial, wenn sie etwas völlig Neues geschaffen haben, das bis dato nicht für möglich gehalten wurde und das so wichtig ist, dass ihm von Seiten der Experten eine außergewöhnliche Bedeutung beigemessen wird.
Geniale Menschen finden also neue Formeln, neue Wege, neue Mittel.
Kreativitätsforscher haben untersucht, wie es zu genialen Schöpfungen wie Picassos kubistischen Malereien, Albert Einsteins Relativitätstheorie oder Sigmund Freuds Psychoanalyse kam. Die Ergebnisse zeigten keine überzeugenden Überseinstimmungen, was Lebenswandel, Erziehung, Persönlichkeit oder Intelligenz betrifft. Nur ein Merkmal hatten alle Genies gemeinsam: Sie hatten sich bis ins Erwachsenenalter hinein ein Stück ihrer Kindheit bewahrt. So war es also weniger der Zufall, der die revolutionären Ideen hervorbrachte, sondern die Fähigkeit, Probleme mit kindlicher Denkweise zu betrachten. Einstein soll zum Beispiel eine seiner Theorien entwickelt haben, indem er nach der Antwort auf eine kindliche Frage suchte: „Wie wäre es, auf Lichtwellen zu reiten?"

Die kreative Dimension im Menschen weist eine starke Betonung des Sich-Öffnens auf, das heißt, die Bereitschaft, beim Denken und Handeln über die vorgegebene Ordnung hinauszugehen, ist sehr groß. Dieses Charakteristikum findet man aber nicht automatisch bei einem Menschen mit überdurchschnittlich hohem IQ.
Trotzdem ist es so, dass kreative Leistungen einer gewissen Intelligenz bedürfen. Das gespeicherte Wissen dient sozusagen als Fundament, denn je mehr Wissen da ist, desto breiter ist die Basis, aus der neue Ideen geschöpft werden können. Andererseits ist es wiederum so, dass ein zu großes Wissen, auch ein sehr hoher IQ, den kreativen Fluss wiederum behindern kann.
Wichtig sind in erster Linie hinreichende Kenntnisse auf dem Gebiet, auf dem es gilt, neue Ideen zu entwickeln.

Damit ist Kreativität weitgehend unabhängig von Intelligenz und Zufall. Vielmehr ist es eine dem Menschen angeborene Fähigkeit, die er durch Erziehung und gesellschaftliche Normen weitgehend ablegt. Trotzdem gibt es Mittel und Wege, Kreativität zu fördern – wie das möglich ist, zeigt das nächste Kapitel.

2.2 Wie kann ich meine Kreativität steigern?

Im normalen Leben, im Beruf, im Alltag, immer wieder brauchen wir unsere Kreativität, um unsere Ziele zu verwirklichen. Dabei gibt es Situationen, die kreativitätsfördernd sind, andere dagegen schränken Kreativität ein oder schließen sie ganz aus.
Sie werden einige Grundregeln kennen lernen, die Ihre Kreativität wecken, und Sie werden erfahren, welche Faktoren Kreativität positiv oder negativ beeinflussen.

2.2.1 Mit-Denker sind die besseren Mit-Arbeiter

In mittelständischen und auch in größeren Betrieben ist es heute noch immer üblich, dass der Unternehmer als höchste Instanz die Fäden in der Hand hält. Nur wenige Arbeitgeber vertrauen ihren Mitarbeitern so sehr, dass deren Verbesserungsvorschläge ernst genommen oder überhaupt berücksichtigt werden. Dadurch hat sich im Laufe der Jahre eine Firmenkultur entwickelt, die sich durch eindeutige Hierarchiestrukturen auszeichnet. Viele Mitarbeiter betrachten sich oft nur als kleines Rädchen im großen Firmengetriebe, das seine Aufgabe zu erledigen hat und ansonsten im Hintergrund steht.
Diese Einstellung führt zu einer gewissen Monotonie, die weder dem Mitarbeiter selbst noch der Entwicklung der Firma gut tut. Kreative Prozesse entfalten sich in einem unflexiblen Arbeitsbereich nur schwer, und wenn sich Mitarbeiter nicht kreativ betätigen können, empfinden sie ihre Arbeit oft als langweilig und immer gleich.

In Japan hat man diesen Missstand längst erkannt, wie eine Statistik des Bundeswirtschaftsministeriums belegt: Dort liefern 100 Mitarbeiter pro Jahr 2500 Ideen, in der Bundesrepublik sind es dagegen lediglich 16 Verbesserungsvorschläge pro 100 Mitarbeiter.

Gleichzeitig wird ein Vorschlag in der BRD mit durchschnittlich 476 Euro honoriert, wogegen ein Japaner umgerechnet nur knapp drei Euro als Prämie kassiert.
Diese Diskrepanz zeigt, dass japanische Angestellte weitaus motivierter sind, was die Einbringung von eigenen Ideen angeht.

Exkurs –
Vorbild Japan

Japanische Firmen erreichen eine dermaßen hohe Ideenquote bei ihren Mitarbeitern durch eine sehr effektive Methode, die als Kaizen *bezeichnet wird. Übersetzt bedeutet dieses Wort „Verbesserung". Es gibt einige einfache Regeln des* Kaizen:

- *Jeder Vorschlag von Seiten der Mitarbeiter, der die Abläufe kreativ verbessern könnte, wird ernst genommen, auch, wenn er auf den ersten Blick nutzlos erscheint.*
- *Die Mitarbeiter arbeiten an der Umsetzung ihrer Ideen mit. Dabei werden alle Schichten der Arbeiterschaft involviert.*
- *Teamarbeit ist die Basis jeder kreativen Idee – einer allein schafft nichts.*
- *Die Orientierung am Kunden steht im Vordergrund. Profitiert er von der Verbesserung, lohnt sie sich, denn es ist der Kunde, der die Gehälter zahlt, nicht der Arbeitgeber.*
- *Mit der Aussicht auf Verbesserung geht man das Risiko der Kostenintensivität ein – es zahlt sich aus.*

Durch diese Anhaltspunkte fühlen die Mitarbeiter sich motiviert, aktiv den Arbeitsalltag mitzugestalten. Es gibt keine falsche Scheu vor Ablehnung der Idee, und die Selbstbestätigung durch die Realisierung der Idee motiviert wiederum zu neuen kreativen Möglichkeiten.

Das Vorbild aus Japan zeigt, wie es im Idealfall laufen könnte, und viele große Firmen in Deutschland haben die Ansätze des *Kaizen* bereits in ihr Firmenkonzept aufgenommen – mit positiven Bilanzen.
Doch es liegt nicht nur am Wohlwollen des Arbeitgebers, dessen Interesse darauf ausgerichtet sein sollte, dass sein Team aus Mit-Denkern und nicht nur aus Mit-Arbeitern besteht. Auch Sie als Mitarbeiter können von einer Arbeitsstelle, an der Sie als Mit-Denker gebraucht werden, profitieren:
- Ihre Kreativität wird gefördert,
- Sie nehmen aktiv am Firmengeschehen teil und werden so motivierter und leistungsfähiger,
- Sie fühlen sich gefordert und haben ein positives Gefühl gegenüber Ihrer Arbeit,
- außerdem verbessern realisierte Ideen Ihre persönlichen Arbeitsbedingungen.

Es ist also höchste Zeit, dass Sie Ihre Kreativität ins Spiel bringen! Das ist auch dann, wenn Sie sich nach wie vor für unkreativ halten, gar nicht kompliziert.

Zum Einstieg sind es lediglich fünf Grundregeln, die Sie beachten sollten:

Fünf Grundregeln, die Ihre Kreativität wecken:

1. Versuchen Sie jeden Tag über etwas zu staunen! Das kann etwas sein, das Sie sehen, hören oder lesen, aber lassen Sie sich auf das Neue ein!
2. Gehen Sie bewusst unbekannte Wege!
3. Keine Idee ist so absurd, dass sie es nicht verdient, zu Ende gedacht zu werden!
4. Ohne Risiko keine Kreativität! Haben Sie keine Angst vor dem Ungewöhnlichen!
5. Werten Sie Misserfolge nicht als Versagen, sondern als Erfahrung, die Sie vor neuen Fehlern bewahrt.

Im Wesentlichen beruhen alle diese Regeln darauf, dass Sie sich eine gesunde Neugierde, ein grundlegendes Interesse an möglichst unterschiedlichen Dingen aneignen sollen.

Um kreativ zu sein, ist es vor allen Dingen wichtig, dass die innere Einstellung sich der Kreativität nicht verschließt. Nur wer dazu bereit ist, divergent, in alle und auch unbekannte Richtungen, zu denken, wird neue Lösungswege finden.

Neben der persönlichen Bereitschaft zum kreativen Denken ist es aber auch wichtig, dass das Umfeld stimmt – in den folgenden Kapiteln finden Sie Tipps zur Kreativitätssteigerung.

2.2.2 Geniales Chaos oder schöpferische Ordnung?

Neben der Voraussetzung, dass man überhaupt kreativ sein will, und auch dem Glauben an die eigene Ideenvielfalt ist das persönliche Umfeld, in dem man beabsichtigt, kreativ zu arbeiten, von Bedeutung.

Es gibt keine generellen Vorgaben, die Kreativität garantieren. Vielmehr hängt es von der Anforderung ab, die man sich gestellt hat – also: welches Problem es zu lösen gilt – und auch von der eigenen Persönlichkeit.

Die Frage, ob es sich nun im heillosen Chaos oder mit perfekter Ordnung besser arbeiten lässt, kann nur jeder für sich beantworten.

Es ist so, dass manche Menschen ihre Anregungen direkt aus der unmittelbaren Umgebung nehmen und diese in ihre kreativen Denkprozesse integrieren. Für andere dagegen ist eine unordentliche Umgebung Gift für Ihren Kreativitätsfluss. Solche Personen bevorzugen karge Räume oder fast leere Schreibtische, damit keine äußeren Einwirkungen sie von Ihrem Denken ablenken können. Um herauszufinden, welche Umgebung Ihre Kreativität anregt, versuchen Sie einfach beide Möglichkeiten.

Kreativität und Problemlösung 103

Selbstverständlich ist es ohnehin nicht möglich, Kreativität und Ideenreichtum zu erzwingen, doch allein Ihr Gefühl, Ihre Intuition wird Ihnen dazu verhelfen, die richtige Umgebung zu finden.
Wenn Sie zum Beispiel einmal über einem Problem sitzen, für das Sie absolut keine Lösung parat haben, beobachten Sie Ihre Umgebung:
Ist Ihr Arbeitsplatz abgeschieden, klar gegliedert und ordentlich? Oder türmen sich Akten und lose Zettel auf dem Tisch und ständig sind Sie von Kollegen umgeben?
Wechseln Sie dann einfach die Umgebung, oder denken Sie später, in einem anderen Ambiente noch einmal über das Problem nach. Der Umgebungswechsel garantiert zwar nicht die Lösung des Problems, aber Sie werden erkennen, unter welchen Umständen Ihnen mehr Ideen kommen – ob diese Einfälle realisierbar sind, steht auf einem anderen Blatt.

> Grundsätzlich gilt: Sowohl das geniale Chaos als auch die schöpferische Ordnung können zum gewünschten Erfolg führen, es hängt nur davon ab, ob der gewählte Weg zu Ihnen passt!

Nichtsdestotrotz gibt es generelle Faktoren, die Ihre Kreativität sowohl fördern als auch einschränken können, wie Ihnen die Kreativitätspusher und -killer zeigen werden.

Neben dem geeigneten Umfeld gibt es drei Richtlinien, die gewährleistet sein sollten, damit Sie sich kreativ betätigen können.
Als Grundvoraussetzung für kreatives Arbeiten gelten folgende drei Punkte:

1. **Motivation**: Sie werden zu keinen kreativen Ergebnissen gelangen, wenn Sie es nicht wollen! Wichtig ist, dass Sie davon überzeugt sind, eine Lösung für Ihre Aufgabe zu finden. Seien Sie selbstsicher und freuen Sie sich drauf, ein Problem lösen zu dürfen, um damit zu beweisen, was in Ihnen steckt.

2. **Können**: Die Kompetenz, die Sie mitbringen müssen, besteht aus zwei Aspekten. Zum einen müssen Sie Ahnung von dem Aufgabengebiet haben, damit die Rationalität nicht verloren geht, und zum anderen ist es wichtig, mit System an ein Problem heranzugehen. Die dazu nötige Kompetenz erlangen Sie, indem Sie Kreativitätstechniken, welche im letzten Kapitel vorgestellt werden, anwenden.
3. **Emotion**: Eine positive Grundeinstellung ist das allerwichtigste, um kreativ denken zu können. Versuchen Sie, sich nicht unter Druck setzen zu lassen. Betrachten Sie die Herausforderung nicht als Hürde, sondern als das, was sie ist: Eine Aufgabe, deren Lösung Sie in der Hand haben. Machen Sie sich bewusst, dass Sie freiwillig an einem Problem arbeiten und „hassen" Sie es nicht, denn jedes Problem lässt Sie wachsen.

Versuchen Sie, wann immer Sie in der Situation sind, kreativ zu arbeiten, allein oder im Team, diese drei Aspekte zu erfüllen. Durch sie ist eine Basis gegeben, auf der es sich einfacher kreativ werden lässt.Außerdem sollten Sie versuchen, Kreativitätskiller auszulöschen und Kreativität fördernde Faktoren zu betonen.

2.2.2.1 Kreativitätskiller

Faktoren, die keine kreativen Ideen zulassen, können in verschiedene Typen unterteilt werden. Man unterscheidet
- Kreativitätskiller **Gefühle**
- Kreativitätskiller **Kommunikation**
- Kreativitätskiller **Zeit**
- Kreativitätskiller **Pessimismus**
- Kreativitätskiller **Konfliktscheu**

▪ **Die Gefühlsblockade**

Emotionen sind etwas sehr Individuelles, und es ist schwer, sie ganz auszuschalten. Vor allem im kreativen Prozess ist es imgrunde wichtig, dass Sie Emotionen einbringen. Negative Gefühle hindern jedoch den kreativen Fluss.

Ein Beispiel:
Stellen Sie sich vor, Sie sind Mitarbeiter in einem Werbeteam. Ihr Auftrag ist eine Wahlkampagne für eine politische Partei zu planen, mit Plakaten, Werbespots und Flugblättern. Das Programm der Partei widerspricht jedoch in allen Punkten Ihrer eigenen politischen Meinung. Sie haben also ein emotionales Problem mit dieser Partei und damit auch mit der Kampagne. Dürften Sie im Vergleich dazu die Kampagne „Ihrer" Partei planen, wären Sie voller positiver Gefühle und könnten Ihre Kreativität voll einsetzen.

Weitere emotionale Kreativitätskiller sind fehlendes Vertrauen in Ihre Leistungen, die Angst vor dem Verlust der Arbeitsstelle, wenn Sie offen sagen, was Sie für sinnvoll halten, und auch die Einstellung gegenüber Fehlschlägen. Funktioniert eine Idee nicht und

Sie nehmen dieses Scheitern persönlich, so sind sie emotional zu negativ eingenommen, um Ihrer Kreativität freien Lauf zu lassen.

> Sie können eine emotionale Blockade nur schwer umgehen. Versuchen Sie deshalb immer, möglichst unvoreingenommen an ein Problem heranzugehen.

- **Die Kommunikationshürde**

Dieser Kreativitätskiller tritt in erster Linie im Teamwork auf. Allerdings kann die Kommunikation auch ein Problem darstellen, wenn es um die Aufgabenstellung geht.
Das Prinzip der Kommunikation ist eigentlich simpel: Ein Sender übermittelt eine Botschaft an den Empfänger. Das Problem dabei ist, dass die Botschaft oft anders beim Empfänger ankommt, als der Sender dies beabsichtigte. In der Psychologie spricht man von einer Verzerrung der Kommunikation immer dann, wenn zwischen Sender und Empfänger Unklarheiten entstehen, weil beide unter der selben Nachricht nicht das Gleiche verstehen.

Es gibt unzählige Beispiele für Kommunikationsverzerrungen:
Der Einkäufer einer Bürobedarfsfirma möchte mit einer Kollegin über den neuen, seiner Ansicht nach zu niedrigen, Etat sprechen, der in der letzten Teamsitzung festgesetzt wurde.
Herr A.: „Hast Du kurz Zeit? Ich muss mit Dir über die letzte Sitzung sprechen."
Frau B.: „Oh ja, ich fand es auch unerträglich, wie die C. sich wieder aufgespielt hat; als ob sie die Chefin höchstpersönlich wäre!"

Sowohl Herr A. als auch Frau B. reden offensichtlich über die Teambesprechung. Herr A. hat aber ein inhaltliches Problem, worauf Frau B. allerdings mit einem Problem auf der persönlichen Ebene reagiert.

Bedenken Sie deshalb immer, dass Sie Ihre Meinung klar formulieren und alle möglichen Missverständnisse klären, damit jeder im Team weiß, was Sie zum Ausdruck bringen wollen, beziehungsweise damit sich jeder im Klaren darüber ist, um welches Problem es sich handelt.

- **Das Zeitproblem**

Der Faktor Zeit spielt ebenfalls eine große Rolle im kreativen Prozess.
Unter enormen Zeitdruck ist es fast unmöglich, gute Ideen zu entwickeln, da es oft tagelang dauern kann, bis der kreative Prozess abgeschlossen ist. Außerdem erweist sich die vierte Phase des Kreativprozesses, die Frustration, bei Zeitmangel als noch problematischer, als sie ohnehin schon ist.
Durch das Gefühl, keine Zeit mehr zu haben, wird der kreative Fluss stark behindert, doch leider ist die Zeit ein Faktor, der sich nur selten selbst bestimmen lässt. Meist werden kreative Ergebnisse innerhalb bestimmter Fristen verlangt.
Was Sie trotzdem tun können, um unter Zeitdruck Ihre Kreativität nicht unnötig zu bremsen, ist Folgendes:

- vermeiden Sie weitere Termine, die Sie von Ihrer Arbeit abhalten,
- schaffen Sie sich die ideale Kreativ-Umgebung (s. 1.2.2.2), um unter möglichst guten Bedingungen arbeiten zu können,
- setzen Sie sich kein bewusstes Limit „um 18 Uhr muss ich fertig sein", sondern arbeiten Sie konsequent auf das Ziel „die Lösung finden" hin.

- **Pessimismus**

„Davon verstehen Sie nichts!"
„Das passt nicht in unser Konzept!"

„Wir machen das aber seit Jahren so, und sind damit ganz gut gefahren!"
„Das geht doch nicht."
„Sammeln Sie erst einmal meine Erfahrung."
„Das können Sie sofort vergessen, dazu fehlt uns ..."
„Das schaffen wir nie!"

Diese und ähnliche Aussagen ersticken jede kreative Idee sofort im Keim und wirken völlig destruktiv!

Um zu kreativen und innovativen Lösungen zu kommen, bedarf es einer optimistischen Haltung. Es hat wenig Sinn, nach konstruktiven Ideen zu suchen, wenn jeder Gedanke sofort wieder verworfen wird. Wie Sie bereits erfahren haben, gelangt man zu kreativen Lösungen nur dann, wenn man alle Gedanken zulässt und offen in alle Richtungen denkt. Alles andere wäre ein Denken, das zu sehr auf Konvergenz ausgerichtet ist und damit nicht zum gewünschten Erfolg führen kann. Versuchen Sie deshalb Ihre Ideen weiterzuspinnen, auch wenn Sie Ihnen oder anderen abstrus erscheinen. Oft kommt man nur über viele Ecken zum Ziel, und aus einer anfänglich unlogischen Gedankenreihe entwickelt sich ein durchaus brauchbarer Vorschlag!
Wenn Sie im Team arbeiten, beachten Sie:

- vermeiden Sie negative Phrasen
- formulieren Sie Ihre Kritik konstruktiv-positiv
- haken Sie lieber noch einmal nach, bevor Sie abblocken
- gehen Sie unvoreingenommen an Vorschläge anderer heran

▪ Konfliktscheu

Um kreativ denken zu können, muss man in der Lage sein, Konflikte ertragen und verarbeiten zu können. Konstruktive Kritik ist ein wichtiger Punkt der Kreativität. Arbeitet man in einem Team, entstehen Konflikte durch unterschiedliche Meinungen. Gerade dadurch wird Kreativität regelrecht provoziert, allerdings dürfen Sie Kritik oder das Scheitern eines Lösungsweges nie persönlich nehmen. Akzeptieren Sie Misserfolg als Erfahrung und lernen Sie daraus.

Seien Sie mutig und riskieren Sie auch einmal Ablehnung oder Unverständnis von Seiten anderer. Bringen Sie Ihre Idee trotzdem vor, scheuen Sie sich nicht, der Auslöser für Konflikte zu sein!

Auch wenn Sie nicht in einem Team arbeiten, geraten Sie schnell in einen Konflikt, der Ihre Kreativität hemmt. Oft muss man sich von anderen abgrenzen, falsche Rücksichtnahme aufgeben und sich über Regeln oder Moralvorstellungen hinwegsetzen. Natürlich sollten Sie es nicht übertreiben, aber solange Sie Ihre Ideen mit dem eigenen Gewissen vereinbaren können, kann es Ihrer Kreativität nur gut tun, wenn Sie Konflikten nicht aus dem Weg gehen.

> Es gibt viele Faktoren, die Kreativität gar nicht erst aufkommen lassen. Emotionale Barrieren, Kommunikationshindernisse, Zeitmangel, negative Haltung und Konfliktscheu sind die Kreativitätskiller Nummer Eins – aus diesem Grund sollten Sie versuchen, diese Faktoren weitestgehend auszuschließen.

2.2.2.2 Kreativitäts-Pusher

Neben den genannten Faktoren, die Sie ausschalten sollten, um kreativ zu bleiben, gibt es auch Möglichkeiten, die Ihr kreatives Potenzial fördern. Kreativitäts-Pusher sind Größen, die Sie bewusst einsetzen sollten, um Ihrer Kreativität Antrieb zu verleihen. Dazu gehören
- Kreativitäts-Pusher **Ambiente**
- Kreativitäts-Pusher **Sensitivität**
- Kreativitäts-Pusher **Klarheit**
- Kreativitäts-Pusher **Kreativeigenschaften**

▪ **Das Ambiente**

Die jeweilige Umgebung ist maßgeblich am kreativen Output beteiligt. Untersuchungen haben ergeben, dass die meisten Menschen in einer entspannten Atmosphäre in phantasievoller Umgebung mit mehreren Leuten zusammen am kreativsten sind. Für psychologische Versuche hat man zum Beispiel zwei Gruppen in unterschiedliche Umgebungen mit der selben kreativen Aufgabe konfrontiert. Die Gruppe, der ein heller, freundlich ausgestatteter Raum mit ausreichend Getränken und einem Büffet zur Verfügung stand, kam bereits nach 20 Minuten zu passablen Lösungen, wogegen die Gruppe, die ohne Verpflegung in einem weiß gekachelten kargen Raum untergebracht wurde, erst nach mehreren Stunden die Lösung fand. Andererseits gibt es auch Menschen, die lieber alleine kreativ werden oder die möglichst wenig visuelle Anregungen bevorzugen, um innovativ-divergent denken zu können.

> Deshalb gilt der Grundsatz: Sorgen Sie für maximales individuelles Wohlbefinden bevor Sie kreative Aufgabenstellungen angehen. Nur wenn Sie sich ausgeglichen und behaglich fühlen, ist Ihr Gehirn frei genug, um kreativ arbeiten zu können!

▪ **Die Sensitivität**

Oft ist von einem sechsten Sinn, einem Riecher für das Kreative die Rede. Doch diesen vielzitierten Sinn gibt es nicht, behaupten Neuropsychologen.

Sie müssen sich also nach wie vor auf Ihre fünf Sinne

- Sehen
- Hören
- Fühlen

Kreativität und Problemlösung 109

- Riechen
- Schmecken

verlassen. Je intensiver Sie Ihre Sinne nutzen, desto phantasievoller und kreativer können Sie denken!
Trainieren Sie Ihre Sinne täglich, indem Sie Ihre Umgebung bewusst wahrnehmen.

So trainieren Sie Ihre fünf Sinne:

Sehen
Wenn Sie etwas sehen, das Ihnen gut gefällt, prägen Sie sich die Form, die Farbe, die Größe genau ein. Schauen Sie sich um und nehmen Sie aufmerksam wahr, was um Sie herum passiert.

Hören
Versuchen Sie zum Beispiel, Musik wirklich zu hören und nicht nur nebenbei das Radio laufen zu lassen.

Fühlen
Berühren Sie öfter Dinge, die Sie schön finden. Meist nehmen wir ästhetische Reize nur über die Augen auf. Erfahren Sie zum Beispiel einen schönen Stein oder ein neues Kleidungsstück, indem Sie es mit Ihren Fingerspitzen berühren und die Beschaffenheit des Materials abtasten – begreifen Sie es!

Riechen
Was für den Tastsinn gilt, trifft auch auf den Geruchssinn zu. Wenn Sie kochen, riechen Sie intensiv an den verschiedenen Gemüsesorten oder Gewürzen, nehmen Sie den Geruch auf und assoziieren Sie ihn mit anderen Düften.

Schmecken
Der Geschmackssinn wird von Erwachsenen oft stark vernachlässigt. Man nimmt sich nur selten die Zeit zu schmecken, zum Beispiel beim Essen. Kinder dagegen setzen Ihren Geschmackssinn viel bewusster ein – sie stecken gerne alles in den Mund, um einen Gegenstand mit all ihren Sinnen erfahren zu können.
Trainieren Sie Ihren Geschmack, indem Sie langsam und genussvoll essen und trinken. Viele Menschen nehmen nicht wahr, dass Wasser nicht gleich Wasser ist. Sie denken, es hat einen immer gleichen neutralen Geschmack. Probieren Sie einmal aus, ob Sie Unterschiede erkennen. Beschreiben Sie diese Unterschiede auch, denn nur so machen Sie sich Geschmacksdifferenzen bewusst.

Je mehr Sie Ihre Sinne bewusst einsetzen, umso leichter fällt es Ihnen, Ihre Phantasie anzuregen.
Mittels wissenschaftlicher Tests wurde festgestellt, dass die bemerkenswertesten Kreativ-Lösungen immer dann gefunden wurden, nachdem die Versuchspersonen ein inten-

sives Training ihrer Sinne hinter sich hatten. Neben der Erfahrung ist die Sensibilisierung der fünf Sinne der Grund dafür, warum überdurchschnittlich viele kreative Ideen von Menschen stammen, die dreißig Jahre oder älter sind. Es ist also nie zu spät!

> Die Kreativitätsleistung ist also erheblich davon abhängig, wie intensiv Sie Ihre Sinne erleben. Deshalb ist es durchaus anregend für Ihre Kreativität, wenn Sie sich in Situationen der Problemlösung diese Tatsache klar machen und die Aufgabe bewusst mit all Ihren Sinnen lösen.

- **Die Klarheit**

Nichts macht Sie unkreativer als Unklarheit! Wenn Sie nicht genau definieren, was Sie erreichen wollen, können Sie nicht kreativ denken. Deshalb ist es unerlässlich, Ziele zu formulieren!
Gut formulierte Fragen steigern Ihre Konzentration und provozieren in einem gesunden Maß. Wenn Sie vor einem Problem stehen, fragen Sie immer erst genau nach.
Die fünf W-Fragen haben sich dabei durchaus als hilfreich erwiesen. Beginnen Sie mit einer Frage und bauen Sie auf deren Antwort andere Fragen auf. Schrecken Sie dabei auch nicht vor unangenehmen Fragen zurück!
Stellen Sie sich vor, Sie wollen sich weiterbilden, haben dieses Ziel aber immer wieder verschoben. Ihre Kreativität zur Lösung dieses Problems können Sie anregen, indem Sie gezielt fragen:
Warum habe ich die Weiterbildung bisher immer verschoben? Weil mir die Zeit dazu fehlt!
Warum fehlt mir die Zeit? Weil ich beruflich sehr eingespannt bin und mein Privatleben nicht zu kurz kommen soll.
Wann finden die Weiterbildungsseminare statt? Es handelt sich um eine Abendschule.
Was mache ich normalerweise um diese Zeit immer? Ich treffe mich mit einem Bekannten zum gemeinsamen Squashspiel oder mache Überstunden.
Wie könnte ich meine Termine umstrukturieren, um Zeit für die Abendschule zu haben?
Was könnte ich für die Weiterbildung entbehren?
Wer könnte mich dabei unterstützen?

Durch diese gezielt formulierten Fragen werden Sie auf die eigentlichen Gründe stoßen, weshalb Sie ein Ziel bisher nicht verwirklicht haben.

> Erst wenn Sie diese Ursachen kennen, sind Sie in der Lage, Ihr Problem klar zu definieren. Eine Lösung finden Sie nur dann, wenn Sie wissen, wonach Sie suchen!

- **Die Kreativeigenschaften**

Ihre Einstellung zum Leben und gegenüber Problemen spielt ebenfalls ein wichtige Rolle, wenn es um Ihre Kreativität geht.
Entwickeln Sie deshalb Eigenschaften, die Ihre Kreativität fördern.

Kreativität und Problemlösung

- Seien Sie energisch und ausdauernd! Geben Sie nicht zu schnell auf, denn es gibt immer ein Lösung für ein Problem, auch wenn man manchmal nur langsam sein Ziel erreicht. Geben Sie sich die Zeit, die Sie brauchen, und setzen Sie sich nicht unter Druck. Bleiben Sie aber trotzdem konsequent an der Problemlösung dran, indem Sie auch im Alltag verschiedene Aspekte in die Problemstellung mit einbeziehen. Wenn Sie aufmerksam sind, kann in jeder Situation die Lösung auf das Problem warten.
- Ergreifen Sie die Initiative! Wenn Sie auf ein Problem aufmerksam werden, ärgern Sie sich nicht darüber. Nehmen Sie die Herausforderung an, und versuchen Sie, es durch kreatives Denken zu lösen. Übernehmen Sie ruhig die Verantwortung, wenn Sie sich die Kompetenz, das Problem lösen zu können, zutrauen!

- Haben Sie Mut! Lassen Sie Ihre Gefühle zu, gehen Sie neue Wege, seien Sie offen! Immer dann, wenn Sie mit Zuversicht und Mut an eine Sache herangehen, wird Ihre Kreativität gesteigert. Die Herausforderung des Neuen regt Ihre Phantasie und Ihre Kreativität an.

> Neben einer positiven Grundeinstellung sind es das passende Ambiente, die Steigerung der Sensitivität sowie die Klarheit über Ihre Ziele und die Entwicklung kreativer Eigenschaften, die dazu beitragen, dass Ihre Kreativität gesteigert und gefördert wird. Je mehr dieser Kreativitäts-Pusher aufeinander treffen, desto kreativer können Sie denken!

2.3 Welchen Stellenwert hat Kreativität in einer technisierten Welt?

Auf den vorhergehenden Seiten haben Sie erfahren, wie Kreativität definiert werden kann, und dass die Fähigkeit, kreativ zu handeln, zwar angeboren ist, sich aber trotzdem nur wenige Menschen zutrauen, kreativ zu denken und zu handeln.
Sie wissen mittlerweile auch, dass Kreativität durch verschiedene Faktoren sowohl negativ als auch positiv beeinflussbar ist und Sie Ihre Kreativität gezielt steigern können.
Somit bleibt noch eine Frage offen: Warum soll ich kreativ sein?
Wir leben in einer hektischen, organisierten Welt, die geprägt ist von dem rasanten technischen Fortschritt. Innerhalb der letzten Jahre haben sich die Profile der verschiedensten Berufe dahingehend verschoben, dass die berufliche Kompetenz der meisten Arbeitnehmer fachliches Wissen ist. Immer weniger Berufe sind gezielt auf handwerkliche Fähigkeiten ausgerichtet, da diese Arbeit mittlerweile von Maschinen übernommen wird.
Durch eine Spezifizierung der einzelnen Berufe ist ein dichtes Netz an Tätigkeitsfeldern entstanden, das sich durch Arbeitsgebiete auszeichnet, die immer kleinere Bereiche umfassen. Durch diese eng umgrenzten Felder ist es dazu gekommen, dass die Anforderungen genau definiert sind, und es, überspitzt formuliert, für jedes Problem einen Spezialisten gibt.
Phantasie, Kreativität und Erfindergeist sind immer mehr in den Hintergrund geraten, da wir nach den Erfindungen der industriellen Revolution ein hohes Niveau an Entlastung und Arbeitsteilung erreicht haben.
Die Frage nach dem Stellenwert der Kreativität in einer modernen Welt ist also durchaus berechtigt.

2.3.1 Kreativität im Alltag

Kreativität ist ein Bestandteil unseres Lebens, den wir bewusst gar nicht wahrnehmen. Jede Entscheidung, vor die wir gestellt werden, verlangt uns einen Denkprozess ab, und sobald ein Problem etwas komplexer, also vielschichtiger, wird, setzen wir, früher oder später, zur Lösung des Problems unsere Kreativität ein.
Es ist auch möglich, durch streng rationales, logisches Denken Probleme zu lösen. Allerdings sind die Kapazitäten des konvergenten Denkens viel schneller erschöpft als die des divergenten Denkens. Angesichts der Tatsache, dass Divergenz durch die Öffnung in verschiedene Richtungen charakterisiert ist, ist es nur eine logische Konsequenz, dass divergentes, kreatives Denken die Problemlösung allgemein erleichtert.

Die Fähigkeit der schnellen, effizienten Problemlösung zahlt sich im Alltag in mehrerlei Hinsicht aus:

- Veränderungen im Leben werden konsequenter in Angriff genommen
- Ihr Leben erlangt eine aktive Dynamik, die Sie voranbringt
- Probleme werden nicht als Belastung empfunden
- Sie entwickeln sich ständig weiter

Zum einen haben Sie durch die Nutzung Ihres kreativen Potenzials die Möglichkeit, Veränderungen konsequent anzustreben. Kreativität impliziert die Fähigkeit, Probleme klassifizieren zu können. Diese Klarheit verhilft Ihnen dazu, sich Ziele vor Augen zu halten. So erreichen Sie durch die Öffnung eingefahrener Denkmuster auf effizientere Weise Ihre Ziele, als wenn Sie versuchen würden, diese auf dem herkömmlichen Weg zu erlangen.

Zum anderen gestaltet sich Ihr Alltag dynamischer. Durch Kreativität lernen Sie, mit Konflikten umzugehen und Ziele klar vor Augen zu behalten. Ihr Leben gewinnt einen positiven Aspekt hinzu, denn anstatt in Monotonie und Passivität zu verfallen, sind Sie in der Lage, Ihre jeweilige Situation zu gestalten, indem Sie sie verändern oder verbessern. Die Dynamik, die Ihr Leben damit annimmt, gibt Ihnen trotzdem das Gefühl der Sicherheit, da Ihnen bewusst wird, dass Sie die Fäden in der Hand haben.

Außerdem geben Kreativität und vor allen Dingen die Fähigkeit, Probleme kreativ zu lösen, Ihnen die Sicherheit und das Vertrauen in das eigene Können, das Sie benötigen, um Probleme nicht als Belastungen zu empfinden, die Ihnen aufgebürdet werden, sondern viel mehr als Herausforderungen. Allein durch diese optimistische Haltung lassen Probleme sich einfacher lösen und Sie können unnötigen Stress vermeiden. Letztendlich entwickelt ein Mensch, der kreativ denkt, sich ständig weiter. Jemand, der dagegen nicht bereit ist, seine eingefahrenen Schienen zu verlassen, gerät in eine Monotonie, der es sich nur schwer entfliehen lässt. Menschen, die Herausforderungen annehmen, sind aktiv, sammeln Erfahrungen, gewinnen Einsichten, die anderen verborgen bleiben.

Von der Planung der finanziellen Absicherung bis hin zu einem Ortswechsel, die Aufnahme neuer Freizeitaktivitäten oder einfach nur die Entscheidung, ob man in Urlaub fahren soll oder nicht: Kreativität hilft Ihnen in jeder Lebenslage weiter und Sie können nur gewinnen.

2.3.2 Kreativität im Berufsleben

Ebenso wie im Alltag ist Kreativität im Berufsleben ein positiver Aspekt. Auch in unserer technisierten, planvollen Welt ist die Fähigkeit, seine Phantasie sinnvoll einsetzen zu können, nach wie vor von Vorteil. Dies gilt für die so genannten Kreativberufe in gleichem Maße wie für andere Berufssparten auch.

Kreativität im Beruf

- verhilft Ihnen zu einer Erhöhung Ihrer Urteilsfähigkeit,
- kann Ihrer Karriere dienlich sein und
- erleichtert den Prozess der Problemlösung.

Divergentes Denken erhöht die Urteilsfähigkeit. Durch die gesteigerte Vorstellungskraft, über die kreative Menschen verfügen, sind sie in der Lage, sich in beliebige Situationen hineinzuversetzen. Dadurch wird Ihnen das Für und Wider bestimmter Problemlagen klarer vor Augen geführt als anderen Menschen, die ihre Kreativität nicht nutzen. Der

Berufsalltag gestaltet sich heutzutage sehr hektisch, deshalb ist es nur von Vorteil, wenn man in der Lage ist, schnell abzuwägen und Urteile fällen zu können, ohne dabei wichtige Aspekte zu übersehen.

Kreativität bietet Ihnen außerdem größere Aufstiegsmöglichkeiten. Neben Kompetenz und Erfahrung spielt auf dem hart umkämpften Arbeitsmarkt Originalität eine immer wichtigere Rolle. Kreativität ist nicht, wie Sie wissen, die unlogische Spinnerei eines Einzelnen, sondern das Andersartige und doch Zweckdienliche. Allein schon bei einem Bewerbungsschreiben zahlt Kreativität sich oft aus, und auch bei firmeninternen Angelegenheiten wird es Ihnen leichter fallen, positiv aufzufallen, wenn Sie mit kreativen Vorschlägen glänzen.

Zu guter Letzt wird durch die Fähigkeit, kreativ zu denken, auch die Fähigkeit der Problemlösung gestärkt. Im Alltag wie im Berufsleben werden wir ständig mit Schwierigkeiten konfrontiert. Probleme im Beruf sind meist relativ komplex, und je komplizierter ein Problem ist, desto effektiver ist es, es auf kreative Weise zu lösen.

So gilt also auch für das Berufsleben, dass Kreativität nur ein Gewinn sein kann.

> **Fassen wir noch einmal zusammen:**
> Kreativität wird vom Laien oft mit Genialität, hoher Intelligenz und künstlerischer Begabung in Zusammenhang gebracht.
> Dabei handelt es sich bei Kreativität um eine angeborene Fähigkeit jedes Menschen, die sich durch ihren innovativen Charakter auszeichnet. Mittels der Kombination bekannter Mittel und Wege gelangt man zu einer neuen, kreativen Lösungsmöglichkeit.
> Kreativität lässt sich in einen sechsteiligen Prozess aufspalten: Gewöhnungsphase, Nachdenken, Spekulation, Frustration, Einsicht, Testphase.
> Diese Instrumentalisierung der Kreativität beweist, dass es sich bei diesem Prozess weder um Zufall noch um eine nicht erlernbare Eigenschaft handelt.
> Um Kreativität zu wecken gibt es folgende Möglichkeiten:
> - Staunen Sie über neue Dinge
> - Gehen Sie neue Wege
> - Denken Sie jede Idee zu Ende
> - Wagen Sie das Risiko
> - Betrachten Sie Misserfolge nicht als persönliches Scheitern
>
> Kreatives Arbeiten wird gefördert durch die drei Faktoren
> - Motivation
> - Kompetenz
> - Emotion
>
> Folgende Umstände mindern den kreativen Fluss (Kreativitätskiller):
> - negative Gefühle gegenüber dem Projekt
> - kommunikative Hindernisse
> - extremer Zeitdruck
> - pessimistische Grundhaltung
> - Konfliktangst
>
> Diese Faktoren können ausgeschaltet und durch positive Kreativitäts-Pusher kompensiert werden. Kreativitätssteigernd wirken:
> - das passende Ambiente
> - die Aktivierung der fünf Sinne
> - Klarheit über das bestehende Problem
> - die Entwicklung von Kreativeigenschaften wie Initiative, Konsequenz, Ausdauer und Mut
>
> Auch in der durchgeplanten und technisierten Welt von heute ist eine Eigenschaft wie Kreativität sowohl im Berufsleben als auch im Alltag gefragt, da sie die persönliche Weiterentwicklung, die Steigerung der Urteilsfähigkeit, die Fähigkeit zur Problemlösung und die aktive Gestaltung des Lebens unterstützt.

3. Methoden der kreativen Problemlösung

Im letzten Kapitel wird nun Kreativität als wichtigster und zugleich kompliziertester Bereich der Problemlösung angesprochen.
Bisher haben Sie erfahren, was Kreativität ist, nämlich die dynamische Fähigkeit durch deduktives, divergentes Denken gesammeltes Wissen und Erfahrungen so zu kombinieren, dass daraus neue, innovative Lösungsmöglichkeiten entwickelt werden können.
Sie wissen auch bereits, dass Probleme aus den drei Komponenten des Ist-Zustands, des Soll-Zustands und einem dazwischen liegenden Hindernis bestehen.

Der Zusammenhang zwischen Kreativität und Problemlösung besteht in der Strategie des Problemlöseverhaltens. Die im zweiten Kapitel vorgestellte Methode der Problemlösung basiert – im übrigen wie jede andere Taktik im Umgang mit Schwierigkeiten – auf der ausführlichen und geschickten Fragestellung. Antworten, die somit gewonnen werden, bieten Ansätze zur Lösung, doch ein durchgreifender, innovativer Lösungsweg ist erst dann gefunden, wenn der Lösungsansatz ausgearbeitet und realisierbar ist. Dieser Schritt in der Problemlösung erfordert ein gewisses Potenzial an Kreativität, das in jedem Menschen steckt.
Viele trauen sich diese Fähigkeit jedoch nicht zu oder haben verlernt, mit ihr umzugehen. Andere dagegen wollen ihrer Kreativität noch mehr auf die Sprünge helfen, weil herkömmliche Lösungen ihren Ansprüchen nicht genügen. Egal welche Motive Sie haben – Kreativität ist eine gefragte Eigenart für Menschen in modernen, erfolgsorientierten Berufen, und in der Konfrontation mit immer komplexer werdenden Problemen ist diese Fähigkeit unerlässlich.

In diesem Kapitel werden Sie die unterschiedlichsten Arten der kreativen Problemlösungsmethoden kennen lernen. Diese Methoden unterstützen Sie in der Entfaltung Ihrer Kreativität, denn, wie die Praxis gezeigt hat, ist kreatives Denken vor allem dann möglich, wenn man sich weniger auf das „wie denke ich", als vielmehr auf das „was denke ich" konzentrieren kann. Die verschiedenen Methoden bieten sich als Leitfaden für kreative Problemlösung an. Wie auch die sieben Schritte der Problemlösung bieten die Methoden ein Grundgerüst, das Sie in Ihrem kreativen Denken unterstützt.

Kreativität ist eine erlernbare und steigerbare Fähigkeit, die sich dadurch auszeichnet, dass der kreative Kopf eingefahrene Denkbahnen verlässt und durch ungewöhnliche Sichtweisen und intensive Auseinandersetzung mit problematischen Sachverhalten zu Lösungen findet, die sich durch Ihre Novität charakterisieren.
Diese divergente Denkweise sind wir, bedingt durch Schulsystem, Erziehung zur Rationalität und Erfahrungswerten, nicht gewohnt. Das beweist auch die Lösung der Aufgabe 2, die Sie in einführenden Abschnitt dieses Textes finden. Sie sollten dort innerhalb kürzester Zeit alle Verwendungszwecke notieren, die Ihnen zum Stichwort „Zeitung" einfallen.
Wenn Sie Ihre Notizen zur Hand nehmen, werden Sie feststellen, dass Ihnen zuerst ganz gebräuchliche Anwendungsmöglichkeiten in den Sinn gekommen sind. Begriffe

wie lesen, durchblättern, zerreißen, als Bastel- oder Brennmaterial verwenden werden ganz oben auf Ihrer Liste zu finden sein. Dies ist nicht ungewöhnlich und auch nicht unkreativ, vielmehr spiegeln solche Ergebnisse die alltägliche Denkweise des Menschen wider. Man assoziiert immer erst das Naheliegende, weil man quasi darauf getrimmt wurde, schnelle, praktikable Lösungen für Herausforderungen zu finden. Die Kreativität bleibt damit im Hintergrund, und erst auf den letzten Rängen der Liste finden sich vielleicht ungewöhnliche Möglichkeiten wie die Verwendung als Wärmeisolierung, provisorischer Regenschutz oder als Verpackung für Geschenke oder Lebensmittel und Blumen. Je länger Sie überlegen, desto ungewöhnlichere Verwendungszwecke werden Ihnen einfallen.

Da aber unter der Kreativität die Effizienz und Schnelligkeit der Lösungsfindung nicht leiden sollen, wurden so genannte Kreativtechniken entwickelt. Die Anwendung dieser Methoden unterstützen kreative Denkprozesse vor allem in der Gruppe, doch einige der Techniken sind auch ohne die Zusammenarbeit mit anderen anwendbar.

Um das größtmögliche Potenzial an Kreativität zu wecken, gibt es Grundregeln, die das Zusammenspiel innerhalb eines Teams in die richtigen Bahnen lenken.
Bevor wir also mit den einzelnen Kreativmethoden beginnen, einige Richtlinien, die für die Anwendung jeder Kreativtechnik gültig sind:

Grundregeln für kreatives Arbeiten:

- **Masse statt Klasse!**
Die Wahrscheinlichkeit, eine brauchbare, innovative Idee zu entwickeln, steigt mit der Anzahl der Einfälle. Deshalb ist in erster Linie die Menge und nicht die Qualität der Vorschläge ausschlaggebend. Bringen Sie also auch unsinnige, irrationale oder unvernünftige Ideen zur Sprache.

- **Hartnäckigkeit zahlt sich aus!**
Nach Nennung der ersten Einfälle, die meist auch die gewöhnlichsten, naheliegendsten sind, kommt es oft zu einer Ideenflaute (vgl. 1.1.2 Der kreative Prozess, Schritt 4). Geben Sie an diesem Punkt nicht auf, sondern machen sie weiter. Nach Überwindung dieser Phase beginnt das Gehirn meist erst, von konvergentes auf divergentes Denken umzuschalten.

- **Inspiration ist alles!**
Formulieren Sie Ihre Ideen möglichst kurz und prägnant, damit andere sie aufnehmen und weiterverarbeiten können. Die Schnelligkeit während der kreativen Ideensuche bewirkt einen kontinuierlichen Ideenfluss, der die Kreativität enorm fördert. Lange Unterbrechungen durch ausschweifende Ausführungen bewirken eine Stockung, die jede Kreativität abblockt.

- **Kritik erstickt Kreativität!**
Aus diesem Grund ist es wichtig, dass während der Ideensuche jede Kritik vermieden wird. Erinnern Sie sich an den ersten Grundsatz: Es darf alles gedacht und gesagt werden! Die Tauglichkeit der einzelnen Ideen wird erst in einem späteren Arbeitsschritt geprüft, wie Ihnen in den Schritten 4 und 5 des Problemlösungszyklus bereits vermittelt wurde.

- **Immer der Reihe nach!**
Bei Kreativtechniken gilt es, das Gesamtpotenzial einer Gruppe ausschöpfen zu wollen. Deshalb sollte jeder den anderen ausreden lassen und erst dann seine Idee vortragen.

- **Das Gedächtnis stützen!**
Arbeitet ein großes Team zusammen, ist es notwendig, einen Protokollführer festzulegen. Dessen Aufgabe ist das schriftliche Festhalten der Ideen. In einem kleinen Team ist es auch möglich, dass jeder seine Ideen notiert, auch wenn manche Kreativitätstechniken dies nicht ausdrücklich vorsehen. Achten Sie aber darauf, dass der kreative Fluss durch zu ausführliches Schreiben nicht unterbrochen wird.

Mit diesen Grundregeln als Basis können Sie jede beliebige Kreativtechnik in Ihren Problemlösungszyklus integrieren. Die unterschiedlichen Methoden lassen sich in drei Hauptgruppen unterteilen, klassifiziert nach der Denkstrategie, die sich hinter der Vorgehensweise verbirgt. So unterscheidet man systematische, assoziative und Analogie-Techniken.

3.1 Systematische Methoden

Zur Gruppe der systematischen Methoden zählen das Zero-based Thinking, der morphologische Kasten und das Area-Thinking.
Jede dieser Techniken ist gestützt auf eine mehr oder minder strenge Systematik, nach der man vorgeht. Der Erfolg stellt sich insofern ein, als selbst komplexe Probleme ihren Schrecken verlieren, da durch die systematische Vorgehensweise das Hindernis auf dem Weg zum Soll-Zustand abgetragen wird.

3.1.1. Zero-based Thinking

Das Ziel

Das Ziel dieser Methode besteht darin, sich von allen geistigen Einschränkungen, Vorurteilen und Grenzen zu befreien, da durch Voreingenommenheit die Risikobereitschaft, neue Wege zu gehen, eingeschränkt wird.
Oft sind es unbewusste Okkupationen, die unsere Gedanken in immer wieder die selbe Richtung lenken, wenn es um Probleme und deren Lösung geht.
Stellen Sie sich vor, Sie sind selbständig in Ihrem Beruf tätig. Da Ihre Geschäfte nicht mehr gut laufen, planen Sie, Ihr Konzept zu erneuern. In erster Linie werden Sie an geringfügige, möglichst wenig riskante Möglichkeiten denken, die sich in der Vergangenheit oder bei anderen Unternehmen als sinnvoll erwiesen haben. Doch eigentlich kann Ihnen nur eine innovative Idee helfen.
Mit dem Zero-based Thinking sind Sie in der Lage, bereits bekannte Lösungsmöglichkeiten zu beurteilen und diese aufzugeben, um für neue Wege offen zu sein.

Die Vorgehensweise

Das Zero-based Thinking bedeutet frei übersetzt so viel wie „auf dem Nullpunkt basierendes Denken". Wie aus der Übersetzung schon hervorgeht, geht man bei dieser Methode von einem Nullpunkt aus.

Nehmen wir noch einmal an, Sie wollen als selbständiger Unternehmer Ihrer Firma zu neuem Auftrieb verhelfen.
Nach der Zero-based Methode müssen Sie von einem Nullpunkt ausgehen. Sie stellen sich daher die Frage: Gibt es nach meinem heutigen Wissen Dinge, die ich nicht mehr oder ganz anders machen würde, wenn ich jetzt neu anfangen würde?
Unter diesem Aspekt durchleuchten Sie jede Tätigkeit, die Ihren Arbeitsbereich betrifft. So könnte es zum Beispiel sein, dass Sie bisher viel zu wenig Wert auf Werbung gelegt haben, oder dass Sie bestimmte Anschaffungen überstürzt getätigt haben, obwohl sich im Nachhinein herausgestellt hat, dass sie unnötig waren.
Halten Sie alle diese Kritikpunkte fest und fahren Sie dann fort, indem Sie sich jetzt fragen, ob bestimmte Aktivitäten, die zu Ihrem Berufsalltag zählen, notwendig sind oder ob Sie diese bei einem Neuanfang nicht mehr durchführen würden. Auf diese Weise kön-

nen Sie überflüssige Arbeitsschritte erkennen und sie zukünftig weglassen. Tätigkeiten, die Sie nach wie vor für nötig halten, notieren Sie und überlegen dann, ob Sie diese wieder so angehen würden, wie Sie es bisher getan haben.
Nach Durchführung dieser Methode stehen auf Ihrer Liste nur mehr die Aktivitäten, die Sie zwar beibehalten wollen, die aber dringend einer Überarbeitung bedürfen.

Das Zero-based Thinking funktioniert nach dem kreativen Ausschlussverfahren, bei dem Nutzloses wegfällt und Platz für Veränderungen geschaffen wird. Wichtig dabei ist, dass Sie nicht von bestimmten Voraussetzungen ausgehen.
Denken Sie beim Zero-based Thinking nie innerhalb bestimmter Rahmenbedingungen! Denkmuster wie

- „unter diesen Bedingungen...",
- „in der Vergangenheit habe ich...",
- „nach meinen bisherigen Erfahrungen..."

erfüllen nicht den Sinn dieser Methode.

Gehen Sie davon aus, dass es keine Begrenzungen gibt, die Sie in irgendeiner Richtung determinieren könnten.
Auf diese Weise fallen alle bewussten und unbewussten gedanklichen Einschränkungen weg und Ihre Gedanken können sich frei entfalten. Die Ideen, die Sie dadurch bekommen, werden dann nach dem üblichen Problemlöseverfahren auf die Probe gestellt und durchgemustert. Die übrig bleibenden Lösungen werden geplant, durchgeführt und bewertet.

Bewertung der Methode

Der große Vorteil des Zero-based Thinking ist die Loslösung von jeglichen Konventionen. Somit wird gewährleistet, dass keine einschränkenden Gedanken die Problemlösung behindern. Außerdem lässt sich diese Technik problemlos alleine durchführen.

Nachteilig dagegen ist, dass der Realitätssinn, der bei dieser Methode im Idealfall erst einmal außen vor gelassen werden soll, im Bezug auf das Problem verloren gehen kann. Die gezielte Fragestellung von einem Nullpunkt aus ist zwar ein guter Ansatz, doch passiert es durch fehlende Strukturen vor allem bei höchst komplexen Problemen nur allzu leicht, dass man sich zu weit vom eigentlichen Problem entfernt.

Diese Methode ist daher vor allem für Probleme geeignet, die zwar einer Innovation bedürfen, insgesamt aber keine allzu große Komplexität aufweisen.

3.1.2 Der Morphologische Ansatz

Das Ziel

Der Begriff Morphologie kommt aus dem Griechischen und beschreibt die Lehre von den Gestalten und Formen. In Bezug auf Kreativitätstechniken bedeutet Morphologie „Strukturierung" oder „Lehre vom geordneten Denken".
Diese Methode ist auch unter den Bezeichnungen Morphologischer Kasten oder Morphologische Matrix bekannt.
Mit der Technik des Morphologischen Ansatzes will man zunächst eine genaue Strukturierung und Analyse eines Problems erreichen. Damit wird in erster Linie gewährleistet, dass ein Problem in seiner ganzen Dimension erfasst wird, und kein Aspekt verloren geht.
Das zweite Ziel des Morphologischen Ansatzes besteht darin, die strukturierte Aufstellung des Problems als Quelle für neue Ideen durch Neukombination zu nutzen.

Die Vorgehensweise

Das Prinzip der Morphologie beruht auf der Zerkleinerung. Das Verfahren besteht demnach im Entschlüsseln und Aufteilen eines Gesamtproblems in seine Einzelelemente. Für jedes dieser Problemelemente werden dann Lösungsansätze gesucht.
Die Morphologische Matrix entsteht durch die Anordnung der gefundenen Elemente: Die Problemelemente werden untereinander angeordnet. Neben diesen Aspekten werden die dafür kompatiblen Lösungsansätze notiert. Durch Neukombination der Lösungsmöglichkeiten ergibt sich eine neue, innovative Problemlösung.

Der Morphologische Ansatz lässt sich am besten an einem einfachen Beispiel demonstrieren:

Nehmen wir an, Sie leiten eine kleine Buchhandlung, und wollen eine Werbestrategie festlegen. Im ersten Schritt muss das Problem „Werbestrategie" untergliedert werden.

Eine Werbestrategie setzt sich unter anderem mit diesen Elementen auseinander:

- Was soll mit der Webung erreicht werden?
- Wen soll die Werbung ansprechen?
- Mit welchen Mitteln kann das Produkt beworben werden?
- Wie soll es vermarktet werden?
- Wo und wie oft soll die Werbung erscheinen?

Diese Einzelelemente werden dann untereinander aufgelistet. Dazu notieren Sie sich die passenden Lösungsmöglichkeiten in horizontaler Reihenfolge neben dem Problemaspekt.

Werbeziel	Umsatzsteigerung	Bekanntheitsgrad erhöhen	Kundenkreis ausweiten	allgemeine Imagepflege
Zielgruppe	Kinder/ Jugendliche	Studenten	Senioren	Hausfrauen
Werbemittel	Anzeigen	Plakate	Wurfsendungen	Präsente
Stil	aggressiv	suggestiv	humorvoll	informativ
Werbeträger	Printmedien	Radio	Personen	Internet
Frequenz	täglich	einmal pro Woche	monatlich	mehrmals pro Tag

Diesen Morphologischen Kasten können Sie nun dazu verwenden, die unterschiedlichen Lösungsansätze miteinander zu kombinieren.
Verbinden Sie beispielsweise das Werbeziel Kundenkreiserweiterung mit den Stichpunkten Studenten, Präsente, humorvoll, monatlich, so können Sie in weiteren Schritten das Konzept dazu erarbeiten.
Es ist auch möglich, ganz andere Punkte miteinander zu verbinden und aus diesem Zusammenhang dann neue Ideen zu konstruieren.

Bewertung der Methode

Diese Technik ist vor allen Dingen dann einsetzbar, wenn es darum geht, einen vollständigen Überblick über eine Vielzahl von Lösungsmöglichkeiten und deren Kombination untereinander zu erreichen. Allein aus unserem Beispiel, das nur eine geringe Zahl an Elementen aufweist, ergeben sich aus den sechs Elementen und den jeweils vier dazugehörigen Lösungsmöglichkeiten 1296 theoretische Kombinationen.

Der Vorteil dieser Methode liegt darin, dass kein Aspekt vergessen oder nicht ausreichend berücksichtigt wird, da durch die strukturierte Anlage des Morphologischen Kastens die Übersichtlichkeit selbst dann erhalten bleibt, wenn es sich um mehrere Aspekte handelt. Dadurch wird dem Anwender ein hohes Maß an Sicherheit vermittelt, da man sicher sein kann, dass nichts Wesentliches plötzlich vergessen wird, weil ein anderer Aspekt sich in den Vordergrund schiebt. Aus diesem Grund eignet sich diese Methode vor allem für die Konzeption von Verkaufs- oder Marketingstrategien.

Der Nachteil des Morphologischen Ansatzes besteht darin, dass der Ideenkreis durch die tabellarische Aufzählung der Problemelemente von vornherein stark eingeengt ist. Dadurch wird der Effekt, sich durch abstraktes, divergentes Denken vom Problem zu entfernen, um ihm auf Umwegen wieder näher zu kommen, nicht erreicht. Kreative, innovative Ideen werden also mit dieser Methode nicht zwingend generiert, obwohl sich natürlich durch ungewohnte Neukombination durchaus neue Konzepte entwickeln lassen.

3.1.3 Attribute-Listing

Das Ziel

Das Attribute-Listing ist die dritte der systematischen Kreativmethoden. Die Methode wird auch mit dem englischen Begriff Attribute-System benannt und wurde in den USA entwickelt. Übersetzt bedeutet Attribute-Listing soviel wie „Auflistung von Eigenschaften".

Das Ziel dieser Technik besteht in erster Linie darin, die Eigenschaften eines bereits bestehenden Produktes oder Verfahrens zu verbessern. Der wesentliche Unterschied zu den Methoden, die Sie bisher kennen gelernt haben, liegt also darin, dass keine Innovationen gesucht werden, sondern kreative Korrekturen.

Die Vorgehensweise

Bei dieser Methode kommt es darauf an, die Eigenschaften des Problems, in diesem Fall also ein zu optimierendes Produkt oder einen Arbeitsablauf, genau zu erfassen. Dazu wird das Problem in all seine Merkmale aufgelöst und deren momentaner Zustand genau beschrieben. Das heißt, erst werden die Produkteigenschaften ermittelt, in einem zweiten Schritt wird deren Nutzen festgehalten und erst im dritten Schritt werden Änderungsvorschläge gemacht. Zu betonen ist, dass es sich hierbei wirklich nur um Änderungsvorschläge handeln soll. Ob diese im Endeffekt auch eine Verbesserung bedeuten würden, wird erst nach der Ideensuche entschieden.
Alle Lösungsvorschläge, die interessant und plausibel erscheinen, werden dann in die Neukonzeption aufgenommen und realisiert.

Wie so oft bei kreativen Denkprozessen kommt es auch beim Attribute-System auf die gekonnte Fragestellung an.
Der Ablauf eines Attribute-Listing könnte folgendermaßen aussehen:

Gehen wir davon aus, die Verpackung eines Produktes soll verbessert werden.
Zunächst werden alle Merkmale der Verpackung aufgelistet:

- zurückhaltendes Design
- informative Beschriftung
- niedrige Produktionskosten
- hoher Bekanntheitsgrad, da die Verpackung seit Markterschließung nicht verändert wurde
- umweltschonender Karton als Außenmaterial
- schützende Folie innen

Im zweiten Schritt werden die mit den einzelnen Merkmalen verbunden Nutzenvorstellungen aufgelistet:

- zurückhaltendes Design: Dadurch erscheint das Produkt in einem zeitlosen Zusammenhang und der Wiedererkennungswert ist auf Dauer gewährleistet.
- informative Beschriftung: Der Kunde ist nicht gezwungen, die Verpackung zu öffnen, um sich über das Produkt zu informieren. Damit bleibt die Qualität der Ware erhalten.
- niedrige Produktionskosten halten den Preis niedrig.
- hoher Bekanntheitsgrad: Der Wiedererkennungswert erhält sich nicht nur zeitlichen Rahmen, wie beim zeitlosen Design, sondern wird auch auf optischer Ebene gewährleistet, da die Verpackung sich von anderen abhebt.
- Das umweltfreundliche Material ermöglicht eine Entsorgung ohne großen Aufwand. Dadurch fühlt sich der umweltbewusste Kunde zum Kauf animiert.
- Die Folienverpackung des Produktes ist für die Qualität es Produktes von Vorteil, da Transportschäden vermieden werden.

Der dritte Schritt sieht die Auflistung von Änderungsvorschlägen der einzelnen Eigenschaften und deren Nutzen vor:

- Design: Ein völlig neues, modernes Design ändert die Zielgruppe. Neukunden können hinzugewonnen werden, der Umsatz steigt.
- Design: Die Beibehaltung der wesentlichen Elemente der bisherigen Verpackung verhindert die Abwanderung von bisherigen Kunden und erweitert die Kundengruppe durch Erregung der Aufmerksamkeit.
- Beschriftung: Weniger ist mehr. Wenn die Beschriftung zurückhaltender gestaltet wird, wird das Produkt in der Verpackung interessanter.

- Produktionskosten: Eine kostenintensivere Verpackung macht das Produkt hochwertiger, damit können exklusive Kunden auf das Produkt aufmerksam gemacht werden. Höhere Herstellungskosten würden durch den steigenden Umsatz oder Preiserhöhung ausgeglichen werden.
- Bekanntheitsgrad: Durch die völlige Neugestaltung entsteht der Eindruck, ein neues Produkt sei auf den Markt gekommen. So können neue Kunden angeworben werden.
- Eine weniger umweltfreundliche Verpackung ermöglicht die auffallendere Gestaltung. Je mehr sich eine Verpackung von anderen anhebt, desto wahrscheinlicher ist es, dass das Produkt verkauft wird.
- Durch umweltfreundliche Schutzverpackung aus Ersatzmaterial wird der umweltbewusste Kunde zum Kauf animiert.

Der letzte Schritt sieht die Bewertung der neuen Lösungsansätze vor. Lösungen, die brauchbar erscheinen, werden in das Konzept integriert. In diesem Fall könnte man sich zum Beispiel dafür entscheiden, die bereits umweltfreundliche Außenverpackung mit einer umweltverträglichen Schutzverpackung zu kombinieren und dieses Merkmal durch gezielte Werbung hervorheben.
Oder man entscheidet sich für den anderen Weg und versucht, eine wohlhabende Zielgruppe durch eine exklusive, teure Verpackung anzusprechen.

Bewertung der Methode

Da die Nutzungserwartungen eines Produkts oder eines Vorganges von Mensch zu Mensch variieren, können durch Gruppenarbeit möglichst viele Aspekte gesammelt werden. Aus diesem Grund eignet sich das Attribute-Listing hervorragend für die Arbeit im Team. Um die Arbeit für alle Teilnehmer angenehm zu gestalten, hat es sich als praktisch erwiesen, wenn die Eigenschaften, ihr Nutzen und die Änderungsvorschläge jeweils auf Kärtchen notiert werden, die dann an einer Tafel oder an der Wand für alle ersichtlich befestigt werden.
Ein weiterer Vorteil dieser Kreativtechnik ist die strenge Systematik, die ihr zugrunde liegt. Durch die Aufteilung in Einzelaspekte und die gezielte Suche nach Variationsmöglichkeiten kann durch kleine Veränderungen große Wirkung erzielt werden. Es bedarf in vielen Fällen nur minimaler Veränderungen in Einzelbereichen, um ein Gesamtkonzept zu verbessern! Das Attribute-Listing unterstützt die Suche nach verbesserungswürdigen Einzelschritten und trägt damit zur größtmöglichen Verbesserung bei minimalem Aufwand bei.

3.2 Assoziative Techniken

Die assoziativen Kreativmethoden betonen, im Gegensatz zu den systematischen Techniken, die gestalterische, phantasievolle Komponente des Problemlösevorgangs. Das bedeutet, dass die Lösung eines Problems bei diesen Methoden durch Assoziation, gedankliche Verknüpfung also, erlangt wird.

> **Exkurs –**
> Assoziation
>
> *Assoziieren leitet sich von dem Lateinischen* sociare *ab und bedeutet soviel wie „gedanklich verbinden". Doch wie und was wird in unserem Gehirn verbunden?*
> *Unser Gehirn nimmt einen Großteil seiner genutzten Kapazität in Anspruch, um Erinnerungen zu speichern. Jede dieser Erinnerungen hat einen eigenen Platz.*
> *Oft werden durch bestimmte Vorgänge Erinnerungen in uns wachgerufen. Wenn zum Beispiel eine ältere Dame eine Mutter mit ihrem Kind auf dem Arm sieht, kann es ein, dass Sie sich spontan dran erinnert, wie sie früher ihr nun bereits erwachsenes Kind getragen hat. Diese gedankliche Verbindung geschieht unbewusst.*
> *Wollen wir dagegen bewusst eine konkrete Erinnerung abrufen, stoßen wir schnell an unsere Grenzen. Sicherlich hat jeder schon einmal die Erfahrung gemacht, dass einem der Name eines Bekannten, einer Schauspielerin oder eines Musiktitels genau in dem Moment nicht mehr eingefallen ist, als man ihn brauchte. Seltsamerweise kommt die Erinnerung in den meisten Fällen wieder, allerdings mit einer Zeitverzögerung, die mehrere Stunden dauern kann. So erinnert man sich plötzlich in der Straßenbahn an den Namen, der einem Stunden vorher einfach nicht einfallen wollte, obwohl man im Moment des Erinnerns gar nicht bewusst nach dem Namen gesucht hat.*
>
> *Es ist eine Eigenart unseres Gehirns, kaum etwas tatsächlich aus der Erinnerung zu streichen. Jeder einzelne Impuls, der auf uns einwirkt, wird abgespeichert. Lediglich die Zugriffsmöglichkeit auf diese Speicherbestände funktioniert nicht immer auf Abruf. Um dem Erinnerungsvermögen auf die Sprünge zu helfen, bedient man sich so genannter Assoziationsketten. Ausgehend von einem Zentralbegriff werden alle damit verbundenen Begriffe notiert. Von diesen Begriffen aus sucht man weiter nach gedanklichen Verbindungen und erhält so eine lange Kette von Assoziationen, wobei das Gehirn gezwungen ist, immer weiter zurückliegende Speicher zu öffnen, bis man schließlich das gewünschte Ergebnis erhält.*
>
> *Im Übrigen verlangten die beiden Aufgaben aus dem Einführungskapitel Assoziationsarbeit von Ihrem Gedächtnis, denn ohne die Erinnerung an Stühle oder Zeitungen und Ihre individuellen Erlebnisse mit diesem Gegenständen wären Sie nicht in der Lage, irgendetwas mit diesen Begriffen zu assoziieren.*

Assoziativtechniken sind die bekanntesten und gebräuchlichsten Kreativmethoden. Aus diesem Grund gibt es eine Vielzahl an Praktiken, die assoziative Gedankengänge in den Problemlösungszyklus integrieren. Die wichtigsten sind mit Sicherheit das berühmte Brain- und Mindstorming. Neben diesen beiden Strategien werden auch noch die Methode 6-3-5, die Normal-Group-Technik und die Identifikationsmethode vorgestellt.

3.2.1 Mindstorming und Brainstorming

Das Ziel

Ursprünglich wurde das Brainstorming, das in etwa „Gedanken-" oder „Ideensturm" bedeutet, in den 1930er-Jahren von dem Psychologen und Werbemanager Alex Osborn entwickelt, um Blockaden des kreativen Denkens zu lösen. Osborn wollte durch sein Kreativtraining eine Atmosphäre schaffen, die den kreativen Schaffensprozess unterstützt und fördert.

Heute wird diese Methode mit dem Ziel der Ideenfindung eingesetzt. Beim Mind- oder Brainstorming kommt es darauf an, innerhalb einer vorgegebenen Zeitspanne möglichst viele Ideen zu einem Thema zu finden.
Der Unterschied zwischen den beiden Bezeichnungen besteht im Übrigen nur darin, dass man von Mindstorming spricht, wenn eine einzelne Person diese Technik anwendet, Brainstorming dagegen benennt die Anwendung in einer Gruppe.
Die folgenden Erläuterungen beziehen sich auf das Brainstorming, die Herangehensweise kann jedoch auch auf das Mindstorming, also die Einzelarbeit, übertragen werden

Die Vorgehensweise

Am Brainstorming sollten mindestens vier und nicht mehr als sieben Personen teilnehmen. Um diese Methode durchführen zu können, muss eine Tafel, ein Flip-Chart oder Ähnliches vorhanden sein, auf dem ein Schreiber alle Ideen festhält.

Zuerst muss beim Brainstorming das Problem definiert werden. Dieses formuliert man dann als Frage. Zum Beispiel:
Wie schaffen wir es, den Umsatz unseres Unternehmens innerhalb eines Jahres um mindestens 30% zu steigern?
Oder:
Welche Maßnahmen können wir ergreifen, um unser Team zu stärken?

Allen Teilnehmern muss die Fragestellung klar sein. Es ist sinnvoll, dass jeder sich die Frage auf ein Blatt Papier notiert. Dann wird ein Zeitlimit festgelegt; je nach Komplexität des Problems sollte man 15 bis 30 Minuten lang Brainstorming betreiben.
Der Schreiber notiert nun alle Einfälle der Teammitglieder auf der Tafel. Die Lösungsansätze dürfen nicht kommentiert oder bewertet werden! Sie dienen lediglich als Anregung für die übrigen Teilnehmer. Nach Ablauf des Zeitlimits wird die Bewertung der Ideen vorgenommen.

Das Wichtigste beim Brainstorming ist, dass die Quantität der Ideen absoluten Vorrang hat. Qualität, Vernunft oder Logik spielen hier nicht die geringste Rolle.

Gerade weil das Brainstorming so große Popularität genießt, wird es oft fehlerhaft durchgeführt. Der Erfolg dieser Methode stellt sich nicht ein, wenn es lediglich als „Aufschreiben von Ideen" verstanden wird. Wichtig ist, dass die Teilnehmer dazu bereit sind, aktiv an der Ideengeneration mitzuarbeiten, indem zwei Grundregeln berücksichtigt werden.

Das Entscheidende für ein erfolgreiches Brainstorming ist:

- Es darf während des kreativen Vorganges keine Kritik geäußert werden! Auch positive Kritik oder angedeutete Ablehnung durch Kopfschütteln, Lachen oder Stirnrunzeln ist nicht erlaubt.
- Es gilt, möglichst viele Lösungsvorschläge zu produzieren! Also muss das Zeitlimit eingehalten werden. Ein frühzeitiger Abbruch bei ausbleibendem Ideensturm sollte nicht vorgenommen werden.

Eine leichte Variation des Brainstorming besteht darin, dass es keinen Schreiber gibt, sondern einen Wortführer. Dessen Aufgabe beseht darin, die Frage vorzutragen, Missverständnisse zu klären und auf die Zeit zu achten. Die Teilnehmer halten Ihre Ideen auf Kärtchen oder auf einem Blatt Papier fest. Nach Ablauf der Zeit werden die Notizen eingesammelt und vom Diskussionsleiter vorgetragen. Erst jetzt wird die Evaluation der Einfälle durchgeführt.
Diese Abwandlung des klassischen Brainstormings ist vor allem dann sinnvoll, wenn ein Team zusammen arbeitet, das sich untereinander nicht gut kennt. Durch das Vorlesen der Ideen durch den Gruppenleiter entsteht eine Anonymität, die viele als Schutz empfinden, da durch Aussagen wie „Frau X.'s Idee ist völlig unbrauchbar" die Gefühle der Teilnehmer nicht offensichtlich verletzt werden. Der Nachteil ist, dass man sich bei der Lösungssuche auf die eigene Phantasie verlassen muss, während bei der herkömmlichen Methode durch Vorschläge der Teammitglieder der Assoziationsfluss angeregt wird.

Bewertung der Methode

Aus wissenschaftlicher Sicht ist das Brainstorming umstritten. Zwar haben psychologische Untersuchungen ergeben, dass die Teilnehmer eines Brainstormings sich positiv bestärkt und außergewöhnlich kreativ fühlen, doch dieser persönliche Eindruck hält einer wissenschaftlichen Überprüfung nur in den seltensten Fällen stand. Im Durchschnitt ist die Gruppenleistung beim Brainstorming nicht besser als die Leistung des besten Teilnehmers.

Trotzdem ist das Brainstorming eine klassische Kreativmethode, die sich nach wie vor großer Beliebtheit erfreut und weltweit zum Einsatz kommt.
Die Vorteile dieser Technik liegen klar auf der Hand: Sie ist sehr einfach und ohne großen Zeit- und Materialaufwand durchzuführen. Außerdem ist es mittels dieser Methode möglich, viele Mitarbeiter in einen Problemlösungsprozess mit einzubeziehen, bei dem die unterschiedlichsten Ideen generiert werden.
Die gruppendynamische Wirkung, die sich bei den Teilnehmern in der Regel einstellt trägt zur Steigerung des individuellen Selbstbewusstseins und der erhöhten Bereitschaft zur unkonventionellen Ideenproduktion bei.
Allein diese positiven Aspekte wiegen die Tatsache auf, dass beim Brainstorming zwar mehr, aber keine besseren Ideen produziert werden als unter herkömmlichen Konditionen.

3.2.2 Methode 6-3-5

Das Ziel

Hierbei handelt es sich um eine Abwandlung des Brainstorming. Diese Methode zielt auf die Assoziation durch fremde Anregungen ab. Daraus ergibt sich eine hohe Zahl an Lösungsvorschlägen, die dann weiter verarbeitet werden.
Der entscheidende Unterschied zum Brainstorming besteht darin, dass die Ideen nicht mündlich vorgetragen, sondern anfangs nur schriftlich fixiert werden.

Die Vorgehensweise

Hinter der Nummernchiffre dieser Methode verbirgt sich die Vorgehensweise der Methode 6-3-5: Eine Gruppe aus sechs Mitgliedern hält jeweils drei Ideen auf fünf Blättern Papier fest.

In der Praxis sieht das folgendermaßen aus: Wenn Sie an einer Kreativsitzung teilnehmen, bei der diese Methode verwendet wird, befinden Sie sich in einer Gruppe mit fünf weiteren Personen. Jeder von Ihnen hat ein Blatt Papier vor sich, auf dem Sie drei Lösungsansätze für ein Problem notieren. Dies sollte innerhalb von fünf Minuten passieren. Dann gibt jeder sein Blatt im Uhrzeigersinn weiter, und wiederum schreiben Sie drei neue Lösungsansätze auf das Blatt vor Ihnen. Die Blätter werden solange im Uhrzeigersinn weitergereicht, bis jeder wieder das Blatt vor sich hat, auf dem er die ersten Ideen festgehalten hat.

Ein vorgefertigtes Formular kann für diese Methode hilfreich sein, da so die Übersichtlichkeit bewahrt wird. Eine Vorlage für die Methode 6-3-5 ist einfach zu gestalten:

Idee 1	*Idee 2*	*Idee 3*	Name	1
Idee 4	*Idee 5*	*Idee 6*	Name	2
Idee 7	*Idee 8*	*Idee 9*	Name	3
Idee 10	*Idee 11*	*Idee 12*	Name	4
Idee 13	*Idee 14*	*Idee 15*	Name	5
Idee 16	*Idee 17*	*Idee 18*	Name	6

Auf Ihrem ersten Blatt füllen Sie also die Kästchen eins bis drei mit Ihren Ideen, wenn Sie das vierte Mal ein Blatt Papier gereicht bekommen, schreiben Sie in die Kästchen zehn bis zwölf. An das Zeilenende schreiben Sie jeweils Ihren Namen.
Besteht eine Arbeitsgruppe aus mehr als sechs Personen ist es ratsam, die Teilnehmer in zwei Teams zu je sechs Personen, oder auch weniger, aufzuteilen, da sich andernfalls die Ideensuche zu lange hinstreckt, um konzentriert bleiben zu können.

Da das Ziel der Methode 6-3-5 darin besteht, dass jeder Teilnehmer sich von den Ideen der anderen inspirieren lässt, sollten Sie die Zeitvorgaben nach jeder Runde um etwa zwei Minuten erhöhen, damit jeder Zeit genug hat, sich alle Ideen durchzulesen. Wenn Sie das erste Blatt nach fünf Minuten weiterreichen, dauert also die zweite Phase sieben Minuten, in der dritten Runde haben Sie neun Minuten Zeit, und so weiter.

Bewertung der Methode

Diese Methode ist dem Brainstorming zwar sehr ähnlich, hat aber im Vergleich dazu den Vorteil, dass sie wesentlich systematischer vorgeht als die Ideensammlung durch mündliche Beiträge.
Rein theoretisch ergeben sich bei sechs Teilnehmern mit je drei Ideen in den fünf Runden 90 Lösungsansätze. Bei der Durchführung werden Sie aber schnell bemerken, dass manche Idee sich sehr ähneln. Trotzdem bietet die Methode 6-3-5 die Möglichkeit, innerhalb kurzer Zeit viele unterschiedliche Ideen zu sammeln, auf deren Basis dann weiter an einer endgültigen Lösung gearbeitet werden kann.
Außerdem kann die Methode auch im Anschluss an ein Brainstorming eingesetzt werden, um die dort gefundenen Lösungsansätze auszuarbeiten und zu vertiefen.
Die Auswertung von Ergebnissen, die durch die Anwendung der Methode 6-3-5 erzielt wurden, hat gezeigt, dass die Qualität der Ansätze sich mit der Anzahl der Ideen erhöht. Dieser wünschenswerte Effekt wird sicherlich durch die Übersichtlichkeit und die Systematik der Technik erreicht, die in einem Gegensatz zur Spontaneität der Brainstorming-Methode entsteht.

Daraus ergibt sich auch der Nachteil dieser Technik. Die mangelnde Dynamik bei der Methode 6-3-5 wird immer wieder kritisiert. Jede Emotionalität und Involvierung der einzelnen Teilnehmer, die beim Brainstorming entsteht, wird bei der Methode 6-3-5 unterdrückt, da die Teilnehmer während der Ideensuche nicht miteinander kommunizieren.
Andererseits wirken sich gerade die Systematik und die Ruhe positiv auf manche Menschen aus, vor allen Dingen, da Anregungen von außen trotzdem nicht ausbleiben.

3.2.3 Die Nominal-Group-Technik

Ziel

Diese Technik arbeitet mit dem Ziel, möglichst viele Denkansätze durch gedankliche Verbindungen anzuregen. Da sie wohl von allen Assoziativtechniken am meisten auf diese Fähigkeit abzielt, ist es hier besonders wichtig, den Gedanken freien Lauf zu lassen, da andernfalls die Gefahr der Einseitigkeit in der Ideensuche besteht.

Die Vorgehensweise

Der Ablauf einer Nominal-Group-Sitzung ist denkbar einfach: Den Teilnehmern wird das zu lösende Problem als Satzanfang dargelegt, den es nun zu vervollständigen gilt.
Ob diese Ergänzungen schriftlich fixiert oder spontan mündlich vorgetragen werden, ist dem Team überlassen. Bedenken Sie jedoch, dass ein komplexes Problem einer gewissen Systematik bedarf, die meist nur durch das Niederschreiben und Ordnen von Ideen erreicht wird.

Gehen wir zur Illustration von einem einfachen Beispiel aus:
Ein Schuster fürchtet, einen Teil seiner Kunden zu verlieren, da das moderne Konsumverhalten die Tendenz aufweist, kaputte Schuhe zu ersetzen und nicht zu reparieren. Um mehr Kunden anzulocken und die Stammkundschaft an sich zu binden, hat der Schuster beschlossen, seinen Kunden etwas Besonderes zu bieten. Er versammelt seine Mitarbeiter, stellt ihnen das Problem vor und formuliert folgenden Satzbeginn: „Damit uns unsere Kunden erhalten bleiben, müssen wir ..."
Seine Mitarbeiter komplettieren nun den Satz:
Der Lehrling meint: „... einen besonderen Service bieten, den sonst niemand hat."
Der Geselle: „... eine große Werbekampagne mit Sonderaktionen starten."
Ein weiterer Mitarbeiter schlägt vor, die Schuhe beim Kunden abzuholen und repariert zurückzubringen. Und ein anderer meint, es wäre umsatzfördernd, wenn man ein persönlicheres Verhältnis zu den Kunden aufbauen würde.

Die Vorschläge der Mitarbeiter zeigen bereits, dass sie aufeinander aufbauen. Dies geschieht durch die Assoziationsfähigkeit des menschlichen Gedächtnisses.
Der Lehrling liefert einen ersten Anhaltspunkt, und die Vorschläge der anderen Mitarbeiter basieren im Prinzip auf der Idee der Serviceerweiterung.
Um die Nominal-Group-Technik noch um einen Schritt zu erweitern, kann nach Festlegung einer Lösungsstrategie diese mittels weiterer Assoziationsketten ausgebaut werden.

Bleiben wir bei dem Schusterbeispiel:
Nachdem sich die Mitarbeiter einig sind, dass die Kunden nur mit einem Plus an Service an den Laden zu binden sind, muss eine Strategie gefunden werden, wie diese Zusatzleistung aussehen soll.
Dazu stellt das Team eine Assoziationskette zum Begriff „Schuh" her, da dieser Gegenstand das Zentrum ihrer Arbeit und damit auch ihrer Kunden bildet.

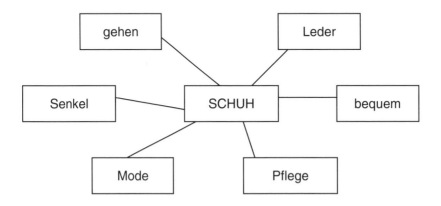

Ausgehend von dieser Assoziationsreihe können nun weiterführende Assoziationsketten gebildet werden, wobei der Ausgangspunkt der Problemstellung, in diesem Fall die Serviceleistung, nicht vergessen werden darf.

Im Beispiel des Schusters könnte mit dem Begriff „gehen" etwa eine Assoziationskette mit den Stichpunkten „wandern", „Ziel", „Pause" zustande kommen. Daraus entwickelt sich in Bezug auf Service möglicherweise die Idee, dass als Geschenk für Kunden, die Wanderschuhe in Auftrag geben, eine Wanderkarte mit beliebten Naherholungsgebieten angeboten wird.
Zum Begriff „Senkel" könnten die Mitarbeiter eventuell „reißen", „Ärger", „Stress" assoziieren, womit der Service durch kostenlosen Ersatz von Schnürsenkeln innerhalb einer bestimmten Frist ab Kaufdatum ausgebaut werden könnte.
Das Stichwort „Pflege" könnte durch passende Assoziationen dazu führen, dass ein billiger Schuhpflegeservice abgeboten wird.
Auf Weg der Nominal-Group-Technik in Kombination mit Assoziationsketten werden durch gedankliche Verbindungen Ideen angeregt, auf die man durch einfaches Nachdenken unter Umständen gar nicht oder erst später gekommen wäre.

Bewertung der Methode

Wird die Nominal-Group-Technik nicht mit der Assoziationsmethode in Verbindung gebracht, kann es zu einer Einseitigkeit kommen, was die Ergebnisse betrifft.
Durch die Beendigung eines Satzanfanges durch einen Teilnehmer werden die restlichen Teammitglieder unbewusst in die so eingeschlagene Richtung gelenkt. Diese Suggestivwirkung kann sich sowohl als Vor- als auch als Nachteil entpuppen.
Ist der erste Lösungsansatz brauchbar und wird er von den anderen aufgenommen, indem er ausgebaut und um andere Aspekte erweitert wird, wie es im Beispiel der Fall war, hat die Nominal-Group-Technik ihren Sinn erfüllt.

Versteift man sich dagegen auf das erste Ergebnis, ohne es tatsächlich weiterzuentwickeln, wird diese Methode nicht erfolgreich enden. In diesem Fall sollte die Nominal-Group-Technik auf jeden Fall durch Assoziationsketten erweitert werden, um sich wieder von der eingeschlagenen Richtung zu entfernen.
Assoziationsbäume verhelfen vor allem in scheinbar eingefahrenen Situationen zu neuen Aus- und Einblicken, weshalb ihre Wirkung trotz der simplen Anwendung nicht zu unterschätzen ist.

3.2.4 Identifikation

Das Ziel

Die Identifikationsmethode erweist sich vor allem in komplexen Sachverhalten als wertvoll, da durch die Anwendung dieser Technik völlig neue Aspekte zu Tage kommen, die gerade bei komplizierten, vielschichtigen Problemen den Weg zur Lösung bedeuten können.
Das Ziel der Identifikation besteht darin, die eigene Sicht bestimmter Situationen aufzugeben und eine andere Sichtweise anzunehmen, unter deren Betrachtung Probleme eine neue Dimension erfahren.

Die Vorgehensweise

Zunächst muss, wie bei jeder Technik, das Problem genau definiert werden. Sobald jeder Teilnehmer sich mit dem Problem vertraut gemacht hat, beginnt man mit der Rollensuche. Die Rollensuche ist ein erster Schritt, in dem man das Problem aus verschiedenen, problembezogenen Perspektiven betrachtet. Es werden alle Personen und Gegenstände aufgezählt, die in das Problem involviert sind.
Hat man diesen Schritt abgeschlossen, beginnt die Gruppe, sich nacheinander mit jeder der gefundenen Rollenfiguren zu identifizieren. Das heißt, dass immer alle dieselbe Person sind, aus deren Perspektive die Situation betrachtet wird. Die Lösungsansätze und Assoziationen dazu werden aufgeschrieben, und erst dann schlüpft man gemeinsam in die nächste Rolle.

Folgende Fragen sollten Sie sich immer stellen, wenn Sie das Problem aus einer neuen Perspektive beleuchten:

- Wie fühle ich mich in dieser Situation?
- Wie würde ich das Problem lösen?
- Was wäre mir am wichtigsten?
- Welche Erwartungen habe ich?

Diese Methode eignet sich vor allen Dingen dann, wenn es sich um Probleme handelt, in die viele Beteiligte involviert sind.

Geht es zum Beispiel darum, einen Empfang vorzubereiten, ein großes Meeting zu organisieren oder ein neues Produkt zu entwickeln, sind immer viele Menschen mit den unterschiedlichsten Erwartungen an der Lösung beteiligt.
Stellen Sie sich vor, in Ihrem Betrieb findet ein großes Meeting zu einem aktuellen Thema statt. In diesem Fall können sich die verantwortlichen Organisatoren in die Rollen der Gäste, der Redner, der Angestellten, der Lieferanten und der Presse versetzen.

Allein aus dem Blickwinkel der Angestellten und der Redner ergeben sich zwei völlig unterschiedliche Perspektiven. Die Angestellten wünschen sich vermutlich, dass das Programm relativ kurz gefasst ist, da sie nicht ihre gesamte Freizeit opfern wollen. Die Referenten dagegen sind darauf erpicht, ihre Ansichten zum Thema möglichst detailliert vortragen zu können.
Auch aus der Sicht der Gäste und der Presse ergeben sich Diskrepanzen. Die Gäste erwarten mit Sicherheit einen möglichst gemütlichen Rahmen, also einen Runden Tisch, wenn möglich ohne Mikrofone, in einem schön gestalteten Raum, wogegen ein Reporter Lautsprecherübertragung bevorzugen würde, damit ihm nichts entgeht.

Durch die Identifikationsmethode gewinnt man neue Sichtweisen, die vor allen Dingen dann nützlich sind, wenn die erfolgreiche Problemlösung unter anderem darin besteht, unterschiedlichste Erwartungen möglichst optimal zu erfüllen.

Bewertung der Methode

Die Methode der Identifikation mit anderen Rollen ist eine sehr lebendige Technik, die die Imagination der Beteiligten extrem fordert. Aus diesem Grund zeigt die Methode ihren Erfolg meist nur, wenn es sich um ein dynamisches, aktives Team handelt, das bereit ist, sich in andere hineinzuversetzen.

Durch die Beleuchtung eines Problems aus verschiedenen Perspektiven können große Mengen an brauchbaren Aspekten und Lösungsmöglichkeiten zusammengetragen werden.
Allerdings ist die Methode zeitaufwändig, wenn zu viele Identifikationsrollen übernommen werden sollen. Deshalb ist es ratsam, eine überlegte Vorauswahl zu treffen, um Zeit zu sparen.
Der eigentliche Nachteil dieser Methode besteht in den Teilnehmern selbst. Die Identifikationstechnik zeigt eine Vielzahl an Perspektiven auf, die hinsichtlich der Problemlösung mit unterschiedlichen Erwartungen verknüpft sind.
Geraten Sie deshalb nicht in Versuchung, perfekt sein zu wollen, indem Sie versuchen, ein Problem so zu lösen, dass die Erwartungen aller beteiligter Personengruppen erfüllt werden. Dies ist ein unmögliches Unterfangen, und es würde im Misserfolg enden.
Wägen Sie nach dem Rollenspiel genau ab, welche Erwartungen erfüllt werden können, und welche, auch bei schwieriger Durchführung, erfüllt werden müssen. Lassen Sie Ihre weitere Planung darauf basieren, und haben Sie den Mut, manchen unwichtigen Aspekt zu ignorieren.
Auf diese Weise verhilft die Identifikationstechnik zur erfolgreichen Lösung eines Problems.

3.3 Analogie-Strategien

Die dritte Gruppe der Kreativmethoden bilden die Analogie-Strategien. Diese Techniken verbinden die Systematik und das Assoziationsvermögen der anderen Kreativtechniken insofern miteinander, als durch systematische Vorgehensweise und durch die Bildung von Analogien gedankliche Brücken geschlagen werden, durch die Problemstellungen mit bereits bekannten Sachverhalten verglichen werden.

Die Bildung von Analogien findet immer dann statt, wenn Vergleiche zwischen zwei sachfremden Gebieten gezogen werden.
Im Alltag versucht man meist mit Hilfe von Analogien etwas zu erklären. Eine alltägliche Analogie ist zum Beispiel folgende Behauptung: „Rindfleisch, das zu lange gart, ist zäh wie Gummi." Hier wird die Konsistenz des Nahrungsmittels mit einem Vergleich aus der Chemie beschrieben.
Die Wissenschaft bedient sich Analogien, um Sachverhalte zu belegen oder sie zu illustrieren.

Im Bereich der Kreativitätstechniken werden Analogien eingesetzt, um Denkstrukturen aufzubrechen und in andere Bahnen zu lenken. Vorurteile gegenüber unbekannten Problemsituationen werden wiederlegt und Denkblockaden werden aufgelöst.
Gemeinsam ist diesen Techniken, dass sie sich Bilder, Personen oder Vorgänge fremder Bereiche zum Vorbild nehmen und anhand der Unterschiede und Gemeinsamkeiten zum bestehenden Problem eine Lösungsstrategie entwickeln.

Die beiden folgenden Verfahren, die Synektik und die Bisoziation, verwenden Analogien als Grundlage für kreatives Denken.

3.3.1 Synektik

Das Ziel

Wie bei allen Analogie-Strategien besteht das Ziel der Synektik darin, durch fachfremde Vergleiche ein Problem zu analysieren und zu lösen. Diese Methode wurde von dem Amerikaner J. Gordon entwickelt, nachdem er die Denk- und Arbeitsweise von Erfindern und anderen schöpferisch tätigen Personengruppen untersucht hat.
Der Begriff stammt aus dem Altgriechischen und meint übersetzt „die Dinge miteinander in Verbindung bringen".
Die Synektik funktioniert nach einem theoretischen Vorbild aus dem Forschungsgebiet der Bionik, die die Bauprinzipien der Natur als Anregung für technische Neuerungen verwendet. Die Bionik hat zum Beispiel zur Entwicklung des Radar nach dem Vorbild der Fledermäuse angeregt, oder hat die Nachahmung von wasserabweisenden Pflanzenstrukturen für Textilien initiiert.

Kreativität und Problemlösung 137

Die Vorgehensweise

Um die Synektik-Strategie durchzuführen, sind die Teammitglieder gefragt, Analogien zu finden, die aus anderen Bereichen stammen.
Es liegt nahe, sich dabei auf Wissensgebiete zu beschränken von denen mindestens ein Teammitglied Ahnung hat, wobei ein fundiertes Grundwissen völlig ausreicht. Üblicherweise bedient man sich in der Synektik vor allem der Entlehnung aus der Technik, der Biologie oder der Geschichte.
Die einleitende Fragestellung ist für jedes Problem dieselbe: Welches der von uns ausgewählten Gebiete bringt uns der Lösung unseres Problems näher? Gibt es ähnliche Probleme, die zum Beispiel in der Tierwelt schon gelöst wurden?
Durch die Analogien zu fremden Gebieten können deren Lösungsmöglichkeiten auf das aktuelle Problem übertragen werden.

Für Dysfunktionen in komplexen Betrieben lässt sich oft eine Analogie zur Technik bilden. Sicher haben Sie schon einmal gehört, wie ein Unternehmen mit einem Zahnradgetriebe verglichen wurde. Diese Analogie kann angewendet werden, um die innerbetriebliche Organisation besser zu strukturieren.

Nehmen wir an, in einem Betrieb sollen die Urlaubstage der Mitarbeiter so geregelt werden, dass der geschäftliche Ablauf trotzdem reibungslos funktioniert. Da je nach Größe der Firma und Anzahl der Mitarbeiter dieses Problem äußerst komplex sein kann, erleichtert eine Analogie die Übersicht.

Die einzelnen Abteilungen können etwa als Zahnräder betrachtet werden, deren Größe von der Anzahl der Mitarbeiter anhängt. Die Interdependenzen der jeweiligen Abteilungen können durch die Verzahnung der Räder untereinander visualisiert werden.
So kann man sich überlegen, was der Ausfall eines Rades bewirken würde, und welche Räder dessen Funktion übernehmen können.
Übertragen auf den Betrieb heißt dass, dass man festlegt, welche Abteilung die Arbeit einer anderen übernehmen kann und welche Abteilung zu keinem Zeitpunkt unbesetzt sein darf.
Eine weitere Analogie zwischen der Antriebskraft und der notwendigen Größe der Abteilung unterstützt dann die Entscheidung, wie viele Mitarbeiter gleichzeitig in Urlaub gehen können.

Auch der Vergleich mit der Zoologie ist oft lohnenswert. Wie gehen etwa große Populationen von Ameisen mit Eindringlingen um? Was macht ein Rudel Wölfe, wenn es Hunger hat?

Bewertung der Methode

Diese Methode funktioniert nur mit einem dynamischen, diszipliniertem Team, das bereit ist, Vergleiche heranzuziehen, die auf den ersten Blick befremdlich und nicht selten auch kindisch wirken.

Die spielerische, phantasievolle Herangehensweise nimmt Problemen oft ihren Schrecken und regt die Kreativität in hohem Maße an, da die Synektik scheinbar weit auseinander liegende Dinge zusammenbringt.
Trotzdem ist die Suche nach Analogien oft ebenso kompliziert wie die entsprechende Übertragung auf das Problem, weshalb viele vor dieser Methode zurückschrecken.

3.3.2 Bisoziation

Das Ziel

Die Bisoziation ist durchaus mit der Synektik vergleichbar. Bei dieser Methode werden allerdings keine Vergleiche aus sachfremden Gebieten gezogen, stattdessen sucht man nach Analogien zwischen dem Problem und einem willkürlich gewählten Begriff.
Dadurch sollen neue Denkmuster und Informationen in die Problemstellung einbezogen werden und zur Lösungsfindung beitragen.

Die Vorgehensweise

Um die Flexibilität des Denkens und die Kreativität zu wecken, arbeitet diese Methode mit willkürlich gewählten Bildern.
Die Auswahl des Bildes ist an keine Vorgaben gebunden, es kann also jeder Gegenstand oder jedes Lebewesen herangezogen werden – als Richtlinie kann man einen Gegenstand wählen, der allen Teammitgliedern zusagt, und er sollte möglichst wenig

Kreativität und Problemlösung 139

mit dem Problem zu tun haben. Nachdem das Problem benannt wurde – nehmen wir an, Sie müssen einen Gegner von Talkshows von deren Nutzen überzeugen – geht man wie folgt vor:

Zunächst wird das Bild, ein Gegenstand, zum Beispiel eine Kerze, beschrieben.

1. Eine Kerze besteht aus Wachs und einem Docht.
2. Sie ist in den meisten Fällen zylinderförmig, allerdings kann jede beliebige Form hergestellt werden.
3. Man benötigt einen Kerzenhalter, damit sie nicht umfällt.
4. Durch das Anzünden des Dochts entsteht Wärme.
5. Wachs verflüssigt sich und verbrennt beinahe rückstandslos.
6. Es bleiben lediglich eine geringe Wachsmenge und Rußreste über.
7. Wachs ist durch die Erhitzung formbar.
8. In beinahe jedem Haushalt findet sich eine Kerze.
9. Kerzen schaffen eine romantische Atmosphäre.
10. Ihre Flamme steht in vielen Religionen für die Ewigkeit.
11. Man kann sich an einer Kerze wärmen, aber auch verbrennen.

Je ausführlicher die Beschreibung, desto einfacher ist es, Analogien zu bilden.

In einem zweiten Schritt werden der Begriff und dessen Beschreibung auf das Problem übertragen.
Mögliche Analogien zwischen Kerzen und Talkshows sind:

1. Man braucht außer dem Studio und dem Fernsehteam wenig, um eine Show zu konzipieren.
2. Talkshows können jedes beliebige Thema behandeln, und zwar mit den unterschiedlichsten Gästen und auf unterschiedlichem Niveau.
3. Um eine Talkshow zu etablieren, benötigt man lediglich einen guten Aufhänger, wie interessante Themen oder skurrile oder prominente Gäste.
4. Die Ansprache aktueller Themen kann eine Art Initialzündung für die Diskussion auf einer breiteren Ebene sein
5. Die Aufregung um zu brisante Themen verebbt so schnell, wie sie entstanden ist.
6. Die Themen wirken nicht sehr nachhaltig, üben also keine direkten sozialen Einfluss aus.
7. Die Meinung der Zuschauer und Gäste kann durch eine Talkshow geändert werden.
8. Jeder hat schon einmal eine Talkshow gesehen, egal ob es sich um einen profanen Nachmittagstalk oder eine niveauvolle politische Diskussion handelt.
9. Talkshows haben eine eigene Atmosphäre, die ihre große Beliebtheit ausmacht.
10. Das ständige Wachstum dieses Fernsehformats ist ein Bild für die Bedürfnisse des modernen Durchschnittsbürgers.
11. Talkshows sind insofern Realität, als dass sie sowohl positive als auch negative Folgen haben können.

Die Bildung der Analogien bietet eine Reihe an Argumenten oder Lösungsmöglichkeiten, die dann, in einem letzten Schritt, auf Ihre Überzeugungskraft oder Durchführbarkeit hin überprüft werden.

Bewertung der Methode

Diese Methode ist vor allem dann einsetzbar, wenn es sich um ein Problem handelt, das äußerst ungewöhnliche Ideen fordert.
Des Weiteren ist die Bisoziation sinnvoll, wenn man nach Argumenten sucht, die jemanden überzeugen sollen. Vor allem in Fällen, in denen man selbst nicht von der anzupreisenden Meinung oder Idee überzeugt ist und Probleme hat, geeignete Argumente zu finden, ist es hilfreich, diese Strategie zu nutzen. Muss jemand, der selbst keine Talkshows mag, jemanden von deren Sinn überzeugen, kann eine Bisoziation entscheidende Aspekte liefern.
Im Berufsleben kommt es immer wieder vor, dass man eine Meinung, die nicht die eigene, aber vielleicht die der Mehrheit ist, überzeugend repräsentieren muss. Hier kann die Bisoziation gewinnbringend eingesetzt werden.

Selbst auf komplexe Sachverhalte lässt sich diese Technik anwenden; solange die Teilnehmer bereit sind, ihre Phantasie spielen zu lassen, werden die Kreativität und die Originalität des Denkens angeregt werden.

Mit der Bisoziation endet die Vorstellung der einzelnen Kreativtechniken. Wie Sie den Bewertungen der einzelnen Methoden entnehmen konnten, ist nicht jede Methode für jede Art von Problemen geeignet. Probieren Sie deshalb vor allem bei ausweglos erscheinenden Schwierigkeiten immer mehrere Techniken, oder wägen Sie von Beginn an genau ab, welche der Techniken für die Lösungssuche geeignet sein könnte.

Als Faustregel gilt, dass die systematischen Kreativmethoden sich gut für komplexe Probleme eignen, die ansonsten schnell unüberschaubare Ausmaße annehmen würden. Die Assoziationsmethoden sind immer dann nützlich, wenn es um die Suche nach neuen Lösungswegen oder Produkten geht.
Analogie-Strategien lassen sich am besten einsetzen, wenn es darum geht, komplexe Abläufe neu zu organisieren oder wenn es sich um ungewöhnliche, fremde Probleme handelt, da durch den Brückenschlag zu bekannten Themen die scheinbare Unüberwindbarkeit eines Problems an Eindruck verliert. Egal, um welches Problem es sich handelt – um interessante, innovative Lösungswege zu finden, sollte immer eine der Kreativtechniken in den Zyklus des Problemlösens eingebaut werden.
Auch wenn anfänglich Hemmungen oder Schwierigkeiten auftreten, Sie werden feststellen, dass Sie nach einiger Zeit Routine in der Anwendung der Techniken gewinnen, und nicht mehr auf sie verzichten wollen. Schließlich liefern die Kreativmethoden mit einem vergleichsweise geringem Aufwand Lösungen, die sich, gemessen an Qualität und Quantität, deutlich von der herkömmlichen Art des Problemlösens unterscheiden und außerdem zeitsparend und effektiv sind.

4. Ausblick in eine kreative Welt

Das Leben in einer immer komplexer werdenden Welt, die durch globale Vernetzungen, innovative Technologien und rasenden Fortschritt ständig neue Aspekte und Dimensionen aufwirft, stellt andere Forderungen an den Menschen als noch vor zwanzig Jahren.

Immer deutlicher wird uns bewusst, welche immensen Konsequenzen unser Tun nach sich ziehen kann – Umweltkatastrophen, ausgelöst durch die technischen Entwicklungen des Menschen sind nur ein Beispiel.
In Zukunft werden wir, bedingt durch die Veränderungen der vergangenen Jahre, umdenken und uns an neue Strukturen gewöhnen müssen. Der Tragweite unserer Entscheidungen werden angesichts der Globalisierung noch größere Ausmaße zugemessen werden. Heute noch unbekannten Probleme, die daraus resultieren werden, müssen gelöst werden, wofür aber unser bisheriges Wissen nicht mehr ausreichen wird. Menschen, die in der Lage sind, Probleme selbständig effektiv zu lösen und neue Strukturen flexibel erfassen und verarbeiten können, werden deshalb mehr denn je gebraucht.

Kreativität ist eine Fähigkeit, die dieses neue Denken fördert und unterstützt, denn durch kreatives Um- und Neudenken steigt die Qualität der Lösungen für jede Art von Problemen.
Jeder Einzelne von uns ist ein Problemlöser, der jeden Tag damit beschäftigt ist, kleinere und größere Herausforderungen anzunehmen und sie zu bewältigen. Wenn jeder mit den ihn betreffenden Problemen umzugehen weiß, so wird es insgesamt gelingen, den Ansprüchen der „Neuen Welt" gerecht zu werden.

Kreativität stellt damit einen wichtigen Aspekt für zukünftigen Erfolg dar. Weil diese Fähigkeit in jedem von uns vorhanden ist, sollten wir sie gezielt fördern und einsetzen, um im Umgang mit Problemen flexibel, spontan und innovativ zu sein.

Abschließend wollen wir Ihnen noch Empfehlungen mit auf den Weg geben, die Sie zum kreativeren und damit besseren Problemlöser machen:

- Notieren Sie Ihre Ideen! Oft kommen die besten Ideen dann, wenn man sich in Situationen befindet, die mit dem Problem nichts zu tun haben. Verlassen Sie sich nicht auf Ihr Gedächtnis, sondern notieren Sie Ihren Einfall mit wenigen Stichworten.
- Lassen Sie sich Zeit! Oft eilt die Lösung eines Problems, doch je komplexer es ist, desto besser durchdacht will es sein. Versuchen Sie deshalb immer, Pausen zu machen, in denen Sie bewusst abschalten. Genau dann kommen die besten Ideen!
- Alles ist positiv! Probleme sind nichts anderes als Herausforderungen, die sich in der passenden Umgebung, mit den richtigen Personen positiv verarbeiten und lösen lassen.

- Kein vorschnelles Handeln! Sowohl für die Kritik als auch für die Lösung an sich gilt, dass diese nicht zu schnell angebracht und durchgeführt werden sollten. Verfolgen Sie jede Idee und kritisieren Sie erst nach der Probehandlung. Bei Lösungen sollten Sie ähnlich vorsichtig sein. Die schnelle, logische Lösung ist selten eine kreative Innovation.
- Letzten Endes gilt: Wer mitdenkt und nachfragt hat schon gewonnen! Seien Sie aufmerksam und offen gegenüber Ihrer Umwelt, und Ihre Kreativität wird beinahe von selbst geweckt.

Wissens- und Multiple-Choice-Fragen

1. Welche vier grundlegenden Aspekte definieren Kreativität aus wissenschaftlicher Sicht?

2. Ist Kreativität allein dem Zufall überlassen, oder lässt es sich steuern und beeinflussen?

3. Ist Kreativität nur im künstlerischen Bereich gefragt?
   a) Ja, diese zufällig entstehenden Ideen kann man im Beruf nicht verwenden.
   b) Ja, Kreativität würde die Rationalität und die Vernunft nur unnötig bremsen.
   c) Nein, Kreativität ist die Fähigkeit, Probleme adäquat zu lösen.

4. Worin besteht der entscheidende Unterschied zwischen konvergentem und divergentem Denken?

5. Welche dieser Denkarten (konvergent bzw. divergent) ist für den kreativen Prozess unerlässlich? (Begründung!)

6. Kreativität steht in enger Verbindung zum Problemlösungsverhalten, weil...
   a) ... beim Lösen von Problemen bekannte Strukturen mit neuen Ansätzen kombiniert werden, um eine Lösung zu finden.
   b) ... bei Versuchen, kreativ zu sein, meist Probleme entstehen.
   c) ... der gesamte Problemlösungsprozess ein kreativer Akt ist.

7. Welche der vorgegebenen Folgen treffen für die sechs Phasen des kreativen Prozesses zu?
   a) Frustration, Einsicht, Spekulation, Nachdenken, Gewöhnungsphase, Testphase
   b) Gewöhnungsphase, Nachdenken, Spekulation, Frustration, Einsicht, Testphase
   c) Gewöhnungsphase, Frustration, Einsicht, Spekulation, Nachdenken, Testphase

8. Die Lösungsansätze, die während der Spekulationsphase zustande kommen, sind mit großer Wahrscheinlichkeit brauchbare Lösungen. Trifft diese Aussage zu? Begründen Sie Ihre Antwort.

9. Wie bezeichnet man nach dem Sozialpsychologen Mihaly Csikszentmihalyi das totale zeit- und selbstvergessene Aufgehen und Versinken in einer Tätigkeit?
   a) Höhenflug
   b) Fly
   c) Flow
   d) Flight

10. Ist Kreativität nur bestimmten Menschen angeboren?

11. Hat Kreativität etwas mit Intelligenz zu tun?
    a) Ja, nur ein hochintelligenter Mensch kann wirklich kreativ sein.
    b) Ja, ein niedriger IQ ist Grundlage für freies, irrationales und damit kreatives Denken.
    c) Bedingt. Je breiter die Wissensbasis, desto kreativer kann man sein.
    d) Nein, der IQ steht in absolut keinem Zusammenhang mit der Kreativleistung.

12. Was verbirgt sich hinter dem japanischen Konzept *Kaizen*?

13. Welche fünf Grundregeln zur Weckung Ihrer Kreativität kennen Sie?

14. Schöpferische Ordnung oder geniales Chaos, welcher Zustand ist der Kreativität förderlich?
    a) die Ordnung
    b) das Chaos
    c) das hängt von Problem und der Persönlichkeit des Problemlösers ab

15. Welche drei Richtlinien sind neben der passenden Umgebung maßgebend für kreatives Arbeiten?
    a) Können – Ahnung von der Materie und ein System zum Lösen von Problemen machen Kompetenz aus
    b) Teamwork – ein Problem, auch wenn es nicht komplex ist, kann nie alleine gelöst werden
    c) Motivation – ein Problem überhaupt lösen zu wollen ist eine wichtige Voraussetzung
    d) Belohnung – nur wenn eine angemessene Vergütung in Aussicht gestellt wird, wird Kreativität geweckt
    e) Zeit – man muss unter enormen Zeitdruck stehen, um kreativ sein zu können
    f) Emotion – die positive Grundeinstellung ist wichtig

16. Warum kann die Kommunikation ein Kreativitätskiller sein?

17. Kreativitätskiller Pessimismus. Was können Sie tun, um diesen auszuschalten?

18. Welche der folgenden Faktoren sind Kreativitätspusher?
    a) Ambiente
    b) Kreativeigenschaften (energisch, mutig, initiativ)
    c) Geld
    d) Klarheit
    e) überdurchschnittliche Intelligenz
    f) Sensitivität
    g) Zeitmangel

19. Welche konkreten Vorteile hat Kreativität für das Berufsleben?

20. Ein herausragendes Kennzeichen des Lean Managements ist ...
    a) ... das Ignorieren jeglicher Hierarchien,
    b) ... die bewusste Auflösung veralteter Hierarchieformen,
    c) ... die strenge Beachtung der hierarchischen Firmenstruktur.

21. Wie kann man ein Problem definieren?
    a) Zwischen einem unerwünschtem Ist-Zustand und einem gewollten, positiven Soll-Zustand befindet sich eine Barriere.
    b) Ein positiver Ist-Zustand droht durch Hindernisse in einen negativen Zustand umzukippen.
    c) Ein Soll-Zustand kann nicht erreicht werden, weil der Ist-Zustand bereits als optimal betrachtet wird.

22. Worin besteht die Lösung eines Problems?
    a) Darin, dass man es ignoriert, bis es von selbst verschwindet.
    b) In der Überwindung der Barriere zwischen Ist- und Soll-Zustand.
    c) Darin, dass man die Verantwortung für die Lösung delegiert.

23. Wir unterscheiden komplexe und einfach strukturierte Probleme. Ordnen Sie die folgenden Aussagen dem richtigen Problemtyp zu.
    a) besteht aus wenigen Elementen
    b) ist durch analytisches konvergentes Denken lösbar
    c) weist eine Vielzahl unterschiedlichster Elemente auf
    d) ist nur in einem geringem Maße beeinflussbar
    e) beinhaltet oft noch unbekannte Sachverhalte
    f) die Einzelelemente unterscheiden sich nicht wesentlich voneinander
    g) ist stark beeinflussbar
    h) ist durch ganzheitliches, divergentes Denken zu lösen

24. Versuchen Sie sich an das Beispiel von Herrn F. zu erinnern, der vor dem Problem steht, eine Internetpräsenz für seine Firma zu erstellen und damit überfordert ist. Welche typischen Fehler begeht er während seines Versuchs, ein Problem zu lösen?

25. Welche Grundlagen braucht man zum Lösen von Problemen?
    a) Fehlerquellen so früh wie möglich ausschalten
    b) die Einstellung, ein Problem als notwendiges Übel zu betrachten
    c) eine Methode als sicheres Gerüst für das systematische Lösen eines Problems
    d) die Einstellung, ein Problem als Herausforderung zu sehen
    e) eine ausgeprägte Problemlösungsfähigkeit, die im Prinzip auf Kreativeigenschaften beruht
    f) die Fähigkeit, ausschließlich rational denken zu können
    g) die Fähigkeit, ausschließlich kreativ denken zu können

26. Aus welchen sieben Schritten besteht der Problemlösevorgang?

27. Ist es möglich, eine Phase des Problemlösens zu überspringen?
    a) Ja, jederzeit, wenn die Phase als überflüssig angesehen wird.
    b) Nein, man muss jeden Schritt exakt befolgen.
    c) Nein, allerdings kann jedem Schritt eine mehr oder wenige ausführliche Bearbeitung zugrunde gelegt werden.

28. Kann man einen Schritt beim Lösen von Problemen bei Bedarf wiederholen?
    a) Nein, das kostet unnötige Zeit.
    b) Nein, dadurch wird der systematische Zyklus unterbrochen.
    c) Ja, wenn man erst später erkennt, dass in einem Schritt etwas falsch gemacht oder übergangen wurde.

29. Folgt man den einzelnen Schritten des Problemlösens, ist eine Lösung garantiert.
    a) Diese Aussage trifft zu.
    b) Diese Aussage ist falsch.
    Begründen Sie Ihre Antwort!

30. Worauf kommt es bei der Durchführung der einzelnen Schritte besonders an?
    a) Darauf, dass man den Fragenkatalog genau befolgt.
    b) Darauf, dass man Fragen geschickt stellt und die Antworten und neue Fragen einbezieht.
    c) Darauf, dass man die Antworten auf den Fragenkatalog genau protokolliert.

31. Wurde ein Problem zur Zufriedenheit aller gelöst, sollte man sich die abschließende Bewertung trotzdem nicht sparen. Warum?

32. Welcher Voraussetzungen bedarf es, um im Team arbeiten zu können?

33. In der Regel bewirkt Teamarbeit ...
    a) ... Unstimmigkeiten unter Kollegen.
    b) ... eine Motivationssteigerung unter den Mitarbeitern.
    c) ..., dass der Sinn für Probleme und deren Lösung geschärft wird.
    d) ... Streit.
    e) ..., dass Probleme langsamer gelöst werden als üblich.
    f) ... eine Vielzahl an Lösungsmöglichkeiten.

34. Aus welchem Grund wurden Kreativtechniken entwickelt?
    a) Kreativtechniken bewirken, das trotz der hohen Qualität und Quantität der Lösungsansätze zeitsparend und effizient gearbeitet werden kann.
    b) Kreativtechniken verhelfen zu Lösungen, die zwar zeitaufwändig, aber in jedem Fall originell sind.
    c) Kreativtechniken braucht man, um seine Kreativität anzukurbeln, um im Anschluss daran eine Problem lösen zu können.

35. Es gibt verschiedene Grundregeln für kreatives Arbeiten. Welche der folgenden Regeln gehören dazu?
    a) Klasse statt Masse – unsinnige Ideen sind nicht der Rede wert
    b) Inspiration ist alles – Lösungen, Ideen immer prägnant formulieren
    c) Masse statt Klasse – in erster Linie zählt die Anzahl der Ideen
    d) Chaos pur – jede Gesprächsordnung würde den Flow stören
    e) Hartnäckigkeit zahlt sich aus – auch bei Ideenmangel am Ball bleiben
    f) Das Gedächtnis stützen – Ideen immer sofort notieren
    g) Wirf die Flinte ins Korn – wer nach einer Stunde keine Idee hatte, dem fällt auch später nichts mehr ein
    h) Immer der Reihe nach – jeder soll die Chance haben, ausreden zu dürfen

36. Welche Kreativmethoden unterscheidet man grundsätzlich?

37. Welches Ziel verfolgt das Zero-based Thinking?
    a) man soll wieder denken wie ein Kind
    b) man soll sein Denken von Einschränkungen wie Vorurteilen befreien
    c) man soll sich vorstellen, wie man das Problem mit einfachsten Mitteln lösen würde

38. Was gewährleistet die Systematik des Morphologischen Ansatzes?
    a) Es wird kein Aspekt des Problems übergangen.
    b) Die Durchführung dauert lange.
    c) Man erhält eine übersichtliche Matrix, die eine vielseitige Lösungskombination erlaubt.

39. Welchen Vorteil hat das Attribute-Listing?
    a) es dauert nicht lange
    b) es zeigt kleinste Veränderungsmöglichkeiten mit großer Wirkung auf
    c) es unterstützt die totale Neukonzeption eines Produktionsablaufes

40. Stichwort Assoziation. Welche Art von gedanklicher Verbindung gibt es?
    a) Assoziation passiert immer unbewusst
    b) Assoziationen können nur bewusst herbeigeführt werden
    c) es gibt beide Arten von Assoziationen

41. Worin besteht der Unterschied zwischen Mind- und Brainstorming?

42. Was verbirgt sich hinter dem Code 6-3-5?
    a) Eine Kreativtechnik, bei der sechs Ideen von drei Personen jeweils fünf Minuten lang kritisiert werden.
    b) Eine Methode zum rein rationalen Lösen von Problemen.
    c) Eine Kreativmethode, bei der sechs Personen jeweils drei Ideen auf fünf Blättern Papier festhalten.

43. Durch welche Technik kann die Nominal-Group-Methode bei Bedarf erweitert werden?

44. Die Identifikationsmethode ...
    a) ... ist eine Art Rollenspiel, bei der jeder Teilnehmer eine andere Rolle übernimmt.
    b) ... verlangt, dass man sich eine Stunde lang in die Situation eines anderen hineinversetzt, um dessen Sichtweise zu verstehen.
    c) ... beruht auf der Auswahl bestimmter „Rollen", deren Sichtweise nacheinander die gesamte Gruppe übernimmt.

45. Welche Analogie-Strategien kennen Sie? Welche von beiden sucht nach Analogien zu völlig sachfremden Gebieten und welche orientiert sich bevorzugt an anderen Wissenschaftsgebieten?

Entscheidungsfindung

Lernziele dieses Abschnitts:
Nachdem Sie diesen Abschnitt durchgearbeitet haben, sollten Sie wissen
- weshalb das Thema Entscheidungen wichtig ist,
- woraus Entscheidungen bestehen und
- wie Sie Entscheidungen am besten treffen.

1. Warum Entscheidungen?

Es ist Montag morgen. Der Wecker klingelt mit einem schrillen, unerbittlichen Ton. Muss ich wirklich schon aufstehen? Eigentlich habe ich keine Lust, außerdem bin ich noch viel zu verschlafen. Dennoch verlasse ich mein warmes Nest und schleiche ins kalte Bad. Die erste Entscheidung des Tages ist getroffen.

Ungetrübt durch die Banalität dieses Beispiels ist seine Deutlichkeit. Leben heißt Entscheidungen treffen: Tag für Tag, Stunde für Stunde, Minute für Minute:

Fahre ich mit dem Auto oder mit dem Bus zur Arbeit? Bekomme ich einen Parkplatz, wenn ich mit dem Auto fahre oder ist der Bus vielleicht überfüllt? Wie komme ich am besten rechtzeitig zur Arbeit?

Entscheidungen treffen ist nicht unwichtig. Je besser Sie Entscheidungen treffen können, desto mehr fühlen Sie, dass Sie **Kontrolle** über Ihr Leben haben. Unglückliche Menschen fühlen sich in der Regel **fremdkontrolliert**. Je besser Sie entscheiden können, desto **eigenkontrollierter** und freier werden Sie.

Neben dieser **psychologischen** Betrachtung gibt es auch einen rein **praktischen** Aspekt, aufgrund dessen Sie verstehen, weshalb Entscheidungen ein wichtiges Thema sind, über das es sich lohnt, näher nachzudenken. So können Sie sich denken, dass jemand, der **schnell** Entscheidungen trifft, demjenigen überlegen ist, der diese nur **zögerlich** trifft bzw. **lange aufschiebt**. Aufgeschobene Entscheidungen verursachen nicht nur **psychischen Stress**, sondern unterliegen vor allem auch im Wettbewerb.

Entscheidungen, die einmal getroffen wurden, die dann aber wieder und wieder durchdacht werden, wurden in Wirklichkeit nie getroffen. Eine nicht **endgültige** Entscheidung ist wie eine aufgeschobene und nicht getroffene Entscheidung: sie verursacht Stress und macht Sie in der Arbeitswelt wie auch privat unterlegen.

Sie sehen, entscheiden zu können, ist keine Nebensache.

Jede Entscheidung zieht **Konsequenzen** nach sich, mit jedem Mal entscheiden wir uns nicht nur **für**, sondern auch **gegen** etwas. In vielen Situationen fällt uns die Wahl zwischen **zwei oder mehreren Möglichkeiten** nicht schwer, wir handeln so, wie wir es gewohnt sind, ohne lange darüber nachzudenken. Wir sind bei einer solchen Entscheidung dann **routiniert** bzw. haben unser Denken, mit der wir diese Entscheidung treffen, zur **Gewohnheit** gemacht. **Entscheidungsfreudigkeit** ist übrigens also auch eine Gewohnheit, die man **trainieren** kann.

In bestimmten Situationen jedoch ist es zwingend erforderlich, sich über gewisse Entscheidungen Gedanken zu machen – besonders, wenn wir uns in der Arbeitswelt befinden und für weitreichendere Konsequenzen gerade stehen müssen. In unserer Zeit, da die Wissensarbeit die Industriearbeit immer mehr zurückdrängt, ist es **unumgänglich**, Entscheidungen am Arbeitsplatz zu treffen.

Selbstorganisation und Selbstverantwortung machen den Wissensarbeiter zu einem wichtigen Faktor im Produktionsprozess. Sie sind aber auch persönlich bedeutsam für ihn: Da die lebenslange Beschäftigung eher zur Seltenheit wird, muss der Arbeitnehmer immer darauf bedacht sein, sich und seine Fähigkeiten erfolgreich zu präsentieren – wie er wahrgenommen wird, hängt zu einem Gutteil auch von den Entscheidungen ab, die er trifft. Welche **Entscheidungssituationen** also gibt es, welche **Arten von Entscheidungen**, wie laufen **Entscheidungsprozesse** ab, welche **Regeln und Hilfen** sind denkbar? Diese und einige weitere Aspekte sollen im Folgenden anschaulich erläutert werden.

2. Begriffserklärung und Einordnung

Situationen, in denen man zwischen **mindestens zwei Möglichkeiten (Optionen) wählen** kann, führen zu **Entscheidungen**. Die Möglichkeiten können sowohl **Objekte** als auch **Handlungen** sein. Bei Objekten kann man sich etwa für einen bestimmten Drucker von Zweien entscheiden – etwa den Tintenstrahl- oder den Laserdrucker. Bei Handlungen kann man nun erwägen, ob eine Arbeit einem anderen Mitarbeiter übertragen werden soll oder ob man sie selbst erledigt.

Entscheiden heißt in jedem dieser beiden Fälle, sich bewusst mit Möglichkeiten auseinander zu setzen und in mehr oder weniger rationaler Weise zu einem Ergebnis zu kommen. Nicht selten befindet man sich beim Abwägen in einer Konfliktsituation – man hat die Qual der Wahl – bedeutsam ist jedoch immer die **Zielorientierung**.

Es ist natürlich auch häufig so, dass ein Problem unbewusst, bekannt oder zu geringfügig ist, als Zeit dafür zu ver(sch)wenden und sich damit auseinander zu setzen. Dies ist auch wichtig und richtig, wenn man bedenkt, wie aufwändig unser Leben sonst wäre und sich in **Kleinigkeiten** und **Belanglosigkeiten** verlieren würde.

Hauptsächlich soll es sich hier um die **bewusst wahrgenommenen** Entscheidungssituationen drehen, die mitunter allein schwierig zu analysieren sind. Dafür, und um diese Entscheidungen zu erleichtern, sind die Informationen dieses Systemteils gedacht.

> **Zusammenfassung:**
>
> - In Entscheidungssituationen gibt es mindestens **zwei Wahlmöglichkeiten**, die **Optionen** heißen.
> - Entscheidungen werden **mehr oder weniger bewusst und rational** getroffen. Sie gehen einher mit Problem- oder Konfliktsituationen und sind **ziel- bzw. ergebnisorientiert**.

2.1. Forschung und Entscheidungsbegriff

In den Anfängen der Entscheidungsforschung begnügte man sich mit dem **Wert-Erwartungsmodell**, das heißt, Entscheidungen wurden durch die Tatsachen erklärt, *welchen Wert und welche voraussichtlichen Konsequenzen sie mit sich bringen*. Bald erkannte man jedoch, dass dieses Modell viele Situationen nicht umfasst, was zu einer Öffnung und Erweiterung des Entscheidungsbegriffs führte.

Entscheidung wird heute vielfach als **Prozess** verstanden, dessen Hauptbestandteile **Wahlmöglichkeiten und Urteile** sind.

Der Prozess hat **zwei** mögliche Anfänge:
Entweder werden die mindestens zwei verschiedenen **Optionen** wahrgenommen *oder* die **Differenz** zwischen dem gegebenen Sachverhalt und einem gewünschten. Diese Differenz soll beseitigt werden, weshalb man nach dafür geeigneten Möglichkeiten sucht.

Am Ende dieses Prozesses steht die verbindliche Wahl einer bestimmten Option oder – je nach Anschauung – die Umsetzung dieser Wahl.

Zusammenfassung:

- Entscheidung beruht auf Wahlmöglichkeiten und Urteilen
- Entscheidungen sind Prozesse

2.2. Die vielfältigen Wurzeln der Entscheidungsforschung

Die Entscheidungsforschung selbst zählt erst wenige Jahrzehnte, doch ihre Ursprünge liegen viel weiter zurück: Sie wurzelt in Philosophie, Mathematik, Ökonomie und Psychologie.
Der philosophische Unterbau ist auf den Utilitarismus zurückzuführen, der Handlungen ausschließlich im Hinblick auf ihre Konsequenzen beurteilt. Richtig und somit ethisch

und moralisch anerkannt handelt, wer optimale Konsequenzen erreicht und hierbei das Interesse der Allgemeinheit umsetzt. Dies kommt besonders in dem Ausspruch des englischen Philosophen John Stuart Mill zum Ausdruck: „The greatest good for the greatest number" (Der größtmögliche Nutzen für die größtmögliche Anzahl von Menschen).

In der Philosophie gibt es nun zwei entscheidungstheoretische Ansätze: *einerseits* werden die Grundlagen rationaler, öffentlicher Entscheidungsprozesse untersucht; *andererseits* werden Entscheidungen als besondere Typen des Umgangs mit Hypothesen und Beobachtungen behandelt.

Was die **Mathematik** anbelangt, so liegen die Wurzeln in der **Wahrscheinlichkeitstheorie** von Jacob Bernoulli und Pierre Simon de Laplace. Die Entwicklung dieser Theorie greift vor allem auf das Glücksspiel zurück. Aber auch im Alltagswissen ist die Wahrscheinlichkeits- bzw. Zufallsrechnung (Stochastik) von Bedeutung. Wenn in einer bestimmten Situation ein Ereignis häufiger eintritt als ein anderes, so werden wir uns bei unserer Entscheidung an dem **häufiger** eintretendem Fall orientieren.

Eine Verknüpfung von eben dieser Wahrscheinlichkeitstheorie und der Nutzentheorie ermöglichte erst die Auseinandersetzung sowohl mit dem Wert als auch zeitgleich mit der Unsicherheit der Konsequenzen.
Die **Ökonomie** interessiert sich für das Konzept des „**Homo oeconomicus**", der als rational handelndes Subjekt eben durch seinen gewissen Egoismus dem Allgemeinwohl

dient. Er ist der Prototyp des rational handelnden Individuums und versucht, mit den ihm zur Verfügung stehenden Mitteln einen **optimalen Nutzen** herbeizuführen. Dies ist gleichzeitig die Anforderung an den heutigen Wissensarbeiter, rational aufgrund bestimmter Erwägungen mit den vorhandenen Möglichkeiten optimierte Entscheidungen zu treffen.

Es leuchtet also ein, dass heute die Entscheidung vor allem in der Ökonomie eine herausragende Stellung einnimmt. Hauptsächlich ist man daran interessiert, Grundlagen und Verfahren für die Optimierung von wirtschaftlichen Entscheidungen zu ergründen.
Die neuere Forschung setzte 1947 mit dem nobelpreisgekrönten Werk von Johann von Neumann und Oskar Morgenstern „Spieltheorie und wirtschaftliches Verhalten" ein. Dies ist das erste Werk zu **präferenziellen Entscheidungen** (Präferenz = persönlicher Vorzug), die auch in der Psychologie eine Rolle spielen.

In der **Psychologie** stehen sich nun vor allem **zwei** Strömungen gegenüber: zum einen die **präskriptiven Entscheidungstheorien**, die davon ausgehen, *wie man sich verhalten soll* und die versuchen, Entscheidungs*hilfen* zu geben; zum anderen die **deskriptive Forschung**, die sich darauf beschränkt, das menschliche Entscheidungsverhalten *zu beschreiben*. Beide Ansätze ergänzen sich, da die **Deskription** (Beschreibung) belegt, wie Entscheidungsprozesse ablaufen, und die **Präskription** („Vorschrift") sich damit beschäftigt, was am Entscheidungsprozess verbessert werden könnte.

Darüber hinaus gibt es Ansätze in anderen Bereichen, wie Politikwissenschaften, Rechtswissenschaften und Ingenieurdisziplinen, die allerdings hier von minderer Bedeutung sind, zumal sie in der Regel auf umfassendere, hier genannte Konzepte zurückgehen.

Zusammenfassung:

- Die Wurzeln von Entscheidungen gehen zurück auf **Philosophie, Mathematik, Ökonomie und Psychologie.**
- In der Ökonomie ist das Konzept vom Homo oeconomicus von besonderer Bedeutung: der rational und zweckorientiert handelnde Mensch
- In der Psychologie werden deskriptive und präskriptive Forschungsansätze kombiniert (Beschreibung und Vorhersage von Verhalten)

3. Die biologischen Grundlagen des Entscheidens

Kurz soll hier angesprochen werden, in welchen Bereichen des Gehirns sich das Entscheiden abspielt. Dafür wenden wir uns der Neurophysiologie zu, genauer: stoßen wir auf das limbische System.
Hierzu zählen unter anderem die *Amygdala* und der *Hypothalamus*, welche für affektives Verhalten und vegetative Funktionen zuständig sind, sowie der *Hippocampus*, der Lernen und Gedächtnisprozesse fördert. In diesem Zusammenhang lässt sich auch einfach klären, woher das limbische System seinen Namen hat: ursprünglich wurden einige Regionen des Gehirns, die gürtelartig (lat.: limbus = Gürtel, Grenze, Saum) zwischen Endhirn und Hirnstamm gelagert sind, als limbisches System bezeichnet. Das Konzept dieses limbischen Systems wurde erstmalig 1878 von dem französischen Anatomen Broca vorgestellt.

In der neueren Neurophysiologie neigt man dazu, diesen Begriff auf Regionen anzuwenden, die eher **funktionelle** Bedingungen erfüllen. Die Bezeichnung schließt also heute alle Gehirnregionen ein, die das **vegetative Nervensystem** (grob gesagt, der Teil Ihres Nervensystems, der unbewusst (!) Ihre Organe usw. steuert) befehligen und **viszerale Reaktionen**, **Emotionen** (Angst, Wut, Sexualität, Aggression etc.) und **Motivationen** koordinieren.

Es ist nun der bereits angesprochene **Hippocampus**, der **Lern- und Gedächtnisprozesse** ermöglicht, das heißt dies ist die Region, in der sich über neuronale Schaltkreise auch so komplexe Vorgänge wie das Entscheiden abspielen.

Zusammenfassung:

- Das **limbische System** steht hinter jedem Verhalten oder Denkprozess
- Es beeinflusst **Emotionen** sowie **Lern- und Gedächtnisprozesse**
- Der Hippocampus ist der Ort für **Lern- und Gedächtnisprozesse** und somit für **Entscheidungen**

4. Komponenten von Entscheidungsproblemen

Entscheidungsprobleme umfassen **vielfältige Bereiche**, die es zu berücksichtigen gilt. Im Folgenden soll ein **wesentlicher Überblick** gegeben werden, wobei besonders die nachstehend genannten Komponenten berücksichtigt werden: **Informationen, Optionen, Ereignisse, Risiko und Unsicherheit, Konsequenzen, Nutzen und Präferenz/Wert, Ziele und zielbedingte Konflikte und Gründe.**

4.1 Informationen

Um eine zufriedenstellende Entscheidung zu treffen, versucht unser Verstand so **viele Informationen** wie möglich zu sammeln. Komplex wird es, wenn man die Frage stellt, wann man denn nun *genug* Informationen gesammelt hat. Kann man dann die Suche nach Informationen einstellen? Es ist schwierig, dies zu beantworten, es ist jedoch evident, dass man nie alle Informationen bekommt.
Angenommen, Sie sind auf der Suche nach neuer Computersoftware und holen sich von x verschiedenen Firmen Angebote ein. Irgendwann beschließen Sie, aus den gewonnen Informationen ein Produkt auszuwählen. Das Produkt ist besorgt und einige Zeit später müssen Sie erfahren, dass es ein Programm mit womöglich besserer Ausstattung zu einem günstigeren Preis bei einer vorher unbekannten Firma gegeben hätte. Ärgerlich! So oder so ähnlich hat jeder schon einmal erlebt, dass seine Anstrengungen in Bezug auf Informationsbeschaffung nicht belohnt wurden. Dennoch ist es meist sinnlos, sich Vorwürfe zu machen, denn nicht immer ist es nötig, sich mit Informationsbeschaffung aufzuhalten – es besteht die Gefahr, sich in dem Wust von Möglichkeiten zu verheddern. Des Weiteren geht man zwar davon aus, dass die Entscheidungen besser seien, je mehr Informationen man hat, jedoch wird dies durch die Umstände relativiert, dass Information nicht selten etwas **kostet**, dass damit Unbequemlichkeit und **Zeit**verlust verbunden sind.
Informationen kosten also **Geld und Zeit**. Sie sollten sich daher gut überlegen, wie viel Geld bzw. Zeit Sie in die Informationssuche investieren können oder wollen.

Beispiel:
Ein Kollege von Ihnen hat gehört, dass Margarinen mit mehrfach ungesättigten Fettsäuren besonders gesund sind. Da er auf der anderen Seite ein ziemlicher Geizhals ist, sucht er den Margarine-Hersteller mit dem günstigsten Preis, der ggf. für eine größere Abnahmemenge (zehn Stück) auch noch Rabatte gewährt. Daher schreibt er zwanzig Unternehmen an, und bringt sein Anliegen vor, nachdem er sich – nach vielen Telefonaten – eine Liste der Margarine-Hersteller hat zuschicken lassen. Rechtfertigt der Preisvorteil der Margarine-Sorte die Porto- und Telefonkosten sowie den Zeitaufwand? Wohl kaum.

Was aber genau versteht man hier unter Information? Informationen können **Daten, Beobachtungen und Mitteilungen** sein, die in der Entscheidungssituation gewisse Konsequenzen andeuten. Der Erwartungswert wird hier ebenso beeinflusst wie die Alternativen, die sich durch erweiterte Informationen ergeben.

Bevor man jedoch über die Informationen urteilen kann, ist der Prozess der Informationsbeschaffung nötig.

> Hierzu einige Tipps:
>
> - Beziehen Sie von der Entscheidung betroffene oder mit der Thematik vertraute **Personen** (evtl. Experten) mit ein, dies kann ihre Perspektive erweitern.
> - Versuchen Sie, eine Liste aller möglichen sinnvollen **Informationsquellen** zu erstellen. Ist diese Zahl zu groß, wählen Sie eine repräsentative Stichprobe.
> - Klären Sie gegebenenfalls ob Sie das nötige **Rüstzeug** besitzen, diese Quellen anzuzapfen, oder ob Ihnen jemand dabei behilflich sein kann oder muss.
> - **Begrenzen** Sie die Phase der Informationssammlung zeitlich und finanziell – es besteht die Gefahr, sich unnötig lange damit aufzuhalten oder wichtige Fristen zu versäumen.
> - Planen Sie **Zeitpuffer** ein, das minimiert den psychischen Stress; sie können auch ruhig bleiben, wenn Unvorhergesehenes eintritt.

Nach der Sammlung der nötigen Informationen sollen diese nun analysiert werden.

Informationen liegen manchmal klar auf der Hand, oft allerdings sind sie unübersichtlich, unvollständig, oder man muss sie zwischen den Zeilen suchen: Informationen werden in **unterschiedlichen Formaten** dargeboten.

> Folgende Hinweise sind daher nützlich:
>
> - Ziehen Sie nicht nur konkrete Informationen in Ihre Entscheidung ein. Prüfen Sie, ob Sie noch weitere implizite, also **indirekte Informationen** anzapfen können.
> - Versuchen Sie, die Informationen **übersichtlich** zu machen. Schreiben Sie auf, was Ihnen vorliegt und versuchen Sie, Kategorien von Zusammengehörigkeiten zu bilden; dies dient der **Vereinfachung**.
> - Finden Sie heraus, ob die Informationen, die Ihnen vorliegen **vollständig** sind (so vollständig, dass Sie eine Entscheidung treffen können). Oft komplettiert man Sachverhalte selbständig und läuft dabei Gefahr, Fehler zu machen, die sich in der Entscheidung negativ auswirken.
> - Überlegen Sie, in welcher **Form** Ihre Informationen vorliegen; sind sie **numerisch** (quantitativ) ausgedrückt („diese Anschaffung wird Sie 1000 Euro kosten") oder liegen die Informationen in **verbaler** Form (qualitativ) vor („das wird teuer"). Oft liegen hier Missverständnisse vor, da manche Begriffe unterschiedlich weit gefasst werden können. Andere Formen sind auch denkbar (grafisch usw.).
> - Lernen Sie aus vergangenen Entscheidungen. Gab es schon einmal ein vergleichbares Entscheidungsproblem in der **Vergangenheit**? Welche Ausgangsinformationen / Wahrscheinlichkeiten haben damals eine Rolle gespielt, was ist eingetroffen, können sich daraus Ereigniswahrscheinlichkeiten für die jetzige Situation ergeben oder eher nicht? (Vorsicht bei Schlussfolgerungen!)

Was die Informationsverarbeitung betrifft, so ist festzustellen, dass der Mensch hier reichlich unzulänglich ist, das heißt, er unterliegt mit einer gewissen Häufigkeit so genannten **Denkfehlern**. Er verwendet seine kognitiven Fähigkeiten wesentlich seltener als nötig, was dazu führt, dass er seine Entscheidungen **schnell** und einigermaßen **leichtfertig** trifft. Des Weiteren unterliegt der Mensch **kognitiven Verzerrungen**, das sind Fehler, die beim Übertragen von Schlussfolgerungen von bestimmten Verhältnissen auf andere auftreten. Der Mensch nimmt also früher erfolgreiche Strategien und wendet sie auf andere Probleme an, bei denen diese Strategien möglicherweise unangebracht sind. Bekannte Regeln und verkürzte Methoden sowie persönliche Intuition sind oft Gründe für subjektive Irrtümer.

Zusammenfassung:

- Informationen sind Daten, Beobachtungen und Mitteilungen, die gewisse Konsequenzen für die Entscheidungssituation haben.
- Informationen kosten in der Regel Geld. Er ist also zu überlegen, wie hoch Ihre Informationskosten höchstens sein sollen.
- Informationen kosten auch Zeit. Es ist demnach auch zu überlegen, wie viel Zeit Sie zur Informationssammlung haben oder sich nehmen.
- Informationen sind manchmal klar erfassbar, oft allerdings sind sie unübersichtlich, unvollständig oder man muss sie zwischen den Zeilen suchen.
- Informationen werden in unterschiedlichen Formaten dargeboten.

4.1.1. Informationsannahmen des Modells Homo oeconomicus

Das Konzept des „Homo oeconomicus", der als eigennützig handelndes Subjekt eben durch seinen Egoismus dem Allgemeinwohl dient, wurde bereits kurz angesprochen. Zur Erinnerung: Er ist der Prototyp des rational handelnden Individuums und versucht, mit den ihm zur Verfügung stehenden Mitteln einen **optimalen Nutzen** herbeizuführen.

Informationen stehen dem Homo oeconomicus nur **unvollständig** zur Verfügung, auch wenn in einigen ökonomischen Modellen andere Annahmen getroffen werden. Es gilt daher zunächst von bestimmten Annahmen auszugehen, welche durch die Begriffe **Alternativen, Ergebnisse und Umweltsituation** eingegrenzt werden können.

Eine **Alternative** kann nun eine bestimmte Handlung sein, es kann aber auch ein Handlungsstrang mit mehreren Teilhandlungen gemeint sein. Im Spezialfall kann man auch von einer **Strategie** sprechen, das heißt, es wird geplant, welche Schachzüge man unternimmt und wie man auf verschiedene Gegenzüge reagiert. Von einer Strategie spricht man in der Regel erst bei langfristigen Handlungssträngen oder Tendenzen.

Die **Alternativen** können im Normalfall vom Entscheidungssubjekt **selbst beeinflusst** werden. Die Daten des Problems, sprich die **Umweltsituation**, hat der Handelnde **nicht unter Kontrolle**. Den Alternativen sind je nach eintretender Umweltsituation **Ergebnisse** zugeordnet.

Entscheidungsfindung 159

> **Zusammenfassung:**
>
> - Der Homo oeconomicus ist der rational handelnde, zielorientierte Modell-Mensch, der seinen Nutzen optimiert.
> - da die Informationen, die der Homo oeconomicus erhält, unvollständig sind, muss er sich mit Alternativen, Ergebnissen und der Umweltsituation auseinandersetzen.

4.1 Optionen

Optionen sind die **Möglichkeiten**, zwischen denen gewählt werden kann. Sie können bereits **vorliegen** oder sie müssen **erst entwickelt bzw. gefunden** werden. Es kann sich hier um **1. Objekte, 2. Handlungen, 3. Strategien oder 4. Regeln** drehen. Wenn mindestens **zwei Optionen** vorliegen, kann man von einer **Alternative** sprechen.

Optionen können zunächst **Objekte** (1.) sein, man hat es also mit real existierenden Dingen zu tun, wie etwa Schreibtischstühle, Ordner, Wertpapiere und Parkplätze. Wenn es um die Entscheidung zwischen zwei Objekten geht, wird man am häufigsten mit **Ein-**

käufen und **Standortproblemen** konfrontiert sein. Hier geht es darum, **was** sie wählen, **nicht ob** sie etwas kaufen. Sie versuchen also, aus mehreren Objekten das beste oder Ihnen am geeignetsten erscheinende oder am schnellsten zu erlangende oder vielleicht auch nur das beste Objekt von den schlechten **auszuwählen**.

Des Weiteren können Objekte **Handlungen** (2.) darstellen, wie etwa „aufstehen", „Auto fahren", „Aktien kaufen" / „Aktien verkaufen", „sparen" / „ausgeben", „arbeiten" / „nicht arbeiten", „eine neue Vermarktungsstrategie erproben" / „nicht erproben", „essen" / „nicht essen" oder „lernen" / „nicht lernen".

Diese Handlungen verlangen, ein **gewisses Ziel** erreichen zu wollen und die Handlungen selbst ausführen zu können.

Handlungen können sowohl ein **Tun** als auch ein **Unterlassen** darstellen. Wenn Sie sich dazu entscheiden, den Geldschein aus Ihrer Geldbörse in ein Buch zu investieren (**Tun**), haben Sie sich automatisch dafür entschlossen, diesen Geldschein nicht dazu einzusetzen, ins Kino zu gehen (**Unterlassen**). Der Ökonom spricht in einem solchen Fall von **Opportunitätskosten**, das heißt, die Opportunitätskosten des gekauften Buches sind ein Kinobesuch oder umgekehrt.

Exkurs –

*Wir verlassen kurz diese praxisnahen Ausführungen und wenden uns einem abstrakteren Bereich zu: Es geht darum, einen **momentanen Zustand**, den **status quo**, zu erhalten oder zu verändern. Soll ich meiner Firma weiter treu bleiben, obwohl ich seit Jahren keine angemessene Gehaltserhöhung bekommen habe und mich die Beschäftigung eher langweilt, oder bleibe ich in diesem Arbeitsverhältnis, weil ich Angst vor Neuerungen hege? Es ist ungewiss, was Neues passieren könnte, aber die Option, die Arbeit niederzulegen, ist gegeben, und sei es nur, um den status quo zu verändern.*

Der status quo bringt ein interessantes Phänomen mit sich: Man kann sich nämlich nicht immer entscheiden, ihn beizubehalten oder zu verändern. Manchmal steht man vor einer Situation, in der man nur zwischen neuen Möglichkeiten wählen und der status quo unter keinen Umständen erhalten werden kann. Eine kurze Veranschaulichung: Bei dem vorigen Beispiel konnte man den aktuellen Zustand, in dem Arbeitsverhältnis zu sein, beibehalten oder verändern. Angenommen, ein Arbeitnehmer erhält die Kündigung, dann kann er sich nur zwischen neuen Optionen entscheiden, zum Arbeitsamt zu gehen, persönliche Kontakte auszuloten, zu resignieren, sich zu bewerben etc. Er hat nicht mehr die Möglichkeit, sich dafür zu entscheiden, dieselbe Arbeit weiter zu machen.

> *Bei dem Problem „handeln" oder „nicht handeln" kann es zu ernsthaften Dilemmata kommen. Sollen beispielsweise Angehörige eines Unfallopfers die lebensverlängernden Maschinen abstellen lassen oder nicht? Tun oder Unterlassen?*

Drittens können Optionen auch überdauernde **Strategien** (3.) sein, die allgemeinere Ziele verfolgen. Es handelt sich um Konzepte, bei denen es nicht so sehr darauf ankommt, **wie** sie umgesetzt werden, also durch welche Handlungen, sondern **dass** sie erfolgreich betrieben werden. Eine solche Strategie kann etwa „abnehmen" sein. Dabei wird nicht unbedingt bis ins Detail festgelegt, wie man dies umsetzt, und der Entschluss abzunehmen beinhaltet noch nicht das Wann und Wie. Strategien haben einen **allgemeineren Charakter**, das heißt, sie sind nicht an spezielle Situationen oder Ziele gebunden, sie bringen vielmehr die **Persönlichkeit, Einstellungen und Werte** eines Menschen zum Ausdruck. Sie finden über Strategien auch ausführliche Ausführungen im Systemteil Zeitmanagement und Zielplanung.

Letztendlich können Optionen auch **Regeln** (4.) sein, nach denen Beschlüsse gefasst werden. Es kann sich um einen ganz banalen Münzwurf handeln, was wenig kognitive Leistung fordert, es können die einzelnen Punkte abgewogen werden, man kann professionelle Hilfe in Anspruch nehmen oder dergleichen mehr. In jedem Fall hat man es hier mit einer bewussten Handlung zu tun.

> **Zusammenfassung:**
>
> Optionen sind Wahlmöglichkeiten, die Objekte, Handlungen, Strategien oder Regeln sein können

4.3 Ereignisse

Bei Ereignissen handelt es sich um **Begebenheiten und Situationen**, die **Einfluss auf das Resultat** der Entscheidung haben, **aber nicht unter der Kontrolle** des Entscheiders stehen. Dennoch hat dieser gewisse Vorstellungen, wie und mit welcher Wahrscheinlichkeit diese Aussagen eintreffen werden.

Man versucht etwa für ein Abendessen nach Arbeitsschluss einen Platz in einem Restaurant zu bekommen. Dabei dürfte es nicht unerheblich sein, ob es sich um einen sonnigen Mittwoch Abend handelt oder um einen regnerischen Freitag Abend. Ihre Entscheidung ist von diesem Ereignis „sonniger Mittwoch" / „regnerischer Freitag" zu einem Gutteil abhängig.

Eben genanntes Beispiel könnte man als **externes Ereignis** bezeichnen, da es **außerhalb** der möglichen Einflussnahme des Entscheiders liegt und nichts mit seiner Person zu tun hat. Es gibt jedoch auch **interne Ereignisse**, die personenbezogen stattfinden. Es trifft nämlich nicht immer zu, dass man sich und seine **Gefühlswelt unter Kontrolle** hat. Dennoch darf man diese nicht vernachlässigen, denn das Aufwallen bzw. Kontrolliert-sein dieser Gefühle kann die Folgen der Entscheidung vehement beeinflussen. Stellen Sie sich vor, jemand würde von seinem Kollegen beschuldigt, das Betriebsklima zu vermiesen. Dieser wird wütend und brüllt den Kollegen zornig an, statt sich sachlich über das Warum zu unterhalten. Sicher bekräftigt sein Ausbruch eher die Anschuldigung, als dass er zu seiner Verteidigung dient.

Eine weitere Unterscheidung ist angebracht zwischen Ereignissen, die sich **in der Zukunft** abspielen werden – so wie die bereits genannten – oder welchen, die zwar **schon eingetreten sind**, von deren Existenz man jedoch noch nichts weiß. Es geht also um **zukünftige Ereignisse oder Zustände**.

Ein Beispiel:
Ein Betrieb produziert und trifft die für ihn wichtigen Entscheidungen, etwa zu expandieren, ohne zu wissen, dass einer seiner wichtigsten Zulieferer in den Konkurs gegangen ist. Es ist in diesem Fall nur bedeutsam, dass der Entscheider über das Ereignis nicht Bescheid weiß, aber nicht, warum er darüber keine Kenntnis besitzt – etwa weil ihm keine Informationen vorliegen, oder wie im vorigen Fall der Tischreservierung, dass das Ereignis noch nicht eingetreten ist.

Ereignisse, die die Folgen einer Wahlmöglichkeit ausmachen, lassen die Entscheidungssituation **unsicher** werden. Wählt man etwa zwischen zwei Arbeitsplätzen, so sind einige Konsequenzen abzuschätzen: in welchem Team man arbeiten wird oder wie viel Gehalt man jeweils erhält. Es bleibt jedoch unklar, ob man sich an diesem Arbeitsplatz wohl fühlen wird oder wie sich die Gehaltserhöhungen über eine längere Zeit gestalten; dies hängt doch sehr von den Kollegen und der Geschäftsführung ab. Abzuschätzen, wohin man besser passt, ist schwierig, da es hierfür keine mathematischen Wahrscheinlichkeiten gibt.

Bei vielen Entscheidungen haben wir also mit dem Faktor **Unsicherheit** zu kämpfen, da natürlich immer Konsequenzen folgen. Dieser Faktor kann aber unter bestimmten Umständen vernachlässigt werden. Vor allem dann, wenn es keine logisch erklärbaren Ursachen und Gründe für ein eintretendes Ereignis gibt, welches Einfluss auf die Entscheidung hätte.

Zusammenfassung:

- Ereignisse sind unkontrollierbare Begebenheiten
- Es wird unterschieden zwischen externen und internen Ereignissen
- Ereignisse könne Zustände oder zukünftige Ereignisse sein
- Nicht abschätzbare Ereignisse können zu Unsicherheit führen

---

4.4 Sicherheit, Risiko und Unsicherheit

Entscheidungen werden immer unter bestimmten **Umweltbedingungen** gefällt. Diese können in **Sicherheit, Risiko und Unsicherheit** unterteilt werden. Auf die beiden Letzteren soll hier besonders eingegangen werden. Zunächst aber kurz die Erklärung, was man unter einer sicheren Entscheidung versteht: Der Entscheider weiß **genau**, welche Situation eintreffen wird, und für jede mögliche Entscheidungsalternative gibt es genau ein passendes Ergebnis. Dies ist ein **Idealfall**. Gerade bei wichtigen Entscheidungen sind die einzelnen Konsequenzen nicht ohne Weiteres vorhersagbar, die Entscheidungen sind in einem komplexeren Bereich anzusiedeln.
Bei der Entscheidung unter **Risiko** geht man davon aus, dass es mehrere möglicherweise eintretende Umweltsituationen gibt. Man orientiert sich an bestimmten **Eintrittswahrscheinlichkeiten**.

Ein Beispiel:
Ein Kollege steht vor dem Entscheidungsproblem, ob er eine Regenjacke mit zur Arbeit nehmen soll oder nicht (Handlungsalternativen). Diese Alternativen resultieren aus den Umweltsituationen „Es wird regnen" oder „Es wird nicht regnen". Eine Entscheidung könnte der Kollege treffen, wenn er den Wetterbericht hört, wo erzählt wird: die Regenwahrscheinlichkeit beträgt 80%.

Hat der Entscheider **keinerlei** Vorstellungen von den Wahrscheinlichkeiten, mit denen die eine oder andere Umweltsituation eintritt, und sind diese von ihm unabhängig, so spricht man von Entscheidung **unter Unsicherheit**.

Bei Risiko oder Unsicherheit ist davon auszugehen, dass dem Entscheidungssubjekt nur unvollkommene Informationen vorliegen. Des Weiteren ist es von Bedeutung, welche **subjektiven** Wahrscheinlichkeiten gebildet werden und wie der Mensch damit umgeht.

4.4.1 Varianten von Unsicherheit

Wenn der Mensch sich in Unsicherheit befindet und für seine Entscheidung keine mathematischen Formeln heranziehen kann, so fällt er diese **intuitiv**. Er „erdenkt" eigene Wahrscheinlichkeiten, die entweder **intern** oder **extern** bestimmt sein können: **Interne Faktoren sind Gründe und Glaube**, externe Faktoren die auftretende Häufigkeit oder eine Tendenz.

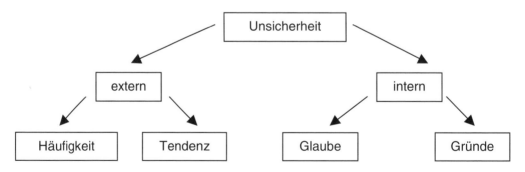

Externe Ursachen für Unsicherheit sind von uns **unabhängig**, wie etwa die Verkehrsverhältnisse. Ist man sich unsicher, zu welchem Zeitpunkt man aufbrechen soll, um rechtzeitig ein bestimmtes Ziel zu erreichen, so versucht man festzustellen, wie an anderen Tagen die Bedingungen sind – wie häufig es etwa zu Staus auf dieser Strecke kommt oder mit welcher Tendenz sich diese erwarten lassen.

Interne Ursachen hingegen führen wir auf uns selbst zurück – so wenn wir glauben, kein guter Autofahrer zu sein oder unsere Unsicherheit mit einem erlebten Unfall begründen. Intern bedingte Unsicherheit ist beeinflussbar. Wir sprechen hier von **Glaubenssätzen**.

Die Unterscheidung, wodurch die Unsicherheit im konkreten Fall bestimmt ist, lässt sich vollziehen, indem man sich die folgenden Fragen stellt:

Die Wahrscheinlichkeit, dass . . .   externe Ursache
Meine Wahrscheinlichkeit, dass . . .   interne Ursache

Eine weitere mögliche Aufteilung von externaler bzw. internaler Unsicherheit verdeutlicht die Graphik:

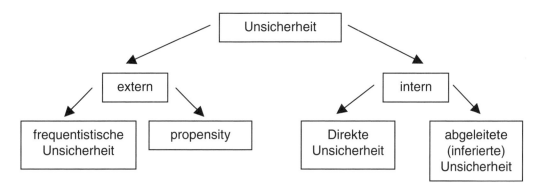

Die externen Unsicherheiten lassen sich aufteilen in frequentische Unsicherheit und so genannte propensity.
Bei der frequentistischen Unsicherheit handelt es sich nun um einen Fall von vielen, den man einer gewissen Kategorie ähnlicher Fälle zuordnen kann. Man kann aufgrund dieser Zuordnung das Ereignis einigermaßen einschätzen. Ein typisches Beispiel ist das Würfelspiel: es können nacheinander verschiedene Zahlen fallen, was durch externe Faktoren, die hier häufig als Zufall bezeichnet werden, bestimmt ist. Die Unsicherheit wird hier dem Zufall zugewiesen – man versucht aber, diesen zu minimieren und Schätzungen nach dem Prinzip der relativen Häufigkeiten durchzuführen.

Die zweite external lokalisierte Unsicherheit (**propensity**) betrachtet nur **ein einziges Ereignis**. Dabei ist die Unsicherheit auf die Eigenschaften oder Tendenzen (propensity) eben dieses einen Ereignisses zurückzuführen. Beispiele gibt es viele: Glauben Sie, dass bei der nächsten Bundeskanzlerwahl eine Frau dieses Amt erhalten wird? Für wie hoch halten Sie die Wahrscheinlichkeit, dass es in den nächsten fünf Jahren ein größeres Reaktorunglück geben wird? Wie stehen Ihrer Meinung nach die Chancen, im nächsten Monat eine Gehaltserhöhung zu bekommen? Es handelt sich hier ganz klar um tendentielle Schätzungen – wie wahrscheinlich es ist, dass ein Ereignis eintreten wird.

Handelt es sich nun um **internale Unsicherheit**, so wird ebenfalls in zwei unterschiedliche Varianten aufgegliedert:

Erstens kann diese Unsicherheit **direkt** entstehen, aufgrund eines Gefühls, das nicht weiter analysiert werden kann. Oft werden wir nach etwas gefragt und können dies mit nur wenig Festigkeit behaupten. „Die Laplace-Straße? Warten Sie mal. Ich glaube Sie müssen noch eine Weile geradeaus fahren und sich dann links halten." Dieses Gefühl der Unsicherheit kann von außenstehenden Personen nicht hinreichend erklärt werden. Der Befragte allein kann dieser subjektiven Unsicherheit näher auf die Spur kommen.

Des Weiteren kann Unsicherheit **aus Gründen abgeleitet (inferiert)** werden. Es handelt sich hier um die **kognitive Beurteilung von Gründen**: das benötigte Wissen wird hinterfragt und (wenn nötig) argumentativ begründet. „Ich denke, Herr Alinger arbeitet jetzt bei einer Firma in Japan." Die Gründe für diese Aussage könnten sein, dass der Besagte sich beruflich verändern wollte, vorher aber bereits im technischen Bereich gearbeitet hat und seit einiger Zeit Japanisch-Kurse besucht hat.

Es gibt noch andere Konzepte für Unsicherheit.

Eines davon bezieht sich auf die **subjektive Kontrollierbarkeit** einer Situation. Man geht davon aus, dass **extern lokalisierte Wahrscheinlichkeiten** mehr davon abhängen, **was man aktiv tut** als vom **eigenen Denken oder Wissen**. Man hat also die Kontrolle über bestimmte Ereignisse, kann diese aber nicht direkt nutzen, da man unsicher ist, was man tun soll. Die Unsicherheit bezieht sich auf den persönlichen Willen, was sich negativ auf die Ausführung der eigenen Handlungen auswirkt.

Die zweite Variante untersucht die **Plausibilität gewisser Annahmen, Behauptungen oder Erzählungen**. So kann die Erklärung eines Kollegen, der zu spät zur Arbeit kommt, als wahrscheinlich wahrgenommen werden, weil plausibel, oder unwahrscheinlich, weil unplausibel. Die Plausibilität steigt, je vollständiger, konsistenter, konkreter, lebhafter, gewöhnlicher und logischer verknüpft etwas erzählt wird.

4.4.2 Der Ausdruck von Unsicherheit

Wie zeigt sich nun, dass ein Mensch unsicher in seiner Entscheidung ist?

Es gibt eine Palette von Möglichkeiten, dies festzustellen:

- **Vage verbale Ausdrücke** wie: „wahrscheinlich", „vielleicht", „es ist möglich", „kann sein", „ich glaube", „ich bin mir nicht sicher" usw.
- Ein weiteres Merkmal ist unser **Entscheidungsverhalten selbst**. Wenn jemand beispielsweise nach dem bereits erklungenen Signal für das Ende des Arbeitstages noch extra auf die Uhr schaut, werden Kollegen dies als Unsicherheit bezüglich des Zeitgefühls werten.

- **(Seltenere) numerische Feststellungen**: Hier werden quantitative Aussagen getroffen. Die Werte liegen im Bereich von 0,0 (0% = Unmöglichkeit) bis 1,0 (100% = absolute Sicherheit). Ein Wert von 0,5 (50%) besagt, dass die Wahrscheinlichkeit des Eintreffens eines Ereignisses und die Wahrscheinlichkeit des Nicht-Eintreffens gleich sind (fünfzig zu fünfzig Prozent).

Zusammenfassung:

- Unsicherheit ist also ein sehr **unterschiedlich auftretendes** Phänomen: Sie kann sich auf Ereignisse, Zustände, Tatsachen, Informationen, Argumente, Gründe, Ziele und Werte beziehen.
- Unsicherheit gliedert sich hauptsächlich in **externale und internale** Unsicherheit oder, nach einem anderen Konzept, in **Kontrollierbarkeit und Plausibilität**.
- Unsicherheit basiert auf Wissen oder vielmehr Unwissen über bestimmte **Häufigkeiten** und **Wahrscheinlichkeiten**, über **Gegebenes** und **kausal Zusammenhängendes**.
- Das **Wissen** über bestimmte Dinge kann **vorhanden** sein oder muss aus diesem **abgeleitet** werden.
- Unsicherheit kann sich **verbal, numerisch oder durch das Entscheidungsverhalten** ausdrücken

---

4.5 Inneres Modell der Umwelt und persönliches Konfliktverhalten

Es ist davon auszugehen, dass das Individuum bei jeglicher Entscheidungsfindung von einem persönlichen Modell ausgeht, das die Komplexität der Umwelt reduziert. Die Person nimmt verschiedene Ereignisse subjektiv wahr und kann daher auch beim Entscheidungsprozess nicht auf objektive Tatsachen zurückgreifen. Das innere Modell ist als Zwischeninstanz zu verstehen, es vermittelt zwischen den Umständen, die eine Entscheidung provozieren, und der Reaktion des Individuums.

Eine kurze Charakterisierung des inneren Modells:

- Die Entscheidungen des Einzelnen werden durch das innere Modell bestimmt.
- **Entwicklungsgeschichte und Erfahrungen** eines Menschen prägen das innere Modell eines Menschen.
- **Speicherort** des inneren Modells ist das **Unterbewusstsein**.
- Das innere Modell ist nicht statisch, es **verändert** sich mit jeder neuen Information: entweder werden Elemente hinzugefügt oder bereits Bestehendes wird präzisiert bzw. ergänzt.
- Das innere Modell kann sich jedoch auch ohne externe Informationen verändern: Denkprozesse mit vorhandenem Wissen können andere Aspekte in den Vordergrund stellen.

- **Methoden** zur Veränderung des inneren Modells sind beispielsweise Autosuggestion und NLP, über die Sie mehr in einem anderen Systemteil lesen können.
- Abgesehen von Informationen über die Umwelt und sich selbst beinhaltet das innere Modell auch **Wertvorstellungen**.
- Das innere Modell einer Person und einer Gruppe kann identisch sein, eine Unterscheidung zwischen privatem und öffentlichem inneren Modell ist daher sinnvoll. Ein Individuum hat aus seiner Geschichte und seinen Erfahrungen heraus eigene, private Ansichten. Durch die Zugehörigkeit zu einer Gruppe jedoch übernimmt es Vorstellungen, die spezifisch für die Gruppe sind.
- Das innere Modell kann durch verschiedene **Dimensionen** gekennzeichnet sein, wie etwa Raum, Zeit, Wertvorstellung, Persönlichkeit, Zuneigung, etc.

Was ergibt sich daraus nun für unsere Entscheidungen? Betrachten wir das innere Modell als zusammengesetzt aus drei Komponenten:

1. aus den Werten, Zielen, Kriterien, die eine Entscheidung beeinflussen;
2. aus den Überzeugungen, die alternative Handlungen ermöglichen;
3. aus den Verhaltensweisen, die Alternativen zu einem Problem bieten.

Zusammenfassung:

Wir haben es hier mit einem offenen System zu tun, das sich mit der durch die Umwelt beeinflussbaren Individualentscheidung befasst.

Das persönliche Konfliktverhalten wurde lange Zeit auf andere Determinanten zurückgeführt, nämlich darauf, ob Sie **männlich oder weiblich** sind. Natürlich ist es richtig, dass Männer und Frauen noch heute nicht die gleichen Erfahrungen machen – was bereits bei der Erziehung beginnt. Folgende Tabelle zeigt jedoch, wie früher die Denkweisen, die das Konfliktverhalten beeinflussen, dargestellt wurden – dieses Schema ist auch heute noch nicht aus den Köpfen verschwunden. Sehen Sie sich diese Einteilung an, und Sie werden feststellen auf welchem **alten Rollenmodell** es basiert. Die Fähigkeit zum analytischen Denken ist bei Männern und Frauen identisch. Und umgekehrt darf sich kein Mann die Fähigkeit intuitiv zu handeln abschreiben. Beides ist wichtig, und beides ist **geschlechtsunabhängig**.

Männlich	Weiblich
Rationalität Logik Verstand Begreifendes Denken Stärkere geistige und intellektuelle Qualitäten	Gefühle Herzensbildung Instinkt Intuition
Sachliches, begriffliches, abstraktes Denken	Personenabhängiges, anschauliches, konkretes Denken

4.6 Konsequenzen

Konsequenzen, auch **Folgen** oder **Ergebnisse**, sind alle Zustände, die sich aus einer Wahl ergeben. Meist sind die Konsequenzen **ausschlaggebend** für die Wahl, da man mit gewissen Mitteln – seien es Objekte, Handlungen Strategien oder Regeln – **Ziele** zu erreichen versucht. Nur in einigen Sonderfällen verzichtet man auf das bessere Ergebnis und handelt um der Handlung willen in einer bestimmten Weise. So etwa, wenn es gilt, einem Freund unter eigenen Opfern zu helfen oder wenn gewisse Werte oder Normen befolgt oder verteidigt werden – man bewegt sich dann also eher im moralisch-ethischen Bereich.
Im Normalfall jedoch sollen die Konsequenzen die **Realisierung der angestrebten Ziele** darstellen. Bemüht sich beispielsweise jemand um die Versetzung in eine andere Abteilung und erreicht er dies durch ein Gespräch mit einem Vorgesetzten, so ist die Konsequenz – seine Versetzung – **gleichbedeutend** mit seinem **ursprünglichen Ziel**.
Konsequenzen können nun Einfluss auf die **unmittelbare** oder auch die **mittelbare** Zukunft haben. In unserem Beispiel könnte eine unmittelbare Konsequenz sein, dass der Mitarbeiter sich wohler fühlt, weil er nicht mehr dem Mobbing seiner Kollegen ausgeliefert ist. Die mittelbare also langfristigere Konsequenz könnte sein, dass sich auch seine Gesundheit allgemein bessert, da die psychischen Belastungen erheblich abgenommen haben.
Es können aber auch Konsequenzen eintreten, die **nicht beabsichtigt** waren oder die für das angestrebte Ergebnis **irrelevant**, aber dennoch nicht unwichtig sind.

Bei einer psychologischen Therapie zum Beispiel steht es zunächst im Vordergrund, die Störungen zu beheben. Dabei ist es aber möglich, dass der Patient durch das erneute Erleben verarbeitet geglaubter, schlimmer Erfahrungen mehr leidet als zuvor. Oder dass er im Verlauf des Heilungsprozesses alte Gewohnheiten aufgibt, die für die Genesung unwichtig sind. Es kann sich aber auch um positive Konsequenzen handeln, zum Beispiel, dass der Patient durch den neu aufkeimenden Lebensmut eine neue Partnerschaft beginnt.

In einigen Fällen kann man davon ausgehen, dass man es nur mit einer einzelnen Konsequenz zu tun hat – in den meisten ist es jedoch so, dass man zwischen mehreren Optionen wählt und daher **verschiedene** Konsequenzen zur Diskussion stehen.

Des Weiteren ist es möglich, Konsequenzen auf **nur eine** Dimension zu reduzieren, wie es bei finanziellen Angelegenheiten gerne getan wird. Fahre ich zu einer beruflichen Besprechung mit meinem eigenen Wagen oder mit dem Dienstauto in eine weiter entfernte Stadt? Die Entscheidung lässt sich über den Benzinpreis eindeutig in Euro festhalten. Andererseits ist es häufiger der Fall, Konsequenzen nach **mehreren Dimensionen** zu bewerten. So geht es beim Einkauf meist nicht nur um die mit dem vorhandenen Geld erschwinglichen, lebensnotwendigen Konsumgüter, sondern auch um allerlei Luxus, der das Leben erleichtern kann, vielleicht auch einen gewissen Prestigewert besitzt und sich möglicherweise auch positiv auf die Stimmung des Käufers auswirkt.

Zusammenfassung:

- Konsequenzen sind Zustände, die sich aus der **Wahl einer Option** ergeben.
- Konsequenzen sollen die **beabsichtigten Ziele** sein.
- Konsequenzen können die **mittelbare** und die **unmittelbare** Zukunft beeinflussen.
- Konsequenzen können auch **ungewollte** oder **irrelevante** Nebenprodukte von Entscheidungen sein.
- Konsequenzen sind manchmal **eindimensional**, meist jedoch **mehrdimensional**.

4.7 Nutzen (-wert) und Präferenz

Wie unter vorigem Punkt bereits erklärt, berücksichtigen Menschen bei Ihren Entscheidungen besonders die Konsequenzen, die mit den jeweiligen Optionen verbunden sind. Man wählt also **vorausschauend** zwischen den Konsequenzen und **bewertet** diese. Sind die Konsequenzen unsicher, so sind ihre Wahrscheinlichkeiten ausschlaggebend. Zunächst überlegen wir, was unter Nutzen zu verstehen ist. Dabei ist anzumerken, dass Nutzen eine Verallgemeinerung des Wertes bedeutet. Seit dem 18. Jahrhundert wird das **Erwartungs-Wert-Prinzip** diskutiert, das als Modell für den Homo oeconomicus fungiert.

Es besagt, dass der rational handelnde Mensch stets die Alternative auswählt, die den größten Erwartungswert, also den größten Nutzen hat und dient vor allem der Ökonomie. Wenn an die Stelle der Geldbeträge nun aber subjektiv gewichtete Werte treten, spricht man vom **Erwartungs-Nutzen-Prinzip**. Es drückt aus, dass der Entscheider immer diejenige Alternative wählt, deren erwarteter Nutzen am größten ist.

Kurz gesagt wird der subjektive **Wert einer Konsequenz** als **Nutzen** (utility) bezeichnet. Dabei können die Konsequenzen ebenso positiv wie negativ, quantitativ wie qualitativ sein. Die Beurteilung des Nutzens ist meist absolut ausgedrückt: „Das Training im Schwimmbad ist gut für mich – das Rauchen schadet mir." Man bezeichnet diese Urteile auch als evaluative Urteile. Sie können numerischer Art sein (Bewertung auf einer Skala, in Zahlen) oder verbaler Art („etwas tut mit gut").

Einige Möglichkeiten zur Erfassung des Nutzenwertes:

- **Bewertung** (rating): Die Konsequenz soll auf einer verbalen oder numerischen Skala benannt werden. Zu Ihrer persönlichen Hilfe:
  Versuchen Sie, auf einer Skala von 1 bis 5 (oder bei Bedarf mehr) den Nutzen verschiedener Konsequenzen zu bestimmen. Stehen Sie etwa vor der Frage, ob Sie eine Telefonanlage kaufen sollen, legen Sie eine Skala an und versuchen Sie, dies nach ihren Eigenschaften zu bewerten.
  Eine verbale Skala (Ordinalskala) sähe folgendermaßen aus: sehr geringer Nutzen, geringer Nutzen, Nutzen, großer Nutzen, sehr großer Nutzen. Es gibt hier natürlich noch weitere Möglichkeiten: „Wie schön finde ich etwas (hässlich, wenig schön, gewöhnlich, schön, sehr schön)?", „Erleichtert es meine Arbeit?", „Inwiefern kann ich mir mit dieser Option Wettbewerbsvorteile verschaffen?" usw.

- Angabe der Budgetrestriktion:
  Wie hoch sollte der maximale Kaufpreis sein? Es gilt: Bei konstantem Kaufpreis sollte der Nutzen möglichst hoch sein. Beispiel: Überlegen Sie sich, wie viel Sie für diese Telefonanlage ausgeben würden: 500, 1000, 1500, 2000, 2500 Euro?

- Angabe des minimalen Verkaufspreises: Wie viel würden Sie wenigstens verlangen, wenn Sie dieses Produkt verkaufen würden? Auch hier gilt: Je höher der verlangte Preis, desto größer der Nutzen.

Wollen Sie nun zwei Konsequenzen vergleichen, sprechen Sie von relativem Nutzen der beiden Konsequenzen. „Das eine ist besser als das andere". Sie bevorzugen etwas, das heißt, sie fällen ein präferentielles Urteil (**Präferenz**).

Die Erfassung von Präferenzen:

- **Wählen** (choice): Man lässt jemanden aus mehreren Optionen wählen. So werden Präferenzen am deutlichsten sichtbar
- **Ablehnung** (rejection): Hier haben wir es mit dem umgekehrten Verfahren zu tun, das heißt man benennt diejenige Option, die man ablehnt. Vielleicht kennen Sie das „negative Ausschlussverfahren". Statt hier das Beste auszuwählen (siehe oben), wählen Sie nach und nach die schlechtesten Dinge ab, bis nur noch eines übrig bleibt. Dieses ist automatisch das Beste (bzw. das geringste Übel).
- **Rangvergabe** (ranking): Man versucht, die vorliegenden Optionen nach ihrem Nutzen in einer Rangreihe zu ordnen. Dieses gleicht in etwa der Bewertung (rating) von Nutzwerten.

Folgende schematische Darstellung soll nun den Zusammenhang zwischen Nutzen und Präferenz klären.

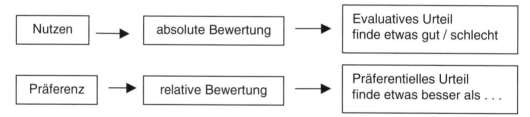

Nach der Bewertung von Nutzen und Präferenz folgt die Wahl:

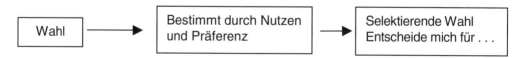

Bringt man nun Nutzen, Präferenz und Wahl in direkten Zusammenhang, so sieht man Folgendes: Zuerst versucht man festzustellen, **welchen Nutzen** die verschiedenen Optionen bringen, dann stellen sich **Präferenzen** ein, darauf trifft man dann die **Entscheidung**.

Es gibt noch mehr Möglichkeiten, eine Vorauswahl unter dem Aspekt des Nutzens zu treffen. Folgende zwei sollen hier nur erwähnt werden: Vorauswahl nach Ranglisten und Prioritäten. Das **Pareto-Prinzip** und die **ABC-Analyse** werden noch kurz erläutert.

Pareto-Prinzip:

Dieses Prinzip beschäftigt sich mit der **Effizienz** und wurde benannt nach dem vielseitig gebildeten Ingenieur, Nationalökonomen und Soziologen Vilfredo Pareto, ist aber besser bekannt als 80:20-Regel. Das heißt nichts anderes, als dass die wichtigsten 20% der Aktionen, die Sie in die Wege leiten, 80% ihres Erfolgs verursachen.

Was aber ist mit den übrigen 80% ihrer Bemühungen? Damit verhält es sich genau umgekehrt: diese 80% Anstrengung bringen Ihnen nur 20% des angestrebten Zustands.

Folgern können Sie daraus, dass Sie die 20%-Arbeiten **identifizieren** und, nachdem Sie diese kennen, sich auf diese **konzentrieren** sollten. In Bezug auf Entscheidungen bedeutet das, dass Sie sich stets für die Option (20%) entscheiden sollten, die eine effiziente Konsequenz (80%) ausmacht.

ABC-Analyse:

Es handelt sich bei der ABC-Analyse um eine Erweiterung des Pareto-Prinzips. Sie dient ebenfalls der Effizienzsteigerung.

Es wird ermöglicht, das Wesentliche vom Unwesentlichen zu trennen und die eigene Energie so besser auf bedeutungsvolle Bereiche zu konzentrieren.

Die interessierenden Optionen werden in Kategorien eingeteilt, wobei die **Kategorie A** den höchsten Nutzen bringt, das heißt die zugeordneten Optionen verlangen nur 20% des Aufwands, verursachen aber 80% der Ausbeute. Die **Kategorie B** nimmt eine Mittelstellung ein, während die **Kategorie C** nur noch für 5% des Erfolgs sorgt, aber ca. 60% des Aufwandes umfasst. Andere Zahlenverteilungen sind natürlich auch möglich.

Sind die Kategorien erst einmal eingeteilt, lässt sich schnell erkennen, welchen Möglichkeiten man seine Aufmerksamkeit zuwenden soll, um den größtmöglichen Nutzen daraus zu ziehen.

Die ABC-Methode wird in verschiedenen Funktionsbereichen von Unternehmen erfolgreich eingesetzt.

> **Zusammenfassung**:
>
> - subjektiv gewichtete Werte bezeichnet man als Nutzen
> - Erfassung des Nutzenwertes durch: **Bewertung** (rating), Angabe des **maximalen / minimalen** Preises
> - **Präferenz** bezieht sich auf den relativen Nutzen, man vergleicht und zieht eine Sache der anderen vor.
> - Erfassung von Präferenzen durch: **Wahl** (choice), **Ablehnung** (rejection), **Rangvergabe** (ranking)
> - **Zusammenhang** von Nutzen, Präferenz und Wahl: Zuerst stellt man den Nutzen fest, dann zieht man etwas vor und am Ende steht die Wahl.
> - Hilfen bei der Vorauswahl: Pareto-Prinzip und ABC-Analyse

4.8 Ziele

Das Thema Ziele finden Sie in einem anderen Systemteil ausführlich beschrieben. An dieser Stelle analysieren wir nur den Teil von Zielen, der im Bereich Entscheidungen relevant und wichtig ist.

Ziele sind hier als notwendige **Einschränkung** zu verstehen. Durch bestimmte Zielsetzungen fallen aus der Menge von möglichen Optionen bereits unwichtige heraus. Wenn man beispielsweise das Ziel verfolgt, eine Hightech-Firma zu gründen, ergeben sich Einschränkungen für die Standortwahl, man muss sich auf bestimmte Produkte oder Dienstleistungen konzentrieren.

Ziele zu haben ist ein wichtiger Bestandteil des Entscheidungsprozesses, um erfolgreich zu arbeiten. Wer keine Ziele hat, wird wohl (wenn überhaupt) nur Zufallserfolge verbuchen können. Außerdem: Wer keine Ziele hat, kann auch keine Entscheidungen treffen. Es gibt keinen Konflikt zwischen bestimmten Optionen, keine Suche nach der besseren Alternative, wenn das Ergebnis egal ist.

Ziele können dabei sehr konkret sein: „Am Ende des Jahres möchte ich meinen Urlaub in Marokko verbringen. Um dies zu erreichen, werde ich sparen." Der konkrete Wunsch ist hier mit spezifischen Handlungen verknüpft, dem Sparen: „Mein Sparprogramm ist, jeden Monat 300.– Euro für diesen Urlaub zur Seite zu legen." Wenn den Zielen **keine konkreten Handlungen** zugeordnet werden können, bezeichnet man sie als **Wünsche**. Konkrete Ziele, die an bestimmte Handlungen geknüpft werden können, bezeichnet man als **Absichten**.

Es kann sich jedoch auch um **abstrakte Ziele** handeln, wie etwa **Werte** und **Prinzipien**. „Ich bemühe mich, immer die Wahrheit zu sagen." Abstrakte Ziele können oft in einzelne Teilziele untergliedert werden. „Ich versuche meine ehrliche Meinung zu sagen, andere aber nicht zu verletzen."

Der Zielbildungsprozess findet zeitlich betrachtet **vor** dem Entscheidungsprozess statt, das Ende des Zielbildungsprozesses ist der frühestmögliche Anfang des Entscheidungsbildungsprozesses. Daher finden Sie den Systemteil Entscheidungen auch erst **nach** dem Teil Ziele.

Zusammenfassung:

- Ziele sind als notwendige Einschränkung zu verstehen: Es werden nur für das Ziel relevante Optionen gewählt.
- Es gibt konkrete und abstrakte Ziele. Ziele sollten nicht mit Wünschen verwechselt werden.
- Die Zielbildung findet **vor** der Entscheidungsbildung statt.

4.9 Gründe

Gründe können in zweifacher Art in Erscheinung treten:

Zunächst können Gründe mit **objektiv belegbaren Argumenten** in Zusammenhang stehen. Der Entscheider hat also im Hinblick auf die ihm vorliegenden Informationen,

Optionen, gegebenen Ereignisse, angestrebten Ziele, erwarteten Konsequenzen und Nutzen eine rational gestützte Entscheidung getroffen. Seine Beweggründe sind **objektiv nachvollziehbar**. Dies ist besonders in der Arbeitswelt von Bedeutung, da man Entscheidungen *nicht nur für sich* fällt, sondern auch *andere* davon betroffen sind – außerdem muss eine Person mit leitender Funktion ihre / seine Entscheidungen erklären, also begründen können: sie müssen **transparent** sein. Das Entscheidungssubjekt, also der Entscheider selbst, kommt offensichtlich in ein Dilemma, wenn er intuitiv eigentlich eine andere Wahl bevorzugen würde, diese aber nicht begründen kann. Nicht einmal der Chef hat in der Regel das Privileg, eine Entscheidung intuitiv zu treffen, ohne sie begründen zu müssen, da auch er meistens externen Informationsinteressen Rechenschaft abgeben muss (Aufsichtsrat, Finanzamt usw.). Jeder Angestellte wird eher die mit Argumenten belegbare Wahl vorziehen.

Zum zweiten können aus bestimmten Gründen heraus nun wie eben angesprochen auch Entscheidungen getroffen werden, die nicht mit den gesetzten Zielen und den erwarteten Konsequenzen im Einklang stehen.
Dies wird besonders deutlich, wenn **moralische Entscheidungen** getroffen werden sollen. Es kann sich hier um persönliche Prinzipien, Werte oder spezifische Normen handeln. Nehmen wir an, das persönliche Prinzip, die Wahrheit zu sagen, welches auch als Wert und allgemein geforderte Norm gilt, würde einer Person erhebliche Nachteile bescheren. Eigentlich ist der Entscheider eher geneigt, sich an dieses Prinzip zu halten, aber ist dies ratsam, wenn er dadurch seinen Arbeitsplatz gefährdet? Die Entscheidung, die Wahrheit zu sagen, kann man hier nicht als Orientierung an den Konsequenzen verstehen, sondern eher als Orientierung an dem gewissen Grund für das Handeln.

Ziele und Gründe sind für einen **Außenstehenden** nicht leicht festzustellen, da sie sich aus rein internen Komponenten zusammensetzen. Welche Gründe eine Person hat oder welche Ziele sie verfolgt, kann man aus der Entscheidung nur indirekt ableiten (falls überhaupt); kennt man jedoch die Ziele oder Gründe, so ist es gut möglich, eine Prognose bezüglich der Entscheidung, die die Person treffen wird, zu erstellen.

Anders bei der Gruppenentscheidung – hier sollen alle möglichen Gründe offen auf den Tisch gelegt werden, damit darüber diskutiert werden kann. Gruppenentscheidungen können in manchen Bereichen sehr sinnvoll sein und durch entsprechende Kooperation die Entscheidung fördern. Schwierig wird es jedoch, wenn man die Mitarbeiter in einen Wettbewerb drängt, da der Konkurrenzdruck nicht nur ein schlechtes Arbeitsklima erzeugt, sondern auch gute, gemeinsam durchdachte Lösungen blockiert.

Zusammenfassung:

- Gründe können **argumentativ belegbar** oder aber auch für einen Außenstehenden **nicht nachvollziehbar** sein.
- Gründe bestehen aus **rein internen** Komponenten.

5. Merkmale von Entscheidungssituationen

Es werden drei Unterscheidungsmöglichkeiten vorgestellt: **Gegebene und offene Optionsmengen**, **einstufige und mehrstufige** Entscheidungen und **einmalige** Entscheidungen im Gegensatz zu **mehrmaligen** Entscheidungen.

5.1 Gegebene und offene Optionsmenge

Bereits zu Beginn lässt sich eine Unterscheidung zwischen Optionen treffen: Sind diese schon von vornherein **festgelegt**, oder weiß man zu Beginn des Entscheidungsprozesses **noch** gar **nicht**, welche Möglichkeiten dem Entscheider offen stehen? Der bisherige Schwerpunkt der Entscheidungsforschung lag auf den **vorgegebenen** Optionen. Man legte den Testpersonen Optionen vor, zwischen denen sie zu wählen hatten und mit denen mehrere unterschiedliche Bedingungen verknüpft waren. Es ging etwa darum, sich zwischen bestimmten Flügen zu entscheiden, wobei diese durch die Fluggesellschaften, die Flugdauer, die Abflugzeiten und den Service unterschieden werden konnten. Nicht selten jedoch hat man keine klaren Vorgaben, man muss die Optionen, die zur Auswahl stehen, erst suchen. Stellen Sie sich vor, sie müssen zu einem Geschäftstermin in eine andere Stadt und haben nicht das Privileg eines Dienstwagens. Sie müssen also zunächst feststellen, mit welchem Verkehrsmittel es überhaupt Verbindungen gibt, ob die zu für Sie passablen Zeiten fahren, gegebenenfalls, ob der finanzielle Rahmen gewahrt bleibt, etc. Vielleicht haben Sie auch Flugangst, dann würde diese Option, auch wenn damit gute Bedingungen zusammenhingen, wegfallen. Manchmal bringen Sie auch nicht alle Möglichkeiten in Erfahrung oder Sie denken einfach nicht an eine bestimmte Option, auch, wenn diese vielleicht die beste wäre.
Wie lange man nach geeigneten Optionen sucht, ist seinerseits schon ein Entscheidungsproblem. Es versteht sich, dass man nicht uneingeschränkt Kosten und Mühen darauf verwenden kann, nach Möglichkeiten zu forschen. Das hatten wir bereits weiter vorn genannt.
Man sollte sich diesbezüglich auch vor Augen halten, dass in mancher Situation die für den Augenblick bestmögliche Entscheidung zu wählen ist – auch wenn sich im Nachhinein herausstellen sollte, dass es eine noch bessere Möglichkeit gegeben hätte. Hier ist es wichtig, akzeptieren zu können und sich nicht durch Selbstvorwürfe für andere Situationen zu blockieren. Versuchen Sie daraus zu lernen! **Gute Entscheider zeichnen sich nicht dadurch aus, dass sie immer zu 100% richtig liegen, sondern durch entschlossenes Handeln und einen entsprechenden Lernerfolg.**

5.2 Einstufige vs. Mehrstufige Entscheidungen

Die zweite Unterscheidungsmöglichkeit bezieht sich auf **Einstufigkeit** bzw. **Mehrstufigkeit**. Darunter versteht man, dass eine Entscheidung in nur einem oder aber in mehreren **Schritten** erfolgen kann. Bei der mehrstufigen Entscheidung ist zu beachten, dass die nachfolgenden Schritte von den vorhergehenden abhängen – oder anders gesagt – darauf aufbauen.

Wenn sich nun ein Arbeitnehmer entscheidet, sich weiterzubilden, so wird er sich für ein entsprechendes Seminar anmelden, und die Entscheidung ist damit abgeschlossen. Eine mehrstufige Entscheidung läge vor, wenn ein Arbeitgeber erst ein Vorstellungsgespräch anberaumt, bevor er einen neuen Arbeitnehmer einstellt, dann die in Betracht gezogenen Bewerber einigen Eignungstests unterzieht und dann für eine Probezeit nimmt.

Dieses Szenario ist dreistufig: Gespräch – Eignungstest – Probezeit. Es hängt vom Gespräch ab, wer zu den Eignungstests gebeten wird, und von den Eignungstests, wer in die Probezeit übernommen wird, und davon wiederum, wer eine Festanstellung erhält.

5.3 Einmalige vs. wiederholte Entscheidungen

Diese dritte und letzte Unterscheidungsmöglichkeit bezieht sich darauf, ob eine Entscheidung ein **einziges Mal** oder **mehrmals** getroffen wird.

Die Entscheidung für ein bestimmtes Fortbildungsseminar werden Sie aller Wahrscheinlichkeit nach nur einmal treffen.

Ein Arbeitgeber hingegen wird öfters in der Entscheidungssituation sein, bestimmte Mitarbeiter in die Fortbildung zu schicken.

Die besprochenen Merkmale von Entscheidungssituationen sind nun untereinander beinahe uneingeschränkt austauschbar. Das heißt, eine Entscheidung kann offene Optionen haben und eine einmalige Entscheidung sein. Sie wissen beispielsweise nicht genau, wie Ihr geplantes Haus aussehen wird, es gibt unendliche Möglichkeiten allein für die Gestaltung der Fassade oder des Baustils. Bei den meisten Menschen ist es jedoch relativ sicher, dass die Entscheidung, wie ihr Heim aussehen soll, nur einmal ansteht, da sie nur einmal im Leben ein Haus bauen. Oder es kann sich um eine mehrstufige, wiederholte Entscheidung handeln. Nehmen wir das genannte Beispiel vom Arbeitgeber, der in mehreren Schritten nach neuen Mitarbeitern sucht. Diese Entscheidung war dreistufig, und sie wird mit Sicherheit öfter getroffen. Dies verdeutlicht, dass die einzelnen Situationen in ihrer Kombinierbarkeit relativ unbegrenzt sind.

Zusammenfassung:

- **gegebene** Optionen sind von vornherein festgelegt,
  offene Optionen müssen erst gefunden werden
- **einstufige** Entscheidungen werden in einem Schritt,
  mehrstufige Entscheidungen in mehreren Schritten getroffen.
- **einmalige** Entscheidungen sind ein einziges Mal,
  wiederholte Entscheidungen sind mehrmals zu treffen.
- die Entscheidungssituationen sind miteinander vielfältig kombinierbar.

6. Arten von Entscheidungen

Es gibt verschiedene **Arten** von Entscheidungen, die mit **unterschiedlichem Denkaufwand (kognitivem Aufwand)** verbunden sind. Für manche Prozesse, vor allem für **automatisierte** ist dies weniger nötig als für **komplexere**, die eine umfangreiche **Informationsbeschaffungsphase** und eine entsprechende **Auswertung** erfordern. In den folgenden Abschnitten werden sechs Arten von Entscheidungen kurz dargestellt.

6.1 Routinierte Entscheidungen

Diese Entscheidungen definieren sich durch die **routinemäßige, automatische Wahl**. Die Optionen sind klar und immer gleich. Es ist hier nur üblich von Entscheidungen zu sprechen, wenn diese früher mehr Aufwand erforderten, aber durch häufige Wiederholung verinnerlicht wurden.
Diese Art erfordert relativ **geringen kognitiven Aufwand**. Man geht davon aus, dass das Individuum die Situation als den vorausgegangenen **ähnlich** erkennt und damit zum routinierten, bewährten Entschluss greift. Die **Macht der Gewohnheit** ist hier der entscheidende Faktor.

Ein konkretes Beispiel hierfür ist der Weg von der Eingangstür Ihres Arbeitsortes zu Ihrem angestammten Arbeitsplatz oder Büro. Nach einiger Anfangszeit haben Sie irgendwann herausgefunden, welcher Weg für Sie der kürzeste oder angenehmste ist und haben ab dann ohne längeres Überlegen diesen Weg beibehalten. Eine Änderung der Situation tritt ein, wenn Sie etwa jemandem aus dem Weg gehen wollen, dem Sie auf diesem Weg unweigerlich begegnen würden. Die habituelle (gewohnte) Wahl wird aufgegeben, ein neues Schema wird in Gang gesetzt. Sie wählen einen anderen Weg. Der Entscheidung wird mehr Aufmerksamkeit beigemessen, das heißt sie verlangt mehr kognitiven Aufwand als die vorher übliche Wahl.
Die Gefahr bei routinierten Verhaltensweisen liegt darin, dass man eine eventuelle Veränderung der Situation erst **spät** erkennt und die vormals gute Wahl sich **negativ** auswirken kann. Erst wenn der Aktivität wieder **Aufmerksamkeit** gespendet wird, ist eine **Neuentscheidung** und somit **Verhaltensänderung** möglich.

6.2 Stereotype Entscheidungen

Es liegen genau zwei Unterschiede zu den routinierten Entscheidungen vor:

1. Nicht die Situation, sondern die **Optionen** bestimmen die Entscheidung.
   Sie wollen etwa aus einem Katalog Büroartikel aussuchen. Es ist klar, welche Optionen Sie haben – alle in dem Katalog aufgeführten Artikel. Dabei kann es sich bei jeder Bestellung um einen anderen Katalog (andere Situation) handeln.

2. Es ist **mehr kognitiver Aufwand** von Nöten, da bewusste Bewertung stattfindet. Wie Sie jedoch nun die einzelnen Optionen bewerten, ist erlernt und hochgradig stereotyp: Sie wählen nach **bewährten Mustern** aus und vereinfachen so die Entscheidung. Zum Beispiel könnten für Sie hervorstechende Merkmale der Katalogangebote Preis oder Qualität sein, eventuell entscheiden Sie auch aufgrund von Markentreue etc.

Stereotype Entscheidungen werden durch **Vertrautheit**, also mehr oder weniger häufige Erfahrungen, und durch Gefühle (Intuition) beeinflusst. Es handelt sich um eine Art ganzheitliches **Affekturteil**, wozu nur wenig kognitive Leistung nötig ist.

6.3 Reflektierte Entscheidungen

Hierzu ist wesentlich **mehr Denkleistung** erforderlich als für routinierte bzw. stereotype Entscheidungen. Es stehen nämlich bei dieser Entscheidungsart **keine** gewohnheitsmäßigen oder stereotypen Verhaltensweisen zur Verfügung.
Das Entscheidungssubjekt ist sich also seiner Situation bewusst und denkt über seine Informationen und Optionen nach, versucht, sich die Konsequenzen zu vergegenwärtigen, die Ziele zu präzisieren und aus dem jeweiligen Nutzen der Optionen die Präferenzen zu ziehen.

Entscheidungen, die reflektiert werden, sind in der Regel für den Entscheider von Bedeutung, wobei Reflexion Emotionen nicht ausschließt. Es kann jedoch nicht davon ausgegangen werden, dass jede Reflexion von Möglichkeiten zu einer Entscheidung führt. Es ist durchaus denkbar, dass die Wahl verschoben oder abgelehnt wird. Das heißt, man wartet entweder ab, ohne etwas zu tun – hoffend, die Situation möge sich doch von selbst klären – oder man verweigert die Übernahme der Verantwortung. So reagieren viele Menschen. Versuchen Sie das einmal an anderen, aber vielleicht auch an sich selbst zu beobachten.

6.4 Konstruktive Entscheidungen

Bei konstruktiven Entscheidungen geht man davon aus, dass

1. die Optionen nicht präzise definiert oder gar nicht gegeben sind;
2. die Ziele bzw. die persönlichen Präferenzen unklar sind.

Entscheidungen dieses Typs erfordern die **höchste Denkleistung**. Zusätzlich muss sich das Entscheidungssubjekt auf die Suche nach geeigneten Informationen begeben. Es ist ein schwieriger Prozess, wenn man sich nicht nur darüber klar werden muss, was man bezüglich einer Sache unternehmen soll, sondern auch noch klären muss, was man eigentlich bezwecken will.

Die beiden letztgenannten Arten von Entscheidungen sind diejenigen, auf die sich dieser vorliegende Systemteil vor allem bezieht, da es um den Versuch geht, für **bewusste Entscheidungsprobleme** Hilfen aufzuzeigen und die Hintergründe dieser Entscheidungssituationen zu beleuchten.

> **Zusammenfassung**:
>
> - **Routinierte** Entscheidungen handeln von automatisierter Wahl, die kognitive Leistung ist sehr gering.
> - **Stereotype** Entscheidungen sind situationsbestimmt und werden bewusst bewertet, dafür ist etwas mehr kognitiver Aufwand von Nöten.
> - **Reflektierte** Entscheidungen greifen nicht auf gewohnheitsmäßige oder stereotype Verhaltensweisen zurück, es findet eine bewusste Analyse von Informationen, Optionen, Konsequenzen, Nutzen und Zielen statt; der kognitive Aufwand tritt stark in den Vordergrund.
> - **Konstruktive** Entscheidungen konfrontieren den Entscheider mit unklaren Zielen und ebenso ungenauen Optionen; hier ist die aufzubringende Denkleistung maximal.

6.5 Intuitive Entscheidungen

Zunächst zu der Frage: Was ist **Intuition**? Man versteht darunter eine Art **vorbewusstes** Wissen, das die Fähigkeit erlaubt, nach dem **Gefühl** und **persönlichen Erfahrungen** zu entscheiden. Das Wort leitet sich ab vom lateinischen Wort tueri (auf etwas aufpassen) und findet eine Entsprechung in dem Mittelalterlichen tuicion (Schutz), das heute mit Lehre übersetzt wird. Sinngemäß kann man sagen, Ihre Intuition ist ein **Schutzmechanismus**, der Sie auf das für Sie Richtige aufmerksam macht, indem er auf Vergangenes zurückgreift.

In diesem Zusammenhang ist es wichtig, sich selbst zu befragen, wie man sich in einer gewissen Entscheidungssituation **fühlt**. Sind Sie nervös und gereizt, fühlen Sie sich unsicher und gelähmt, wähnen Sie sich unter Druck? Oder sind Sie gelassen und ruhig, fällt Ihnen die Entscheidung leicht, sind Sie begeistert und energiegeladen, wenn Sie an eine bestimmte Entscheidung denken?

Die Intuition war früher bei den Menschen, vor allem in den religiösen Kulturen, viel ausgeprägter – so sagt man jedenfalls. Mit der Zeit kam dieses Wissen immer mehr abhanden. Heute verlässt man sich kaum noch darauf, obwohl dieser höhere Instinkt ein nützliches, dem Menschen bereits innewohnendes Instrument darstellt. Die verloren geglaubte Intuition ist jedoch nicht ganz abhanden gekommen, mit ein wenig Zeitaufwand kann man diese Fähigkeit **trainieren**.

Erinnern Sie sich an frühere Entscheidungssituationen. Wie haben sie sich damals gefühlt, welche Entscheidungen haben sie getroffen, welche Konsequenzen haben sich daraus ergeben? Wie sahen die Folgen aus, wenn Sie ein schlechtes Gefühl oder gar Angst hatten? Vor allem Angst ist ein schlechter Ratgeber!

Und umgekehrt: Waren Sie mit Freude bei der Sache? Die Konsequenzen waren gut oder wenigstens erträglich oder richtig? Natürlich gibt es Ausnahmen, meist jedoch trifft die intuitive Annahme, der erste gefühlsmäßige Eindruck, zu.

Mit Sicherheit haben auch Sie schon einmal den Ausspruch „Ich hab's doch gleich gewusst, ..." verwendet. Dies ist ein sprachlicher Hinweis auf die Intuition, die von Zeit zu Zeit durchkommt.

Betrachten Sie die Intuition als wegweisende Kraft, die Sie persönlich stützt, und versuchen Sie, diese mit ihrem Verstand **in Einklang zu bringen**. Horchen Sie zunächst in sich hinein, was Ihnen ihr Gefühl sagt, und überlegen Sie dann rational, warum Sie eine Situation so empfinden.

Fühlen Sie sich beispielsweise vor einem Problem unsicher, bedrückt oder einfach nur schlecht, könnte es daran liegen, dass die Situation in Ihren Augen **kompliziert** ist. Verändern Sie Ihr Bild davon und speichern Sie es als „nur" **komplex** (siehe oben).

Kompliziert ist etwas, das nicht klar wahrgenommen werden kann, das Sie vielleicht auch selbst verkomplizieren, indem Sie Ihr Ego im Mittelpunkt sehen. Entspannen sie sich, in einer Entscheidung geht es selten nur um Sie allein. Versuchen Sie, sich aus dem Zentrum des Problems zu rücken und die Komponenten der Entscheidung **unabhängig** von Ihnen zu erfassen. Dann wandelt sich schnell das Bild. Sie sind nicht mehr in einem komplizierten System hilflos verloren, sondern Sie können mit einer gezielten Analyse beginnen. **Für jede Komponente** können sich **einfachere** Entscheidungen finden lassen als für die **Gesamtlage**. Aus den simpleren Antworten lässt sich eine Zusammenschau erstellen und eine Lösung wird greifbar.
Bereits Albert Einstein, der sich mit wirklich extrem **komplexen** Themen beschäftigte, wusste: „Intuition ist das Wesentliche, worauf es ankommt".

> **Zusammenfassung**:
>
> - Intuition ist unbewusstes Wissen, dass sich auf Ihre persönlichen Erfahrungen und Gefühle bezieht.
> - Die wichtigste Frage lautet: **Wie fühle** ich mich bei einer Entscheidung? Dann folgt die Frage: **Warum fühle** ich mich so?
> - Intuition kann Ihnen als **Wegweiser** dienen (erstes Gefühl) und in Kombination mit dem Verstand eine **bestmögliche Entscheidung** fördern.

6.6 Rationale Entscheidungen

Hierzu nur einige kurze Anmerkungen.

Der Begriff **rational** leitet sich von dem lateinischen Wort ratio ab, was soviel wie **Vernunft** bedeutet. Es handelt sich also um **vernünftige Entscheidungen**, die aufgrund von **Verstandesleistungen** getroffen wurden, **im Gegensatz** zu den eben beschriebenen **intuitiven** Entscheidungen. Alle vorherigen Angaben beziehen sich großteils auf rationale Entscheidungen – mehr oder weniger bewusste Handlungen, die vorher analysiert und aufgrund von intersubjektiv überprüfbaren Gründen durchgeführt wurden.

7. Darstellung von Entscheidungsproblemen

7.1 Entscheidungsmatrix

Die Darstellungsform einer Entscheidungsmatrix ist die **Kreuztabelle**. Es wird versucht, den **Zusammenhang** von Optionen, Ereignissen und Konsequenzen aufzuzeigen. Dabei werden die Optionen in Zeilen, die voraussichtlichen Ereignisse in Spalten eingetragen. In die freien Zellen der so entstandenen Matrix schreibt man die Konsequenzen, die durch die Entscheidung für eine Option unter Eintritt des jeweiligen Ereignisses entstehen.

Allerdings ist es mit der Entscheidungsmatrix nur möglich, einen bestimmten Problemtyp darzustellen, nämlich den, bei dem die **Optionen bereits gegeben** sind, aber **unsichere Konsequenzen** haben. Des Weiteren ist es wichtig, dass man nur **einstufige Entscheidungen** so darstellen kann.

In einem Beispiel soll dies verdeutlicht werden. Sie stehen morgens vor der Wahl, mit dem Wagen zur Arbeit zu fahren oder zu laufen. Sie sind bereits spät dran, und es kommt auf der kurzen Strecke bis zu ihrem Arbeitsplatz immer wieder zu Staus. Wofür entscheiden Sie sich? Sollten Sie mit dem Wagen in einen Stau geraten, verspäten Sie sich, laufen Sie das Stück, kommen Sie trotz Stau pünktlich an. Tritt das Ereignis Stau jedoch nicht ein, so kommen Sie mit dem Auto ebenso pünktlich an und sind noch dazu frisch. Wenn Sie sich für die Option Laufen entschieden haben, ist es unerheblich, ob es diesen Stau gibt oder nicht – Sie kommen in jedem Fall pünktlich an, sind aber höchstwahrscheinlich verschwitzt.

	Stau	**Kein Stau**
Mit dem **Auto** fahren	Verspätete Ankunft	Rechtzeitige Ankunft, frisch
Zu **Fuß** laufen	Rechtzeitige Ankunft, verschwitzt	Rechtzeitige Ankunft, verschwitzt

7.2. Entscheidungsbaum

Dieselben Voraussetzungen wie für die Entscheidungsmatrix gelten auch für den Entscheidungsbaum. Diese Darstellungsform eignet sich besonders, wenn zu den Konsequenzen eine **zeitliche Komponente** hinzutritt oder eine bestimmte Reihe von Handlungen und Konsequenzen zu erwarten ist.

Das gleiche Beispiel wie oben soll hier als Entscheidungsbaum ausgedrückt werden.

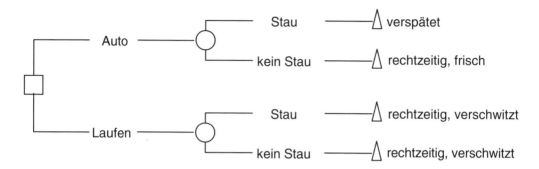

Wie geht man nun bei der Konstruktion eines derartigen Entscheidungsbaumes vor? Man beginnt von links und zeichnet die beiden Optionen ein, dann stellt man sich eine nach rechts gerichtete Zeitachse vor und trägt die Ereignisse und deren Konsequenzen ein. Quadrate symbolisieren hier den Zeitpunkt, an dem eine Entscheidung getroffen wird, es handelt sich um so genannte Entscheidungsknoten; die von den Entscheidungsknoten ausgehende Äste stellen die **Optionen** dar. Die Kreise hingegen markieren den Zeitpunkt, an dem mit dem Eintreten eines bestimmten Ereignisses zu rechnen ist, sie werden sinniger Weise Ereignisknoten genannt. Hier beginnende Äste symbolisieren die möglichen Konsequenzen.

Ob Sie nun Kreise, Quadrate oder andere Symbole verwenden, ist selbstverständlich Ihnen überlassen.

7.3 Attributmatrix

Ist bei einem Phänomen mit **mehreren Konsequenzen** zu rechnen, so kann man die durch eine geordnete Reihe von Attributen darstellen. Sie wollen beispielsweise einen neuen Drucker erwerben und prüfen die zur Auswahl stehenden Geräte etwa folgendermaßen:

	Druckqualität	Schnelligkeit	Preis	Kompatibilität	Urteil
Gerät 1					
Gerät 2					
Gerät 3					

Es gibt noch weitere Darstellungsmöglichkeiten von Entscheidungsproblemen. Da diese aber weniger relevant für die deskriptive Entscheidungsforschung sind, werden folgende hier nur genannt:

- Entscheidungsflussdiagramme
- Ereignisbäume
- Fehlerbäume

Wenn Sie sich für diese Formen interessieren, steht Ihnen die speziellere Literatur zum Thema Entscheidungen zur Verfügung.

Zusammenfassung:

- Die Entscheidungsmatrix wird durch eine Kreuztabelle dargestellt.
- Der Entscheidungsbaum drückt durch seine Äste eine zusätzliche zeitliche Dimension aus.
- Bei der Attributmatrix werden den verschiedenen Möglichkeiten Attribute zugewiesen; dies wird in einer erweiterten Kreuztabelle dargestellt.

8. Probleme mit Problemen?

Dieses Kapitel wird sich hauptsächlich mit Problemen befassen. Sie werden erfahren, was genau ein Problem ist und welche Prozesse hinter der Problemlösung stehen. Außerdem wird das Lösen von Problemen in Beziehung zur Kreativität gesetzt werden, woraufhin das dritte Kapitel verschiedene Methoden der kreativen Problemlösung vorstellen wird.

Jeder Mensch wird tagtäglich mit Problemen konfrontiert. Und jeder Mensch löst seine Probleme. Manchen fällt es leicht, mit Schwierigkeiten umzugehen, andere müssen hart kämpfen, um ihre Ziele zu erreichen. Doch wenn ein Problem gelöst werden konnte, ist man froh und auch stolz, etwas geschafft, eine Hürde genommen, sich weiterentwickelt zu haben.
Durch Probleme können wir uns selbst und anderen unsere Fähigkeiten beweisen. Situationen werden positiv verändert, und es entsteht ständiger Fortschritt.
Probleme sind also immer auch Chancen, uns zu beweisen, sofern man

- die richtige Methode zum Problemlösen kennt,
- die eigene Kreativität zulässt und
- mit der richtigen Einstellung an Probleme herangeht.

Dieses Kapitel wird Ihnen verraten, welche Einstellung Sie brauchen, warum Kreativität im Problemlösungsprozess so wichtig ist, und welche Methode Sie sich zum Lösen von Problemen aneignen sollten.

Für die Lösung vieler Probleme reicht hohe fachliche Kompetenz allein nicht aus. In unserer modernen, immer komplexer werdenden Arbeitswelt entstehen immer mehr Probleme, die sich nur noch durch neue Ideen und Konzepte lösen lassen.
In Wirtschaftsunternehmen, in der Computerbranche, wie überhaupt in allen Bereichen sind heute kreative, innovative Problemlöser gefragt, um mit der schnellen Entwicklung am Markt und den Anforderungen des 21. Jahrhunderts Schritt halten zu können. Ganz gleich, ob es sich um die Entwicklung von Produkten, die Schaffung von Dienstleistungen, die Steigerung der Qualität oder Produktivität, um die Verbesserung von Arbeitsabläufen oder die Kommunikation am Arbeitsplatz handelt, kreatives Problemlösen ist zum neuen Medium des Fortschritts geworden und aus der Berufswelt nicht mehr wegzudenken.

Durch den hohen Spezialisierungsgrad und die Dezentralisierung von Aufgaben ist es zur Auflösung firmeninterner Hierarchien gekommen. Somit obliegt es nicht mehr einer kleinen, hoch stehenden Minderheit Veränderungen anzustreben und kreativ zu denken, sondern die „Mitte", die Mitarbeiter eines Unternehmens, ist gefordert, Probleme, die ihren Arbeitsbereich betreffen, eigenständig zu lösen. Diese neue Art der Unternehmensführung bezeichnet man in der Fachsprache als „Lean Management".

> **Exkurs –**
> Lean Management –
> Schlankes Management
>
> *Wie so oft in wirtschaftlichen Belangen ist auch hier wieder Japan der Vorreiter. Der Japaner Taiichi Ohno gilt als Entwickler des „schlanken Managements". Nachdem er nach unfangreichen Untersuchungen verschiedener Unternehmen zu der Überzeugung gekommen war, dass die meisten Konzerne einen Großteil ihrer Ressourcen verschwenden, entwickelte eine neue Methode der Unternehmensführung.*
>
> *Das Lean Management erfordert eine den ganzen Betrieb umfassende Denkstruktur, die es sich unter anderem zum Ziel gemacht hat, teilautonome Einheiten zu schaffen, die durch optimale Kooperation eine so genannte Wertschöpfungskette bilden. Unter optimal versteht man im Lean Management die Herstellung von Einheiten mit möglichst geringem Zeitaufwand bei hoher Qualität und sinkenden Kosten.*
> *Um dieses Ziel zu erreichen, wird vor allen Dingen die Personalentwicklung in den Vordergrund gestellt; das heißt, die Mitarbeiter haben ein großes Mitspracherecht, wodurch der Manager als Leiter in den Hintergrund tritt. So lösen sich Hierarchien auf, indem der Arbeiter nur noch nach seiner Leistung und nicht nach Titeln eingesetzt wird. Des Weiteren wird durch die Schaffung kleiner Einheiten der Gedanke der Dezentralisierung unterstützt.*
>
> *Neben der flachen Hierarchie zeichnet sich richtig verstandenes Lean Management durch die Delegation von Verantwortung und die Förderung von Teamarbeit aus. Durch die Zusammenarbeit aller Bereiche entsteht ein enges Netz, das in seinen einzelnen Feldern in der Lage ist, größte Effektivität zu erreichen, sofern folgende Voraussetzungen gegeben sind: Die erfolgreiche Umsetzung des Lean-Management-Prinzips erfordert unternehmerisches Denken seitens der Mitarbeiter, Kommunikationsbereitschaft, Verantwortungsbewusstsein und Eigeninitiative und letztendlich ein hohes Maß an Kreativität. Denn im Lean Management ist jeder Einzelne aufgefordert, bewusst zu gestalten, Änderungen anzuregen und Verbesserungen anzustreben. Ohne Kreativität wäre ein funktionierendes Lean Management nicht denkbar.*

Die kreative Problemlösung steht also in der modernen Unternehmensführung im Vordergrund.
Damit Probleme sich nicht zu unüberwindbaren Hindernissen auftürmen, ist es unerlässlich, systematisch, also mit Hilfe bestimmter Methoden, Schwierigkeiten anzugehen. Andernfalls wäre es unmöglich, sich Tag für Tag mit komplexen Fragestellungen auseinandersetzen zu können.
Die Struktur, die hinter jedem Problem steht, muss erkannt werden, damit ein geeigneter Lösungsweg gefunden werden kann.
Voraussetzung dazu ist zu wissen, wie sich ein Problem definiert und welche Abläufe hinter der Lösung eines Problems stehen.

8.1 Was ist eigentlich ein Problem?

Im Alltag wird der Begriff des Problems sehr undifferenziert verwendet. Für den Langschläfer ist es ein Problem, früh aufzustehen, die kinderreiche Familie hat ein Problem mit dem lärmempfindlichen Nachbarehepaar, der rechenschwache Schüler hat Probleme mit Mathematik, die Hausfrau mit dem Gemüsehändler, der handwerklich ungeschickte Mann sieht den defekten Rasenmäher als Problem, und andere geben vor, grundsätzlich keine Probleme zu haben, weil das ihr positives Denken stören würde.

Für die weitere Ausführung soll eine allgemeine Definition von Problemen zugrunde gelegt werden:

> Ein Problem besteht immer dann, wenn man sich in einem Ist-Zustand befindet und einen Soll-Zustand erreichen will. Der Ist-Zustand ist unerwünscht, negativ, der Soll-Zustand dagegen wird als positiv und erstrebenswert betrachtet. Zwischen dem Ausgangszustand und dem angestrebten Endzustand befindet sich eine Barriere, deren Überwindung nicht stattfinden kann, da der Weg zur Überwindung nicht bekannt ist.

Es sind also drei Komponenten, die ein Problem ausmachen:

- der unerwünschte Ausgangszustand (Ist-Zustand);
- der angestrebte Endzustand (Soll-Zustand);
- die Barriere, die den Übergang vom einen in den anderen Zustand verhindert.

Die Lösung eines Problems besteht immer in der Überwindung der Barriere. Ist dieser Weg zum Soll-Zustand bereits bekannt, besteht kein Problem, sondern eine Aufgabe.

Möchte man zum Beispiel ein Foto machen, ist dies solange eine Aufgabe, wie bekannt ist, wie die Kamera bedient wird. Sobald aber unbekannt ist, was man tun muss, um ein Foto machen zu können, spricht man von einem Problem.

8.1.1 Einfache und komplexe Probleme

Des Weiteren werden einfache von komplexen Problemen unterschieden.
Ein einfaches Problem kann meist durch die praktische Anwendung von Wissen, Erfahrung und bestimmten Fertigkeiten gelöst werden. Einfach strukturierte Probleme zeichnen sich dadurch aus, dass sie nur aus wenigen Einflussgrößen bestehen, die untereinander nur eine geringe Verknüpfung aufweisen.
Das bedeutet: Schwierigkeiten, die mit einem geringen Aufwand an Wissen und Zeit verbunden sind, wie zum Beispiel die Reparatur einer defekten Lampe, sind einfache Probleme.

Komplexere, also kompliziertere Probleme dagegen haben eine Vielzahl von Einflussgrößen, die eine enge Vernetztheit aufweisen.
Die Koordinierung der Urlaubstage bei einer Anzahl von beispielsweise zehn Mitarbeitern ist weitaus weniger kompliziert als die selbe Aufgabe bei einer Anzahl von vierzig Angestellten. Je mehr Faktoren also in die Lösung eines Problems mit einbezogen und bedacht werden müssen, desto komplexer wird ein Problem.

Vergleicht man einfacher strukturierte und komplexere Probleme miteinander, so werden die Unterschiede deutlich erkennbar:

Einfache Probleme

- bestehen aus wenigen Elementen
- ihre Einzelelemente unterscheiden sich nicht wesentlich voneinander
- sind weitgehend beeinflussbar
- sind durch analytisches, konvergentes Denken lösbar

Komplizierte Probleme

- weisen eine Vielzahl unterschiedlichster Elemente auf
- sind nur in einem geringen Maß beeinflussbar
- beinhalten oft unbekannte Sachverhalte
- sind nur durch ganzheitliches, divergentes Denken zu überwinden

Im Beruf wird der Wissensarbeiter fast ausschließlich mit Problemen komplexen Inhalts konfrontiert. Hinzu kommt, dass einfache Probleme sich meist auf die herkömmliche Denkweise lösen lassen. Bei Versuchen, komplizierte Schwierigkeiten zu lösen dagegen bedarf es bestimmter Methoden, durch die ein Problem effektiver, also schneller, gewinnbringender und stressfreier überwunden werden kann.

8.1.2 Fehler im Umgang mit Problemen

Die Herausforderung, die komplexe Aufgabenstellungen mit sich bringen, wird von den meisten Menschen viel zu sehr als Belastung empfunden. Sie assoziieren damit ein Mehr an Anstrengung, an Arbeitszeit und ein höheres Risiko, scheitern zu können. Dadurch entsteht ein immer größer werdender Druck, der zu Fehlern im Umgang mit komplizierten Problemen führt.

Die möglichen Fehlerquellen sind unterschiedlich. Einige der häufigsten Schwierigkeiten, die möglicherweise auftreten, wenn man sich mit einem komplexen Problem auseinandersetzen muss, sind aus dem nachfolgenden Beispiel des Herrn F. ersichtlich.

Beispiel:

Herr F. ist Angestellter bei einem Reiseunternehmen. Obwohl er als Berufsneuling noch nicht lange in diesem Unternehmen tätig ist, hat er bei seinen Vorgesetzten bereits Pluspunkte sammeln können: Herr F. macht Überstunden, setzt sich für die Belange seiner Kollegen ein und erledigt seine Aufgaben gut und schnell.
Sein Aufgabenbereich umfasst die Zusammenarbeit mit verschiedenen Hotels. Er verhandelt über Preise, prüft die Hotels, schließt Verträge ab und verlängert oder kündigt diese unter gegebenen Umständen. Diese Arbeit kann zum größten Teil per Internet und Telefon erledigt werden.
Als das Unternehmen plant, Reiseangebote dem Kunden auch online anzubieten, wird Herr F. mit der Erstellung der Internetseiten beauftragt, da er sich sowohl mit Computern als auch mit den Wünschen der Kunden auskennt. Dieser fürchtet, seine Karriere könne ins Stocken geraten, würde er diese Aufgabe nicht bewältigen; also macht er sich sofort an die Arbeit, um die Erwartungen seiner Vorgesetzten nicht zu enttäuschen.
Zuerst informiert er sich über die werbewirksame Gestaltung von Internetseiten in Dutzenden von Büchern und Informationsbroschüren, die er alle liest. Dabei hat er bestimmte Vorstellungen von Werbewirksamkeit, die er, obwohl sie in seinen Büchern zum Teil widerlegt werden, nie ganz aufgibt, sondern immer wieder durch neue Aspekte ergänzt.
Nachdem er sich ausreichend informiert hat, erstellt Herr F. sich ein Gesamtbild seiner Aufgabe. Dieses erscheint ihm sehr komplex, weshalb er alle Aspekte der Gestaltung in erster Linie auf die Wirkung auf den Kunden ausrichtet; der Kundeneindruck erscheint ihm am wichtigsten. F. entschließt sich deshalb, die Seiten mit den aktuellsten Farben und Gestaltungselementen auszuschmücken.
Da der Angestellte sich ein geringes Zeitlimit gesetzt hat, beginnt Herr F. zügig mit der Arbeit. Er wählt die dominierenden Farben der Internetseiten aus, klärt dann mit den ersten Partnerhotels die Veröffentlichung im Netz, erkundigt sich über mögliche Kostenreduzierung durch die Einblendung von Werbebannern. Im Anschluss daran beginnt er, das Layout der Seiten zu gestalten und überlegt sich unterschiedlichste Gestaltungsprinzipien, worunter er sich dann für eines entscheidet, das er auch sofort in die Tat umsetzt.
So kommt es, dass F. im Alleingang innerhalb kürzester Zeit die Internetpräsenz des Reiseunternehmens auf die Beine gestellt hat. Als er fertig ist, führt er diese sofort sei-

nem Vorgesetzten vor, der die Begeisterung seines Mitarbeiters allerdings nicht teilen kann. Einige Links funktionieren nicht, es sind bei der Untertitelung der Bilder Fehler unterlaufen und der Chef findet die Farbauswahl nicht gelungen, da diese mit der des Firmenlogos so gar nichts gemeinsam haben.
Enttäuscht lehnt Herr F. eine Überarbeitung der Seiten ab und überlässt diese Aufgabe anderen Kollegen.

Welche Fehler hat Herr F. gemacht?

Fehler 1: Unterdrucksetzung

Bereits von Anfang an hat Herr F. erkannt, dass er es mit einem komplexen Problem zu tun hat, denn es handelt sich um eine neue Aufgabe, mit der er betraut wurde. Seine Reaktion, nämlich das Gefühl, die Aufgabe bewältigen zu müssen, damit seine Karriere nicht darunter leidet, ist ein Hinweis auf diese Erkenntnis, genauso wie sie Aufschluss darüber gibt, dass Herr F. sich unter Erfolgsdruck gesetzt fühlt.

Diese Herangehensweise an ein Problem ist der erste Fehler, den man machen kann. Sobald Ihnen bewusst ist, dass Sie es mit einem komplexen Problem zu tun haben, versuchen Sie, die psychische Belastung möglichst gering zu halten. Dies kann Ihnen gelingen, indem Sie das Problem nicht als unüberwindbares Hindernis sehen, sondern als Aufgabe, die Sie lösen werden. Der Erfolg, den Sie damit haben werden und die Erfahrung, die Sie bei der Bewältigung dieser Herausforderung sammeln können, stellt einen Gewinn für Sie da. Es gibt also keinen Grund, sich unter Druck setzen zu lassen, bevor eine Aufgabe überhaupt angegangen wurde. Zu diesem Problembewusstsein gehört auch, dass Sie, nicht wie Herr F. aus dem Beispiel, erkennen, wenn eine Aufgabe Ihre Kompetenzen maßlos übersteigt. Zeigen Sie in solchen Fällen nicht falschen Stolz, sondern geben Sie die Aufgabe wenn möglich ab, oder versuchen Sie im Team zu arbeiten.

Probleme sind Herausforderungen, die Sie erfolgreich und erfahren machen. Lassen Sie sich deshalb nicht von scheinbar unüberwindbaren Hürden unter Druck setzten!

Fehler 2: unüberlegte Informationssammlung

Der zweite Fehler, den Herr F. gemacht hat, ist die Art der Informationsbeschaffung.

Steht man vor einer neuen Aufgabe, ist es meist notwendig, Informationen zu sammeln. Doch Herr F. macht dabei einen typischen Fehler: Er geht davon aus, dass ein möglichst umfassendes Wissen über die Situation, in seinem Fall also über die Erstellung und die optimale Gestaltung einer Internetpräsenz, eine wichtige Voraussetzung sei und versucht, sich möglichst viel darüber anzueignen. Besser wäre gewesen, er hätte eine vernünftige Vorauswahl getroffen, indem er sein Problem exakt definiert hätte, um sich danach geeignete Literatur zu besorgen. Ein Übermaß an Information führt oft zu Verwirrung, wenn man vor schwierigen Problemen steht. Darum sollten Sie eine kluge Vorauswahl bei der Informationsbeschaffung treffen!

Fehler 3: hypothesenorientierte Informationsbeschaffung

Ein weiterer Fehler, den viele Menschen bei der Lösung komplexer Probleme machen, ist, dass sie sich bereits im Vorfeld ein Bild eines potenziellen Lösungswegs machen. Auch Herr F. hat schon von Anfang an einige Ideen für die Internetseiten, die er zwar um einige Aspekte ergänzt, deren Widerlegung er aber nicht akzeptieren will. F. beschafft sich seine Informationen also orientiert an eigenen Hypothesen, nicht problemorientiert. Im Grunde will er also die Brillanz seiner ersten Idee bestätigt wissen, alle Gegenargumente werden ignoriert, um das Problem nicht noch komplexer zu machen, als es ohnehin schon ist.
Achten Sie bei der Sammlung von Informationen immer darauf, dass Sie neue Aspekte nicht nur integrieren, sondern auch akzeptieren und gegebenenfalls Ihre ersten Ideen komplett verwerfen, wenn sie der optimalen Lösung hinderlich wären.
Vergessen Sie erste Hypothesen. Informationen müssen immer problemorientiert interpretiert werden!

Fehler 4: Zentralreduktion

In einem nächsten Schritt erstellt Herr F. sich ein Gesamtbild seiner Aufgabe. Das bedeutet, er legt sich ein gedankliches Modell zurecht, nach dem er beabsichtigt, sein Problem zu lösen. Bei diesem typischen Vorgehen des menschlichen Problemlösungsverhaltens werden Wissen, Erfahrung und die Neuinformationen miteinander kombiniert, woraus sich ein Lösungsmodell bildet.

Dieser sehr wichtige Schritt wird oft durch einen schwerwiegenden Fehler zunichte gemacht. So auch bei Herrn F.: Wie schon bei der Informationsbeschaffung, versucht er, die Komplexität seines Problems zu vermindern, indem er sich auf einen zentralen Aspekt, die Wirkung auf den Kunden, konzentriert. Herr F. reduziert somit sein Problem auf einen singulären Teilbereich. Das Tückische an der Zentralreduktion ist, dass man diesen Fehler oft nur sehr spät bemerkt, da der übrig bleibende Aspekt ja nicht falsch ist. Aber es ist eben nur eine Variable von vielen, und somit wird das Problem nicht umfassend genug bearbeitet.

Die Lösung des Problems darf nicht auf einen Teilaspekt reduziert werden, sondern muss so umfassend wie möglich erstellt werden!

Für Herrn F. bedeutet die Zentralreduktion, dass er sich ausschließlich auf die Kundenwirkung konzentriert. Dies ist mit Sicherheit einer der wichtigsten Aspekte seiner Aufgabe, aber andere Bereiche wie zum Beispiel den Wiedererkennungswert der Firma lässt er außen vor, was sein Chef auch prompt bemängelt.

Fehler 5: Kurzschlusshandlung

Herrn F.s nächster Fehler ist, dass er sich sofort an die Arbeit macht, ohne seine Situation zu analysieren. Somit übergeht er einen wichtigen Schritt der Problemlösung. Es wäre viel sinnvoller gewesen, wenn er sich ein klares Konzept erarbeitet hätte. Durch die Erstellung einer Prognose werden oft bis dahin übersehene Fehler erkannt, und eine vernünftige Gesamtstruktur ermöglicht außerdem zielorientiertes, systematisches Arbeiten. Herr F. dagegen beginnt sofort zu handeln und erkennt deshalb weder seine bisherigen Fehler, noch gibt er sich eine klare Vorgehensweise vor. Das führt dazu, dass er versucht, alles möglichst schnell zu erledigen, wodurch die einzelnen Teilaufgaben nicht ganz gemacht werden. Er klärt zum Beispiel nicht mit allen Hotels die rechtliche Seite der Veröffentlichung Internet und erarbeitet auch das Layout nur bruchstückweise.
Die Prognose deckt Fehler auf und bringt System in das weitere Vorgehen. Darum sollte dieser Schritt nie übergangen werden!

Fehler 6: unangemessene Konzepttreue

Falsch ist auch, dass Herr F. sich letzten Endes für ein Gesamtkonzept entscheidet, ohne andere Ideen in ihren Ansätzen durchzuspielen. Oft erkennt man den Wert eines

Einfalls erst, wenn man ihn realisiert. Im Fall F. wäre es beispielsweise sinnvoll gewesen, wenn er mehrer Varianten des Layouts ausprobiert hätte.
Das innere Bild, das man sich macht, stimmt nicht immer mit der Realität ein. Die Anfertigung von Skizzen oder ähnlichem Material ist daher wichtig, damit man die Vor- und Nachteile verschiedener Lösungsmöglichkeiten erkennen kann.

Verlassen Sie sich nie auf einen Lösungsweg, wenn Sie vorher andere Möglichkeiten noch nicht ansatzweise versucht haben!

Fehler 7: mangelnde Selbstkritik

Ein weiterer Fehler unterläuft Herrn F., als er nach Fertigstellung der Internetseiten diese sofort seinem Vorgesetzten präsentiert. Immerhin hätten sich die Flüchtigkeitsfehler vermeiden lassen, wenn Herr F. noch einmal die Vollständigkeit und Richtigkeit seiner Arbeit kontrolliert hätte.

Die Reaktion des Angestellten auf die Ablehnung seiner Lösung läuft auf den selben Fehler hinaus. Viele Menschen sind in ihrer Arbeit zu wenig selbstkritisch. Sind sie erst einmal auf eine Idee gekommen, halten sie diese für so gut, dass neue Aspekte in den Hintergrund gedrängt werden, die Arbeit nicht noch einmal auf Fehler überprüft wird, und Kritik, mag sie auch noch so konstruktiv sein, meist persönlich genommen wird.

Um komplexe Probleme adäquat zu lösen, sollten Sie immer offen für Kritik und neue Ansatzpunkte sein!

Fehler 8: Einzelkämpfer

Ein letzter Fehler, der sich durch das ganze Verhalten Herrn F.s bei der Problembewältigung zieht, soll an dieser Stelle erwähnt werden. Aus falsch verstandenem Ehr-

geiz und dem Streben nach alleinigem Erfolg unterlässt er es, sich von Kollegen beraten zu lassen. Er zieht den Auftrag, obwohl er sich überfordert fühlt, allein durch, weil er hofft, somit auch allein den Ruhm zu ernten. Dies erweist sich als Trugschluss, denn je mehr Meinungen zu einem Problem herangezogen werden, desto unwahrscheinlicher ist es, dass Fehler wie Zentralreduktion, Einseitigkeit oder Unachtsamkeit gemacht werden.
Letzten Endes gilt:

Der Einzelne kann gut sein, aber nur ein Team macht eine Idee perfekt!

Deshalb ist es durchaus sinnvoll, dass Sie sich auch bei Problemlösungen, die eigentlich Ihnen allein aufgetragen wurden, mit anderen Personen beraten. Dies gilt vor allem dann, wenn Sie merken, dass das Problem Ihre Kompetenzen etwas übersteigt.

Komplexe Probleme richtig anzugehen, bedeutet also, sie als Herausforderung zu betrachten.
Nehmen Sie Herausforderungen an, denn Sie können mit der richtigen Einstellung zu Schwierigkeiten nur daraus profitieren: Erfolgserlebnisse stärken Ihr Selbstwertgefühl, und aus Niederlagen lernen Sie und können die so gewonnene Erfahrung in andere Projekte einbringen.
Versuchen von Anfang an die grundlegendsten Fehler zu vermeiden, indem Sie

- Informationen selektieren. Was ergänzt mein Wissen, was ist überflüssig?
- Informationen problemorientiert verarbeiten. Waren meine Vorüberlegungen richtig, oder sollten sie modifiziert werden?
- alle Aspekte berücksichtigen. Habe ich alles bedacht oder das Problem nur auf einen Teilaspekt beschränkt?
- vor der Ausarbeitung gedanklich Prognosen schaffen. Werde ich mein Ziel mit diesem Lösungsweg erreichen?
- die Arbeit selbstkritisch betrachten. Was mache / habe ich falsch gemacht oder vergessen?
- Im Team arbeiten oder Andere zu Rate ziehen.

8.2 Wie löse ich ein Problem?

Das Beispiel von Herrn F. im vorangegangenen Kapitel hat Ihnen die häufigsten Fehler beim Lösen von komplexen Problemen vor Augen geführt.
Nun werden Sie erfahren, aus welchen Teilen der Prozess des Problemlösens besteht, wie also ein Problem systematisch gelöst werden kann und welche Grundlagen Sie brauchen, um mit komplexen Probleme umgehen zu können.

Die Lösung von Problemen ist für viele Menschen eine extreme Belastung, die sie auf die Dauer sowohl physisch als auch psychisch schädigt.

Die ständige, aber ungewollte Konfrontation mit Schwierigkeiten löst Stress aus, der sich zuerst in körperlichen Symptomen wie Kopfschmerzen, Magenproblemen und einer Schwächung des Immunsystems bemerkbar macht und dann in psychische Symptome wie Schlafstörungen, Gereiztheit und Nervosität mündet.
Allein das Wissen um die negative Wirkung von Problemen auf unser Wohlbefinden sollte schon Anlass genug sein, sich Gedanken über eine methodische Problemlösung zu machen. Doch auch im Hinblick auf die berufliche und private Entwicklung und das neue Anforderungsprofil, dem wir uns durch die Veränderung der Welt in den vergangenen Jahren stellen müssen, ist es äußerst hilfreich, wenn man weiß, wie man sich in Problemsituationen optimal verhält. Aus diesen Gründen werden Sie nun die Grundlagen der Problemlösung kennen lernen. Im Anschluss daran stellen wir Ihnen systematisierte Stadien der Problemlösung vor, deren Anwendung Sie bei der Lösung von komplexen Problemen unterstützt.

8.2.1 Grundlagen für das Lösen von Problemen

Fehlerquellen ausschalten

Das Ausschalten typischer Fehlerquellen ist nur ein erster Schritt zum richtigen Problemlösen.

> Versuchen Sie, Fehler zu vermeiden, indem Sie sich ihre Existenz von Anfang an bewusst machen.

Im Beispiel von Herrn F. sind die Fehler besprochen worden, die im Umgang mit besonders komplexen Schwierigkeiten oft gemacht werden. Diese Fehler müssen Sie nicht mehr erst selbst machen, um aus ihnen zu lernen, wenn Sie sich diese immer vor Augen halten, sofern Sie in eine Problemsituation geraten sind. Doch auch für eigene Fehler gilt: Lernen Sie aus ihnen, verbuchen Sie sie nicht als schändliche Niederlage, sondern als Erfahrung, aus der man ja bekanntlich klug wird!

Die richtige Einstellung

Ein weiterer Schritt im Umgang mit Problemen ist die richtige Einstellung. Es gibt drei grundsätzliche Haltungen im Umgang mit Problemen.
Welche Einstellung haben Sie zu Problemen?

1. „Jetzt stehe ich schon wieder vor einem Problem. Warum passiert das immer nur mir? Alle anderen haben solche Sorgen nicht. Gut, ich kann nichts dagegen machen, ich muss die Situation also hinnehmen wie sie ist." – Das ist die typische Opfer-Haltung. Der Betroffene sieht sich als Opfer des Problems, das sich „ihn ausgesucht hat, um ihn zu ärgern." Probleme werden von diesem Typus als Dynamik aufgefasst, der man sich nicht entziehen kann und die man aus diesem Grund auf sich nehmen muss.

2. „Probleme? Kenne ich nicht! Wo soll hier das Problem sein? Probleme hat man nur, wenn man sie sich macht!" – Diese Einstellung ist das Ergebnis eines Verdrängungs-Mechanismus. Personen, die keine Probleme haben wollen, übersehen Schwierigkeiten oft bewusst, manchmal auch unbewusst, um ihnen so zu entgehen. Sie scheuen die Konfrontation und verschließen die Augen vor Problemen in der Hoffnung, sie so aus dem Weg zu schaffen.
3. „Ich stehe vor einem Problem. Natürlich empfinde ich es als belastend, aber es ist gleichzeitig auch eine Herausforderung, der ich mich stellen werde. Ein Problem ist immer eine Chance, etwas zu verbessern." – Diese Einstellung lässt eine positive Haltung gegenüber Problemen erkennen. Man sieht sich weder als Opfer, noch meidet man die Konfrontation. Vielmehr betrachtet dieser Typus jedes Problem als Geschenk, das ihn in seiner persönlichen Entwicklung bereichert.

Wie Sie sicher schon erkannt haben, ist die dritte Einstellung diejenige, mit der sich Probleme am besten bewältigen lassen.
Die Aktivität, mit der an Problemen gearbeitet wird, ist wichtig, um den täglichen Herausforderungen gewachsen zu sein. Die beiden ersten Haltungen jedoch zeigen eine Passivität, die jede Dynamik untergräbt.

Sehen Sie Probleme immer als das, was sie sind: Herausforderungen, die Sie stärken! Es ist ohnehin so, dass viele Probleme sich auf einfache Art und Weise lösen lassen, indem wir unser Wissen anwenden und unsere Erfahrung einbringen.
Größere Probleme sind zwar nicht so schnell und umkompliziert zu lösen; lassen Sie sich aber trotzdem nicht entmutigen, denn wenn Sie mit einer positiven Grundeinstellung an Probleme herangehen, findet sich immer eine Lösung!

Die Problemlösungsfähigkeit

Um schwierige Probleme meistern zu können, ist es außerdem wichtig, auf eine ausgeprägte Problemlösungsfähigkeit zurückgreifen zu können. Unter dieser Fertigkeit lassen sich unterschiedliche Denkweisen und Eigenschaften subsummieren:

- divergentes, nach allen Seiten hin offenes Denken
- ganzheitliches Denken, Denken in vernetzten Zusammenhängen
- Flexibilität, nicht an Gewohntem festhalten zu wollen
- Teamfähigkeit
- irrelevantes von relevantem Material unterscheiden können
- Neugierde, Begeisterungsfähigkeit
- Kreativität

Verfügen Sie über einige diese Eigenschaften, gestaltet es sich wesentlich einfacher, ein Problem zu lösen.

> Ein hohes Maß an Kreativität bringt unweigerlich problemlösende Eigenschaften wie divergentes Denken, Flexibilität, eine rasche Auffassungsgabe und Neugierde mit sich.

Daher empfiehlt es sich, die im ersten Kapitel angesprochenen kreativitätsfördernden Tipps in die Tat umzusetzen. Denn wie für die Kreativität gilt auch für die Problemlösungsfähigkeit, dass sie erlernt und trainiert werden kann.

Die Methode

Neben der Vermeidung typischer Fehler, der positiven Einstellung und der Problemlösungsfähigkeit spielt ein vierter Faktor eine zentrale Rolle im Problemlösungsprozess: die Systematik. Um mit komplexen Problemsituationen umgehen zu können, gibt es verschiedene Problemlösungsmethodiken, die aufgrund des Bedarfs im Hinblick auf Veränderungen in der Arbeitswelt in den letzten Jahren immer weiter entwickelt wurden.

Methoden zur Problemlösung bieten eine Systematik dar, mit deren Hilfe man sich Problemen annähern und sie zu einer Lösung bringen kann. Durch die schrittweise Bearbeitung eines Problems, welche allen Methoden zugrunde liegt, gestaltet sich der Problemlösungsprozess überschaubarer, wodurch in erster Linie einem Motivationsverlust vorgebeugt wird. Letztendlich ist eine Problemlösungsmethode eine universell einsetzbare Technik, die es uns ermöglicht, durch die Befolgung der einzelnen Schritte der Lösung eines Problems auf die Spur zu kommen.

> Eine methodische Vorgehensweise bietet ein sicheres Gerüst, in dessen Rahmen Sie die Freiheit haben, durch divergentes und kreatives Denken zu neuen konstruktiven Fragestellungen und Antworten zu kommen.

Demzufolge gibt es zwar keine allgemeingültige Methode, welche die Lösung eines Problems garantiert, aber sie basieren alle auf einem gemeinsamen Prinzip. Der wesentliche Unterschied zwischen den Systematiken liegt in der Anzahl der Einzelschritte auf dem Lösungsweg und in der Anordnung der Schrittfolge. Daher ist es sinnvoll, sich wenigstens eine Methode anzueignen, die vielseitig einsetzbar ist und praktisch auf jedes Problem angewandt werden kann.

> Die Vermeidung typischer Fehler im Umgang mit Problemen, eine positive Grundeinstellung, die Aneignung einer ausgeprägten Problemslösungsfähigkeit und das Arbeiten auf der Basis einer Methode sind Grundlagen, um Probleme richtig lösen zu können.

8.2.2 Die sieben Phasen der Problemlösung

Eine Methode, welche die Lösung komplexer Probleme unterstützt, darf nicht zu einfach konstruiert sein, denn je stärker eine Methode ins Detail geht, desto besser kann sie für aspektreiche Probleme angewandt werden.

Die sieben Phasen der Problemlösung stellen eine Grundlage dar, auf der sich auch vielschichtige Probleme lösen lassen können, da sie auf leicht nachvollziehbaren Schritten beruhen, die mit der Steigerung der Komplexität eines Problems in ihren Details beliebig erweitert werden können.

Was Sie vorweg bedenken sollten:

- Jeder einzelne Schritt stellt eine wichtige Komponente im Problemlösungsprozess dar. Es ist also keinesfalls sinnvoll, bei einem Problem, das Ihnen nicht allzu komplex erscheint, einfach einen oder mehrere Schritte zu überspringen. Der Problemlösungsprozess lässt sich lediglich in seinem Ablauf variieren, indem Sie einem einzelnen Schritt mehr oder weniger Bedeutung beimessen.

- Wichtig ist auch, dass Sie sich im Klaren darüber sind, dass der Prozess der Problemlösung nicht als linear verstanden werden soll. Die sieben Einzelschritte bilden einen Zyklus, innerhalb dessen Sie je nach Bedarf einen Schritt wiederholen oder auch zu einem eigentlich schon abgeschlossenen Schritt zurückkehren können, wenn Sie merken, dass Sie wichtige Aspekte vergessen haben.

- Die einzelnen Schritte konstituieren einen Rahmen, der Ihnen hilft, ein Problem zu lösen. Er ersetzt aber in keinem Fall Ihre Kreativität und Ihre Kombinatorik!

Folgen Sie dem Leitfaden der Einzelschritte, so können Sie sicher sein, dass Sie ein komplexes Problem systematisch angehen und die Lösung nicht irgendwann im Chaos endet. Außerdem bilden die in den einzelnen Stadien gewonnenen Einsichten die Basis für weitere Schritte, wodurch sich die Phasen zum Teil auch überlappen können. Dieser Effekt ist jedoch durchaus erwünscht, denn kreatives Problemlösen findet nicht schrittweise statt, sondern ergibt sich aus einem zyklisch fließenden Prozess.

Der Problemlösungszyklus besteht aus sieben Schritten:

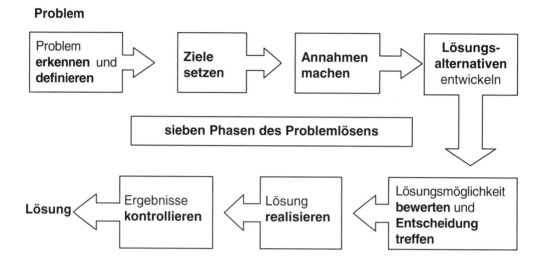

Im Folgenden werden die einzelnen Phasen ausführlich beschrieben.
Aus den jeweiligen Schritten ergibt sich eine unterstützende Systematik zur Problemlösung. Das Prinzip jedes Schrittes beruht im Wesentlichen auf einer geschickten Fragestellung, durch die das Problem definiert, analysiert und letztendlich gelöst werden soll. Der Erfolg hängt also in entscheidendem Maße von der Art der Fragestellungen ab.
In der Ausführung der Einzelschritte werden Sie immer wieder Fragenkataloge finden. Diese Zusammenstellung ist eine Hilfestellung, nicht aber ein strenges Vorgehensmuster. Das bedeutet, dass diese Fragen Ihnen beim Lösen eines Problems als Anregung dienen sollen. Scheuen Sie sich nicht, Ihrer Kreativität freien Lauf zu lassen, indem Sie eigene Fragen stellen! Lassen Sie sich von den einzelnen Fragenkatalogen inspirieren, verfallen Sie aber nicht in einen Mechanismus, indem Sie nur die hier vorgegebenen Fragen verwenden.

Da jedes Problem ganz individuell ist, gibt es keine allgemeingültigen Formulierungen, die immer zutreffen können. Und je kreativer die Fragen sind, desto konstruktiver, weiterführender werden die Antworten sein, die schließlich die Lösung des Problems stellen!

Um die einzelnen Schritte auf dem Weg zur Lösung des Problems besser nachvollziehen zu können, gehen wir von einem Fallbeispiel aus, anhand dessen die Vorgehensweise exemplarisch dargestellt wird. Das Beispiel dient zur Orientierung an einem praktischen Fall, auch wenn die Anzahl der Fragen und die Ausführlichkeit der Antworten nicht der Realität entsprechen. Im Idealfall sollte man sich so viel Zeit wie möglich für die einzelnen Schritte nehmen!
Als Problem wurde bewusst ein Sachverhalt gewählt, der sich durch ein geringes Maß an Komplexität auszeichnet, damit die Gedankengänge einfach zu verfolgen sind.

Bei der monatlichen Besprechung in einer mittelständischen Firma, die Büromöbel herstellt, liefert und repariert haben sich einige Mitarbeiter darüber geäußert, dass die Kunden in letzter Zeit immer unzufriedener seien.

1. Schritt: Problem erkennen und definieren

Ein Problem überhaupt erst wahrzunehmen ist der Ausgangspunkt jeder Problemlösung. Wenn Schwierigkeiten auf uns zukommen, werden diese immer erst emotional wahrgenommen. Wir haben das Gefühl, etwas stimmt nicht, oder ein Zustand könnte besser sein, als er sich uns momentan darstellt. Zu diesem Zeitpunkt ist ein Problem noch sehr vage. Man spürt, das etwas nicht stimmt, weiß aber noch nicht genau, was.
Ausgelöst wird dieses diffuse Gefühl durch erste Anzeichen. Wenn in einer Abteilung zum Beispiel die Arbeitsleistung rapide abnimmt, Kollegen immer öfter aneinander geraten oder andere sogar kündigen oder ständig ihre Unzufriedenheit zum Ausdruck bringen, zeichnet sich ein Problem ab, das sich noch nicht präzisieren lässt.

Dadurch, dass ein Problem wahrgenommen wird, entsteht ein erstes Problembewusstsein. Nur, wer sich eines Problems bewusst ist, kann und will den negativen Ist-Zustand auch ändern.
Auf der Grundlage des Problembewusstseins geht man im ersten Schritt auf die Suche nach der Benennung des Problems.

Ein Problem zu definieren bedeutet, einen unstimmigen Aspekt aus einem Situationsfeld herauszulösen, denn das, was auf den ersten Blick als Problem gesehen wird, ist oft nur ein Symptom. Das eigentliche Problem liegt tiefer, weshalb Sie im ersten Schritt der Problemlösung erst einmal herausfinden müssen, wie sich ein Problem definiert.

Dazu gehen Sie wie folgt vor:

a) die Gesamtsituation beschreiben
b) daraus die Problemsituation abgrenzen
c) Ursachen für die Problementstehung benennen

zu a): Zuerst beschreiben Sie die Gesamtsituation, in der Sie sich befinden. Legen Sie dar, um was es eigentlich geht und was an dieser Situation zu kritisieren ist. Meist kommen so mehrere Probleme zum Vorschein, die die Situation zum Problemfall gemacht haben. Gewichten Sie bereits jetzt die Einzelaspekte, indem Sie ihnen mehr oder weniger große Bedeutung zumessen.

Kontrollfragen:

- Worum geht es?
- In welcher Lage befinden wir uns?
- Was genau passt uns an dieser Situation nicht?
- Welche einzelnen Unstimmigkeiten haben diese Situation zum Problem gemacht?
- Wie und zu welchem Zeitpunkt ist das Problem entstanden?
- Gibt es bereits Versuche, das Problem zu lösen? Wenn ja, welche? Warum sind bisherige Versuche fehlgeschlagen?

Für die Firmenbesprechung aus dem Beispiel könnte die Beschreibung der Gesamtsituation könnte wie folgt aussehen:

Wir sind ein mittelständischer Betrieb, dessen großer Vorteil im Vergleich zu großen Firmen der enge Kundenkontakt ist. In letzter Zeit haben sich die Beschwerden der Kunden allerdings gehäuft. (Worum geht es?)
Die Situation ist problematisch, da der Markt hart umkämpft ist. Viele Kunden könnten zur Konkurrenz wechseln, falls sich die Beschwerden weiterhin häufen. (Beschreibung der Lage)
Der Kunde und dessen Zufriedenheit steht im Vordergrund, denn ohne Kunden gibt es kein Geschäft. Aus diesem Grund muss sich die derzeitige Situation ändern. (Was ist falsch an der Situation?)
Die Beschwerden der Kunden reichen von unpünktlichen Lieferungen bis hin zu langen Wartezeiten bei der Bestellung. Außerdem wird immer wieder bemängelt, dass schadhafte Ware ausgeliefert wurde und das Preis-Leistungs-Verhältnis des Reparaturservice ebenfalls unzumutbar wäre. (Die einzelnen Unstimmigkeiten)
Da diese Schwierigkeiten noch nicht lange bestehen, gab es bisher keine Lösungsversuche.

zu b): Nun muss die eigentliche Problemsituation eingegrenzt werden. Entscheiden Sie, welcher der in a) gefundenen Aspekte das Hautproblem ist, von dem die meisten anderen Schwierigkeiten ausgehen, bzw. welches der einzelnen Probleme Ihnen am wichtigsten scheint.

Dieser Schritt ist wichtig, da Sie ohne die Abgrenzung eins Problems in dem diffusen Stadium bleiben und eine Lösung nicht anzustreben ist.
Stellen Sie sich dazu etwa folgende Fragen:

> - Handelt es sich hierbei wirklich um ein Problem? Warum?
> - Wer ist an der Lösung des Problems interessiert?
> - Was passiert, wenn alles so bleibt?
> - Welche Probleme entstehen möglicherweise durch die Lösung des Problems?
> - Womit hängt das Problem zusammen?

Die Besprechung in der Möbelfirma könnte so weitergehen:
Die Zufriedenheit der Kunden muss wieder hergestellt werden. Das Hauptproblem ist vermutlich der Lieferservice. Er bringt die Möbel an falsche Adressen, liefert zu spät oder mangelhafte Ware.
Das ist ein wirkliches Problem, da der Erfolg der Firma stark vom Kunden abhängt.
Aus diesem Grund müssen oder sollten alle Kollegen an der Lösung interessiert sein, denn ein sich immer mehr verkleinernder Kundenstamm wirkt sich negativ auf die Bilanz aus. Dies ist gleichzeitig der Grund, weshalb sich etwas ändern muss, da der Firma im schlimmsten aller Fälle der Konkurs droht.
Welche Probleme entstehen möglicherweise durch die Lösung des Problems?
Um den Service entscheidend zu verbessern, kann zusätzliche Arbeit auf uns zukommen. Außerdem besteht die Möglichkeit, dass mehr Auslieferer beschäftigt werden müssen.
Die Unzufriedenheit der Kunden hängt folglich mit der Auslieferung zusammen, die verbessert werden muss.

Beleuchten Sie dazu ein Problem immer von mehreren Seiten.
Fragen Sie sich, wie andere Personenkreise wie Mitarbeiter, Vorgesetzte oder Kunden die Problemsituation sehen.

> - Wer würde das anders betrachten?
> - Wer könnte zur Lösung beitragen?

Um das Problem zu spezifizieren, wird in der Möbelfirma eine kleine Umfrage gestartet. Die Mitarbeiter befragen Kunden, die sich beschweren, nach den genauen Gründen und holen Anregungen und Wünsche ein.

Durch diese Fragestellungen sollte es Ihnen gelingen, das Zentralproblem aus einer komplexen Problemsituation zu filtern. Machen Sie sich bewusst, dass „ein" Problem immer aus mehreren Teilproblemen besteht, doch je enger Sie den Zusammenhang fassen, desto übersichtlicher gestaltet sich die Problemlösung. Es macht also wenig Sinn, ein Problem, das nicht eingegrenzt wurde, lösen zu wollen. Gezielte Grenzsetzung ist wichtig, um im Problemlösungsprozess voranzukommen.

Nach der Auswertung der Umfrage und den Ergebnissen der firmeninternen Besprechungen setzt man sich noch einmal zusammen und fasst das Problem in einen engeren Rahmen.
Dabei kommt man zu dem Schluss, dass das Problem hauptsächlich darin besteht, dass die Kunden einen zuverlässigeren Lieferservice erwarten.
Die Mängel an den Möbeln sind ein geringeres Problem, da die Umfrage ergeben hat, dass die meisten Kunden dies nicht als Firmenfehler werten und bei prompter Ersatzlieferung zufrieden sind. Auch die lange Dauer für Reparaturen nehmen die Kunden in Kauf, wenn dafür schnell Ersatz geliefert wird. Es sind also die Schnelligkeit und die Zuverlässigkeit, die verbessert werden müssen.

zu c): Nach der sinnvollen Eingrenzung des Problems besteht der nächste Schritt darin, die Ursachen für dessen Entstehung zu benennen.
Bereits in der Beschreibung des Problems wurde deutlich, in welchen Zusammenhängen es steht. Nun geht es darum, diese Zusammenhänge miteinander in Beziehung zu setzen und mögliche Ursachen dafür zu finden.

- Welche Bedingungen haben zur Entstehung des Problems geführt?
- Wieso ist es nicht früher erkannt worden?
- Warum konnte es sich in einem solchen Ausmaß entwickeln?

Durch Einsparungen, die vor allem im Bereich des Personals gemacht wurden, gibt es nur noch wenige Zulieferer in der Firma. Das bedeutet, jeder, der im Vertrieb tätig ist, muss mehr arbeiten. Dadurch entsteht ein enormer Zeitdruck, worunter die Einhaltung der Termine, die korrekte Auslieferung und die sorgsame Behandlung der Möbel leidet.
Da die meisten Kunden sich erst beschwert haben, nachdem bei der Lieferung mehrmals Fehler unterlaufen waren, wurde das Problem nicht früher erkannt und konnte so ausufern.

2. Schritt: Ziele setzen

Im ersten Schritt wurde das Problem erkannt, man hat versucht, es einzugrenzen und seine Ursachen herauszufinden. Nach der Analyse der Situation geht es nun darum, ein Ziel zu formulieren. Es muss also der gewünschte Soll-Zustand festgelegt und zum Ist-Zustand kontrastiert werden.
Ziele zu setzen ist wichtig, um sich stets vor Augen halten zu können, was man erreichen will. Außerdem erlaubt das Anstreben eines Soll-Zustands die ständige Kontrolle über Fortschritte.
Es gibt eine Vorgehensweise, die Ihnen die Zielformulierung erleichtert:

- **Konkrete Formulierung**
    Ziele sind Aussagen über Ergebnisse, die durch die Lösung eines Problems angestrebt werden. Erfahrungsgemäß gestaltet es sich nicht gerade einfach, Ziele konkret zu definieren. Meist fällt es uns leichter zu sagen, was wir nicht wollen (Arbeitslosigkeit, Mobbing unter Kollegen, Personaleinsparungen) Die Formulierung von Zielen

dagegen fällt oft wenig konkret aus. Um sie spezifischer festzulegen, müssen Sie immer gleichzeitig Parameter festlegen, mit denen sich ein Ziel erreichen lässt.
FALSCH: Allein zu sagen, dass das Ziel darin besteht, den Auslieferservice zu verbessern, wäre falsch.
RICHTIG: Besser dagegen ist, Konstanten zu formulieren, anhand deren Sie feststellen können, ob sich die Situation tatsächlich verbessert hat. Richtig lautet das Ziel also: Wir wollen den Lieferservice verbessern. Wie kann das vollzogen werden und woran messen wir eine mögliche Verbesserung?

- **Lösungsneutrale Formulierung**
Mit der Festlegung von Zielen soll ein Endzustand definiert werden. Die Lösung zur Erreichung dieses Zustandes ist noch nicht bekannt und besteht, wenn überhaupt, nur hypothetisch. Deshalb ist es wichtig, dass die Zielformulierung noch keinen Lösungsvorschlag enthält, da dieser den eigentlichen Vorgang der Lösungssuche (Schritt 5) enorm einengen würde. Definieren Sie also bei der Zielsetzung, was erreicht werden soll, aber lassen Sie das „wie" offen!

FALSCH: Wir wollen den Lieferservice durch die Einstellung von mehreren Fahrern verbessern.
RICHTIG: Unser Lieferservice soll verbessert werden.

- **Positive Formulierung**
Positiv formulierte Ziele haben eine motivierende Wirkung auf uns, negative dagegen hemmen Denken und Kreativität. Wie Sie bereits gelernt haben, sollten Probleme immer als Gelegenheiten und Herausforderungen verstanden werden. In diesem Sinne sollten die Ziele positiv, also unter Vermeidung von Negationen wie *nein*, *kein*, *nicht* und der Weglassung negativer Vorsilben wie *un-* (unmöglich, unbrauchbar, uninteressant) oder *in-* (indiskutabel, ineffektiv), formuliert werden.

FALSCH: Wir wollen keinen fehlerhaften Lieferservice mehr anbieten.
RICHTIG: Wir wollen so liefern, dass unsere Kunden zufrieden sind.

Komplexe Probleme zeichnen sich dadurch aus, dass es oft nicht ausreicht, ein Ziel zu formulieren. Durch die zentrale Reduktion auf ein einziges Ziel wäre es nicht mehr möglich, das gesamte Problem zu lösen, es würde sich lediglich ein Teilerfolg einstellen. Setzen Sie daher bei komplexen Schwierigkeiten immer mehrere Ziele fest, die miteinander vernetzt sind und sich nicht gegenseitig ausschließen.

Folgende Teilschritte sind bei der Zielsetzung zu beachten:

a) Ziele bestimmen

- Welche Ziele müssen wir erreichen? (Muss-Ziele)
- Welche Ziele sind Wunsch-Ziele, deren Erreichung nicht unbedingt notwendig ist, um zu einer erfolgreichen Problemlösung zu gelangen? (Kann-Ziele)

b) Ziele konkretisieren

- Welche Parameter eignen sich, die Zielerreichung zu messen?
- Was genau wollen wir mit dem Ziel erreichen?
- Stehen die Einzelziele in Konflikt zueinander?

c) Auswirkungen erfassen

- Welche positiven und negativen Konsequenzen sind zu erwarten?
- Was steht uns im Weg?
- Was können wir gegen diese Hindernisse tun?

Für die Möbelfirma aus dem Beispiel sieht die Zielsetzung wie folgt aus:
Muss-Ziel: Die Verbesserung des Lieferservices soll erreicht werden durch eine schnellere und zuverlässigere Auslieferung
Kann-Ziel: Erhaltung der momentanen Ausgaben, also möglichst keine Einstellung neuer Mitarbeiter.
Parameter: Die Zufriedenheit der Kunden, die Steigerung der Auftragslage und Zeitersparnis bzw. Aufwandsreduzierung bei der Auslieferung lassen sich als Messlatte verwenden.
Positive Konsequenzen: Kundenzufriedenheit, bessere Aufträge, Umsatzsteigerung,
Negative Konsequenzen: möglicherweise ein größerer Kostenaufwand, wenn neue Mitarbeiter eingestellt werden müssen.
Im Weg steht der momentane Mangel an Mitarbeitern, der möglichst nicht durch die Beschäftigung neuer Kollegen ausgeglichen werden soll.

3. Schritt: Annahmen machen

Nach der Problemanalyse und der Zielsetzung ist es an der Zeit, Prognosen über die Zielerreichung zu machen.

Viele Menschen sind der Ansicht, dieser Schritt wäre zeitraubend und könne daher weggelassen werden. Doch ausgerechnet in dieser Phase werden oft Fehler deutlich, die bisher übersehen wurden.

Bei jeder Problemstellung gehen wir von Grundannahmen aus, die sich aus unseren Erfahrungen und unserem Vorwissen ergeben. Je mehr Erfahrung man hat, desto routinierter geht man an Probleme heran. Doch parallel dazu steigt die Gefahr der Verallgemeinerung, die dazu führt, nachlässig und bequem zu handeln. Die Erfahrungswerte tragen in der Regel auch dazu bei, dass wir von unseren Grundannahmen sehr überzeugt sind.
Haben Sie zum Beispiel mit freier Einteilung der Arbeitszeit schlechte Erfahrungen gemacht, könnte Ihre Grundannahme lauten: „Die freie Einteilung von Arbeitszeit ist schlecht."
Oder haben Sie es immer geschätzt, für sich arbeiten zu können, ist Ihre Meinung sicherlich: „Alleine arbeiten ist sinnvoll."
Solche persönlichen Verallgemeinerungen behindern die Suche nach Lösungsansätzen erheblich. Viele Lösungen werden aufgrund von erfahrungsgemäßen Annahmen von vornherein ausgeschlossen.
Um dies zu vermeiden, werden im dritten Schritt

- **a) Grundannahmen erkannt**
- **b) Grundannahmen in Frage gestellt**

zu a): Eine größtmögliche Offenheit und Flexibilität gegenüber der Lösungsfindung ist nur dann gewährleistet, wenn Sie sich von Grundannahmen befreien. Dazu müssen Sie zuerst herausfinden, von welchen Grundannahmen Sie ausgehen.
Beantworten Sie sich dazu folgenden Fragen:

> - Was wissen wir ganz sicher über dieses Problem?
> - Wie glauben wir, das Problem lösen zu können?

Sie werden feststellen, dass bereits jetzt, obwohl noch kein Lösungsvorschlag gemacht wurde, viele Ansätze und (Vor-)urteile Ihre Gedankengänge lenken. Listen Sie diese Annahmen auf und berücksichtigen Sie dabei Ihre persönlichen Vorurteile in besonderem Maße.

Bei einer weiteren Teamsitzung kommt man im dritten Schritt des Problemlösungszyklus dahinter, dass die meisten davon überzeugt sind, dass es ohne die Beschäftigung weiterer Auslieferer nicht möglich sein wird, das Problem zu lösen. Viele gehen davon aus, dass auch ein enormer Arbeitsaufwand mit der Problemlösung verbunden sein wird, da die Serviceleistung hauptsächlich von der Verfügbarkeit über eine große Zahl an Mitarbeitern abhängt. Diesen Mehraufwand wollen sie allerdings nicht in Kauf nehmen.
Eine weitere Grundannahme, von der ein Großteil der Mitarbeiter ausgeht, ist, dass allein die Vertriebsmitarbeiter im Außendienst an der Entstehung des Problems Schuld hätten.

zu b): Nehmen Sie diese Liste von Grundannahmen uns stellen Sie diese in Frage.

- Woher wissen wir das?
- Inwiefern ist das bewiesen?
- Was wäre, wenn es nicht so wäre?
- Gibt es Umstände unter denen es nicht so wäre? Wenn ja, welche sind das?

Diese vorschnellen Urteile werden in der Möbelfirma genau hinterfragt.
Man kommt zu dem Ergebnis, dass die Annahmen über den erhöhten Arbeits- und Personalaufwand sich nur auf Vermutungen stützen, aber durch nichts bewiesen werden können.
Auch die Meinung, nur die Auslieferer trügen schuld an der Situation, wird revidiert, da eine optimale Planung der Lieferzeiten ebenso wie eine schnellere Fertigung und schützendere Verpackung die Beschwerden der Kunden verringern würden.
Die Umstände unter denen die Kunden zufriedener wären, ohne dass sich der Arbeitsaufwand entscheidend vergrößert oder mehr Angestellte von Nöten sind, sind die angestrebte Lösung, die aber konkret für die Möbelfirma noch nicht ersichtlich ist.

Durch die gezielte Hinterfragung Ihrer Grundannahmen eröffnen sich Ihnen neue Möglichkeiten. Vorurteile können revidiert werden, und es entstehen bereits jetzt neue Ideen, die zur Lösungsfindung beitragen können.

4. Schritt: Lösungsalternativen entwickeln

Erst nachdem Sie das Problem definiert und Ihre Grundannahmen bezüglich seiner Lösung durchdacht haben, können Sie im vierten Schritt Lösungsalternativen entwickeln.

Diese Phase ist der kreativste Teil des Problemlösungsprozesses. Auf der Suche nach Lösungsmöglichkeiten können verschiedene kreative Methoden angewendet werden, die Sie dazu anregen, neue Ideen zu entwickeln. Dabei besteht das Ziel darin, möglichst viele Einfälle zu produzieren, die wenigstens in ihren Ansätzen brauchbar erscheinen. Welche Kreativtechniken es gibt und wie diese eingesetzt werden, erfahren Sie im zweiten Kapitel.

Wichtig in dieser Phase ist, dass die Ideen nicht bewertet werden. Eine sofortige Evaluation der einzelnen Lösungsalternativen würde Ihre Kreativität nur beeinträchtigen. Aus diesem Grund sind die Ideenfindung und deren Bewertung zwei eigene Schritte im Problemlösungsprozess.
Sammeln Sie möglichst viele Ideen. Es ist in dieser Phase noch völlig ausreichend, wenn Sie die verschiedenen Ideen kurz skizzieren und in Ansätzen gedanklich ausführen. Es ist allerdings nicht Sinn und Zweck dieses Schrittes, dass bereits völlig ausgegorene Lösungen entwickelt werden!

Für diese Phase gilt:

- Quantität geht vor Qualität!
- Keine Bewertungen zulassen!
- Einfach „nur" Ideen sammeln!

Das Ziel der Möbelfirma wird bei einer Teambesprechung, bei der Kollegen aus allen Bereichen der Firma anwesend sind, noch einmal formuliert und auf ein Flip-Chart geschrieben. Es lautet: „Der Lieferservice soll entscheidend verbessert werden, um die Zufriedenheit der Kunden wieder herzustellen."
Während der Sitzung sammeln die Anwesenden eine Vielzahl von Ideen, indem Sie Kreativtechniken (vgl. Kapitel 3) anwenden.
Es findet noch keine Evaluation der Vorschläge statt, und jeder Teilnehmer trägt wenigstens einen Einfall vor.

So kommt es zu den unterschiedlichsten Lösungsvorschlägen:
- *mehr Mitarbeiter einstellen*
- *bessere Lastwagen anschaffen*
- *Terminplanung anders gestalten*
- *Lieferservice nur für Großaufträge*
- *Kleintransporter für Selbstabholung bereitstellen*
- *die genauen Liefertermine vom Kunden auswählen lassen*
- *bei Lieferverzögerungen einen Preisnachlass offerieren*
- *Ausliefer mit Mobiltelefonen ausstatten, um dem Kunden Verspätungen mitzuteilen*
- *Montageservice ohne Aufschlag anbieten*
- *Artikel mit Montageanleitung für den Kunden versehen*

5. Schritt: Lösungsmöglichkeiten bewerten und Entscheidung treffen

Im vierten Schritt galt es, möglichst viele Ideen zu sammeln. Erst in der darauf folgenden Phase werden diese Ideen bewertet, was letztendlich zu der Entscheidung für eine Lösungsmöglichkeit führt.

Um sich für einen der gesammelten Einfälle entscheiden zu können, müssen diese im Vorfeld

   a) analysiert werden
   b) bewertet werden

zu a): Zur Analyse nehmen Sie sich jede der Ideen vor, und stellen folgende Fragen:

- Erfüllt die Durchführung der Idee die gesetzten Muss-Ziele?
- Liegt die Durchführung im Rahmen des Möglichen? Reicht die Zeit? Sind die personellen und finanziellen Mittel ausreichend vorhanden?
- Sind auch Wunschziele mit dieser Methode erreichbar?
- Kann die Lösungsidee weiter entwickelt werden?

Durch die Beantwortung dieser Fragen kristallisieren sich die Einfälle heraus, die am kreativsten und brauchbarsten sind.
Diese Ideen entwickeln Sie wiederum durch gezielte Fragen weiter:

- Welcher Voraussetzungen bedarf es für diesen Lösungsweg?
- Sind die Konsequenzen abschätzbar?
- Lohnt sich der Aufwand?
- Gibt es gleichwertige Alternativlösungen?

Entscheidungsfindung

Wenn Sie durch problemspezifische Fragestellungen soweit sind, dass Sie zwei oder mehrere realisierbare Lösungswege gefunden haben, die aufgrund ihrer Eignung in die engere Auswahl gekommen sind, müssen diese bewertet und verglichen werden.

zu b): Um die Ideen zu evaluieren, legen Sie Bewertungskriterien fest, die Sie am besten aus den Muss- und Kann-Zielen formulieren.
Legen Sie auch gleichzeitig eine Gewichtung der einzelnen Kriterien fest.
Wägen Sie nun die einzelnen Lösungsalternativen ab, indem Sie sie auf die Erfüllung der Kriterien hin miteinander vergleichen.
Handelt es sich um sehr komplexe Problemlösungen, ist es sinnvoll, wenn Sie für jede Lösungsalternative eine Pro- und Kontra-Liste anfertigen.
Versuchen Sie, bei der Bewertung möglichst neutral an die verschiedenen Möglichkeiten heranzugehen, und entscheiden Sie sich erst nach der Bewertung jedes einzelnen Lösungsvorschlags für denjenigen, der realisiert werden soll.

Treffen Sie Ihre Entscheidung erst nach reiflicher Überlegung. Nehmen Sie nicht immer die Lösung, die am unkompliziertesten scheint. Am besten ist, Ihre Präferenzen liegen auf der Erfüllung der Ziele. Je mehr Muss- und Kann-Ziele ein Lösungsweg zu erfüllen scheint, desto sinnvoller ist es, sich für diese Alternative zu entscheiden, auch wenn andere Wege einfacher zu begehen wären. Mit der Entscheidungsfindung haben Sie die schwierigsten Phasen der Problemlösung bereits hinter sich. Scheuen Sie sich also nicht davor, innovative Lösungen zu realisieren, auch wenn diese aufgrund der fehlenden Erfahrungswerte zeitintensiver sind als andere brauchbare Lösungen. Der Weg des geringsten Widerstands ist nicht immer der Beste!

Für die Mitarbeiter der Möbelfirma scheiden einige Lösungen nach ausführlicher Analyse aus, da sie sich zu wenig an den Kunden orientieren. So wird zum Beispiel der Vorschlag zur Selbstabholung und die Montage durch den Kunden verworfen. Mehr Mitarbeiter einzustellen oder bessere LKW anzuschaffen, schließt die Firmenleitung aus, da

der Kostenaufwand zu hoch werden würde. Die Überarbeitung der Terminplanung und die Ausstattung der Fahrer mit Handys erscheint allen Mitarbeitern vernünftig, da die Realisierung kostengünstig ohne die Erwartung negativer Konsequenzen erscheint. Diese Vorschläge kommen also in die engere Auswahl.
Die Bereitstellung der Mobiltelefone erscheint wenig problematisch.
Die Änderung der Terminplanung stellt man sich so vor, dass die Auslastung der Lieferwagen optimiert werden soll, indem die Routen streng rational geplant werden sollen. Dadurch ergibt sich allerdings ein neues Problem: Die Auslieferzeiten würden sich dann verlängern, wenn immer nur dann eine Route gefahren wird, sobald alle anliegenden Bestellungen für diese gefertigt wurden. Die Zufriedenheit des Kunden würde also erneut darunter leiden.
Die Abwägung der Realisierbarkeit ergibt also, dass eine vernünftigere Routenplanung nur in eingeschränktem Maße möglich sein wird.
Also gehen die Teammitglieder noch einmal einen Schritt zurück und setzen noch einmal bei den Lösungsvorschlägen an, wobei sie nun vor allem auf die Wege achten, die eine Verkürzung der Lieferzeit mit sich bringen.
Schließlich haben einige Mitarbeiter die entscheidende Idee:
Die Selbstabholung ist kundenfeindlich, da mehr Service gewünscht wird. Auch die Selbstmontage wird die Zufriedenheit des Kunden nicht steigern, so muss also sowohl die Auslieferung als auch der Aufbau der Möbel weiterhin von den Firmenmitarbeitern übernommen werden. Um aber schneller zu sein, gibt man die herkömmliche Liefermethode auf und ersetzt sie durch einige Neuerungen. Die Auslieferer sollen in Zukunft in ein Liefer- und ein Montageteam unterteilt werden. Das Lieferteam bringt die Möbel an den gewünschten Ort und fährt nach dem Abladen zum nächsten Kunden. So können die LKW immer voll geladen und die Routen optimal ausgenutzt werden, da keine Zeit mehr mit der Montage verschwendet wird. Das Montageteam fährt mit PKW zu den Einsatzorten und übernimmt den Aufbau. Per Handy sind die Zentrale, die Lieferanten und das Montageteam ständig in Kontakt und Änderungen können flexibel in durchgeführt werden.
Wünscht der Kunde keinen Aufbauservice, kann Preisnachlass gewährt werden.
Auf diese Weise wird das Muss-Ziel erfüllt, und das Kann-Ziel (keine zusätzliche Kostenentstehung) wird ebenfalls weitestgehend erfüllt, da keine zusätzlichen Mitarbeiter und auch keine Neuanschaffung von LKWs erforderlich sind.

6. Schritt: Lösung realisieren

Der Schritt der Realisation kann einen erneuten Problemlösungszyklus, beginnend mit der Zielsetzung erfordern, der allerdings auf einer konkreteren Ebene abläuft als der diffuse Prozess der Problemdefinition und Lösungsfindung. Diese Möglichkeit sollten Sie in erster Linie dann in Betracht ziehen, wenn es sich um einen komplexen Lösungsweg handelt, der eigene Probleme mit sich bringt.
Andernfalls erfordert die Realisation einer Idee ein Planung.
Dieses Planen entspricht einem Probehandeln, findet also noch immer in Gedanken und auf dem Papier statt.

Entscheidungsfindung

Versuchen Sie, den Lösungsweg soweit wie möglich vorauszudenken.

- Welche Schritte müssen unternommen werden?
- Welche Reihenfolge erscheint am sinnvollsten?
- Welches Ergebnis muss erreicht werden?
- Welche Schwierigkeiten können auftreten?
- Wie können diese ausgeschaltet werden?
- Welche Konsequenzen ziehen die einzelnen Planungsschritte nach sich?

Wenn Sie sich für eine konkrete Vorgehensweise entschieden haben und sich über die Auswirkungen der Planungsschritte im klaren sind, können Sie mit der Realisierung, also der eigentlichen Umsetzung der Idee, beginnen.

Um die Idee der Selbstabholung mit dem mobilen Montageteam zu realisieren, werden die Anzahl der LKWs, PKWs und Mitarbeiter errechnet sowie logistische Maßnahmen durchgeführt.
Schritt für Schritt wird die Umstellung des Lieferservice geplant und realisiert.

7. Schritt: Ergebnisse kontrollieren

Mit der Umsetzung einer Idee ist der Problemlösungsprozess noch nicht abgeschlossen. Der siebte Schritt geht imgrunde genommen mit der Realisation einher, denn die Umsetzung einer Idee ist nicht gleichbedeutend mit deren Erfolg!
Aus diesem Grund ist es wichtig, dass je im Anschluss an die Durchführung eines Planungsschrittes eine Bewertung gemacht wird.

Diese Ergebniskontrolle gibt Ihnen die Möglichkeit, Fehler zu entdecken und Ihre Fortschritte im Bezug auf die Zielerreichung zu messen. Ohne diese Instanz kann es sein, dass Sie Ihre Ziele aus den Augen verlieren und lediglich auf die Beendigung der Realisation hinarbeiten, ohne dabei an die eigentlichen Ziele zu denken.

Ist eine Idee komplett realisiert worden, sollte in jedem Fall eine Gesamtevaluation durchgeführt werden.
Oft ist es so, dass ein erfolgreiches Ergebnis scheinbar keinen Anlass zur Kritik gibt und deshalb auf die Evaluation verzichtet wird. Doch auch Erfolg wird in den seltensten Fällen ohne jegliche Schwierigkeiten erreicht. Es ist also nach jeder Ideenrealisation, ob erfolgreich oder nicht, sinnvoll, die Vorgehensweise kritisch zu rekapitulieren.

Gehen Sie bei Ihrer Bewertung selbstkritisch vor, und betonen Sie sowohl die guten als auch die schlechten Handlungsweisen, die sich im Laufe des Problemlösens ergeben haben.
Dieser Schritt ermöglicht Ihnen die Sammlung neuer Erfahrungen und macht Sie im Umgang mit Problemen routinierter; er sollte also nicht als unnötig empfunden werden.

Um (Teil-) Ergebnisse zu bewerten, können Sie sich folgenden Fragen stellen:

- Welche Zwischenergebnisse wurden erreicht?
- Sind letztendlich alle Muss-Ziele erreicht worden?
- Woran ist die Zielerreichung eventuell gescheitert?
- Was hat uns zum Erfolg geführt?
- An welchen Stellen unterschieden sich die Realisierungsvorstellungen (aus Schritt 6, Realisationsplanung) wesentlich von der tatsächlichen Umsetzung? Warum?
- Konnten auch Wunschziele erreicht werden?
- Haben sich ungeahnte negative Konsequenzen ergeben? Wenn ja, aus welchem Grund wurden Sie in der Planung übersehen?
- Empfinden alle Beteiligten die Umsetzung als Erfolg?
- Was kann man in Zukunft besser machen?

Je kritischer und intensiver Sie diesen Schritt vollziehen, desto lehrreicher wird der mit der Evaluationsphase abgeschlossene Problemlösungsprozess für Sie sein.

Auch die Mitarbeiter der Möbelfirma kommen noch einmal zu einer Besprechung zusammen und diskutieren die Realisation der Idee.
Ihr Muss-Ziel ist erreicht worden, da die Kunden sich nun nicht mehr über die unzuverlässige Auslieferung beschweren. Außerdem konnten so neue Großkunden hinzugewonnen werden.
Alle Beteiligten zeigen sich zufrieden mit der neuen Strukturierung, da kein größerer Arbeitsaufwand auf sie zugekommen und der Termindruck durch die Arbeitsteilung viel geringer geworden ist, obwohl sich die Lieferzeiten verkürzt haben und sogar mehr Aufträge pro Tag bei gleicher Arbeitszeit erfüllt werden können.

Auch das Wunschziel wurde erreicht, und es sind auch bei kritischer Betrachtung keine negativen Konsequenzen ersichtlich.

Das Beispiel der Möbelfirma hat gezeigt, dass Probleme mit Hilfe dieser sieben Schritte auf systematische Art und Weise gelöst werden können. Mit der Basis der einzelnen Phasen im Hintergrund waren die Mitarbeiter in der Lage, das Problem zu definieren und zu einer innovativen Lösung zu kommen.
Doch nicht nur diesen Aspekt der Problemlösung verdeutlicht das Beispiel.
Eine nicht zu unterschätzende Komponente, um erfolgreich Problemlösung betreiben zu können, ist die Arbeit im Team.

8.3 Teamwork oder Alleingang?

Die Entscheidung, ob man lieber im Team oder alleine arbeitet, bleibt letztendlich Ihnen selbst überlassen. Ob Teamarbeit sich produktiv auf die Kreativität und das Gesamtergebnis auswirken, hängt in erster Linie von der jeweiligen Gruppe und der Motivation der Einzelnen ab, doch prinzipiell ist es so, dass Teamarbeit unter guten Voraussetzungen auch gute Lösungen liefert.

Voraussetzungen
Welche Voraussetzungen müssen gegeben sein, um Teamwork mit Erfolg zu krönen?

- Es sollte sich um eine gut zusammenpassende Gruppe handeln. Wenn auch nur zwei Kollegen in einer Gruppe sind, die nicht miteinander auskommen, kann der positive Effekt der Zusammenarbeit erheblich gestört werden. Deshalb sollten Unstimmigkeiten im Vorfeld aus dem Weg geräumt werden.

- Eine weitere Voraussetzung ist die Zusammensetzung der Gruppe nach Kompetenz. Sinn eines effektiven Teamworks ist es, möglichst viele Meinungen zu einer Situation zu verarbeiten. Aus diesem Grund ist es wichtig, dass sich ein Team aus möglichst unterschiedlichen Personen zusammensetzt. Soll zum Beispiel das Betriebsklima in einem Büro verbessert werden, müssen die Meinungen aller Mitarbeiter eingeholt werden. Der Praktikant beurteilt eine Situation mit Sicherheit anders als eine langjährige Mitarbeiterin, und der Vorgesetzte, der firmeninterne Probleme oft nur am Rande mitbekommt, hat wieder eine andere Meinung. Erst diese Mischung macht Gruppenarbeit effektiv.

- In diesem Zusammenhang ist auch wichtig, falsches Hierarchiedenken aufzugeben. Um das Beispiel von eben noch einmal fortzuführen: Die Meinung des Praktikanten sollte ebenso ernst genommen werden wie die des Büroleiters! Dies sollte ebenfalls von Anfang an klar sein. Nichts hemmt Teamarbeit mehr, als die Angst einzelner Gruppenmitglieder, nicht akzeptiert zu werden.

- Zu guter Letzt sollten auch die Räumlichkeiten „teamtauglich" sein. Jeder sollte einen Platz haben, von dem aus Tafeln, Flip-Charts oder Overhead-Projektionen gut sichtbar sind. Wichtig ist auch, dass jeder Teilnehmer Schreibmaterial an seinem Platz vorfindet. Geistesblitze sollten immer notiert werden, bevor sie wieder verfliegen!

Unter diesen Voraussetzungen ist die Arbeit in einer Gruppe mit größter Wahrscheinlichkeit effektiv, und die Vorteile von Teamwork werden sich bezahlt machen.

Warum ist Teamwork sinnvoll?

- Die Lösung komplexer Probleme erfordert eine Vielzahl der unterschiedlichsten Eigenschaften.
Untersucht man die Einzelschritte des Problemlösezyklus auf ihre Anforderungen hin, so stellt man fest, dass die Problemdefinition und die Zielsetzung die Fähigkeit analytisch zu denken verlangen. Die Suche nach passenden Lösungen dagegen erfolgt nicht durch analytisch-logisches Denken, sondern vielmehr durch kombinatorisch-kreative Denkprinzipien. Die Bewertung der Lösungsansätze erfordert ein hohes Maß an Entscheidungsfähigkeit, und Planung, Realisierung und Bewertung schließlich erfolgen durch Durchsetzungsvermögen und Weitsicht.
Da aber nur die wenigsten Menschen Flexibilität, Kreativität, Neugierde und Offenheit mit einem hervorragenden analytisch-logischen Gedächtnis in sich vereinen und zudem noch gestaltungswillig, kommunikativ und durchsetzungsfähig sind, liegt es auf der Hand, dass komplexe Probleme im Prinzip ausschließlich im Team bewältigt werden können.

- Ein weiterer Vorteil von Teamarbeit liegt in den unterschiedlichen Persönlichkeiten der einzelnen Gruppenmitglieder. Nicht nur die unterschiedlichen Fähigkeiten und Kompetenzen, sondern auch die Charaktermerkmale und Erfahrungen der Einzelpersonen lassen die gesamte Gruppe zu einem Ganzen werden, das in der Lage ist, äußerst produktiv und kreativ zu arbeiten.
Der Effekt, der sich durch die Individualität jedes Einzelnen bemerkbar macht, macht sich auch insofern bezahlt, als das Risiko der Zentralreduktion auf eine Lösungsmöglichkeit verringert wird. Die Gefahr von Fehlentscheidungen Einzelner reduziert sich ebenfalls.

- Auch die Motivation von Teamarbeit ist nicht zu unterschätzen. Die Aussicht auf gemeinsames Arbeiten mit dem Ziel der sinnvollen Veränderungen kräftigt das Engagement des Einzelnen. Dadurch entsteht ein Lerneffekt, der ebenfalls dem gesamten Unternehmen zugute kommt. Die Mischung der verschiedenen Hierarchieschichten bewirkt einen Erfahrungsaustausch und Einblick in andere Aspekte der Firma als Gesamtstruktur. Mitarbeiter, die durch regelmäßige Teamarbeit nicht nur mit ihrem eigenen Aufgabengebiet vertraut sind, sind umsichtiger und weisen ein ausgeprägteres Problemverständnis auf als Angestellte, die als Einzelkämpfer keinen Einblick in andere Methoden und Techniken gewinnen.

Teamwork
- fördert also die Lösung komplexer Probleme,
- lässt eine Vielzahl an Lösungsmöglichkeiten zu,
- erweitert den Blickwinkel des Einzelnen in Bezug auf ein Problem,
- schärft den Sinn für Probleme und deren Lösung,
- motiviert Mitarbeiter,
- gibt Einblick in unbekannte Aufgabengebiete.

Zusammenfassung „Probleme mit Problemen?":

Ein Problem besteht immer dann, wenn ein **negativer Ist-Zustand** in einen **positiven Soll-Zustand** geändert werden soll, wobei eine **Barriere** zwischen den beiden Zuständen liegt, deren Überwindung die Problemlösung darstellt.

Man unterscheidet einfache Probleme von komplexen Problemen.
Letztere zeichnen sich aus durch:
- eine Vielzahl von unterschiedlichen Komponenten
- die geringe Beeinflussbarkeit des Sachverhaltes
- unbekannte Sachverhalte
- die Lösung durch divergentes, kreatives Denken

Der Wissensarbeiter wird immer häufiger mit komplexen Problemen konfrontiert und sollte deshalb solche Schwierigkeiten lösen können, indem er
- typische Fehler vermeidet
- Probleme als Herausforderung sieht (positive Grundhaltung)
- sich Problemlösungsfähigkeit aneignet (Eigenschaften wie Kreativität fördert)
- wenigstens eine Methode der Problemlösung beherrscht.

Typische Fehler im Umgang mit komplexen Problemen:
- Unterdrucksetzung. Das Problem wird nicht als Herausforderung, sondern als Belastung empfunden.
- Unüberlegte Informationssammlung. Wissen wird wahllos aufgenommen, ohne die Relevanz zu prüfen.
- Hypothesenorientierte Informationssammlung an Stelle von problemorientierter Wissensaufnahme.
- Zentralreduktion. Das Problem wird auf einen einzigen Aspekt reduziert.
- Kurzschlusshandlung. Nach der Lösungsfindung wird sogleich mit der Realisation begonnen.
- Unangemessene Konzepttreue. Es werden keine, oft bessere, Alternativen zugelassen.
- Angst vor Kritik. Um Kritik aus dem Weg zu gehen, wird auf die Evaluation durch Andere verzichtet.
- Einzelkämpfer. Aus falschem Konkurrenzdenken wird auf Zusammenarbeit verzichtet.

Eine Methode der Problemlösung ist der siebenphasige Zyklus:

1. Probleme erkennen und definieren
2. Ziele setzen
3. Annahmen machen
4. Lösungsalternativen entwickeln
5. Lösungsalternativen bewerten und Entscheidung treffen
6. Lösung realisieren
7. Ergebnisse kontrollieren

Die Durchführung der Problemlösung im Team unter guten Voraussetzungen ist sinnvoll, da
- Lösungen schneller gefunden werden
- Individuelle Erfahrungen, Fähigkeiten und Meinungen die Problemlösung erleichtern
- die Motivation gesteigert wird
- die Fähigkeit zur Problemerkennung und Lösungsfindung ausgeprägter wird
- Einblicke in andere Arbeitsgebiete gewonnen werden

9. Entscheidungsregeln und -hilfen

Erinnern wir uns an das Modell des Homo oeconomicus: Der rational handelnde Mensch versucht seinen Nutzen zu maximieren. Von den Wahlmöglichkeiten wird also immer derjenigen der Vorzug gegeben, welche alle weiteren Alternativen an Nutzen übertrifft. Wie wir aber bereits eingehend besprochen haben, finden viele Entscheidungen in Unsicherheitssituationen statt. Um hier einen geeigneten Entschluss zu fassen, sind die folgenden Entscheidungsregeln aus der Theorie von Bedeutung:

Bayes-Regel:
Diese Regel ist auf den Erwartungswert des Nutzens bedacht. Der Entscheider entschließt sich für diejenige Möglichkeit, mit der er den Erwartungswert maximiert. Das Entscheidungssubjekt hat eine Vorstellung davon, welche Entscheidungen mit welcher Wahrscheinlichkeit eintreten werden. Fehlen Wahrscheinlichkeitsvorstellungen, so treten folgende Regeln in Kraft:

Minimax-Regel:
Es wird die Alternative gewählt, bei der der Nutzen (bei Eintritt der ungünstigsten Umweltsituation) am größten ist.
Aus den Nutzengrößen, die einer Alternative zugeordnet sind, wird die geringste ausgewählt und zu maximieren versucht. Wer seinem Handeln diese Regel zugrunde legt, zeigt eine relativ **pessimistische** Weltanschauung.

Maximax-Regel:
Im Gegensatz zur Minimax-Regel geht man hier von dem größtmöglichen Nutzen einer Alternative aus und versucht, diesen noch zu maximieren. Diese Regel beinhaltet eher **optimistische** Grundzüge.

Hurwicz-Regel:
Hier wird versucht, einen Kompromiss zwischen Minimax- und Maximax-Regel zu finden, indem man dem Optimismus einen eigenen Parameter einräumt. Ist dieser Parameter gleich eins, so tritt die Maximax-Regel in Kraft, ist er gleich 0, so ergibt sich die Minimax-Regel. Praktisch gesehen vergibt man also einen „Einstellungswert" zwischen 0 und 1, der den Grad an Optimismus und Pessimismus individuell ausbalanciert.

Savage-Niehans-Regel:
Es wird vom Entscheider versucht, den Grad des möglichen Bedauerns zu minimieren. Als Bedauern wird hier verstanden, wenn sich die gewählte Möglichkeit nach dem tatsächlichen Eintreten als wenig geeignet erweist bzw. der Nutzen gering ist.

Bevor näher auf andere Hilfen und Modelle eingegangen wird, besinnen Sie sich auf folgende Ressourcen: Fachwissen, Teamwork, Methodik, Planung, Kreativität, Routine und Intuition. Ausgestattet mit diesen Elementen lassen sich sehr viel Probleme lösen – und zweifeln Sie nicht daran, dass Sie dies können! Sie finden in anderen Systemteilen dazu wertvolle Informationen. Eine wesentlich praktischere Hilfe bedeutet „Der Plan" von Spencer Johnson, anhand dessen Sie sich in Ihrer Entscheidungssituation überprüfen können.

Der Plan

„Ja" oder „Nein"
Der Plan für eine bessere Entscheidung

Ich vermeide Unentschlossenheit und halbherzige Entscheidungen, die auf Halbwahrheiten beruhen. Ich verwende **beide** Hälften eines zuverlässigen Systems, um in jeder Situation bessere Entscheidungen zu treffen: einen kühlen Kopf und ein warmes Herz.
Ich setze meinen Kopf ein
bei den praktischen Fragen
und
Ich ziehe mein Herz zu Rate
bei den persönlichen Fragen.
Nachdem ich dann mir selbst und den anderen zugehört habe, treffe ich eine bessere Entscheidung und handle danach.
Ich setze meinen Kopf ein bei den praktischen Fragen:
Werde ich den Notwendigkeiten gerecht?
Informiere ich mich über Alternativen? Durchdenke ich alles gründlich?
„Ja" oder „Nein"
Ist es etwas, was ich mir nur wünsche oder wirklich brauche? Welche Informationen brauche ich? Habe ich mir Alternativen überlegt? Wenn ich „x" täte, was würde geschehen? Und was dann?
Ich ziehe mein Herz zu Rate bei den persönlichen Fragen:
Zeigt meine Entscheidung ich bin ehrlich mit mir selbst, vertraue auf meine Intuition, habe ein gutes Selbstwertgefühl?
„Ja" oder „Nein"
Sage ich mir selbst die Wahrheit? Fühlt es sich richtig an? Wie würde ich mich entscheiden, wenn ich keine Angst hätte? Was würde ich tun, wenn ich Besseres verdiente?
Bei Ja mache ich weiter, bei „Nein" überlege ich noch einmal.
Was ist meine bessere Entscheidung: ...

Eine weitere Unterstützung bei der Entscheidungsfindung, gerade wenn Sie nur wenig Zeit aufwenden können, ist die Strategie des **mental shortcut**. Diese Denkabkürzungen sind vor allem dann nützlich, wenn Sie nur wenig Informationen haben. Sie entscheiden anhand eines einzigen Kriteriums: Welche der beiden Alternativen kommt mir bekannt vor? Forscher befragten amerikanische Studenten nach diesem Muster, welche Stadt Sie für größer hielten, München oder Dortmund? In 73% der Fälle lagen die Studenten richtig mit ihren Antworten. Man geht davon aus, dass das bekanntere Objekt den größeren „Wert" hat, woraus sich eine Art Bekanntheitsregel ergibt.

Besitzt man jedoch bereits „zu viel" Wissen über einen Sachverhalt, so wird diese Methode weniger hilfreich sein.

Eine andere Möglichkeit, um zu einer schnellen Entscheidung zu gelangen, ist nur aufgrund einer einzigen Information zu wählen. Wenn Sie etwa schätzen sollen, welche der beiden Ihnen vorgelegten Städte die höheren Tourismuszahlen hat, so überlegen Sie kurz, welche bekannten Sehenswürdigkeiten Ihnen einfallen. Mit derart geringfügigen Informationen lassen sich bereits richtige Entscheidungen treffen.

Ganz neue Wege der Unterstützung von Denk- und Entscheidungsprozessen geht die Firma Think Tools, die unter anderem Denk-Software für Firmen anbietet. Dr. Albrecht von Müller, der am Max-Planck Institut für Physik forschte, brachte diese Werkzeuge und Techniken, mit denen das Denken und Entscheiden vereinfacht werden soll, auf den Weg.

Es wird ermöglicht, den gesamten Denkprozess von der Entstehung an nachzuvollziehen und zu dokumentieren. Diese Software bietet die Möglichkeit, das menschliche Denken effizienter und präziser zu gestalten und einfacher zu vermitteln.

Inwiefern können Think Tools Ihre Gedanken-Prozesse verbessern? Sie

- illustrieren komplexe Beziehungsgeflechte,
- vereinfachen Logik, Inhalt und Schlussfolgerungen von Entscheidungssituationen,
- ermöglichen einen schnelleren Entscheidungsprozess,
- zeigen die Auswirkungen auf Zeitskalen an,
- sammeln und speichern Wissen.

Es ist mit Spannung abzuwarten, ob und wie sich derartige Softwarelösungen weiterhin entwickeln werden.

Zum Abschluss möchten wir Ihnen noch einmal vorschlagen, mittels der folgenden 7 Schritte sich den Entscheidungsprozess zu vergegenwärtigen und auf Ihre eigene Situation zu übertragen. Die angehängte Checkliste soll Ihnen noch wichtige Details aufzeigen, die bei der Entscheidungsfindung eine große Hilfe sein können.

1. Analyse der Situation
2. Definition und Präzisierung des eigentlichen Problems
3. Entscheidungsvorbereitung
4. Entscheidungsfindung
5. Präzisierung der Alternativen
6. Bewertung der Alternativen
7. Treffen der Entscheidung

Entscheidungs-Checkliste

√ Grenzen Sie das eigentliche Problem ein.
√ Überlegen Sie, ob Sie überhaupt etwas tun müssen.
√ Sammeln Sie Informationen.
√ Verzweifeln Sie nicht, wenn die Sache zu kompliziert wird.
√ Werden Sie sich über Ihre persönliche Sichtweise des Problems klar.
√ Handelt es sich überhaupt um Ihr Problem?
√ Reagieren Sie rechtzeitig auf Ihre Intuition.
√ Vermeiden Sie schnelle Schlussfolgerungen.
√ Bestimmen Sie Ihre Ziele.
√ Formulieren Sie die Alternativen.
√ Bewerten Sie Ihre Ideen.
√ Beschreiben Sie die Konsequenzen jeder Alternative.
√ Freuen Sie Sich über Ihre Entscheidung!

Abschließend noch ein Appell: Treffen Sie Ihre Entscheidungen mit Optimismus, Konsequenz und in Einklang mit sich selbst. Oft sind Entscheidungen wirklich schwierig und scheinen gar bedrohlich, aber Sie können das bewältigen. Nur Mut, Sie schaffen es!

Wissensfragen

1. Welche Varianten von Unsicherheit gibt es und wie kann man diese unterscheiden?
2. Was sind Informationen?
3. Wo genau spielen sich Denkprozesse ab?
4. Was versteht man unter Optionen?
5. Welche Komponenten von Entscheidungsproblemen kennen Sie?
6. Wie definieren Sie das Modell des „Homo oeconomicus"?
7. Was kennzeichnet eine Alternative?
8. Was versteht man unter Ereignissen, welche Unterscheidungsmöglichkeiten gibt es?
9. Wie lässt sich Unsicherheit ausdrücken?
10. Welche Möglichkeiten bietet die Attributmatrix?
11. Wie definieren Sie eine rationale Entscheidung?
12. Auf welche Arten von Entscheidungen ist dieser Text angelegt?
13. Was besagt die Minimax-Regel?
14. In welchen Einzelheiten unterscheidet sich die sichere von der unsicheren Unterscheidung?
15. Auf welche Wurzeln geht die Entscheidungsforschung zurück?
16. Was sind deskriptive Entscheidungstheorien, was präskriptive?

Multiple-Choice-Fragen

1. Welcher Weg dient nicht der Entscheidungsfindung?
   a) Strategie des mental shortcuts
   b) Wählen aufgrund einer einzigen Information
   c) Evaluation der eingetroffenen Konsequenzen

2. Wovon handelt der Plan von Spencer Johnson?
   a) von reflektiertem Entscheiden
   b) von intuitivem, reflektiertem Entscheiden
   c) von mehrstufigen Entscheidungsproblemen

3. Wann findet der Zielbildungsprozess statt?
   a) vor der Entscheidungsbildung
   b) während der Entscheidungsbildung
   c) nach der Entscheidungsbildung

4. Womit beschäftigt sich das Pareto-Prinzip? Mit
   a) ABC-Analysen
   b) Zuständen, die durch bestimmte Vorarbeiten verursacht wurden
   c) Effizienzsteigerung

5. Wie können Präferenzen festgestellt werden? Durch
   a) Rangvergabe bei Optionen
   b) Persönlichkeitstest
   c) Introspektion

6. Die Definition von Nutzen lautet: Nutzen
   a) subjektiver Wert einer Konsequenz
   b) Beseitigung wertmindernder Gesetze
   c) Der numerisch angebbare Wert einer Option

7. Konsequenzen sind
   a) gleichzusetzen mit Zielen
   b) Zustände, die sich aus einer Wahl ergeben
   c) Grundsätzlich handlungsweisend

8. Aus welchen Komponenten setzt sich das innere Modell zusammen? Aus
   a) gefestigten Verhaltensweisen
   b) weiterführenden Handlungen
   c) Werten, Zielen und Kriterien, die eine Entscheidung beeinflussen

Entscheidungsfindung 227

9. Das innere Modell kann charakterisiert werden durch:
   a) seine Statik
   b) seine Abschottung nach Außen
   c) die Prägung eines Menschen

10. Definieren Sie „Entscheidung":
    a) Prozess, dessen Hauptbestandteile Wahlmöglichkeiten und Urteile sind
    b) Selektive Auseinandersetzung mit den vorhandenen Möglichkeiten
    c) Prozess, bei dem Sie einzig zwischen zwei Alternativen wählen

11. Optionen können sein
    a) Informationen
    b) Strategien
    c) Subjekte

12. Gründe sind nicht
    a) argumentativ belegbar
    b) von Außenstehenden nachvollziehbar
    c) aus internen Komponenten zusammengesetzt

13. Entscheidungen sind gekennzeichnet durch
    a) immer neue Entscheidungsszenarien
    b) meist mehrstufige Entscheidungen
    c) gegebene oder offene Optionenmengen

14. Wie werden verschiedene Arten von Entscheidungen charakterisiert?
    a) routinisierte Entscheidungen sind mit einigem kognitivem Aufwand verbunden
    b) stereotype Entscheidungen werden unbewusst bewertet
    c) reflektierte Entscheidungen bedürfen einer bewussten Analyse

15. Intuition ist
    a) ein reflexartiger Instinkt
    b) unbewusstes Wissen
    c) die Bezeichnung für eine Theorie über persönliche Erfahrungen

16. Die Entscheidungsmatrix ist
    a) ein verästeltes Baumschema
    b) eine Kreuztabelle
    c) eine Kreuztabelle, in der mehrere Konsequenzen und ihre Begleiterscheinungen dargestellt werden

17. Welches der drei Entscheidungsschemata unterscheidet sich wesentlich von den beiden übrigen?
    a) Gagné
    b) Brim
    c) Soelberg

18. Der optimale Entscheidungszeitpunkt
    a) liegt zwischen Entscheidungsvorbereitung und Entscheidungsrealisierung
    b) ist nicht genau festzustellen
    c) liegt zwischen Entscheidungsvorbereitung und Entscheidungsakt

19. Welche Entscheidungsregel ist auf die Maximierung des Erwartungswertes bedacht und geht von Wahrscheinlichkeiten aus?
    a) Bayes-Regel
    b) Minimax-Regel
    c) Savage-Niehans-Regel

20. Was ist die Entscheidungshilfe von Think-Tools?
    a) Eine Software, die Gedanken bildlich darstellen und umsetzen hilft
    b) Eine Stütze bei der Informationsbeschaffung
    c) Eine Möglichkeit zur Reduzierung menschlicher Arbeitskraft

Arbeitsmethodik und Projektmanagement

1. Einführung

Wie der Titel schon verrät, geht es hier um das zentrale Thema Arbeitsorganisation. Es beschäftigt sich mit der zentralen Frage: „Wie organisiere ich meine Arbeit?"
Jeder von uns hat im Laufe der Zeit seine ganz persönliche Arbeitstechnik entwickelt und wendet diese täglich an. Diese persönliche Arbeitstechnik setzt sich zusammen aus dem Erfahrungsschatz, dem Tätigkeitsfeld, der Persönlichkeit und vielen anderen Faktoren.
Mal Hand aufs Herz, wie oft haben Sie Ihre eigene Arbeitstechnik schon kritisch überprüft? Wann haben Sie sich das letzte Mal gefragt, ob Sie eine bestimmte Aufgabe rationeller erledigen können oder ob es inzwischen (technische) Hilfsmittel gibt, die Ihnen das Arbeiten erleichtern? Und wie oft hatten Sie im Büro so viel Stress, dass Sie Ihre Arbeit nicht immer fehlerfrei ausführen konnten? Ist es Ihnen auch schon passiert, dass Sie wichtige Unterlagen erst nach zeit- und nervenaufreibendem Suchen wiedergefunden, einen Termin verpasst oder einen wichtigen Kontakt verloren haben?

Wenn Ihnen das alles irgendwie bekannt vorkommt, sollten Sie dieses Modul besonders genau durchlesen. Sie werden lernen, wie Sie Ihren Arbeitsplatz optimal organisieren, wie Sie die Ablage sinnvoll gestalten, wie Sie Projekte optimal managen und wie Sie im Großen und Ganzen Ihre gesamte Arbeit effizienter gestalten, um so mehr Zeit für das Wesentliche zu haben. Eine wichtige Ergänzung zu diesem Text ist der Systemteil „Zeitmanagement und Zielplanung", in dem Sie genaue Anleitungen zum Ziel- und Zeitmanagement finden.
Der erste Teil beschäftigt sich mit dem Thema *Arbeitsplatzorganisation*, also Antworten auf die Fragen „Wie gestalte ich meinen Arbeitsplatz möglichst rationell?" und „Wie strukturiere ich Ablage, Wiedervorlage, Aktenplan etc. so, dass mir die Arbeit erleichtert wird und ich Zeit sparen kann?" In Kapitel 2 geht es dann um *Arbeitstechnik*, und im dritten Kapitel beschäftigen wir uns mit *Planung*: Wie plant man sinnvoll? Welche Bezugsgrößen sind zu beachten? Welche Bereiche muss man bei einer gelungenen Planung unbedingt mit einbeziehen? Usw.

Die Planung führt uns geradewegs zum *Projektmanagement*. Projekte sind aus dem modernen Arbeitsleben nicht mehr wegzudenken. Deshalb finden Sie in Kapitel 4 wichtige Ansätze, wie ein Projekt aufgebaut ist und was bei dessen Durchführung zu beachten ist. Um alle Ergebnisse eines Abschnittes auf einen Blick wiederholen zu können, haben wir zum Abschluss jedes großen Kapitels eine kurze Zusammenfassung mit allen zentralen Punkten zusammengestellt. Hier können Sie das Wichtigste noch einmal in Kurzform nachlesen.
Beginnen wir mit einer Definition: Wir wollen ja unsere *Arbeit* optimal organisieren. Aber was ist Arbeit eigentlich?

1.1 Was heißt Arbeit?

Jeder kennt das Wort „Arbeit". Täglich hören und sprechen wir Sätze wie „Ich gehe jetzt zur Arbeit.", „Ich habe zuviel Arbeit" oder „Ich habe keine Arbeit". Wir verwenden das Wort „Arbeit" in der Umgangssprache also für unterschiedliche Begriffe: Die Arbeitsstelle, das Gebäude, in dem man arbeitet, die Aufgaben, die man zu erledigen hat, die Tätigkeit, die man ausführt usw. Doch wie definieren wir Arbeit?

Es gibt verschiedene Definitionen für Arbeit. Zwei davon wollen wir hier nennen:

- „In operationaler Definition wird unter Arbeit im Allgemeinen alles verstanden, was der Mensch zur Erhaltung seiner eigenen Existenz und/oder der Existenz der Gesellschaft tut, soweit es von der Gesellschaft akzeptiert und honoriert wird."
- „Arbeit ist ein Grundaspekt menschlicher Lebenswirklichkeit, der durch zielstrebige Auseinandersetzung mit der Umwelt zum Zwecke der Daseinsvorsorge gekennzeichnet wird. Ihre Voraussetzungen, Erscheinungsformen und Auswirkungen zeigen sich konkret in den unauflöslichen Wechselbeziehungen kulturell vermittelter, technisch-wirtschaftlich-sozial-organisierter und persönlich erlebter Situationen." (Lehrbuch Arbeitspsychologie)

Unter dem arbeitspsychologischen Aspekt ist Arbeit:

- zielgerichtete Tätigkcit und zweckrationales Handeln,
- Daseinsvorsorge und dient der Schaffung optimaler Lebensbedingungen,
- mit gesellschaftlichem Sinngehalt versehen und aufgabenbezogen
- ein vermittelnder Prozess zwischen Mensch und Umwelt, der sich in eingreifenden und verändernden Tätigkeiten äußert.

> Sie sehen also: Arbeit ist mehr als das, was Sie jeden Tag zwischen acht und halbfünf verrichten. Arbeit spielt eine zentrale Rolle in unserem Leben.

Die zentrale Rolle können Sie sich ganz einfach vor Augen führen: Der Tag hat 24 Stunden. Davon schläft der Durchschnittsmensch etwa acht Stunden. Die Differenz beträgt 16 Stunden, die Sie auf Freizeit und Arbeitszeit aufteilen können. Der Arbeitstag dauert in der Regel wenigstens acht Stunden, oftmals auch mehr. Das heißt, dass Sie **mindestens die Hälfte Ihrer wachen Zeit** mit der Arbeit beschäftigt sind. Diese Zeit sollten Sie sich tatsächlich so angenehm (das heißt sinnvoll) wie möglich gestalten.
Schon allein deswegen sollten Sie sich Ihre Arbeit so gut wie nur irgendwie möglich organisieren. Im folgenden Beitrag finden Sie dazu viele Lösungsansätze und Hilfestellungen. Lassen Sie uns mit dem großen Thema Arbeitsplatzorganisation beginnen.

2. Arbeitsplatzorganisation

Die meisten Menschen verbringen am Tag mindestens 25 Prozent der verfügbaren Arbeitszeit mit Informationshandling, also Suchen, Bereitstellen, Sortieren, Ordnen, Ablegen usw. Wenn nun die Ablage lieblos gehandhabt wird, der Arbeitsplatz nicht rationell und praktisch genug gestaltet ist, der Aktenplan wenig geordnet und die Wiedervorlage stiefmütterlich behandelt wird, ist es kein Wunder, wenn man mehr oder weniger regelmäßig wichtige Kontakte verliert, Termine verpasst, Kunden und Kollegen verärgert und man sich ab und zu im eigenen Chaos gar nicht mehr auskennt. Nun besagt ein Sprichwort: „Das Genie beherrscht das Chaos." Das trifft vielleicht für einige wenige Unverbesserliche zu – und dann bestimmt eher auf einen schaffenden Künstler als einen Wissensarbeiter. Das Sprichwort für den modernen Wissensarbeiter müsste vielmehr lauten: „Das Genie ist schlau genug, erst gar kein Chaos aufkommen zu lassen."

Nur mit einem gut organisierten Arbeitsplatz lässt sich auf Dauer erfolgreich arbeiten. Sicher haben Sie sich auch schon schwarz geärgert, weil Sie Unmengen an Zeit aufgewendet haben, um nach einem wichtigen Dokument zu suchen. Oder Sie haben einen halben Arbeitstag damit verbracht, zu ordnen, zu sortieren und zu heften und am Ende doch nicht die gewünschte Ordnung erreicht. Wenn Sie nicht jede gewünschte Utensilie, jedes Schriftstück oder sonstiges Arbeitsgerät innerhalb einer Minute griffbereit haben, ist es an der Zeit, Ihre bisherige Arbeitsplatzorganisation gründlich zu überdenken. Hier lernen Sie, wie Sie Ihren Arbeitsplatz optimal organisieren.

> Wahrscheinlich verbringen Sie nirgendwo sonst so viel Zeit wie an Ihrem Arbeitsplatz.

Deshalb sollten Sie ihn sich so angenehm wie möglich gestalten. Wenn Sie es zum Beispiel grün mögen, stellen Sie ruhig einige Pflanzen in Ihr Büro – die sind für das Raumklima ohnehin gut. Stellen Sie Bilder auf, wenn Sie sich beim Anblick Ihrer Kinder oder eines schönen Urlaubsfotos erfreuen oder halten Sie Ihren Arbeitsplatz kühl und sachlich, wenn Sie kein Bilder- und Blumentyp sind. Kurzum: Dekorieren Sie das Ganze nach Ihrem Geschmack, schließlich sind Sie es, der täglich acht Stunden und mehr an diesem Ort verbringen muss.

Drei Voraussetzungen müssen erfüllt sein, damit Sie an Ihrem Arbeitsplatz optimal arbeiten können:

- Der Arbeitsfluss muss ungestört erfolgen und für Ihre Arbeitsleistung förderlich sein.
- Das Arbeiten muss ohne lange Lauf- und Verlustwege erfolgen können.
- Ihre persönlichen Körpermaße und Bewegungsabläufe sind die Grundlage für Ihre Arbeitsplatzgestaltung.

Um diese Voraussetzungen zu erreichen, orientieren Sie sich am besten an den folgenden Regeln zur optimalen Organisation Ihres Arbeitsplatzes. (Dabei gilt natürlich, dass Ihre persönliche Optimallösung im Einzelfall von den hier gegebenen Vorschlägen abweichen kann. Wenn Sie sich unsicher sind, probieren Sie einfach mehrere Möglichkeiten über beispielsweise je eine Woche aus und entscheiden dann, welche Variante Ihnen am besten gefallen hat.)

- Ihre Büromöbel sowie Peripheriegeräte wie Fax, Drucker und Telefon sollten Ihren Arbeitsabläufen gemäß sinnvoll angeordnet sein. Im Allgemeinen ist ein Ecktisch oder zwei Tische, die „über Eck" gestellt sind, optimal.

Einen Vorschlag finden Sie in der untenstehenden Grafik:

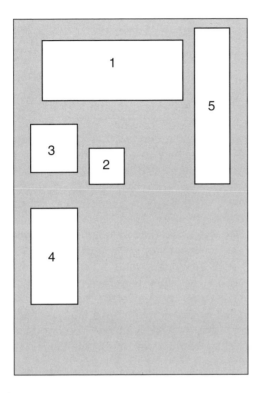

1) Schreibtisch
2) Bürostuhl (höhenverstellbar, ergonomisch geformt)
3) Computerarbeitsplatz
4) Beistelltisch für Drucker, Fax, (Kopierer), Büromaterialien und evtl. Registratur
5) Schrank- oder Regalwand für Bücher, Ordner etc.

Einige Regeln sollten Sie bei der Einrichtung Ihres Arbeitsplatzes beherzigen:

- Achten Sie auf eine ausreichend große Arbeitsfläche. Alles, was unter 100 x 60 cm ist, dürfte wenig geeignet sein, gerade dann, wenn Sie regelmäßig unter Stress arbeiten müssen.
- Stellen Sie sicher, dass Sie in einem guten Raumklima arbeiten: Achten Sie zunächst auf ausreichende Belüftung. Sauerstoff lässt bekanntlich das Gehirn besser arbeiten. Die optimale Raumtemperatur liegt bei 21 Grad, die relative Luftfeuchtigkeit bei 40 bis 60 Prozent.
- Richten Sie sich Ihren Arbeitsplatz wie oben genannt nach Ihrem persönlichen Geschmack ein.
- Helle, warme Farben wirken sich positiv auf Stimmung und Wohlbefinden aus.
- Reduzieren Sie den Lärmpegel so weit wie möglich. Ruhe fördert die Konzentration und lässt entspannter arbeiten.

- Wenn Sie in einem größeren Büro arbeiten, scheuen Sie sich nicht davor, Ihren Arbeitsplatz ein wenig abzuschirmen – beispielsweise durch Raumteiler und Regale.
- Gestalten Sie Ihren Arbeitsplatz so, dass Sie ihn an verschiedene Arbeitsabläufe anpassen können. Halten Sie sich zum Beispiel ein wenig Platz zum ungestörten Lesen frei, und sorgen Sie ebenfalls dafür, dass Sie im auf das Lesen folgenden Arbeitsgang Dokumente und Unterlagen vorbereiten können – und nicht erst dafür Platz schaffen müssen.
- Sorgen Sie für eine optimale Beleuchtung. Vermeiden Sie bei künstlicher Beleuchtung Blendung und scharfe Kontraste und achten Sie bei Sonneneinstrahlung unter anderem darauf, Ihren Monitor so zu platzieren, dass Sie zu keiner Tageszeit geblendet werden.
- Ordnen Sie Ihren Arbeitsplatz dennoch (wenn möglich) in Fensternähe an. Der Lichteinfall sollte bei Rechtshändern von links oben und bei Linkshändern von rechts oben kommen, um Schattenbildung und Blendung zu vermeiden.
- Nur die absolut notwendigen Arbeitsmittel sollten im direkten Griffbereich Ihres Arbeitsplatzes angeordnet sein. Ihr Arbeitsablauf spielt dabei eine entscheidende Rolle. Das werden wir später noch genauer besprechen.
- Gewöhnen Sie sich ein festes Schema an, wie Sie Ihre Schriftstücke bearbeiten. Als Rechtshänder arbeiten Sie am besten von links nach rechts, das heißt: linke Seite Schreibtisch: Eingang; Mitte (Arbeitsfläche): Bearbeitung; rechte Seite: Ausgang, hier befindet sich bereits erledigte Arbeit. Als Linkshänder gilt der Vorgang in umgekehrter Form.
- Und schließlich: Organisieren Sie Ihren Arbeitsplatz nach einem auch für andere nachvollziehbaren System. Es wird Ihnen kaum nützen, wenn Ihnen ein Mitarbeiter wichtige Informationen auf den Schreibtisch legt, die Sie dann in den Papierkorb werfen, weil er sie unwissentlich auf Ihren Altpapierstapel gelegt hat. Erhalten Sie sich also eine gewisse Flexibilität.
- Vergessen Sie über diese Punkte hinaus aber nicht, dass Sie sich an Ihrem Arbeitsplatz nicht „gefangen" fühlen sollten. Achten Sie außerdem auf Fluchtwege. Sie sollten sich also nicht verbauen.
- Auch wenn Sie in einer Führungsposition sind, die von sich aus großzügigere Raumaufteilung verlangt, sollten Sie dennoch versuchen, die Über-Eck-Lösung für Schreibtisch und PC umzusetzen.

Arbeitsmethodik und Projektmanagement

2.1 Die drei Kategorien der Anordnung

Ein wichtiges Kriterium für die Anordnung und Aufteilung Ihres Arbeitsplatzes ist Ihre persönliche Reichweite. Die Reichweite lässt sich allgemein in drei Kategorien aufteilen:

Kategorie A	Direkter Zugriff im Sitzen, ohne dass die Sitzposition verändert wird.
Kategorie B	Direkter Zugriff im Sitzen mit leichter Veränderung der Position (zum Beispiel durch Vorbeugen oder Strecken).
Kategorie C	Zugriff kann nur durch Verlassen der Sitzposition erfolgen.

Kategorie A ist in der Regel die freie Arbeitsfläche, auf der Sie im Laufe des Tages verschiedene Schriftstücke bearbeiten. Vermeiden Sie es, Ihre Arbeitsfläche mit Dingen zu überladen, die dort nicht hingehören (Stifte, Papier, Kataloge), denn dieser Platz ist nur für Sachen reserviert, die *im Moment* tatsächlich bearbeitet werden.

Computertastatur, Maus und Mauspad gehören bei den meisten Angestellten inzwischen ebenfalls in Kategorie A. Ordnen Sie Ihren PC wie weiter oben gezeigt „über Eck" an. (Das gilt vor allem für Tastatur, Maus und Monitor; für den Tower findet sich unter Umständen auch ungenutzter Platz unter Ihrem Schreibtisch.) So müssen Sie sich nur mit Ihrem Bürostuhl um 90 Grad drehen, und schon haben Sie auch für die Arbeit am Computer die optimale Sitzposition.

In Kategorie B stellen Sie bitte Arbeitsmittel, die Sie häufig benötigen und auf die Sie daher schnell zugreifen können müssen. Das sind zum Beispiel Stifte, das Telefon, Ablagekästen, Büroklammern, Locher, Hefter, Radiergummi, Taschenrechner, Terminkalender, Block für Telefon- und sonstige Notizen usw. Ordnen Sie Ihr Telefon so an, dass Sie den Hörer in die Hand nehmen, mit der Sie nicht schreiben, um sich mit der anderen Notizen zu machen. Stellen Sie als Rechtshänder Ihre Stifte auf die rechte Seite des Schreibtisches, damit Sie sie mühelos erreichen können. Eine in Ihren Schreibtisch integrierte Hängeregistratur (zum Beispiel im Rollcontainer) kann Ihnen die Arbeit außerdem erleichtern. Verwahren Sie darin Unterlagen und Informationsmaterial, das Sie ständig zum Arbeiten brauchen. Auch den Papierkorb sollten Sie in Kategorie B stellen. So werfen Sie Überflüssiges gleich weg, ohne es zunächst auf Ihrem Schreibtisch zu stapeln.

Das Telefon kann hier eine Ausnahme sein. Es gibt Telefonexperten, die empfehlen, das Telefon nicht auf den Schreibtisch zu stellen, an dem Sie die meiste Zeit verbringen. Sie sollten wenigstens einen Schritt davon entfernt sein, um die Perspektive, das heißt Ihr Rollenverständnis wechseln zu können. Rollenverständnis bedeutet nun, dass Sie – wenn Sie zum Telefon gehen – sich bewusst machen, dass Sie jetzt umschalten können. Andererseits kann dieser andere Ort Sie von Ablenkungen fern halten, zum Beispiel dadurch, dass Sie keine Kollegen und keine Notizzettel oder sonstigen Unterlagen, die auf Ihrem Schreibtisch liegen, sehen.
Nutzen Sie darüber hinaus die Erkenntnis, dass man nicht alles seitwärts anordnen muss, sondern auch die Höhe nutzen kann. Hierzu gibt es verschiedene Möglichkeiten: Montieren Sie je nach Geschmack Pinnwände, Ablagebretter und -körbe, Beistellschränke usw.

Kategorie C schließlich können Sie nur erreichen, wenn Sie Ihre Sitzposition verlassen. In diese Kategorie gehören zum Beispiel Ordner, die nicht ständig benötigt werden, technische Arbeitsmittel wie Kopiergerät, Fax, Drucker, Aktenvernichter und Briefwaage. Briefpapier, Umschläge, Etiketten, Kopier- und Faxpapier sollten Sie ebenfalls in diese dritte Kategorie anordnen, außer Sie sind den ganzen Tag damit beschäftigt, zu faxen oder Briefe zu schreiben.

Zum Schluss noch ein Hinweis: Was wir hier aufgeführt haben, sind lediglich Vorschläge. Sie müssen selbst bestimmen, was Sie welcher Kategorie zuordnen wollen. Das hängt unter anderem maßgeblich von Ihrem persönlichen Aufgabenfeld ab. Wenn Sie zum Beispiel einen Ordner ständig benötigen, wäre es wenig vorteilhaft, ihn in Kategorie C zu stellen.

Sie können Ihre persönlichen Kategorien ganz leicht bestimmen. Am leichtesten für Sie zu erreichen sollten die Dinge sein, die ständig benötigt werden. Auf Dinge, die oft benötigt werden, sollte der Zugriff ebenfalls gut sein. Arbeitsmittel, die selten oder nur gelegentlich gebraucht werden, können Sie ruhig in Kategorie C anordnen. Nutzen Sie für Dinge, die Sie wirklich ganz selten brauchen (zum Beispiel bereits Archiviertes) die obersten bzw. untersten Regale in Ihrem Büroschrank oder andere Plätze, die in Ihrer Peripherie liegen.

Bleiben Sie schließlich auch Ihrer neuen Anordnung gegenüber kritisch. Probieren Sie verschiedene Möglichkeiten aus, wenn Sie sich unsicher sind. Nach einiger Zeit werden Sie sicherlich eine auf Ihre persönlichen Bedürfnisse abgestimmte Arbeitsplatzorganisation erreicht haben.

Kommen wir nun zu den speziellen Bereichen Ihres Arbeitsplatzes sowie deren Organisation.

2.2 Zettelwirtschaft

Manche Leute sind wahre Liebhaber der Zettelwirtschaft. Sie machen sich auf losen kleinen Blättern Notizen, kleben viele gelbe Haftzettelchen an ihren Monitor und finden, wenn es darauf ankommt, gar nichts mehr, weil der kleine Zettel irgendwo im Chaos verschwunden ist. Nutzen Sie statt der vielen Zettel lieber:

- Block für Notizen, die Sie später übertragen können
- Terminplaner
- Adressmappen
- eigene oder vorgefertigte Listen und Formulare
- Pinnwand (kaum zu empfehlen, da nicht viel anders als eine Zettelwirtschaft, nur mit dem Vorteil, dass sich alle an einem Ort befinden)
- Wiedervorlage

Machen Sie sich folgende Regeln zur Gewohnheit:

- Verwenden Sie grundsätzlich keine Zettel, die kleiner als DIN A4 sind. Dies ist das übliche Standard-Format, das Sie auch abheften können.
- Beschreiben Sie nur eine Seite des Zettels, sonst kann es Ihnen leicht passieren, dass wichtige Informationen versehentlich im Papierkorb landen.
- Übertragen Sie so viele Informationen wie möglich sofort in die oben beschriebenen Hilfsgeräte.
- Gewöhnen Sie sich an, mit Formularen zu arbeiten. Der Fachhandel bietet eine Fülle von vorgefertigten Formularen an. Sie können diese aber auch nach eigenen Bedürfnissen gestalten und einfach kopieren.
- Schreiben Sie grundsätzlich keine Termine auf Zettel. Diese können zu schnell verloren gehen oder übersehen werden. Verwenden Sie hierfür einen Terminplaner. Wenn Ihre Kollegen oder Mitarbeiter über Ihre Termine Bescheid wissen müssen, führen Sie einen „doppelten" Terminkalender, den Sie an einer Stelle aufbewahren, zu der alle Kollegen Zugang haben.

2.2.1 Kundenakten anlegen

Legen Sie sich besser für jeden Kunden, Interessenten oder Lieferanten eine Akte an, die Sie ständig aktualisieren. Das wichtigste Blatt in dieser Akte ist das Stammblatt. Auf ihm finden Sie neben Namen, Adresse, Telefon- und Faxnummer auch den Ansprechpartner, spezielle Interessengebiete sowie vereinbarte Konditionen. Das Stammblatt muss ständig aktualisiert und bei Bedarf komplett erneuert werden. Notizzettel haben hier nichts zu suchen.

Unterteilen Sie die Akte in verschiede Bereiche, zum Beispiel:

- Stammblatt
- allgemeiner Schriftverkehr
- Angebots- und Preislisten
- Absprachen über Konditionen
- Telefonnotizen
- Lieferscheine
- Rechnungen

> Eine solche Mappe sollten Sie bei Anfragen von Interessenten sofort erstellen und die zugehörigen Unterlagen immer gleich abheften.

Stecken Sie darüber hinaus keine Zettel – und schon gar keine kleinen – in die Wiedervorlage. Sie haben zwei Möglichkeiten, wie Sie wichtige Informationen in der Wiedervorlage platzieren, dabei aber auch die Kundenakte sauber führen:

1. Sie kopieren die Briefe oder Notizen für die Wiedervorlage und versehen Sie eventuell mit zusätzlichen handschriftlichen Vermerken. Die Originaldokumente führen Sie der Kundenakte zu. (Das hat aber den Nachteil, dass Sie durch diese doppelte Ablage mehr Papierflut als ohnehin schon zu bewältigen haben.)
2. Sie benutzen einen Notizblock im DIN A4-Format (am besten in Form eines vorgefertigten Formulars). Hier tragen Sie einen Verweis auf die Kundenakte ein, in der Sie das gewünschte Dokument leicht wiederfinden können.

Eine wesentlich bessere Variante als die Zettelwirtschaft ist die Wiedervorlage. Auf den folgenden Seiten wollen wir uns damit beschäftigen, wie Sie diese optimal organisieren.

2.3 Wiedervorlage

Die Wiedervorlage besteht in der Regel aus einer Mappe oder Hängeregistratur mit 31 bzw. 43 Fächern (für 31 Tage und 12 Monate). Die Vorteile der Wiedervorlage liegen auf der Hand:

- Sie werden rechtzeitig an die Erledigung von Aufgaben und Terminen erinnert.
- Unterlagen stehen Ihnen termingerecht zur Verfügung.
- Sie sparen Zeit, da Sie nur die Dinge darin finden, die für Ihre aktuelle Arbeit wichtig sind.
- Auch Ihre Mitarbeiter wissen, was Sie erledigen wollten, wenn Sie einmal nicht im Büro sind.

Typische Fälle für die Wiedervorlage sind:

- Ein Vorgang konnte nicht zu Ende gebracht werden, weil wichtige Informationen fehlten.
- Zu einem bestimmten Termin werden für eine Besprechung verschiedene Unterlagen benötigt.
- Nachdem man ein Angebot verschickt hat, möchte man eine Woche später nachhaken.

Klar sollte sein, dass bei einem anstehenden Termin die Wiedervorlage ggf. ein bis zwei Tage vor dem Termin bereits einsortiert werden sollte, um noch Vorbereitungen treffen zu können (Unterlagen oder Informationen einholen, persönliche Vorbereitung auf Gesprächspartner, das heißt Lesen der letzten Notizen, Korrespondenz und Unterlagen).
Die zwei Methoden, wie Sie Ihre Wiedervorlage verwalten können, haben wir oben schon erwähnt:

1. Sie legen die Kopien aller Unterlagen (die Originale gehören in die Kundenakte!) zu dem Termin in die Wiedervorlage, an dem Sie die nächste Bearbeitung durchführen wollen.
Der Vorteil dieser Methode ist, dass Sie alle benötigten Unterlagen zu einem bestimmten Termin sofort zur Hand haben. Der Nachteil ist, dass Ihre Wiedervorlagenmappe unter Umständen sehr voll werden kann und dass Sie dann kostbare Zeit verschwenden, diese volle Mappe zu durchsuchen. Vielleicht erlaubt Ihre Arbeitsorganisation eine Ordnung innerhalb der Wiedervorlage, im Zweifelsfall das Alphabet.
2. Sie legen ein Formular in die Wiedervorlage, auf dem genau vermerkt ist, wie Sie an die benötigten Unterlagen kommen.
Der Vorteil besteht darin, dass die Unterlagen dort sind, wo sie hingehören und somit auch für andere leicht zu finden. Außerdem bleibt Ihre Mappe wesentlich überschaubarer, als wenn Sie sie mit sämtlichen Schriftstücken und Angebotszetteln nur so vollpferchen. Ein Nachteil kann sich allerdings ergeben, wenn Sie das Ganze schlecht organisieren. Dann haben Sie nämlich einen hohen Zeitaufwand bei der Zusammenstellung, weil Sie erst alles aus einer schlecht organisierten Ablage heraussuchen müssen.

Wenn Sie sehr viel unterwegs und wenig im Büro sind, können Sie die Wiedervorlage auch über Ihren Terminkalender organisieren. Vermerken Sie sich neben den Terminen einfach den entsprechenden Standort der jeweils benötigten Akten.

Natürlich können Sie die Wiedervorlage auch mit dem PC verwalten; vorausgesetzt das bringt Ihnen wirklich Zeitersparnis. Ein sehr hilfreiches Programm ist hierfür beispielsweise „Notes" von Lotus, das den großen Vorteil bringt, alle Dokumente, E-Mails etc. in einem System zu verwalten und mehreren Mitarbeitern Zugriff darauf zu ermöglichen. Prüfen Sie im Einzelfall, ob sich der Einsatz eines speziellen Programms wie diesem und der Einsatz des Computers überhaupt zeitlich positiv auswirkt. Sie sollten ein Programm niemals zum Selbstzweck verwenden oder weil es gerade „in" ist.

2.4 Ablage

Als nächstes wollen wir uns mit der Ablage beschäftigen. Wir haben schon festgehalten, dass eine sauber geführte Ablage ungeheuer wichtig ist.

Sie sollten sich bewusst machen, dass ein großer Teil der Unterlagen, die Sie in einer Ablage abheften, tatsächlich nie wieder benötigt werden. Der Anteil dieser Akten unterscheidet sich ja nach Branche bzw. Arbeitsorganisation, kann aber bis zu 100% ausmachen. Überprüfen Sie es selbst: Wenn Sie ein Aktenarchiv im Keller haben sollten, wann waren Sie das letzte Mal dort und wie viel von dem, was dort lagert, haben Sie gesichtet?

Auf folgende vier Fragen müssen Sie gute Antworten finden, um Ihre Ablage perfekt zu gestalten:

- Was wird abgelegt?
- Wo wird es abgelegt?
- Wie lange werden die verschiedenen Sachen aufgehoben?
- Wie werden die Schriftstücke abgelegt?

2.4.1 Die Frage nach dem „Wo"

> Der optimale Ort ergibt sich aus der Zugriffshäufigkeit, dem Umfang der Unterlagen sowie Ihren räumlichen Möglichkeiten.

Stellen Sie sicher, dass sich aktuelle Vorgänge und Hilfsunterlagen wie Angebotslisten nahe an Ihrem Arbeitsplatz befinden. (Das haben wir im Kapitel über Arbeitsplatzorganisation schon näher erläutert.)
Der aktuelle Teil Ihrer Ablage sollte so wenig Platz wie möglich einnehmen. Zu groß ist die Gefahr, dass Sie Dinge mit hineinpacken, die Sie gar nicht wirklich benötigen und so im Laufe der Zeit mit ziemlich hoher Wahrscheinlichkeit auf ein mittelgroßes Chaos zusteuern. Überlegen Sie sich lieber, ob Sie Dinge archivieren können (vielleicht steht ein Keller oder Dachboden zur Verfügung?). Versehen Sie alles, was ins Archiv wandert, mit einem Zettel, auf dem kurz vermerkt ist, worum es sich handelt und wann das Ganze vernichtet werden soll. Halten Sie das Vernichtungsdatum am besten auch per Datenbank im PC fest.

> Stellen Sie vor allem sicher, dass es nur *eine* Möglichkeit gibt, wo sich ein gesuchtes Schriftstück befinden könnte. Nicht, dass Sie die Wiedervorlage, einen großen, noch unbearbeiteten Papierstapel auf Ihrem Schreibtisch, die Ablage selbst sowie Ihr Archiv durchsuchen müssen, um ein einziges Dokument zu finden.

Machen Sie es sich deshalb zur Gewohnheit, alle Schriftstücke, die Sie nicht sofort weiter verarbeiten, nach einer eventuellen Notiz in der Wiedervorlage der Ablage zuzuführen. Denn wenn diese optimal organisiert ist, kostet Sie das wesentlich weniger Zeit und Nerven als das Stapeln von Unterlagen, die noch in die Ablage einsortiert werden müssen. Außerdem laufen Sie beim „Stapeln" Gefahr, Termine zu vergessen, Adressen zu verlegen und Kontakte zu verlieren.
Widerstehen Sie außerdem der Versuchung, alles aufzuheben. Entscheiden Sie immer gleich, ob Ihnen das jeweilige Schriftstück kurz- oder langfristigen Nutzen bringen kann.

Viele Informationen, die momentan wichtig erscheinen, kommen wieder auf Ihren Schreibtisch. Dies trifft für Kataloge, Einladungen und Angebote für verschiedene Abonnements zu. Die nächste Fassung wird aufgrund der sich schnell ändernden Aktualität ganz anders aussehen und die früher empfangene Version ist wertlos. Außerdem können Sie Informationen heute über das Internet so gezielt und zu dem Zeitpunkt suchen, wenn es für Sie von Interesse ist, dass Sie noch weniger Papier als sonst aufheben müssen.

2.4.2 Die Frage nach dem „Wie"

Es gibt drei Möglichkeiten, wie Sie Schriftgut ablegen können:

- stapeln (Stapelablage)
- stellen (in Ordnern oder Stehsammlern)
- hängen (in Hängemappen, -sammlern oder -heftern)

Außerdem müssen Sie sich entscheiden, ob Sie Ihr Schriftgut lochen bzw. heften oder lose ablegen.

Um es gleich vorwegzunehmen: Eine oder *die* beste Technik gibt es nicht. Wichtig ist nur, dass Sie sich vorab eine klare Gliederung ausdenken und sich konsequent daran halten. Die Form der optimalen Ablageart richtet sich nach dem, was abgelegt wird. Nur die Stapelablage sollten Sie tunlichst vermeiden. Lösen Sie deshalb sofort alte Stapel auf und verteilen Sie das Schriftgut in Ordner, Register, Hängemappen oder Stehsammler. Dann haben Sie immer alle Unterlagen parat und endlich wieder mehr Platz zum Arbeiten.

- Verwenden Sie für Belege, die unbedingt in strenger chronologischer oder numerischer Reihenfolge sortiert sein müssen (also zum Beispiel für Rechnungen, Lieferungen etc.) am besten Ordner, in die Sie alles fein säuberlich abheften. Dies ist auch im privaten Bereich hilfreich. Denken Sie nur an Ihre Steuererklärung. Hierzu benötigen Sie Belege der letzten 12 Monate.
- Zeitschriften, Prospekte und Kataloge von unterschiedlicher Größe und Breite sind in Stehsammlern gut aufgehoben.
- Alle Unterlagen, die entweder dünn sind oder sich gut gliedern lassen, können Sie ruhig in der Loseblatt-Technik führen, solange Sie keine strenge Reihenfolge einhalten müssen. Sie sparen dadurch etwa ein Drittel Zeit gegenüber der Hefttechnik im Ordner. Außerdem können Sie das Behältnis, in dem Sie die jeweiligen Vorgänge aufbewahren, optimal auf die Größe der Schriftstücke abstimmen.

Oft hat sich die Hängeregistratur als sinnvoll erwiesen. Denn egal, ob Sie nun neben Ihrem Schreibtisch, im Schrank oder im Archiv ablegen, bleibt die Ablageart in der Hängeregistratur immer die gleiche.
Orientieren Sie sich am besten an den nachfolgenden Kriterien, wenn Sie die für Sie günstigste Ablageart anwenden wollen. Diese Anforderungen sollte Ihr Ordnungssystem auf jeden Fall erfüllen:

- Eindeutige Suchbegriffe machen leichten und schnellen Zugriff möglich und stellen sicher, dass Schriftstücke zum gleichen Thema im gleichen Behältnis landen.
- Die Ablage muss für alle Benutzer gleich transparent sein.
- Es muss schriftlich fixiert werden, wo sich ein bestimmter Schriftgutbehälter befindet (zum Beispiel *Raum 2, Schrank I*).

- Das System muss erweiterungsfähig sein, da im Laufe der Zeit sicherlich neue Begriffe und Inhalte dazukommen werden.
- Das System muss so strukturiert sein, dass der Anwendungsaufwand ökonomisch vertretbar ist.

Persönliche Stichwörter sind besonders für eine Ablage, auf die mehrere Leute Zugriff haben, denkbar ungeeignet. Vereinbaren Sie Beschriftungen, die allen geläufig sind, und halten Sie diese in der Datenbank Ihres PC's fest. Sonst kann es Ihnen passieren, dass Sie unter „Schriftverkehr" ablegen, während Ihre Mitarbeiterin eine Mappe mit der Aufschrift „Korrespondenz" erstellt. Eine neue Mitarbeiterin sucht sich dann vielleicht die Finger wund, weil Sie unter „Briefwechsel" nachschaut und nicht fündig wird.

> Setzen Sie statt einzelner Stichwörter lieber große Themengebiete fest und unterteilen Sie diese in die jeweiligen Untergebiete.

Dazu ein Beispiel: Legen Sie lieber eine größere Mappe „EDV" oder „Computer" mit den Unterteilungen „Hardware", „Software", „Computerzubehör" etc. ab, anstatt die einzelnen Unterpunkte in ein alphabetisches Stichwortsystem zu quetschen, das verwandte Themen auseinander reißt.

Um ein möglichst gutes Ablagesystem zu erstellen, helfen diese Kriterien weiter:

- Sie brauchen einen bereinigten und für alle Mitarbeiter gut verständlichen Ablagewortschatz.
- Verwenden Sie am besten eine einheitliche Form Ihrer Schriftgutbehälter.
- Erstellen Sie eine möglichst kurze Codierung der Suchbegriffe. Daraus lässt sich dann für jedes Schriftgut und jeden Behälter ein Aktenzeichen zusammensetzen.
- Erstellen Sie einen Aktenplan in Listenform, der genau angibt, was sich an welchem Platz befindet. Mehr zum Aktenplan werden Sie im nächsten Abschnitt erfahren.

Es ist durchaus sinnvoll, bei der Erstellung des Ablagesystems mit dem PC zu arbeiten. Geben Sie dazu die Daten in Ihren Computer ein und erstellen Sie daraus eine Liste. (Die können Sie sich dann ohnehin alphabetisch bzw. numerisch ordnen lassen.) Lassen Sie sich die Etiketten zur Beschriftung der Behälter von Ihrem Drucker erstellen. Drucken Sie außerdem einen Standortplan aus, der für alle Mitarbeiter zugänglich ist und genau ausweist, wo sich ein gesuchtes Schriftstück befindet. Nun können Sie ohne Weiteres nach bestimmten Begriffen suchen und Ihre Datei stets aktualisieren, ohne alles noch einmal neu mit der Hand schreiben zu müssen.

2.5 Aktenplan

Beim Aktenplan geht es darum, einheitliche Suchbegriffe für die Ablage zu verwenden und genau anzuzeigen, wo sich ein gesuchtes Schriftstück befindet. Ein gut organisierter Aktenplan hat aber noch weitere Vorteile. Die wichtigsten sind:

- Sie können jederzeit sehen, welche Akten wie betitelt sind und wo sie sich genau befinden. So ist schneller Zugriff ohne zeit- und nervenraubendes Suchen kein Problem mehr.
- Das Ablegen von Schriftstücken geht mit einem guten Aktenplan ebenfalls viel schneller, da sie sofort eindeutig zugeordnet werden können. Außerdem können Sie Ablagearbeiten nun viel besser delegieren, weil Sie nicht mehr befürchten müssen, dass ein Mitarbeiter etwas falsch ablegt.
- Daneben hilft Ihnen der Aktenplan bei der Gliederung Ihrer Unterlagen. Wenn Sie nun einen neuen Ordner nach und nach mit Papieren füllen, können Sie von Anfang an sinnvolle Untergliederungen vornehmen. So vermeiden Sie es, immer den ganzen Ordner durchzublättern, bis Sie das gesuchte Dokument (womöglich auf den hinteren Seiten) endlich finden.
- Insgesamt gesehen sparen Sie durch einen gut durchdachten Aktenplan viel Zeit; mindestens eine halbe Stunde täglich, wie man gemessen hat. Dann lohnt es sich doch sicher, am Anfang einen Nachmittag zur Erstellung des Aktenplans zu investieren, oder?

2.5.1 Zur Erstellung des Aktenplans

Schreiben Sie als Allererstes einen Wunschzettel. Halten Sie darauf genau fest, was Ihr zukünftiger Aktenplan alles können soll. So behalten Sie immer das Ziel im Auge. Außerdem können Sie später kontrollieren, ob Ihr neuer Aktenplan wirklich das leistet, was Sie sich von ihm versprochen haben.

Ihr Anforderungsprofil kann zum Beispiel folgendermaßen aussehen:

- Klare Definitionen für Suchbegriffe, die alle Benutzer gleichermaßen verwenden.
- Sinnvolle Strukturierung der Unterlagen. Das kann zum Beispiel heißen: Alle Unterlagen zu einem bestimmten Thema werden in **einem** Schriftgutbehälter aufgehoben, und **nicht** in verschiedenen Mappen, Ordnern etc. abgelegt, die man sich erst mühsam zusammensuchen muss.
- Jeder Ordner hat von nun an seinen festen Platz im Schrank. Er ist durch den Aktenplan eindeutig festgelegt. So wird vermieden, dass Ordner immer an eine andere Stelle gestellt werden und am Ende keiner mehr so genau weiß, was sich wo befindet.
- Durch den Aktenplan sehen Sie ebenfalls, was sich überhaupt in Ihrem Bestand befindet. So vermeiden Sie es, einen neuen Ordner anzulegen, obwohl unter diesem Stichwort bereits ein anderer Ordner existiert.
- Der Aktenplan muss so konstruiert sein, dass auch neue Kollegen, Aushilfen und Urlaubsvertretungen damit etwas anfangen können.
- Der Aktenplan muss so aufgebaut sein, dass man ihn ohne Probleme um weitere Begriffe erweitern kann.
- Auch hier muss der Aufwand in angemessenem Verhältnis stehen: Wenn Sie ständig an Ihrem Aktenplan feilen und dadurch mehr Zeit aufwenden als davor zum Suchen ohne Aktenplan, haben Sie Ihr Ziel, effizient zu arbeiten, verfehlt. Daher ist die Zeit am Anfang, sprich: die Planung, so wichtig und lohnend.

Es gibt drei verschiedene Varianten für Ihren Aktenplan:

1. Stichwortaktenpläne,
2. Aktenpläne mit fester Struktur,
3. Aktenpläne mit flexibler Struktur.

Welche Art für Sie und Ihr Team am geeignetsten ist, hängt von verschiedenen Faktoren ab, nämlich:

- vom Umfang der Ablage,
- von der erforderlichen Gliederungstiefe einzelner Akten,
- von der Anzahl der Personen, die die Ablage nutzen, und ob diese Personen alle das gleiche Schema benutzen oder nach verschiedenen Kriterien ablegen.

Im Folgenden werden die drei Varianten erklärt. Schauen Sie sich die verschiedenen Möglichkeiten an und entscheiden Sie dann, welche für Sie die geeignetste ist.

2.5.1.1 Stichwortaktenplan

Das ist die einfachste Form eines Aktenplans. Er setzt voraus, dass Sie nicht zuviel ablegen müssen. Für diese Variante werden alle Stichwörter, die Sie schon jetzt auf

Ihren Schriftgutbehältern vermerkt haben, alphabetisch aufgelistet. Zu jedem Stichwort wird dann eine Standortangabe gemacht. Das könnte zum Beispiel folgendermaßen aussehen:

Stichwort	Standort	
Buchhaltung	Raum 1	Schrank 1
Controlling	Raum 1	Schrank 2
Einkauf	Raum 3	Schrank 1
Geschäftsführung	Raum 2	Schrank 2
Organisation	Raum 2	Schrank 1
Personal- und Sozialwesen	Raum 1	Schrank 3
Produktion	Raum 4	Schrank 1
Vertrieb	Raum 4	Schrank 2
Werbung	Raum 3	Schrank 2

(Wenn Sie Ihren Aktenplan noch genauer machen wollen, können Sie zum Beispiel auch das jeweilige Regal des Schranks angeben.)

Vorteile des Stichwortaktenplans:

- Sie haben immer schnellen Zugriff: Ein kurzer Blick auf die alphabetisch sortierte Stichwortliste genügt, um sofort zu sehen, wo sich das gesuchte Schriftstück befindet. Sie müssen also nicht mehr vor dem Schrank stehen und alle Beschriftungen durchsehen, um dann festzustellen, dass sich das von Ihnen Gesuchte in einem völlig anderen Schrank befindet.
- In diesen Aktenplan können Sie alle Schriftgutbehälter aufnehmen – egal, ob sie noch im Büroraum stehen oder bereits archiviert wurden.
- Die Erstellung des Aktenplanes bereitet keinerlei große Mühe und ist schnell gemacht. Außerdem können Sie ihn mit Hilfe des Computers stets aktuell halten, indem Sie immer neue Stichwörter und deren Standorte eingeben und die Liste anschließend ausdrucken.

Dennoch hat diese Variante einige nicht zu unterschätzende **Nachteile:**

- Je umfangreicher die Ablage wird, desto umfangreicher wird auch Ihre Stichwortsammlung. Und dann müssen Sie – gerade wenn mehrere Leute dieses System benutzen – wiederum darauf achten, dass alle den gleichen Wortschatz benutzen, sonst legen Sie schnell verschiedene Ordner zu ein und demselben Thema an – und das Unheil nimmt seinen Lauf.

- Unterlagen, die den gleichen Themenkreis betreffen, werden durch die alphabetische Sortierung leicht auseinander gerissen.

Entscheiden Sie sich deshalb nur für Variante 1, wenn

- Ihre Ablage aus wenigen Schriftgutbehältern besteht und sich in nächster Zeit nicht maßgeblich vergrößern wird.
- Sie der Einzige sind, der diese Ablage benutzt bzw. die Ablage von wenigen Mitarbeitern genutzt wird, deren Zusammensetzung recht konstant ist.
- Ihre einzelnen Akten dünn und überschaubar sind und keiner detaillierten Gliederung bedürfen.

Wenn Ihre Ablage diese Voraussetzungen nicht erfüllt, fragen Sie sich lieber, ob eine der nachfolgenden Varianten geeigneter sein könnte.

2.5.1.2 Aktenpläne mit fester Struktur

Zur Erklärung: Feste Struktur meint, dass Sie sich in Ihrem Aktenplan auf eine von mehreren möglichen Strukturen festlegen und diese stets verwenden. Sie schreiben diese durch geeignete Codierung, das heißt Aktenzeichen, fest. Ihre primäre Ordnung kann sich beispielsweise nach Gegenständen (wie Computerprogramme oder Computerzubehör) oder nach Unterlagenarten (wie Preislisten oder Prospekte) richten. Je mehr Arten von Begriffen Sie haben, desto mehr Möglichkeiten gibt es, Ihre Ablage zu strukturieren.

Machen wir dazu ein einfaches Beispiel: Sie wollen verschiedene Preislisten und Prospekte von Computerprogrammen und Computerzubehör nach einem festen Schema ordnen. Hier ergeben sich zwei verschiedene Strukturen. Die Aufkleber für die Ordnerrücken könnten folgendermaßen aussehen:

Struktur 1 (nach Gegenständen geordnet):

Hier gliedert man nach Produkten oder Gegenständen, innerhalb der Produkte nach Unterlagenarten.

Computer- programme	Computer- zubehör
Preislisten	Preislisten
Prospekte	Prospekte
●	●

Struktur 2 (nach Unterlagenarten geordnet):

Bei Struktur 2 gliedert man nach Unterlagenarten, innerhalb der Unterlagenarten nach Produkten bzw. Gegenständen.

```
┌─────────────────┐      ┌─────────────────┐
│   Preislisten   │      │    Prospekte    │
│                 │      │                 │
│   Computer-     │      │   Computer-     │
│   programme     │      │   programme     │
│                 │      │                 │
│   Computer-     │      │   Computer-     │
│   zubehör       │      │   zubehör       │
└─────────────────┘      └─────────────────┘
         ●                        ●
```

Wenn Sie sich für eine der beiden Strukturen entschieden haben, legen Sie eine geeignete Codierung fest. Oft wird dafür die Dezimalklassifikation verwendet. Das könnte zum Beispiel folgendermaßen aussehen:

Akten- zeichen	Suchbegriff	Standort	
		Raum	Schrank
1.	Geschäftsführung		
1.1.	Gründung		
1.2.	Gesellschafter		
1.3.	Beteiligungen		
1.4.	Mitgliedschaften		
1.5.	Unternehmensführung		
2.	Finanzen und Rechnungswesen		
2.1.	Buchhaltung		
2.2.	Steuern		
2.3.	.... usw.		

Um das Ganze rationeller zu gestalten, listen Sie Ihren Aktenplan auch noch einmal alphabetisch nach Suchbegriffen auf – das verkürzt das Suchen, besonders dann, wenn besonders viele Unterpunkte angelegt wurden.

Vor- und Nachteile des Aktenplans mit fester Struktur

Ein dezimal aufgebauter Aktenplan mit fester Struktur hat folgende **Vorteile:**

- Die Reihenfolge der Schriftgutbehälter in einem Schrank ist durch das numerische Aktenzeichen genau festgelegt. Jeder Schriftgutbehälter ist also einem festen Standort zugeordnet.
- Durch die Gliederung in Ober- und Unterbegriffe sind Ihre Unterlagen nach Themengebieten geordnet und werden nicht (wie bei Variante 1) auseinandergerissen.

Auch hier gibt es wieder einige nicht zu unterschätzende **Nachteile:**

- Ein Nachteil besteht darin, dass Sie entweder die Codes auswendig lernen oder immer wieder nachschauen müssen. Das ist nicht gerade sehr rational und dürfte auch für neue Mitarbeiter ein gewisses Hindernis darstellen.
- Außerdem müssen Sie unbedingt darauf achten, dass die angelegte Struktur sauber durchgehalten wird. Dazu entscheiden Sie, wie gesagt, als Erstes, welche Begriffsart an erster, welche an zweiter (etc.) Stelle der Hierarchie steht. Wenn Sie bei der Erstellung des Aktenplans gegen diese Regel verstoßen – also zum Beispiel einmal Gegenstände, ein anderes Mal Unterlagenarten als Erstes nennen – ist Ihr neuer Aktenplan schon von Anfang an zum Scheitern verurteilt.
- Überhaupt besteht der größte Nachteil in der Strukturierung: Verschiedene Menschen haben verschiedene Denkmuster, und Sie können nicht unbedingt erwarten, dass alle mit Ihrer Primär- und Untergliederung einverstanden sind. Wenn Sie also merken, dass die Strukturierungsbedürfnisse sehr unterschiedlich sind, sollten Sie den Aktenplan mit fester Struktur lieber bleiben lassen.

Geben Sie dem Aktenplan mit fester Struktur nur dann den Vorzug, wenn:

- Ihre Ablage nicht allzu umfangreich ist und der Zuwachs an neuen Suchbegriffen eher gering sein wird. Legen Sie die Codierung von Anfang an am besten so weit aus, dass eine mühelose Erweiterung des Plans möglich ist.
- Ihr gesamtes Team mit dieser Strukturierung des Aktenplans gleichermaßen zufrieden ist.

Wenn Ihnen auch diese Methode nicht geeignet genug scheint, hilft Ihnen hoffentlich die dritte Variante weiter.

2.5.1.3 Aktenplan mit flexibler Struktur

Gerade wenn Sie mit einer schnell wachsenden Ablage arbeiten, zu der viele Mitarbeiter Zugang haben müssen, dürfte diese Variante die günstigste für Sie sein. Gehen Sie dazu folgendermaßen vor:

- Sammeln Sie als erstes alle Suchbegriffe, die bereits auf Ihren Akten verzeichnet sind. Fügen Sie dann (nach Absprache mit den Kollegen) weitere sinnvolle Begriffe hinzu und ordnen Sie sie den untenstehenden Begriffsarten zu:
  - Bezugspersonen (zum Beispiel *Herr Müller* oder *Prof. Naumann*)
  - Gegenstände (zum Beispiel *Büromöbel* oder *Computer*)
  - Sachgebiete (zum Beispiel *Buchhaltung* oder *Versicherungen*)
  - Unterlagenarten (zum Beispiel *Preislisten* oder *Kataloge*).
- Anschließend nehmen Sie innerhalb jeder Begriffsart eine Bereinigung vor. Finden Sie mehrere Begriffe, die den gleichen Inhalt bezeichnen (zum Beispiel *Fuhrpark*, *Firmenfahrzeuge* und *Pkws*), entscheiden Sie sich für einen und streichen den bzw. die anderen aus der Liste. Verwenden Sie am besten den am häufigsten genutzten Namen.
- Vergeben Sie nun für jede Begriffsart einen eigenen Code: Geben Sie zum Beispiel Bezugspersonen einen alphabetischen, Sachgebieten einen numerischen, Gegenständen einen alphanumerischen Code mit großen Buchstaben und Unterlagenarten einen alphanumerischen Code mit kleinen Buchstaben.
- Aus diesem Baukasten entwickeln Sie Ihren Aktenplan: Beschriften Sie Ihre Schriftgutbehälter neu mit dem Aktenzeichen und dem dazugehörigen Suchbegriff. Wählen Sie die Strukturierung dabei so, wie es für Sie am günstigsten ist. Der Oberbegriff sollte stets die Begriffsart sein, nach der Sie am häufigsten suchen.

Das Beispiel unten zeigt Ihnen, wie ein solcher Aktenplan nach dem „Baukastenprinzip" aussieht. Hier also der allgemeine Baukasten:

Suchbegriff	Bezugsperson (alphabetisch)	Gegenstand (alphanumerisch)	Sachgebiet (numerisch)	Unterlagenart (alphanumerisch/klein)
Kunden	K			
Lieferanten	L			
Computerprogramme		C1		
Computerzubehör		C2		
Marketing			10	
Steuern			20	
Kataloge				k1
Schriftverkehr				s1

Ihre Ablageetiketten könnten zum Beispiel so aussehen:

C1 Computerprogramme

C1-k1 Kataloge

C1-s1 Schriftverkehr

C2 Computerzubehör

C2-k1 Kataloge

C2-s1 Schriftverkehr

Der zugehörige Aktenplan stellt sich wie folgt dar:

Suchbegriff	Bezugsperson (alphabetisch)	Gegenstand (alphanumerisch)	Sachgebiet (numerisch)	Unterlagenart (alphanumerisch/klein)	Standort Raum/ Schrank (numerisch)
Computerprogramme		C1			
– Kataloge		C1		k1	
– Schriftverkehr		C1		s1	
Computerzubehör		C2			
– Kataloge		C2		k1	
– Schriftverkehr		C2		s1	

Natürlich können Sie auch alphabetisch nach Suchbegriffen sortieren. Etiketten für die Ablage würden dann so aussehen:

C1 Computerprogramme

C2 Computerzubehör

C1-k1 Kataloge

C2-k1 Kataloge

C1-s1 Schriftverkehr

C2-s1 Schriftverkehr

Hier der Aktenplan für diese Variante:

Suchbegriff	Bezugsperson (alphabetisch)	Gegenstand (alphanumerisch)	Sachgebiet (numerisch)	Unterlagenart (alphanumerisch/klein)	Standort Raum/ Schrank (numerisch)
Computerprogramme		C1			
Computerzubehör		C2			
– Kataloge		C1		k1	
– Kataloge		C2		k1	
– Schriftverkehr		C1		s1	
– Schriftverkehr		C2		s1	

Sie können sich, wie oben beschrieben, auch für die umgekehrte Struktur entscheiden, wenn das für Sie sinnvoller ist:

> k1 Kataloge
>
> k1-C1 Computerprogramme
>
> k1-C2 Computerzubehör
>
> s1 Schriftverkehr
>
> s1-C1 Computerprogramme
>
> s1-C2 Computerzubehör

Der Aktenplan hat dann folgende Strukturierung:

Suchbegriff	Bezugsperson (alphabetisch)	Gegenstand (alphanumerisch)	Sachgebiet (numerisch)	Unterlagenart (alphanumerisch/klein)	Standort Raum/Schrank (numerisch)
Kataloge				k1	
– Computerprogramme		C1		k1	
– Computerzubehör		C2		k1	
Schriftverkehr				s1	
– Computerprogramme		C1		s1	
– Computerzubehör		C2		s1	

Vor- und Nachteile des Aktenplans mit flexibler Struktur:

- Bei dieser Variante wird als Einziges die Unterlagenart berücksichtigt. Das ist gerade dann hilfreich, wenn Sie täglich mit vielen unterschiedlichen Unterlagenarten zu tun haben. Sie sollten aber darauf achten, das Aktenzeichen immer in derselben Reihenfolge zu schreiben (also **nicht** einmal *k1-C1* und ein anderes Mal *C2-s1*).
- Sie haben immer schnellen Zugriff auf Ihren jeweiligen Suchbegriff: Die Sortierung nach dem Aktenzeichen zeigt Ihnen die Struktur der Behälter sowie deren jeweiligen Standort genau an. Durch die alphabetisch sortierte Begriffsliste wird Ihnen das nochmals erleichtert.
- Bei dieser Variante gibt es nur einen Nachteil: Die Erstellung des Aktenplans ist umfangreicher als die der ersten beiden Vorschläge. Dennoch dürften, wenn Sie diese Methode anwenden, alle Anforderungen, die Sie an Ihren neuen Aktenplan stellen, erfüllt sein.

Nutzen Sie unabhängig davon, für welche Variante Sie sich entscheiden, auf jeden Fall Ihren PC. Das erleichtert Ihnen das Arbeiten spürbar! Und machen Sie sich klar, dass Sie, selbst wenn Sie anfangs einige Zeit für die Entwicklung eines neuen Aktenplans und Ablagesystems aufwenden, insgesamt kostbare Zeit und Energie sparen werden.

Wie Sie Ihr Büro und Ihren Schreibtisch und Ihr weiteres Arbeitsumfeld äußerlich optimal organisieren, haben Sie gerade erfahren. Nun wollen wir uns mit vielen weiteren Punkten beschäftigen, die die Frage beantworten: „Wie organisiere ich meine Arbeit am besten?"

Wenn Sie schon immer Probleme mit der Ordnung auf Ihrer Festplatte hatten, versuchen Sie doch einmal, eine dieser Varianten auch dort anzuwenden. In jedem modernen Betriebssystem finden Sie Dateien und Ordner (Verzeichnisse). Diese können Sie genau analog aufbauen.

Zusammenfassung

- Das Thema Arbeitsorganisation behandelt die Frage: „*Wie* organisiere ich meine Arbeit?" Arbeit spielt eine zentrale Rolle in unserem Leben. Sie bezeichnet eine zielgerichtete Tätigkeit und zweckrationales Handeln. Arbeit ist mit gesellschaftlichem Sinngehalt versehen und aufgabenbezogen. Sie ist Daseinsvorsorge und dient der Schaffung optimaler Lebensbedingungen.

- Die meisten Menschen verbringen am Tag mindestens 25 Prozent der verfügbaren Arbeitszeit mit Informationshandling. Nur mit einem gut organisierten Arbeitsplatz lässt sich auf Dauer erfolgreich arbeiten. Wenn Sie nicht jede gewünschte Utensilie, jedes Schriftstück oder Arbeitsgerät innerhalb einer Minute griffbereit haben, ist es an der Zeit, Ihre bisherige Arbeitsplatzorganisation gründlich zu überdenken.

- Wahrscheinlich verbringen Sie nirgendwo sonst so viel Zeit wie an Ihrem Arbeitsplatz. Deshalb sollten Sie ihn so angenehm wie möglich gestalten.

- Drei Voraussetzungen müssen erfüllt sein, damit man an seinem Arbeitsplatz optimal arbeiten kann:
    - Der Arbeitsfluss muss ungestört erfolgen und für die Arbeitsleistung förderlich sein.
    - Das Arbeiten muss ohne lange Lauf- und Verlustwege erfolgen können.
    - Ihre persönlichen Körpermaße und Bewegungsabläufe sind Grundlage für die Arbeitsplatzgestaltung.

- Wenn Sie einerseits viel am PC zu tun haben und andererseits Schriftstücke bearbeiten, eignet sich ein Ecktisch als Arbeitstisch besonders gut.

- Achten Sie auf eine ausreichend große Arbeitsfläche, optimale Beleuchtung und gutes Raumklima und gestalten Sie Ihren Arbeitsplatz so, dass Sie ihn an verschiedene Arbeitsabläufe anpassen können. Dinge, mit denen Sie ständig arbeiten, sollten Sie immer griffbereit haben. Sachen, die Sie nicht häufig brauchen, können Sie ruhig aus Ihrem direkten Zugriffsbereich verbannen, denn die stören nur bei der wichtigen und aktuellen Arbeit.

- Vermeiden Sie nach Möglichkeit Zettelwirtschaft. Gerade kleine Zettel werden leicht übersehen und gehen oft verloren. Nutzen Sie statt dessen lieber die Wiedervorlage, Terminplaner, Adressmappen, Listen und/oder eine Pinnwand. Wenn Sie schon mit Zetteln arbeiten wollen, benutzen Sie keine Zettel, die kleiner als DIN A 4 sind, und beschreiben Sie diese nur einseitig.

- Legen Sie sich besser für jeden Kunden, Interessenten oder Lieferanten eine Akte an, die Sie ständig aktualisieren. Tragen Sie im Stammblatt der Kundenakte

Namen, Adresse, Telefon- und Faxnummer, Ansprechpartner, spezielle Interessengebiete und vereinbarte Sonderkonditionen ein. Das Stammblatt können Sie auch in elektronischer Form anlegen. Dies ist besonders vorteilhaft, wenn über ein Netzwerk mehrere Leute darauf zugreifen können. Bei elektronisch angelegten Unterlagen sollte jedoch eine regelmäßige Datensicherung erfolgen.

- Die Wiedervorlage besteht in der Regel aus einer Mappe oder Hängeregistratur mit 31 bzw. 43 Fächern (für 31 Tage und 12 Monate). Zur Organisation der Wiedervorlage gibt es zwei Möglichkeiten: Entweder Sie legen die Unterlagen in die Wiedervorlage, die Sie zu einem gewissen Termin benötigen, oder Sie legen einfach einen Zettel hinein, auf dem genau vermerkt ist, wie Sie an die benötigten Unterlagen kommen.

- Beim Ablegen müssen Sie sich ständig entscheiden, was wo auf welche Weise und wie lange abgelegt wird. Der optimale Ort ergibt sich aus der Zugriffshäufigkeit, dem Umfang der Unterlagen sowie Ihren räumlichen Möglichkeiten. Halten Sie die aktuelle Ablage so gering wie möglich, um Chaos zu vermeiden.

- Stellen Sie vor allem sicher, dass es nur eine Möglichkeit (Wiedervorlage *oder* Ablage *oder* Archiv) gibt, wo sich ein gesuchtes Schriftstück befinden könnte. Vermeiden Sie es grundsätzlich, Material anzuhäufen, das Sie noch der Ablage zuführen müssen. Legen Sie lieber gleich alles dort ab, wo es hingehört, und legen Sie *nicht* in Stapeln ab.

- Verwenden Sie für Belege, die unbedingt in strenger chronologischer oder numerischer Reihenfolge sortiert sein müssen, am besten Ordner. Zeitschriften, Prospekte und Kataloge sind in Stehsammlern gut aufgehoben. Alle Unterlagen, die entweder dünn sind oder sich gut gliedern lassen, können Sie ruhig in der Loseblatt-Technik führen, solange Sie keine strenge Reihenfolge einhalten müssen.

- Folgende Anforderungen sollte Ihr Ordnungssystem auf jeden Fall erfüllen:
  - Eindeutige Suchbegriffe machen schnellen Zugriff möglich und stellen sicher, dass Schriftstücke zum gleichen Thema im gleichen Behältnis landen. Setzen Sie statt einzelner Stichwörter lieber große Themengebiete fest und unterteilen Sie diese in die jeweiligen Untergebiete.
  - Die Ablage muss für alle Benutzer gleich transparent sein.
  - Es muss schriftlich fixiert werden, wo sich ein bestimmter Schriftgutbehälter befindet.
  - Das System muss erweiterungsfähig sein.
  - Das System muss so strukturiert sein, dass der Anwendungsaufwand ökonomisch vertretbar ist.

- Beim Aktenplan geht es darum, einheitliche Suchbegriffe für die Ablage zu verwenden und genau anzuzeigen, wo sich ein gesuchtes Schriftstück befindet. Für den Aktenplan verwenden alle Kollegen das gleiche System. Dafür gibt es drei verschiedene Varianten: Stichwortaktenpläne, Aktenpläne mit fester Struktur und Aktenpläne mit flexibler Struktur.

- Der Stichwortaktenplan ist der, der am leichtesten zu erstellen ist. Verwenden Sie den Stichwortaktenplan nur, wenn Sie nicht zuviel ablegen müssen, wenn Sie der Einzige sind, der diese Ablage benutzt und wenn sie sich im Laufe der Zeit nicht maßgeblich vergrößern wird.

- Den Aktenplan mit fester Struktur ordnen Sie beispielsweise nach Gegenständen (zum Beispiel *Büromöbel*) oder Unterlagenarten (zum Beispiel *Prospekte*). Wichtig ist, dass Sie immer *ein* Schema einhalten. Danach legen Sie eine geeignete Codierung fest. Meistens verwendet man dazu die Dezimalklassifikation. Auch bei dieser Variante sollte der Aktenplan nicht zu umfangreich sein und nicht von allzu vielen Mitarbeitern benutzt werden müssen.

- Aktenpläne mit flexibler Struktur bedeuten zunächst zwar einigen Aufwand, doch sie zahlen sich besonders dann aus, wenn mehrere Leute auf ihn zugreifen und viele Begriffe untergebracht werden müssen. Sammeln Sie zunächst sämtliche Suchbegriffe und ordnen Sie sie danach einheitlichen Kategorien zu (zum Beispiel Bezugspersonen, Sachgebiete oder Unterlagenarten).

- Bereinigen Sie anschließend den Wortschatz, fügen Sie logisch miteinander verbundene Begriffe zusammen und vergeben Sie schließlich für jede Begriffsart einen eigenen Code: Geben Sie Bezugspersonen beispielsweise einen alphabetischen, Sachgebieten einen numerischen, Gegenständen einen alphanumerischen Code mit großen Buchstaben und Unterlagenarten einen alphanumerischen Code mit kleinen Buchstaben. Beschriften Sie Ihre Schriftgutbehälter neu mit dem Aktenzeichen und dem dazugehörigen Suchbegriff. Der Oberbegriff sollte stets die Begriffsart sein, nach der Sie am häufigsten suchen.

3. Arbeitstechnik

3.1 Voraussetzungen zur Veränderung der Arbeitstechnik

Um es gleich vorwegzunehmen: Zum nun folgenden Thema finden Sie in „Zeitmanagement und Zielplanung" noch mehr Informationen. Lassen Sie uns dennoch die wichtigsten Punkte für eine gute Arbeitstechnik hier nochmals kurz ansprechen.

Um Ihre persönliche Arbeitstechnik optimal zu gestalten, müssen Sie sich und Ihre Arbeit allgemein gesprochen so organisieren, dass Sie die Ihnen übertragenen Aufgaben stressfreier und damit effizienter ausführen können. Ein Aspekt ist dabei besonders wichtig: Arbeitsorganisation steht immer auch in Zusammenhang mit Ihrer Person, Ihrem Privatleben, Ihrer Entwicklung usw. Die Frage, ob Ihre bisherige Lebensentwicklung und Ihre Pläne für die Zukunft mit Ihren Berufs- und Arbeitszielen korrespondieren, ist daher ungeheuer wichtig. Denn Sie werden kaum wirklich erfolgreich arbeiten können, wenn Ihnen Ihre Arbeit nicht besonders zusagt, wenn Ihr Partner mit Ihrem Beruf bzw. Ihren Arbeitszeiten nicht einverstanden ist und wenn Sie insgesamt etwas machen, was an sich nicht Ihrem Naturell entspricht.

Drei Voraussetzungen müssen erfüllt sein, damit Sie eine optimale persönliche Arbeitstechnik entwickeln können:

a) Bereitschaft, die eigenen Handlungen selbstkritisch zu überprüfen und alte Verhaltensmuster zu hinterfragen; dazu gehört vor allem Offenheit gegenüber Veränderungen.
b) Veränderungswille, also die Bereitschaft, wirklich etwas zu tun, wenn man Schwachstellen erkannt hat.
c) Durchhaltewille. Natürlich ist es nicht leicht, liebgewordene Gewohnheiten in null Komma nichts abzustellen. Es kommt sogar oft vor, dass eine Verbesserung der persönlichen Arbeitstechnik in der ersten Zeit zu einem Absinken der Leistung führt, weil man sich erst an die Veränderungen gewöhnen muss.

3.2 Der Veränderungszyklus der persönlichen Arbeitstechnik

Der erste Schritt zu einer optimalen Arbeitstechnik ist die Erfassung des Ist-Zustandes. Sie müssen erst Ihre derzeitige Situation genau kennen, bevor Sie etwas verändern können. Nach der Erfassung folgt die Analyse des Ist-Zustandes. Es gibt verschiedene Arten der Analyse, die wir hier nur ganz kurz ansprechen wollen. Das sind zum Beispiel Situationsanalyse, Wirkungsanalyse, Schwachstellenanalyse, Funktionsanalyse, Ursachen- und Problemanalyse. Fragen Sie sich bei der Situationsanalyse, welche Wirkung die Situation, die Sie untersuchen, auf Sie bzw. Ihr Unternehmen hat. Mit der Schwachstellenanalyse kommen Sie – wie der Name schon sagt – Schwachstellen auf die Spur, die Ihren Arbeitsablauf unnötig verlangsamen bzw. negativ beeinträchtigen. Erst wenn Sie die Schwachstellen ausfindig machen, wird der Arbeitsfluss optimal verlaufen.

Fragen Sie sich mittels der Funktionsanalyse, wie Sie Ihre Arbeitsorganisation verbessern und Ihre Aufgaben im Allgemeinen wirtschaftlicher und effizienter gestalten können. Die Ursachen- und Problemanalyse ziehen Sie heran, wenn Sie der Ursache für ein Problem auf den Grund gehen und dieses näher erörtern wollen.
Die Erkenntnisse, die Sie aus dieser Analyse gewonnen haben, halten Sie am besten schriftlich fest. So können Sie sich auch besser kontrollieren, wenn Sie am Ende den Soll- mit dem Ist-Zustand vergleichen. Aus Ihren Erkenntnissen leiten Sie dann Zielformulierungen ab. Halten Sie Ihre Ziele ebenfalls schriftlich fest. Wichtig dabei ist, dass die Ziele konkret, realistisch und überprüfbar formuliert sind. Darüber lernen Sie im Systemteil „Ziel- und Zeitmanagement" noch mehr.

Nun überlegen Sie sich die Maßnahmen zum Erreichen Ihrer Ziele: *Wie* können Sie das Ziel erreichen? Schließlich kontrollieren Sie (zum Beispiel nach einem bestimmten Zeitraum) Ihre Endergebnisse. Haben Sie Ihr Soll-Ziel erreicht? Falls nicht, beginnen Sie den Kreislauf nochmals von neuem. Vielleicht haben Sie Faktoren, die den Ist-Zustand beeinflussen, falsch eingeschätzt oder Maßnahmen eingeleitet, die (noch) nicht greifen konnten.

Bleiben Sie auf jeden Fall immer selbstkritisch, überprüfen Sie Ihre Arbeitstechnik regelmäßig und seien Sie offen für Neuerungen und Vorschläge von Kollegen. Erst dann schaffen Sie die besten Voraussetzungen, insgesamt erfolgreicher, befreiter und stressfreier zu arbeiten.

Unten sehen Sie eine Grafik, in der in Stichwortform aufgeführt ist, was wir gerade abstrakt formuliert haben. Diesen Vorgang hat M. Moser den „Veränderungszyklus der persönlichen Arbeitstechnik" genannt. „Veränderungszyklus" deshalb, weil dadurch die gesamte Arbeitsweise entscheidend verändert wird. Dabei sind alle Schritte äußerst wichtig. Erliegen Sie nicht der Versuchung, den einen oder anderen Schritt aus Zeitmangel oder Bequemlichkeit wegzulassen: Dieses Konzept ist auf Ganzheit ausgelegt. Sie können nur dann wirklich etwas verändern, wenn Sie *alle* Punkte sorgsam ausführen.

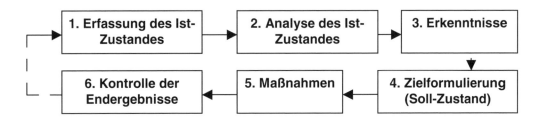

Folgende Fragen können Ihnen dabei helfen:

1. Erfassen des Ist-Zustandes: *Wofür wende ich meine Zeit und Energie auf? Welche Aufgaben und Tätigkeiten nehmen den meisten Platz ein? Welche Einflüsse behindern oder fördern meine Arbeit?*
2. Analyse des Ist-Zustandes: *Ist dieser Zeit- und Energieaufwand wirklich gerechtfertigt? Gestatte ich unwichtigen Aufgaben zu viel Zeit? Kommen dabei wichtige Dinge zu kurz?*
3. Erkenntnisse: *Das muss ich verändern! Erst dann kann ich endlich stressfrei arbeiten.*
4. Zielformulierung: *Das ist mein Ziel! Ich formuliere meine Ziele positiv und konkret und überprüfe sie nach einem gewissen Zeitraum.*
5. Maßnahmen: *Das will ich tun, um mein Ziel zu erreichen!*
6. Kontrolle der Endergebnisse: *Habe ich mein Soll-Ziel vollständig erreicht? Oder habe ich vielleicht den Ist-Zustand falsch eingeschätzt oder mir zu viel zugemutet?*

Zusammenfassung

- Um Ihre persönliche Arbeitstechnik optimal zu gestalten, müssen Sie sich und Ihre Arbeit allgemein gesprochen so organisieren, dass Sie die Ihnen übertragenen Aufgaben stressfreier und damit effizienter ausführen.

- Drei Voraussetzungen müssen erfüllt sein, damit Sie eine optimale persönliche Arbeitstechnik entwickeln können:
    - Bereitschaft, die eigenen Handlungen selbstkritisch zu überprüfen und alte Verhaltensmuster zu hinterfragen (Offenheit gegenüber Veränderungen)
    - Veränderungswille
    - Durchhaltewille

- Eine optimale Arbeitstechnik kann nur dann greifen, wenn zwischen Person und Aufgabe ein Sinnzusammenhang besteht, das heißt, wenn es zwischen Lebenssinn, Berufs-, Arbeits- und Arbeitsplatzzielen zumindest eine gewisse Übereinstimmung gibt.

- Hier alle Schritte auf einen Blick, wie die persönliche Arbeitstechnik optimiert werden kann:
    1. Erfassen des Ist-Zustandes: *Wofür wende ich meine Zeit und Energie auf?*
    2. Analyse des Ist-Zustandes: *Ist dieser Zeit- und Energieaufwand wirklich gerechtfertigt?*
    3. Erkenntnisse: *Das muss ich verändern!*
    4. Zielformulierung: *Das ist mein Ziel!*
    5. Maßnahmen: *Das will ich tun, um mein Ziel zu erreichen!*
    6. Kontrolle der Endergebnisse: *Habe ich mein Soll-Ziel vollständig erreicht?*

Arbeitsmethodik und Projektmanagement

4. Planung

4.1 Voraussetzungen für einen gelungenen Planungsprozess

Zu einer optimalen Arbeitsorganisation gehört vor allem eine gute Planung – das haben wir schon mehrfach angesprochen. Wer plant, muss wissen, welche Ziele überhaupt verfolgt werden sollen, welche Beziehungen zwischen einzelnen Aufgabenteilen und -zielen bestehen und welche Priorität welcher Aufgabe zukommen soll. Weiterhin sind Dauer der Aufgaben und Projekte sowie Chancen und Risiken wichtig. All das gilt es bei einer besonnenen Planung mit einzubeziehen.

Über folgende Gegebenheiten sollten Sie immer so gut wie möglich Bescheid wissen:

- Externe Umweltgrößen, also zum Beispiel natürliche Gegebenheiten, Gesetze oder Marktformen, die Sie in der Regel nicht beeinflussen können.
- Interne Daten und Begrenzungen wie Standort, Mitarbeiter, Maschinenkapazitäten, Vertriebssystem usw. Auch die internen Daten können Ihren Handlungsspielraum unter Umständen einschränken (zum Beispiel wenn Sie mit veraltetem technischen Equipment arbeiten müssen).
- Außerdem müssen Sie über all die Größen informiert sein, die innerhalb der Planungsperiode verändert werden können. So haben Sie die Möglichkeit, während der Durchführung eines Projekts auf Alternativlösungen auszuweichen.
- Dabei müssen Sie ebenfalls bedenken, welche kurz-, mittel- und langfristigen Auswirkungen es hat, wenn Sie eine Entscheidung revidieren müssen bzw. ob es überhaupt möglich ist, diese Entscheidung zu revidieren.

Eine Analyse der eben vorgestellten Punkte soll dazu beitragen, Risiken und Fehlentscheidungen zu senken und die Chance einer optimalen Zielerreichung zu erhöhen.

4.2 Arten der Planung

4.2.1 Planung nach Bezugsgrößen

Arten der Planung können durch eine Reihe von Merkmalen unterschieden werden. Solche Merkmale sind:

- der Bezugszeitraum,
- der Funktionsbereich,
- die Leitungshierarchie,
- die Planungshierarchie.

Die Zeitdauer, auf die sich die Planung allgemein (oder ein ganz spezieller Plan) bezieht, nennt man **Bezugszeitraum**. Bei der kurzfristigen Planung kann sich der Bezugszeitraum auf bis zu ein Jahr erstrecken, bei der mittelfristigen Planung liegt der Bezugszeitraum zwischen einem und fünf Jahren, und die langfristige Planung erfasst alles, was länger als fünf Jahre dauert.

Der **Funktionsbereich**, auf den sich die Planung bezieht, kann die unterschiedlichsten Bereiche eines Unternehmens umfassen, beispielsweise Finanzplanung, Absatzplanung, Lagerhaltungsplanung, Beschaffungsplanung und Investitionsplanung. Dieser Bereich dürfte durch Ihr persönliches Tätigkeitsfeld schon relativ eingegrenzt sein. Dennoch kann es natürlich vorkommen, dass Sie bei einem bestimmten Projekt abteilungs- oder ressortübergreifend planen müssen.

Die **Leitungshierarchie** umfasst unter anderem Gesichtspunkte wie Gesamtplanung, Bereichsplanung und Stellenplanung. Damit werden Sie im normalen Arbeitsalltag kaum konfrontiert werden, da es hier vor allem um Entscheidungen geht, die nicht täglich getroffen werden.
Der nächste Punkt allerdings dürfte Ihnen häufiger begegnen; schließlich müssen Sie tagtäglich mit dieser Fragestellung arbeiten. Hier geht es um die **Planungshierarchie**, also um die Frage, welche Planungen (bzw. einzelnen Pläne) in welchem Verhältnis zueinander stehen. Dabei ist nicht ein Verhältnis gemeint, das zum Beispiel ein Projekt von einem anderen abhängig macht, sondern ein Über- oder Unterordnungsverhältnis. Ein Plan ist dem anderen dann übergeordnet, wenn er den Handlungsrahmen absteckt, in welchem der andere (also untergeordnete) Plan formuliert wird.

In der Planungshierarchie unterscheidet man drei Ebenen, nämlich :

- die strategische (oberste)
- die taktische (mittlere)
- die operative (unterste).

Die strategische (also die oberste) Ebene ist die am wenigsten detaillierte, während die operative Ebene stark detaillierte Teilpläne beinhaltet. Eine gute Planung geht immer von der strategischen über die taktische zur operativen Ebene. Typische Beispiele für die oberste Planungsebene sind globale Größen bzw. Problemfelder, grob definierte Bereiche im Allgemeinen und eine langfristige Planung. Die taktische Ebene ist bereits differenzierter angelegt und umfasst eine mittelfristige Planung. Detaillierte und stark differenzierte Teilpläne sowie die kurzfristige Planung bestimmen die unterste, die operative Ebene.

> In einem Satz zusammengefasst kann man folgende Regel aufstellen:
> Planen Sie immer vom Groben zum Detail!

Wichtig ist also die Beziehung zwischen den Planungsebenen: Sie stehen in einem hierarchischen „Ableitungsverhältnis". Das bedeutet, dass ein taktischer Plan aus einem strategischen und ein operativer Plan aus einem taktischen „abgeleitet" wird, da Sie, wie eben festgehalten, vom Groben ins Detail, also von der obersten zur untersten Ebene planen. Lesen Sie dazu Näheres später bei der Projektplanung.

4.2.2 Planung nach Koordinationsarten

4.2.2.1 Kennzeichnung der Koordinationsarten

Wenn Sie sich entschließen, in einem bestimmten Bezugszeitraum alle Ihre beabsichtigten Aktivitäten in einem einzigen Gesamtplan festzuhalten, so wird dieser Plan sicherlich zu einem sehr komplexen, vielschichtigen Gebilde. Alle Aktivitäten in den Teilperioden müssen darin festgehalten sein, alle relevanten betrieblichen Funktionsbereiche müssen mit einbezogen werden, und schließlich müssen Sie bei Planungen, die sich auf mehrere Perioden beziehen, folgende Interdependenzen, also Abhängigkeiten untereinander, beachten:

- Eine Ausgangsentscheidung engt den Lösungsbereich für spätere Folgeentscheidungen ein.
- Bei der zu treffenden Ausgangsentscheidung sind Folgeentscheidungen, die bereits geplant sind, zu berücksichtigen. Sie sollten also nicht Ihre Ausgangsentscheidung beliebig treffen und erst dann sehen, wie es weitergeht, sondern müssen von vornherein ein paar oder zumindest einen Schritt weiterdenken.
- Bei der Planung müssen immer Alternativlösungen bereitgestellt werden, da Prognosen oft nur sehr unsicher getroffen werden können.

Ein realisierbarer Gesamtplan ist also ein komplexes Gebilde, das aus vielerlei Wechselbeziehungen und den unterschiedlichsten Größen besteht. Erinnern Sie sich an die vier Bezugsgrößen, die wir zu Beginn dieses Kapitels festgehalten haben: Bezugszeitraum, Funktionsbereich, Leitungshierarchie und Planungshierarchie. In diesem Koordinatensystem bewegt sich jede Gesamtplanung.

Natürlich müssen Sie alle diese Größen in Ihren Teilplänen möglichst wirklichkeitsgetreu berücksichtigen. Wenn Sie sich unsicher sind, ob Sie Ihre Pläne realistisch genug gestaltet haben, ziehen Sie einen Ihnen vertrauten Kollegen hinzu. Der sieht die Sache sicher mit mehr Abstand und kann Ihnen vielleicht wertvolle Tipps geben, wo Sie noch etwas verbessern können.

Wichtig ist dann vor allem eine gute Koordination Ihrer Teilpläne. Koordination bedeutet in diesem Fall eine zielbezogene Abstimmung zwischen Einzel- und Teilplänen. Eventuell auftretende Koordinationsprobleme können Sie prinzipiell auf zwei Arten lösen: Entweder planen Sie die einzelnen Teilperioden, Teilbereiche und Teilhierarchien *schrittweise* und stimmen die entstehenden Einzelpläne auf den Gesamtplan ab, oder Sie planen alle Funktionsbereiche in einem einzigen Planungsansatz *gleichzeitig*, wobei Sie alle bestehenden Abhängigkeiten berücksichtigen. Die **schrittweise** Planung nennt man auch **sukzessive** Planung, die gleichzeitige Planung heißt **simultane** Planung.

Man unterscheidet innerhalb der sukzessiven und simultanen Planung zwischen drei Ausprägungen der beiden verschiedenen Koordinationsarten:

- zeitliche Koordination,
- sachliche Koordination und
- hierarchische Koordination

Diese drei Koordinationsarten werden wir in den folgenden Unterkapiteln genauer erläutern.

4.2.2.2 Planung nach der zeitlichen Koordination

Wir haben schon festgehalten, dass der Zeitraum, auf den sich die Planung bezieht, Bezugszeitraum genannt wird. Der Bezugszeitraum kann in mehrere Teilperioden gegliedert werden. Wenn die Teilperioden nacheinander geplant werden, so dass Planungsresultate bereits geplanter Perioden als feste Vorgaben für weitere Planungsperioden angesehen werden, handelt es sich um zeitlich sukzessive Planung. Machen wir dazu ein Beispiel: Es geht um einen Bezugszeitraum von fünf Jahren. Dazu werden fünf Einjahrespläne erstellt. Zunächst wird der Plan für das erste Jahr entworfen, auf dessen Ergebnissen der Plan für das zweite Jahr aufgebaut wird und so weiter.

Dagegen werden bei der zeitlich simultanen Planung alle fünf Perioden gleichzeitig erfasst. Dabei wird ein Gesamtplan für alle Perioden erstellt. Es kann auch vorkommen, dass Sie zum Beispiel bei einem Fünfjahresplan, der eigentlich sukzessive angelegt ist, innerhalb des Einjahresplans simultan planen. Das hängt maßgeblich vom Gegenstand der Planung ab.

4.2.2.3 Planung nach der sachlichen Koordination

Bei der sachlichen Koordination der Planung geht es um einen geschlossenen Planungsansatz, der mehrere betriebliche Funktionsbereiche erfasst und diese gemeinsam plant. Im normalen Büroalltag dürfte Ihnen diese Art der Planung eher selten begegnen. Lassen Sie uns die sachliche Koordination dennoch kurz erläutern: Bei der sachlich sukzessiven Planung sind meistens mehrere Planungsdurchgänge mit veränderten Teilplanungen erforderlich. Dabei sollten die Planungsdurchgänge möglichst klein gehalten werden. Bei sachlich sukzessiver Planung ist die Realisierbarkeit des Gesamtplans nach Mehrfachdurchgängen von Teilplanungen in den allermeisten Fällen gewährleistet.
Bei der sachlich simultanen Planung wird ein Gesamtplan bei gleichzeitiger Erfassung aller Funktionsbereiche mit ihren Interdependenzen über eine oder mehrere Perioden aufgestellt. Im simultanen Planungsmodell müssen alle ökonomischen und technischen Daten, Variablen und Ziele berücksichtigt werden.
Nur besonders große Firmen können es sich erlauben, auf das aufwändige simultane Planungsmodell zurückzugreifen. Die meisten kleinen und mittelständischen Unternehmen setzen auf sachlich sukzessive Planung.

4.2.2.4 Planung nach der hierarchischen Koordination

Es gibt drei Verfahren für die hierarchische Koordination von Plänen:

- das retrograde Verfahren (das auch Top-Down-Planung genannt wird),
- das progressive Verfahren (das auch Bottom-Up-Planung genannt wird) und
- das zirkuläre Verfahren.

Während das retrograde Verfahren vom Gesamtplan ausgeht und daraus Bereichspläne entwickelt, geht das progressive Verfahren umgekehrt von den Bereichsplänen aus und wird von dort schrittweise zum Gesamtplan verdichtet. Das zirkuläre Verfahren verbindet beide eben genannten Verfahren, indem es die jeweiligen Vorteile aus dem retrograden und progressiven Verfahren sinnvoll einsetzt.

4.2.3 Arten der Planung nach Anpassungsarten

4.2.3.1 Kennzeichen der Anpassungsarten

Es versteht sich von selbst, dass Pläne an zukünftige Änderungen jeglicher Art anpassungsfähig, das heißt elastisch, sein müssen, da gerade bei der längerfristigen Planung immer wieder nicht vorhersehbare Ereignisse eintreten können. Mögliche Anpassungsmaßnahmen hängen weitgehend von Informationen über die Zukunft ab, die in den meisten Fällen unvollständig sein werden. Natürlich wäre es für den Informationsstand jedes Planers optimal, wenn er mit seiner Planerstellung bzw. Plananpassung bis kurz vor Beginn der Planperiode warten könnte. Da jedoch jede Planung einen gewissen zeitlichen Vorlauf erfordert, muss leider immer mit unvollständigen Informationen gearbeitet werden. Darüber hinaus möchte man manchmal vielleicht seinen Plan revidieren und an die neuen Gegebenheiten anpassen, wenn man vollkommenere Informationen erhält. Eine kontinuierliche Planrevision wäre aber sehr unergiebig, und ein ständiges Umwerfen der gesamten Pläne zerrt wahrscheinlich ebenso an Ihren eigenen Nerven wie an denen Ihrer Mitarbeiter.

Aus eben diesen Gründen ist es äußerst wichtig, elastisch zu planen. Einige Wege zu einer elastischen Planung werden nachfolgend beschrieben. Hier sind Anpassungsrhythmus und Verbindlichkeit von Teilplänen wichtige Schlagwörter, die wir nun näher erläutern wollen.

4.2.3.2 Planung nach dem Anpassungsrhythmus

Der Anpassungsrhythmus bezieht sich auf die Art und Weise der Planfortschreibung. Das wollen wir am Beispiel eines Fünfjahresplanes näher erläutern. Ein Unternehmen kann seinen Fünfjahresplan beispielsweise in fünf Einjahrespläne, die als Grobpläne erstellt werden, unterteilen. Werden diese Jahrespläne nicht oder nur unregelmäßig in Abständen mehrerer Jahre fortgeschrieben, wird dies als **nicht-rollende** Planung bezeichnet.

Dagegen steht das Prinzip der **rollenden** Planung: Hier wird der erste Jahresplan als Feinplan (zum Beispiel in Drei-, Vier- oder Sechsmonatspläne) eingerichtet, während die übrigen vier Jahrespläne noch Grobpläne sind. Nach Ablauf eines Teilplans (zum Beispiel eines Halbjahresplans) wird weiter geplant, zum Beispiel die übernächste Planungsfeinperiode, während die Grobplanung für die nächsten Jahre weiter bestehen bleibt. Konkret könnten Sie zum Beispiel für das erste Jahr eine Feingliederung in zwei Halbjahre vornehmen. Die restlichen vier Jahre entfallen auf die Grobplanung. Nach dem ersten Halbjahr planen Sie das erste Halbjahr des zweiten Jahres, nach Ablauf des zweiten Halbjahrs das zweite Halbjahr des zweiten Jahres usw. So haben Sie immer genügend Zeit zu planen und planen auch nicht zu viele Details im Voraus, die dann bei der Durchführung unter Umständen völlig anders aussehen können.

> Die rollende Planung hat den großen Vorteil, dass neu gewonnene Informationen relativ kurzfristig mit einbezogen werden können, ohne das große Ziel aus den Augen zu verlieren. Außerdem werden die sachliche Koordination und die Realisierbarkeit aller Teilpläne in den allermeisten Fällen gewährleistet.

4.2.3.3 Planung nach der Verbindlichkeit von Teilplänen

Das Merkmal der Verbindlichkeit von Teilplänen drückt aus, ob eine und wenn ja welche Trennung zwischen verbindlichen und unverbindlichen Teilplänen getroffen wird. Man nennt eine Planung, die eine Anpassung von Teilplänen nach dem Muster von verbindlichen und unverbindlichen Teilplänen zulässt, **flexible** Planung. Das Gegenstück dazu ist die **starre** Planung, die lediglich verbindliche Teilpläne für den gesamten Bezugsraum zulässt.

Die **flexible** Planung wird besonders bei Risikosituationen verwendet. Dort ist der erste Jahresplan in einer Planungskette meist ein definitiver Plan, während die übrigen Teilpläne unverbindliche alternative Teilpläne sind. Oft wird dazu auch ein so genannter Entscheidungsbaum verwendet, auf dessen Verästelungen alle alternativen Teilpläne sowie deren Wirkung erfasst sind. Näheres dazu finden Sie auch im Systemteil „Entscheidungen".

Bei der **flexiblen** Planung wird erst zu Beginn einer Teilperiode über die Teilalternative definitiv entschieden. Die Planung verläuft also relativ kurzfristig und erlaubt schnelles, effizientes Handeln und gezieltes Eingehen auf bestimmte Informationen bzw. Sachverhalte.

Voraussetzung für den Aufbau eines flexiblen Planungssystems ist ein hoher Informationsstand über alle realisierbaren Teilalternativen, möglichen Situationen mit ihren Eintrittswahrscheinlichkeiten, Wirkungen der Alternativen etc. Sie müssen schon lange vor der Durchführung des Plans über alle Alternativen informiert sein und auf der Basis dieser Informationen Ihre Entscheidungen treffen.

Bei der **starren** Planung werden im Gegensatz zur gerade genannten flexiblen Planungsart keine bedingten, sondern definitive Entscheidungen getroffen. Diese Form der Planung ist jedoch im Allgemeinen nicht zu empfehlen, außer, der Gesamtplanung liegen vollkommene Informationen über die zukünftige Entwicklung der Planungsdaten zugrunde. Dies dürfte jedoch in den seltensten Fällen gewährleistet sein, und so hat man bei dieser Variante den großen Nachteil, dass man sich bei Nichteintreten der erwarteten Situation bereits festgelegt hat und keine Entscheidungen mehr treffen kann, die der jeweiligen Situation optimal angepasst sind. Damit ist bei dieser Variante eine optimale Lösung des Planungsproblems kaum zu erreichen.

Gute Planung spielt auch bei unserem nächsten großen Kapitel Projektmanagement eine entscheidende Rolle.

Zusammenfassung

- Über folgende Gegebenheiten sollten Sie bei Ihrer Planung immer so gut wie möglich Bescheid wissen: externe Umweltgrößen; interne Daten und Begrenzungen; Größen, die innerhalb der Planungsperiode verändert werden können und über die kurz-, mittel- und langfristigen Auswirkungen, wenn eine Entscheidung revidiert werden muss.

- Arten der Planung können durch eine Reihe von Merkmalen unterschieden werden. Solche Merkmale sind: der Bezugszeitraum, der Funktionsbereich, die Leitungshierarchie und die Planungshierarchie.

- In der Planungshierarchie unterscheidet man drei Ebenen, nämlich die strategische (oberste), die taktische (mittlere) und die operative (unterste) Ebene. Die strategische (also die oberste) Ebene ist die am wenigsten detaillierte, während die operative Ebene stark detaillierte Teilpläne beinhaltet. Eine gute Planung geht immer von der strategischen über die taktische zur operativen Ebene, also vom Groben zum Detail.

- Bei Planungen, die sich auf mehrere Perioden beziehen, müssen folgende Interdependenzen beachtet werden:
  - Eine Ausgangsentscheidung engt den Lösungsbereich für spätere Folgeentscheidungen ein.
  - Bei der zu treffenden Ausgangsentscheidung sind Folgeentscheidungen, die bereits geplant sind, zu berücksichtigen.
  - Bei der Planung müssen immer Alternativlösungen bereitgestellt werden, da Prognosen oft nur sehr unsicher getroffen werden können.

- Koordinationsprobleme können prinzipiell auf zwei Arten gelöst werden: Entweder man plant schrittweise (sukzessive) oder gleichzeitig (simultan). Innerhalb der sukzessiven und der simultanen Planung werden drei Ausprägungen der beiden verschiedenen Koordinationsarten unterschieden: zeitliche Koordination, sachliche Koordination und hierarchische Koordination.

- Wenn die Teilperioden nacheinander geplant werden, so dass Planungsresultate bereits geplanter Perioden als feste Vorgaben für weitere Planungsperioden angesehen werden, handelt es sich um zeitlich sukzessive Planung. Dagegen werden bei der zeitlich simultanen Planung alle Perioden gleichzeitig erfasst und es wird daraus ein Gesamtplan erstellt.

- Bei der sachlich sukzessiven Planung sind meistens mehrere Planungsdurchgänge mit veränderten Teilplanungen erforderlich. Dabei sollten die Planungsdurchgänge möglichst klein gehalten werden. Bei der sachlich simultanen Planung wird ein Gesamtplan bei gleichzeitiger Erfassung aller Funktionsbereiche mit ihren Interdependenzen über eine oder mehrere Perioden aufgestellt.

- Pläne müssen an zukünftige Änderungen jeglicher Art anpassungsfähig, das heißt elastisch, sein. Hier sind Anpassungsrhythmus und Verbindlichkeit von Teilplänen wichtige Schlagwörter. Der Anpassungsrhythmus bezieht sich auf die Art und Weise der Planfortschreibung. Wenn beispielsweise ein Jahresplan gar nicht oder nur unregelmäßig fortgeschrieben wird, wird dies als nicht-rollende Planung bezeichnet.

- Bei der rollenden Planung werden stets Feinpläne für die nahe Zukunft erarbeitet, während der Grobplan weiter bestehen bleibt. Denkbar sind zum Beispiel Halbjahrespläne, die jeweils ein halbes Jahr vor ihrem Einsatz geplant werden. Die rollende Planung hat den großen Vorteil, dass neu gewonnene Informationen und Erfahrungen relativ kurzfristig mit einbezogen werden können, ohne das große Ziel aus den Augen zu verlieren. Außerdem werden die sachliche Koordination und die Realisierbarkeit aller Teilpläne in den allermeisten Fällen gewährleistet.

- Man nennt eine Planung, die eine Anpassung von Teilplänen nach dem Muster von verbindlichen und unverbindlichen Teilplänen zulässt, flexible Planung. Das Gegenstück dazu ist die starre Planung, die lediglich verbindliche Teilpläne für den gesamten Bezugsraum zulässt.

- Bei der flexiblen Planung wird erst zu Beginn einer Teilperiode über die Teilalternative definitiv entschieden. Voraussetzung für den Aufbau eines flexiblen Planungssystems ist ein hoher Informationsstand über alle realisierbaren Teilalternativen, mögliche Situationen mit ihren Eintrittswahrscheinlichkeiten, Wirkungen der Alternativen etc.

- Bei der starren Planung werden im Gegensatz dazu keine bedingten, sondern definitive Entscheidungen getroffen. Diese Form der Planung ist jedoch im Allgemeinen nicht zu empfehlen.

5. Projektmanagement

5.1 Was ist Projektmanagement?

Zunächst zur Definition dessen, was „gemanagt" werden soll, nämlich das Projekt: Ein Projekt ist ein komplexes, zeitlich begrenztes Vorhaben, das aus einer Idee entstanden ist und bei dem oft fachübergreifend zusammengearbeitet werden muss. Projekte sind schon uralt, auch wenn wir eine sehr moderne Vorgehensweise zu ihrer Durchführung entwickelt haben: Denken Sie beispielsweise an das Projekt „Pyramidenbau" im alten Ägypten oder das Projekt „Erster Transatlantikflug", das sich Charles Lindbergh zur Lebensaufgabe gemacht hatte.

Demnach ist Projektmanagement folgendes:

- das Organisationsverfahren zur Planung, Steuerung, Regelung und Kontrolle eines Projekts,
- die Institution, die für Organisation und Ausführung eines Projekts verantwortlich ist. Das sind ein Projektleiter, das Projektteam oder einzelne Mitarbeiter.
  (Die erste Definition wird Ihnen dabei wahrscheinlich häufiger begegnen.)

Heute spielen Projekte in Unternehmen, Verwaltungen, Institutionen usw. eine wichtigere Rolle denn je. Es gibt immer mehr einmalige, innovative und komplexe Vorhaben, die innerhalb eines bestimmten Zeitraums bereichs- oder abteilungsübergreifend bearbeitet werden müssen. Andererseits gibt es immer mehr Spezialisierung und Arbeitsteilung.

Daher können bestimmte Ziele nur durch interdisziplinäre Teams gelöst werden. Ein weiterer Vorteil ist die Kreativität, die durch diese Arbeitsform und die unterschiedlichen Sichtweisen der Teammitglieder freigesetzt wird. Selbst wenn sich die Aufgaben ständig verändern: Das *Wie* bleibt. Gerade deshalb ist optimales Projektmanagement heute so wichtig.

Im unten stehenden Kasten (der übrigens weitgehend an eine Grafik von Harald Busch, einem renommierten Organisationsberater, angelehnt ist) sehen Sie die Phasen des Projektmanagements im Gesamtzusammenhang. Diese Phasen wollen wir im weiteren Verlauf des Textes genauer erläutern.

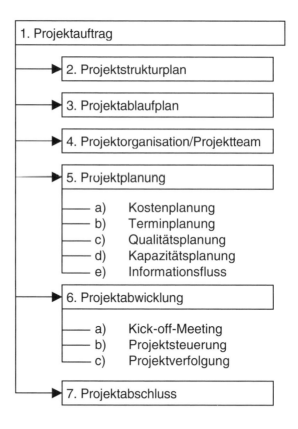

Um noch einmal kurz zu den Definitionen zurückzukommen: Das Projekt wird durch drei Zielvorgaben bestimmt, nämlich:

- Das Sachziel: Was soll erreicht werden?
- Das Terminziel: Bis wann soll das Projekt abgeschlossen sein?
- Das Kostenziel: Wie viel darf das Projekt insgesamt kosten?

5.2 Sorgfältige Planung ist ein Muss

Die wichtigste Voraussetzung für den Projekterfolg ist eine sorgfältige Planung. Mit Ihrem Auftraggeber, der nicht unbedingt von außerhalb kommen muss, vereinbaren Sie folgende Punkte verbindlich:

- den Projektnamen
- Aufgaben und Ziele
- Anfangs- und Endtermine
- Gesamtbudget
- regelmäßige Termine für Zwischenberichte und zusätzliche Entscheidungen
- Abgrenzungen zu und/oder Schnittstellen mit anderen Projekten und Aufgaben
- eine eindeutige Definition der angestrebten Endqualität, um Nachbesserungen und zusätzliche Kosten von vornherein auszuschalten.
- Das Projekt muss in Ihrem Unternehmen bekannt sein. Alle sollten informiert sein und Rücksicht darauf nehmen, dass Teammitglieder während der Projektdauer nicht ihren vollen Arbeitseinsatz im Tagesgeschäft leisten können. Hier kommt es zu Vertretungen oder Mehrbelastungen von anderen. Die Bekanntheit des Projekts gibt ihm auch einen bestimmten Stellenwert im Unternehmen und führt damit zur Motivation.

5.3 Die sieben Phasen eines Projekts

5.3.1 Projektauftrag

Der Auftraggeber ist ein wichtiger Partner des Projektleiters. Die Beziehung zwischen Projektleiter und Auftraggeber trägt maßgeblich zum Erfolg oder Misserfolg eines Projekts bei. Halten Sie deswegen Ihren Auftraggeber ständig auf dem Laufenden, teilen Sie ihm Zwischenergebnisse mit und sichern Sie sich im Allgemeinen einen guten Kontakt mit ihm. Haben Sie keine Angst vor seiner Autorität, sondern fragen Sie ruhig nach, wenn etwas unklar ist bzw. wenn einmal etwas nicht wie geplant läuft. Dann kann man möglicherweise gemeinsam und auch im Sinne des Auftraggebers Lösungen besprechen.

5.3.2 Projektstrukturplan

Normalerweise besteht ein Projekt aus einer Vielzahl von Einzelaufgaben, die wohlgeplant und gut koordiniert werden wollen. Um die Übersicht zu behalten, brauchen Sie an dieser Stelle einen Projektstrukturplan.

Beim Erstellen des Plans gehen Sie zunächst vom Groben aus und planen dann immer weiter ins Detail. Zerlegen Sie dazu als erstes Ihr Projekt in Teilprojekte und/oder Teilergebnisse. Anschließend verteilen Sie die Arbeitspakete an sich selbst und Ihre Mitarbeiter. Diese Arbeitspakete müssen Sie in weitere Teilaufgaben untergliedern, bis alle Details berücksichtigt sind.

Der Strukturplan ist somit für Sie und Ihr Projektteam das grundlegende Orientierungs- und Ordnungssystem. Folgendes muss Ihr Projektstrukturplan leisten:

- Arbeitsabläufe sind transparent und überschaubar auf einen Blick dargestellt.
- Arbeits- und Verantwortungsbereiche sind klar abgegrenzt und definiert: so weiß jeder, was genau in seinem Verantwortungsbereich liegt und welche einzelnen Aufgaben er zu übernehmen hat. Jeder Projektmitarbeiter kann sich auf seine persönliche Aufgabe konzentrieren. Außerdem wissen Sie als Projektleiter immer genau Bescheid, worum sich Ihre verschiedenen Mitarbeiter kümmern. (Das hilft Ihnen besonders dann, wenn ein Teammitglied ausfällt und Sie schnell einen Ersatz finden müssen.)
- Durch den Strukturplan können Sie alle am Projekt beteiligten Stellen und Personen optimal koordinieren. Und das ist für eine effiziente Arbeitsweise schließlich entscheidend.

So könnte ein Projektstrukturplan in etwa aussehen:

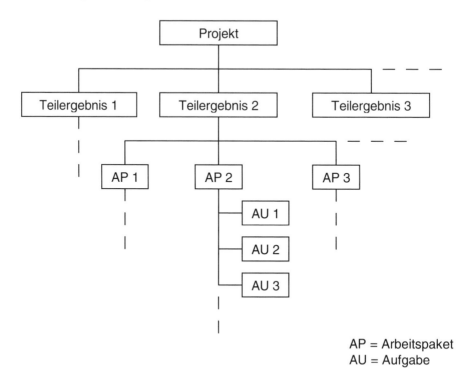

AP = Arbeitspaket
AU = Aufgabe

5.3.3 Projektablaufplan

Nachdem Sie die Erstellung des Projektstrukturplans gemeistert haben, können Sie nun Ihre Aufmerksamkeit dem Projektablaufplan widmen. Denn die zielgerichtete Abwicklung eines Projekts erfordert neben Anfangs- und Endtermin weitere klar definierte Zeitabschnitte. Bringen Sie in diesen Plan also Teilprojekte wie Teilergebnisse, Arbeitspakete, Planungseinheiten und Aufgaben in eine logische und zeitliche Reihenfolge. Das macht Ihr Projekt überschaubar und kontrollierbar.

Eine Möglichkeit der Darstellung ist die sogenannte Netzplantechnik, die immer wieder gerne verwendet wird. Bei der Aufstellung des Netzplans sind folgende Punkte zu beachten:

- Stellen Sie die verschiedenen Vorgänge unter Zuordnung der Vorgangsdauer und des direkt vorher zu bearbeitenden Vorgangs in einer Tabelle dar.
- Halten Sie den frühesten sowie den spätesten Anfangszeitpunkt des Vorgangs in dieser Tabelle fest. Tragen Sie außerdem den frühesten sowie den spätesten Endzeitpunkt ein. Errechnen Sie die „Gesamtpufferzeit" und die Dauer.
- Wichtig ist: Schätzen Sie nicht, sondern rechnen Sie: Wann (von jetzt ab) liegt der früheste Anfangs- und Endzeitpunkt eines Vorgangs? In einer Rückwärtsrechnung (also ausgehend von der Deadline des Gesamtprojekts) errechnen Sie die spätesten End- und Anfangszeitpunkte der Vorgänge.

> Eine elementare Erkenntnis der Vernetzung ist, dass kein Punkt (zum Beispiel ein Knoten) bewegt werden kann, ohne dass sich das ganze Netz bewegt. Stellen Sie deshalb fest, welche Funktion bzw. Wirkung die einzelne Aufgabe auf das Gesamtprojekt ausübt. Reagieren Sie flexibel auf Veränderungen und aufgabenspezifische Probleme, um Ihr Endziel nicht zu gefährden.

5.3.4 Wie Sie am besten im Projektteam arbeiten

Die Zusammensetzung Ihres Teams wird bestimmt von

- der Art des zu lösenden Problems,
- dem Projektumfang,
- Qualifikation und Fähigkeiten des zur Verfügung stehenden Personals.

Für den Projekterfolg ist die Gruppenzusammensetzung von nicht zu unterschätzender Bedeutung. Im Team arbeiten viele Menschen anders als allein, und außerdem spielen Sympathien und Antipathien innerhalb der Projektgruppe ebenfalls eine entscheidende Rolle. Sie sollten deshalb bestrebt sein, Mitarbeiter einzusetzen, die Sie relativ gut kennen, denn je besser Sie die Gruppe kennen, desto weniger (böse) Überraschungen werden Sie erleben.

Es gibt fünf wesentliche Erfolgsfaktoren für Ihre Teamorganisation:

- klar vereinbarte Projektziele, mit denen alle Beteiligten einverstanden sind,
- Sicherung der notwendigen Projektunterstützung, das heißt: Ziele werden von **allen** mitgetragen,
- Schaffung einer angemessenen Projektstruktur, die genau auf das jeweilige Projekt passt,
- Nutzung von Spezialistenwissen,
- gute Kommunikation und Information, sowohl innerhalb des Projektteams als auch extern (zum Beispiel mit dem Auftraggeber).

Im Allgemeinen müssen Sie als Leiter einer Gruppe immer darauf gefasst sein, dass es zu Spannungen kommen kann. Deshalb sollten Sie schon zu Beginn sensibel genug sein, Ihr Team so zusammenzustellen, dass möglichst keine Spannungen aufkommen. Es dürfte wenig bringen, zwei Kolleginnen, von denen Sie wissen, dass sie sich abgrundtief hassen, mit demselben Projekt zu betrauen. Halten Sie also das Konfliktpotential schon durch die personelle Zusammenstellung so gering wie möglich.

5.3.5 Projektplanung

Die Planung eines Projektes sollten Sie niemals allein durchführen, auch wenn Sie der verantwortliche Projektleiter sind. Projektplanung ist Aufgabe *aller* Teammitglieder. Jeder muss Ablaufplan, Budget, Zeitdauer, Ressourcenbedarf sowie Schnittstellen zu anderen Projekten oder Projektteilen genau kennen, um optimal im Team zu arbeiten. So können die einzelnen Personen alle diese wichtigen Informationen in ihre persönliche Planung einbringen und sind sich darüber im klaren, wie viel sie für einen reibungslosen Ablauf des Projekts tun können. Das sind Voraussetzungen für den Erfolg eines Projekts.

Außerdem ist nur durch eine gut durchdachte Planung die Kontrolle des Ist-Zustandes möglich. Planen Sie aber bitte trotzdem nicht allzu genau, da Projekte allen Beteiligten eine gewisse Flexibilität abverlangen und Sie und Ihr Team sich immer wieder auf Neues einstellen müssen.

Wichtig ist weiterhin, dass Sie schon bei der Planung die Einzelaufgaben niemals isoliert sehen, sondern immer den vorhergehenden bzw. nächsten Projektschritt bedenken. Ein einzelner Schritt ist stets im Gesamtzusammenhang zu sehen.

5.3.5.1 Kostenplanung

Kostenplanung ist ein zentraler Aspekt im Projektmanagement. Am besten setzen Sie bei der Kostenplanung bei den zuvor definierten Arbeitspaketen an. Die sind schon untergliedert und damit überschaubar. Außerdem stehen Ihnen über diese Teilaufgaben ausreichend (Detail-) Informationen zur Verfügung, durch die Sie die Einzelkosten der jeweiligen Aufgaben exakt definieren können.

Der Gesamtkostenplan ergibt sich aus der Summe der einzelnen Positionen. Es kann durchaus sein, dass die verschiedenen Mitglieder Ihres Teams unterschiedliche Ideen verwirklichen wollen, die sich auch in der Kostenplanung auswirken können.

Dazu ein einfaches Beispiel: In Ihrer Abteilung wollen Sie das Projekt „Aktualisierung der EDV-Anlage plus Vernetzung aller PCs" durchführen. Ihre IT-Spezialisten plädieren für die technisch beste, jedoch teuerste Variante. Sie dürfen jedoch auch den betriebswirtschaftlichen Aspekt nicht aus den Augen verlieren. Also müssen Sie einen Kompromiss zwischen technischem und betriebswirtschaftlichen Ziel finden.

5.3.5.2 Terminplanung

Auch in die Terminplanung sollten Sie alle Beteiligten einbeziehen. Lassen Sie jeden Projektmitarbeiter seinen Zeitbedarf selbst ermitteln und anschließend mit Ihnen besprechen und fixieren. Sie vermeiden so, dass sich Ihre Mitarbeiter „verplant" fühlen, weil Sie sie aktiv in die Terminplanung mit einbezogen haben. Natürlich sollten Sie sich vorher eigene Zeitwerte durchdenken. Das wirkt sich positiv auf Arbeitsmotivation und Arbeitszufriedenheit aus. Gute Ergebnisse und zu guter Letzt der Projekterfolg hängen maßgeblich von diesen Faktoren ab.

Sie können die Termin- und Aufgabenübersicht im Team zum Beispiel folgendermaßen anpacken: Erstellen Sie ein Formular, auf dem Sie mit den Punkten

- Vorgangsnummer,
- Arbeitsschritt (*Was wird ausgeführt?*),
- Mitarbeiter (*Wer arbeitet mit?*),
- Arbeitsziel (*Was soll erreicht werden?*),

- Arbeitsbeginn (*Wann wird damit angefangen?*),
- Arbeitsende (*Bis wann muss die Aufgabe erledigt sein?*),
- benötigte Hilfsmittel (*Brauchen die Mitarbeiter beispielsweise technische Hilfsmittel wie Laserdrucker, Scanner etc., die nach Prioritäten vergeben werden müssen?*)

eine Tabelle erstellen. Ein Muster dazu finden Sie auf dem Arbeitsblatt im Anhang.

Regelmäßige und vor allem **rechtzeitige** Eintragungen aller Beteiligten stellen sicher, dass Sie den komplexen Projektprozess ständig überprüfen können. Das klammert Nachbesserungen kurz vor Projektende und nachträgliche Kosten von vornherein weitgehend aus.

5.3.5.3 Qualitätsplanung

Qualitätsanforderungen an das Projektergebnis müssen von Beginn an festgelegt und jedem Teammitglied klar sein. Das Erreichen des Qualitätsstandards muss während des gesamten Projekts überwacht werden. Die Phasen in der Qualitätskontrolle stellen sich folgendermaßen dar:

- Grundlage für die Qualitätsplanung ist die **Eingabeprüfung**. Hier werden beispielsweise Informationen, Teile, Ressourcen usw. geprüft, die in das Produkt bzw. die Leistung eingehen.
- Bei der **Durchlaufprüfung** überprüfen Sie Zwischenergebnisse, um Abweichungen vom Standard frühzeitig auf die Spur zu kommen. So haben Sie noch genug Zeit für die Sicherung des Qualitätsstandards.
- Am Projektende kontrollieren Sie schließlich mit der **Ausgabenprüfung**, ob die Standards erreicht wurden.

5.3.5.4 Kapazitätsplanung

Die Grundlage der Kapazitätsplanung ergibt sich aus den Daten Ihres Netzplans, in dem Sie die Dauer der Einzelvorgänge genau festgehalten haben. Wenn Sie die Pufferzeiten zu gering gewählt haben oder unvorhergesehene Probleme auftreten, kann es zu Terminproblemen kommen. Die tatsächliche Bearbeitungszeit weicht dann von der geplanten Bearbeitungszeit im Netzplan ab.

Für den Fall, dass es zu Terminproblemen kommt, können Sie folgendermaßen planen und handeln:

- Sie erhöhen das Personal, das sich mit dem gegenwärtigen Problem zu beschäftigen hat. Entweder es ist möglich, Personal aus anderen Teilprojekten kurzfristig am aktuellen Vorgang einzusetzen oder Ihr Gesamtbudget lässt Ihnen genug Spielraum, die Anzahl der Mitarbeiter zu erhöhen. Vielleicht können Sie eine Aufgabe auch extern vergeben, wenn das Budget dies zulässt.

- Falls Sie keine der oben genannten Möglichkeiten verwirklichen können, müssen Sie die Termine der anderen Teilprojekte nach hinten verschieben. Planen Sie deshalb von vornherein genug Zeit ein, um nicht unter Termindruck zu geraten.

5.3.5.5 Informationsfluss

Gerade bei einem größeren Projekt muss der Informationsfluss immer gewährleistet sein. Als Projektleiter sind Sie auch für diese Qualitätssicherung verantwortlich. Berücksichtigen Sie also sowohl bei der Planung als auch bei der Projektabwicklung,

- wer
- wann
- welche Informationen
- wie
- von wem

benötigt.

Sie müssen genau festlegen, wer wofür verantwortlich ist. Ferner ist es Ihre Aufgabe, das Berichtswesen bezüglich der

- Dokumentation,
- Verarbeitung,
- Verteilung und
- Archivierung von Informationen

zu strukturieren.

Außerdem müssen

- Zeitpunkt
- Ablauf und
- Organisation

von Informations- und Arbeitsbesprechungen bestimmt werden. Planen Sie auch regelmäßige Review-Gespräche (also Gespräche, in denen die verschiedenen Mitarbeiter über Erledigtes Bericht erstatten).

5.3.6 Projektabwicklung

Im Folgenden erfahren Sie, wie die Projektabwicklung Schritt für Schritt aussieht. Erster Punkt ist das Kick-off-Meeting, oder – auf deutsch ausgedrückt – das Startgespräch.

5.3.6.1 Kick-off-Meeting

Ziel dieses Kick-off-Meetings ist es, ein gemeinsames Verständnis von Projektumfang und Projektabwicklung zu entwickeln. Daran sind alle Projektmitglieder beteiligt. Als Leiter müssen Sie das Meeting vorbereiten.

Die Vorbereitung dafür sieht folgendermaßen aus:

- Aufstellung der am Projekt beteiligten Personen
- Festlegung von Termin, Tagesordnung und Räumlichkeiten
- Erstellung der notwendigen Unterlagen
- rechtzeitige Versendung der Einladungen und der Unterlagen

Dazu können Sie sich vorab Rat und Unterstützung bei Ihren künftigen Projektmitarbeitern holen. Wie sehen Sie die Sache? An welcher Stelle möchten sie eingesetzt werden? Haben sie noch weitere Ideen, die sich in die Tagesordnung für das Kick-off-Meeting übernehmen lassen?

Bei der Gestaltung der Tagesordnung

- planen Sie am besten viel Zeit dafür ein, dass die verschiedenen Teammitglieder ihre Vorstellungen ausführlich äußern können. Hier an Zeit zu sparen, wäre fatal, denn der Projekterfolg hängt maßgeblich davon ab, wie sehr sich die einzelnen Mitarbeiter ins Projekt eingebunden fühlen. Berücksichtigen Sie soweit wie möglich die Wünsche Ihres Teams.
- Präsentieren Sie danach das Projekt, um alle relevanten Daten und Fakten bekannt zu geben.
- Zu guter Letzt sollten Sie die Vorstellungen der Teilnehmer über ihre Mitarbeit im Projekt abfragen. Aber nicht so, dass sich niemand traut, den Mund aufzumachen und alle zu Ihrem Plan nur Ja und Amen sagen. Sie müssen Ihren Mitarbeitern signalisieren, dass Sie gesprächsbereit und für neue Ideen aufgeschlossen sind. Durch das Feedback erhalten Sie aufschlussreiche Informationen bezüglich des Engagements und der Positionierung Ihrer Mitarbeiter.

Legen Sie schon vorher jemanden fest, der das Meeting in Protokollform festhält. Das sollten auf keinen Fall weder Sie selbst sein, noch jemand, der voraussichtlich stark an der Teamdiskussion teilnimmt.

5.3.6.2 Projektsteuerung

Die Projektsteuerung liegt von Anfang an in Ihrer Hand, wenn Sie der Projektleiter sind. Sie müssen im Verlauf eines Projekts jedem Beteiligten immer wieder klar machen, was wie, wann und wo zu tun ist. Sie müssen die geplanten Vorgaben (also die Soll-Werte) ständig mit der praktischen Umsetzung (den Ist-Werten) vergleichen. Projektsteuerung ist damit innerhalb der Projektabwicklung eine der bedeutendsten Aufgaben.

> Sie müssen immer damit rechnen, dass sich Termine verschieben, Probleme auftreten, Kosten hinzukommen oder gar Auftragserweiterungen vom Auftraggeber verlangt werden. Dabei gilt es, flexibel auf Änderungen zu reagieren. Ergreifen Sie notwendige Korrekturmaßnahmen sofort, um das Projektziel nicht zu gefährden.

Eine wichtige Rolle spielt dabei die Projektdokumentation: Alle Ergebnisse werden auf diese Weise protokolliert. Tragen Sie dazu Projektbeurteilung, eventuelle Zielabweichungen, Zwischenergebnisse, weitere Projektschritte usw. in eine Liste ein. Für spätere Projekte ist der Ordner „Projektdokumentation" sicher ein beliebtes Nachschlagewerk!

5.3.6.3 Projektverfolgung

Dies ist der wahrscheinlich zeitlich längste Teil des Projekts. Jetzt zeigt sich, ob die Vorbereitung optimal getroffen und das Projekt gut geplant wurde. Ihre Mitarbeiter arbeiten nun auf der Grundlage der Projektplanung ihre jeweiligen Arbeitspakete ab. Sie müssen den Erledigungsstand der Aktivitäten ständig überwachen und in regelmäßigen zeitlichen Abständen dokumentieren.

Sie können dies in Form von geplanten oder außerplanmäßigen Berichten tun. Die Auswertung der Berichte kann es notwendig machen, Korrekturmaßnahmen einzuleiten. Schieben Sie eventuelle Korrekturen nicht auf, sondern setzen Sie sofort an der Basis des Problems an.

5.3.7 Projektabschluss

Am Ende eines Projekts erstellt der Projektverantwortliche – und das sind in diesem Fall Sie – einen Projektabschlussbericht. Dies geschieht in enger Zusammenarbeit mit den Teammitgliedern. Halten Sie so oft wie möglich Rücksprache und beziehen Sie Ihre Mitarbeiter mit ein.

> Arrangieren Sie am Ende des Projekts ein Treffen mit dem gesamten Team. Loben Sie gute Leistungen und stellen Sie besondere Verdienste heraus.

Sicher haben alle Beteiligten eine ganze Menge dazu gelernt – das gilt auch für Sie selbst. Konservieren Sie das erworbene Know-how und stellen Sie es Ihrem Unternehmen für spätere Projekte zur Verfügung. Der Projektabschlussbericht ist dafür ein ideales Mittel.

Zusammenfassung

- Ein Projekt ist ein komplexes, zeitlich begrenztes Vorhaben, das aus einer Idee entstanden ist und bei dem oft fachübergreifend zusammengearbeitet werden muss. Es wird durch drei Zielvorgaben bestimmt, nämlich durch das Sachziel, das Terminziel und das Kostenziel.

- Ein gut strukturiertes Projekt sollte in sieben Phasen gegliedert sein: 1. Projektauftrag, 2. Projektstrukturplan, 3. Projektablaufplan, 4. Projektorganisation / Projektteam, 5. Projektplanung (Kostenplanung, Terminplanung, Qualitätsplanung, Kapazitätsplanung, Informationsfluss), 6. Projektabwicklung (Kick-off-Meeting, Projektsteuerung, Projektverfolgung), 7. Projektabschluss. Hier kommt der Planung eine entscheidende Rolle zu.

- Mit dem Auftraggeber halten Sie die vereinbarten Punkte (Projektname, Aufgaben und Ziele, Gesamtbudget, Termine etc.) schriftlich fest. Der Auftraggeber ist ein wichtiger Partner des Projektleiters. Die Beziehung zwischen beiden Parteien trägt maßgeblich zum Erfolg oder Misserfolg eines Projekts bei.

- Um bei der Vielzahl von Einzelaufgaben eines Projekts stets die Übersicht zu behalten, benötigen Sie einen Projektstrukturplan. Der Projektstrukturplan stellt Arbeitsabläufe transparent und überschaubar auf einen Blick dar. Er untergliedert ein Projekt in immer detailliertere Aufgaben und Arbeitsschritte. So sind Arbeits- und Verantwortungsbereiche klar abgegrenzt und definiert. Durch diesen Plan können alle am Projekt beteiligten Stellen und Personen optimal koordiniert werden.

- Der Projektablaufplan definiert klare Zeitabschnitte von Teilprojekten und -ergebnissen, Arbeitspaketen und Aufgaben. Alle Termine müssen in eine logische Reihenfolge gebracht werden. Eine Möglichkeit der Darstellung ist die so genannte Netzplantechnik. Halten Sie dazu die verschiedenen Vorgänge sowie deren frühesten bzw. spätesten Anfangs- und Endzeitpunkt in einer Tabelle fest. Errechnen Sie so die „Gesamtpufferzeit" und die Dauer der Gesamtvorgänge. Bleiben Sie aber flexibel genug, um durch Unvorhergesehenes nicht aus der Bahn geworfen zu werden.

- Die Zusammensetzung des Projektteams wird von der Art des zu lösenden Problems, dem Projektumfang und der Qualifikation des zur Verfügung stehenden Personals bestimmt. Für den Projekterfolg ist die Gruppenzusammensetzung von nicht zu unterschätzender Bedeutung. Es gibt fünf wesentliche Erfolgsfaktoren für Ihre Teamorganisation:

  - klare, vereinbarte Projektziele,
  - Sicherung der notwendigen Projektunterstützung,

- Schaffung einer angemessenen Projektstruktur,
- Nutzung von Spezialistenwissen und
- gute Kommunikation und Information.

– Die Planung eines Projektes sollten Sie niemals alleine durchführen. Projektplanung ist Aufgabe *aller* Teammitglieder. Nur so ist die Kontrolle des Ist-Zustandes möglich. Planen Sie aber bitte trotzdem nicht allzu genau, da Projekte allen Beteiligten eine gewisse Flexibilität abverlangen und Sie und Ihr Team sich immer wieder auf Neues einstellen müssen.

– Setzen Sie bei der Kostenplanung bei den zuvor definierten überschaubaren Arbeitspaketen an. Beziehen Sie auch bei der Terminplanung alle Beteiligten mit ein. Beginnen Sie Ihre Qualitätsplanung mit der Eingabeprüfung. Hier werden Informationen, Teile, Ressourcen usw. geprüft, die in das Produkt bzw. die Leistung eingehen. Bei der Durchlaufprüfung überprüfen Sie Zwischenergebnisse, um Abweichungen vom Standard frühzeitig auf die Spur zu kommen. Am Projektende kontrollieren Sie schließlich mit der Ausgabenprüfung, ob die Standards erreicht wurden.

– Die Grundlage der Kapazitätsplanung ergibt sich aus den Daten Ihres Netzplans, in dem Sie die Dauer der Einzelvorgänge genau festgehalten haben. Für den Fall, dass es zu Terminproblemen kommt, können Sie entweder das Personal erhöhen oder die Termine anderer Teilprojekte nach hinten verschieben. Bedenken Sie also, dass sich das gesamte Netz verschiebt, wenn sich ein Knotenpunkt verschiebt.

– Gerade bei einem größeren Projekt muss der Informationsfluss immer gewährleistet sein. Berücksichtigen Sie also sowohl bei der Planung als auch bei der Projektabwicklung, wer wann welche Informationen von wem benötigt. Strukturieren Sie außerdem das Berichtswesen bezüglich der Dokumentation, Verarbeitung, Verteilung und Archivierung von Informationen.

– Beginnen Sie die Projektabwicklung mit dem Kick-off-Meeting. Ziel ist, ein gemeinsames Verständnis von Projektumfang und Projektabwicklung zu entwickeln. Daran sind alle Projektmitglieder beteiligt. Sie als Leiter müssen das Meeting vorbereiten. Planen Sie bei der Gestaltung der Tagesordnung viel Zeit dafür ein, dass die verschiedenen Teammitglieder ihre Vorstellungen ausführlich äußern können.

– Wenn Sie nun die Projektsteuerung vornehmen, müssen die geplanten Vorgaben (also die Soll-Werte) ständig mit der praktischen Umsetzung (den Ist-Werten) verglichen werden. Sie müssen immer damit rechnen, dass sich Termine verschieben, Probleme auftreten, Kosten hinzukommen oder gar Auftragserweiterungen vom Auftraggeber verlangt werden. Dabei gilt es, flexibel auf Änderungen zu reagieren. Ergreifen Sie notwendige Korrekturmaßnahmen sofort, um das Projektziel nicht zu gefährden. Vergessen Sie an dieser Stelle auch nicht die Projektdokumentation.

- Bei der Projektverfolgung zeigt sich, ob die Vorbereitung optimal getroffen und das Projekt gut geplant wurde. Ihre Projektmitarbeiter arbeiten nun auf der Grundlage der Projektplanung ihre jeweiligen Arbeitspakete ab. Sie müssen den Erledigungsstand der Aktivitäten ständig überwachen und in regelmäßigen zeitlichen Abständen dokumentieren.

- Arrangieren Sie am Ende des Projekts ein Treffen mit dem gesamten Team. Loben Sie gute Leistungen und stellen Sie besondere Verdienste heraus. Konservieren Sie das erworbene Know-how und stellen Sie es Ihrem Unternehmen für spätere Projekte zur Verfügung. Der Projektabschlussbericht, der in enger Zusammenarbeit mit den Teammitgliedern erstellt wird, ist dafür ein ideales Mittel.

Wissensfragen

1. Was bedeutet Arbeit unter dem arbeitspsychologischen Aspekt? (4 Merkmale)

2. Welche drei Voraussetzungen müssen erfüllt sein, damit Sie an Ihrem Arbeitsplatz optimal arbeiten können?

3. Nennen Sie mindestes sieben Regeln, die bei der Einrichtung des Arbeitsplatzes beachtet werden sollten!

4. Wie viele Kategorien der Anordnung gibt es und wie sehen diese im Einzelnen aus?

5. Was gehört in die verschiedenen Anordnungskategorien?

6. Warum sollte die bei vielen Leuten beliebte „Zettelwirtschaft" im Allgemeinen vermieden werden und was sind Alternativen?

7. Wie ist eine Kundenakte untergliedert?

8. Nennen Sie mindestens drei Vorteile der Wiedervorlage!

9. Erklären Sie die zwei Methoden, wie man die Wiedervorlage verwalten kann, und gehen Sie auf Vor- und Nachteile ein!

10. Woraus ergibt sich der optimale Ort für Ihre Ablage?

11. Wie können Sie Ihr Schriftgut ablegen?

12. Welche Ablagetechnik ist wofür am besten geeignet?

13. Nennen Sie mindestens vier Anforderungskriterien, die Ihre Ablage erfüllen sollte!

14. Was sind die wichtigsten drei Vorteile eines Aktenplans?

15. Welche verschiedenen Varianten für den Aktenplan gibt es und unter welchen Voraussetzungen sollte welche Variante benutzt werden?

16. Welche Voraussetzungen müssen erfüllt sein, damit eine optimale persönliche Arbeitstechnik entwickelt werden kann?

17. Wann kann eine optimale Arbeitstechnik nur greifen?

18. Wie sieht der „Veränderungszyklus der persönlichen Arbeitstechnik" (Moser) aus? (6 Punkte)

19. Über welche Gegebenheiten sollte man bei einer sinnvollen Planung immer so gut wie möglich Bescheid wissen?

20. Welche Bezugsgrößen gibt es bei der Planung? (4 Punkte)

21. Welche Ebenen werden in der Planungshierarchie unterschieden? (3 Punkte)

22. Wie ist die Beziehung zwischen den drei Planungsebenen?

23. Welche Interdependenzen müssen bei Planungen berücksichtigt werden, die sich auf mehrere Perioden beziehen?

24. Wie können auftretende Koordinationsprobleme gelöst werden?

25. Warum sollte Ihre Planung immer elastisch sein?

26. Was versteht man unter der sogenannten rollenden Planung und warum ist sie der nicht-rollenden Planung vorzuziehen?

27. Was ist ein Projekt?

28. Wie sieht der Ablauf eines Projekts aus? (7 Punkte mit Unterpunkten)

29. Von welchen Zielvorgaben wird ein Projekt bestimmt? (3 Punkte)

30. Was ist ein Projektstrukturplan?

31. Nennen Sie die fünf wesentlichen Erfolgsfaktoren für Ihre Teamorganisation!

32. Was sind die drei Phasen der Qualitätsplanung innerhalb eines Projekts?

Multiple-Choice-Fragen

1. Wie viel Prozent der verfügbaren Arbeitszeit verbringen die meisten Menschen täglich mit Informationshandling?
   a) 5 Prozent
   b) 15 Prozent
   c) 25 Prozent
   d) 35 Prozent

2. Was ist die Grundlage für Ihre Arbeitsplatzgestaltung?
   a) Das Einhalten modischer Trends
   b) Ihre persönlichen Körpermaße
   c) Eine gute Abschirmung gegen jede Seite

3. Wie groß sollte die Arbeitsfläche mindestens sein?
   a) 200 x 300 cm
   b) 100 x 60
   c) 60 x 20
   d) Ist vollkommen egal, Hauptsache man hat Spaß bei der Arbeit.

4. Wie hoch sollte die Luftfeuchtigkeit im Büro in etwa sein?
   a) Zwischen 10 und 20 Prozent
   b) Zwischen 20 und 40 Prozent
   c) Zwischen 40 und 60 Prozent
   d) Zwischen 60 und 80 Prozent

5. Was bewirken helle, warme Farben?
   a) Sie wirken sich positiv auf Stimmung und Wohlbefinden aus.
   b) Ihnen wird sehr warm.
   c) Sie können die Arbeit doppelt so schnell wie sonst erledigen.

6. Von welcher Seite sollte der Lichteinfall bei Rechtshändern kommen?
   a) Von links unten
   b) Von rechts oben
   c) Von links oben
   d) Seitlich

7. Was bedeutet Kategorie B bei der Anordnung Ihres Arbeitsplatzes?
   a) Dass Sie Ihre Sitzposition leicht verändern müssen, um auf Dinge, die Sie in Kategorie B gestellt haben, zugreifen zu können.
   b) Dort ist alles angeordnet, was mit einem „B" beginnt.
   c) Dort liegen ziemlich unwichtige Gegenstände herum.

Arbeitsmethodik und Projektmanagement

8. Ist Zettelwirtschaft im Allgemeinen sinnvoll?
   a) Ja, weil man sich dann nicht mit zeitaufwändigen Formularen herumquälen muss.
   b) Nein, weil man gar nicht so viele Zettel in seiner Reichweite hat.
   c) Nein, weil Zettel leicht übersehen werden und verloren gehen können.

9. Was ist ein Stammblatt?
   a) Das wichtigste Blatt in der Kundenakte, auf dem Name, Adresse, Telefonnummer etc. vermerkt ist.
   b) Ein Blatt, auf dem alle Stammkunden eingetragen werden.
   c) Ein Blatt, das angibt, aus welchem Land die verschiedenen Kunden stammen.

10. Aus wie vielen Fächern besteht die Wiedervorlage in den meisten Fällen?
    a) Aus 31 bzw. 43 Fächern (für 31 Tage und 12 Monate)
    b) Aus 5 Fächern (für die Arbeitswoche)
    c) Aus 52 Fächern (eines für jede Woche des Jahres)

11. Was ist ein typischer Fall für die Wiedervorlage?
    a) Man schreibt sich einen Einkaufszettel, was man nach der Arbeit im Supermarkt besorgen muss.
    b) Nachdem man ein Angebot verschickt hat, möchte man eine Woche später nachhaken.
    c) Man legt seinen Aktenplan dort hinein.

12. Welche Art der Ablage sollte man vermeiden?
    a) Hängeablage
    b) Stellablage
    c) Stapelablage

13. Welche Art der Ablage eignet sich am besten für Rechnungen?
    a) Stapelablage
    b) Aufbewahren im Stehsammler – das ist optisch besonders ansprechend
    c) Loseblatttechnik
    d) Sauberes Abheften im Ordner

14. Sind persönliche Stichwörter für die Ablage geeignet?
    a) Nein, weil sonst womöglich mehrfach abgelegt wird und andere Mitbenutzer sich im persönlichen Stichwortsystem nicht auskennen.
    b) Nein, weil es eine Zumutung ist, dass Sie von den anderen verlangen, nach Ihren Stichwörtern abzulegen.
    c) Ja, weil Sie sich in Ihrem System immer gut auskennen.
    d) Ja, weil Sie so den anderen um Längen voraus sind.

15. Welche der untenstehenden Begriffe ist eine Variante des Aktenplans?
    a) Aktenplan mit unterstrichener Struktur
    b) Aktenplan mit flexibler Struktur
    c) Aktenplan mit unterschiedlicher Struktur
    d) Aktenplan mit Formularstruktur

16. Sind Stichwortaktenpläne aufwändig?
    a) Nein, nicht besonders.
    b) Ja, unheimlich.
    c) Ja, ziemlich.

17. Welche Variante des Aktenplan sollten Sie wählen, wenn sehr viele Mitarbeiter darauf zugreifen?
    a) Den Stichwortaktenplan
    b) Den Aktenplan mit fester Struktur
    c) Den Aktenplan mit flexibler Struktur

18. Was sind die Ziele einer optimalen Arbeitstechnik?
    a) Seine Arbeit stressfreier und effizienter auszuführen.
    b) Möglichst viel technisches Equipment zu benutzen.
    c) Seine Ziele gut zu planen.

19. Nennen Sie eine Voraussetzung, die erfüllt sein muss, um eine optimale persönliche Arbeitstechnik entwickeln zu können!
    a) Fähigkeit zur Selbstkritik
    b) Ehrgeiz
    c) Intelligenz
    d) Fleiß

20. Was müssen Sie zunächst genau kennen, um etwas zu verändern?
    a) Den Soll-Zustand
    b) Den Ist-Zustand
    c) Die Ziele
    d) Die Maßnahmen

21. Welche der folgenden Sätze ist geeignet, um den Ist-Zustand zu erfassen?
    a) Das will ich tun, um mein Ziel zu erreichen!
    b) Das muss ich verändern!
    c) Wofür wende ich meine Zeit und Energie auf?
    d) Ist dieser Zeit- und Energieaufwand wirklich gerechtfertigt?

22. Was kommt im Kreislauf des Veränderungszyklus zuerst? Die Zielformulierung oder die Maßnahmen?
    a) Beides erfolgt gleichzeitig.
    b) Die Zielformulierung
    c) Die Maßnahmen

23. Über welche Gegebenheiten sollte man bei einem gelungen Planungsprozess unter anderem unbedingt Bescheid wissen?
    a) Interne Daten und Begrenzungen
    b) Interne Umweltgrößen
    c) Über die Leitungshierarchie

24. Wie nennt man die Zeitdauer, auf die sich die Planung allgemein bezieht?
    a) Planungszeitraum
    b) allgemeiner Zeitraum
    c) Bezugszeitraum
    d) Planungsbezug

25. Wann gilt ein Bezugszeitraum als mittelfristig?
    a) Zwischen einem halben und einem Jahr
    b) Zwischen einem und zwei Jahren
    c) Zwischen einem und fünf Jahren

26. Welche Gesichtspunkte umfasst die Leitungshierarchie?
    a) Gesamtplanung, Leitungsplanung, Stellenplanung
    b) Gesamtplanung, Bereichsplanung, Stellenplanung
    c) Leitungsplanung, Bereichsplanung, Stellenplanung

27. Wie lauten die drei Ebenen der Planungshierarchie in der richtigen Reihenfolge (von oben nach unten)?
    a) operativ, strategisch, taktisch
    b) taktisch, strategisch, operativ
    c) strategisch, taktisch und operativ

28. Wie sollte eine gelungene Planung immer verlaufen?
    a) Vom Groben zum Detail
    b) Vom Detail zum Groben
    c) Von einem Ende zum anderen
    d) Als Zickzacklinie

29. Wie können Koordinationsprobleme gelöst werden?
    a) Simultan oder sensitiv
    b) Sukzessive oder sensitiv
    c) Sukzessive oder simultan

30. Was sind die typischen Merkmale eines Projekts?
    a) Neuartig, komplex, zeitlich begrenzt
    b) Sehr alte Struktur, komplex, zeitlich begrenzt
    c) Einfach zu erledigen, zeitlich begrenzt, fachübergreifend

31. Wie geht man bei einem Projekt der Reihe nach vor?
    a) 1. Projektauftrag, 2. Projektablaufplan, 3. Projektstrukturplan, 4. Projektorganisation/ Projektteam, 5. Projektplanung, 6. Projektabwicklung 7. Projektabschluss
    b) 1. Projektauftrag, 2. Projektstrukturplan, 3. Projektablaufplan, 4. Projektorganisation/ Projektteam, 5. Projektplanung, 6. Projektabwicklung 7. Projektabschluss
    c) 1. Projektauftrag, 2. Projektplanung, 3. Projektstrukturplan, 4. Projektablaufplan, 5. Projektorganisation/ Projektteam, 6. Projektabwicklung 7. Projektabschluss
    d) 1. Projektauftrag, 2. Projektstrukturplan, 3. Projektorganisation/ Projektteam, 4. Projektablaufplan, 5. Projektplanung, 6. Projektabwicklung 7. Projektabschluss

32. Aus welchen drei Zielvorgaben besteht ein Projekt?
    a) Sachziel, Terminziel, Kostenziel
    b) Terminziel, Kostenziel, Auftragsziel
    c) Terminziel, Kostenziel, Soll-Ziel

33. Wie planen Sie beim Projektstrukturplan?
    a) Die wichtigsten Aufgaben zuerst
    b) Von den kleinen zu den großen Aufgaben
    c) Vom Groben ins Detail
    d) Die aufwendigsten Arbeiten zuerst

34. Ist es ratsam, zwei Mitarbeiter, von denen Sie wissen, dass sie sich nicht leiden können, in Ihr Projektteam aufnehmen, wenn Sie die Möglichkeit haben, alternativ zwei Mitarbeiter einzusetzen, die sich sehr gut verstehen?
    a) Ja, denn durch die gemeinsame Arbeit entwickeln sie bestimmt mehr Verständnis füreinander.
    b) Ja, weil alle lernen müssen, mit Schwierigkeiten umzugehen.
    c) Nein, weil diese Mitarbeiter dann mehr mit ihren Differenzen als ihrer eigentlichen Arbeit beschäftigt sind.

35. Was ist bei den einzelnen Unteraufgaben zu bedenken?
    a) Immer wieder das Personal zu wechseln, damit keine Langeweile aufkommt.
    b) Sich damit nicht zu lange aufhalten; wichtig ist, dass das Gesamtprojekt gut vorankommt.
    c) Sie stets in Zusammenhang mit dem nächsten und vorhergehenden Schritt zu sehen.

36. Wo setzt man bei der Kostenplanung an?
    a) Bei den Mitarbeitergehältern
    b) Bei den zuvor definierten Arbeitspaketen
    c) Bei den technischen Hilfsmitteln
    d) Bei den Versandkosten

37. Wer soll den Zeitbedarf in einem Projekt ermitteln?
    a) Der Projektleiter alleine
    b) Jeder für sich
    c) Jeder Mitarbeiter soll seinen eigenen Zeitbedarf ermitteln und danach mit dem gesamten Team Rücksprache halten.
    d) Alle sollen zusammen bestimmen, wie lange der einzelne braucht.

38. Was ist der Sinn der Durchlaufprüfung?
    a) Abweichungen vom Qualitätsstandard sofort auf die Spur zu kommen.
    b) Alle benötigten Mittel und Ressourcen zu ermitteln.
    c) Herauszufinden, welches Stadium das Projekt gerade durchläuft.

39. Wer ist der Hauptverantwortliche für den Informationsfluss?
    a) Das gesamte Team
    b) Der Projektleiter
    c) Der Abteilungsleiter
    d) Eine Person, die vom Team bestimmt wird

40. Was ist das Kick-off-Meeting?
    a) Ein Treffen, bei dem sich alle Projektmitglieder den Frust von der Seele reden können.
    b) Ein Fußballspiel, das man vor dem Projekt organisiert, um zu sehen, ob die Projektmitglieder ein gutes Team ergeben.
    c) Das Startgespräch am Anfang eines Projekts.

41. Was ist ein wichtiger Tagesordnungspunkt des Kick-off-Meetings?
    a) Äußerungen der Mitglieder über ihre eigenen Vorstellungen
    b) Lange Erklärung des Projekts
    c) Referat des Projektleiters über den Auftraggeber

42. Wer erstellt im Kick-off-Meeting das Protokoll?
    a) Der Projektleiter
    b) Jemand, der sich rege an der Diskussion beteiligt
    c) Jemand, der sich voraussichtlich nicht oder nicht sehr an der Diskussion beteiligt

43. Welche Eintragungen gehören in die Projektdokumentation?
    a) Projektbeurteilung, eventuelle Zielabweichungen, Zwischenergebnisse usw.
    b) Daten wie Kundenadresse, Ansprechpartner, Telefonnummer usw.
    c) Nur der Nettogewinn

44. Was zeigt sich bei der Projektverfolgung?
    a) Ob Folgeprojekte aus diesem Projekt entstehen können.
    b) Ob optimal geplant wurde.
    c) Ob alle die richtigen Ziele verfolgen.

AB 10 TERMINPLANUNG

Datum: _____
Name: _____
Blatt-Nr.: _____

Nr.	Arbeitsschritt	Mitarbeiter	Arbeitsziel	Arbeitsbeginn	Arbeitsende	benötigte Hilfsmittel

Präsentation und Moderation

1. Was dieser Text erreichen will – Absichten und Ziele

Es ist einer dieser klassischen Albträume vieler Menschen: Sie stehen vor einem Publikum, alle starren Sie erwartungsvoll an. Ihre Blicke wandern durch die Menschenreihen, Sie sind innerlich blockiert, vor Ihren Augen verschwimmen die einzelnen Personen zu einer undefinierbaren Masse. Ihre Kehle ist wie zugeschnürt und fühlt sich trocken an. Als Sie anfangen wollen zu sprechen, kommt kein Ton über Ihre Lippen. Überstürzt verlassen Sie den Raum, ohne ein Wort gesagt zu haben.

Führungspersönlichkeiten, Topmanager, Seminarleiter oder Lehrer, Menschen, die jeden Tag vor mehreren Personen sprechen müssen, kennen diese Angst genauso wie Leute, die vielleicht seit dem letzten Referat in ihrer Schulzeit oder während des Studiums nicht mehr vor ein größeres Publikum treten mussten.

Obwohl der tagtäglich stattfindende Prozess der Kommunikation für die meisten eine Selbstverständlichkeit ist, bereiten außerordentliche Kommunikationssituationen vielen Menschen Angst oder zumindest ein unbehagliches Gefühl.
Nie trifft man auf Menschen, die von sich behaupten, entspannt und ausgesprochen gern vor ihre Zuhörerschaft zu treten. Selbst Schauspieler oder Moderatoren, für die das Reden vor Publikum eigentlich Routine sein müsste, sind vor Auftritten nervös und klagen über Lampenfieber.

Das Sprechen vor Publikum ruft bei vielen Menschen das Gefühl des Ausgeliefertseins hervor. Psychologische Beobachtungen haben ergeben, dass die Angst zu versagen, sich bis auf die Knochen zu blamieren, bei einem Großteil der Menschen durch Redesituationen hervorgerufen wird.
Die meisten glauben, Reden sei eine Kunst, die sie ganz bestimmt nicht beherrschen, und: Zum Reden muss man geboren sein, das kann man nicht lernen.

Das erste Vorurteil ist nur zum Teil falsch: Freies überzeugendes Reden ist tatsächlich eine Kunst, allerdings hat diese nur wenig mit einer speziellen Begabung zu tun. Womit auch das zweite Vorurteil widerlegt wäre: Reden kann man lernen. Es ist nicht zu leugnen, das nicht aus jedem ein brillanter Rhetoriker werden wird, aber es bleibt niemandem verwehrt, sich Grundlagen anzueignen, die das Sprechen vor Publikum erleichtern.

Wenn es also so einfach ist, zu lernen, überzeugend zu präsentieren, stellt sich die Frage nach dem „Warum".

Ganz einfach: Reden ist ein Prozess, der jeden Tag stattfindet und zugleich einen Großteil unseres Alltags ausmacht. Wir kommunizieren mit der Kassiererin im Supermarkt, mit unserer Familie, mit Vorgesetzten, mit Kunden, am Telefon, per Handy, Fax, Brief, mit Mimik, Gestik, mit Sprache, Zeichen oder auch nur mit den Augen. So ist unser gesamtes Handeln letztendlich auf den kommunikativen Prozess ausgerichtet.
Etwas, das unser Leben so sehr bestimmt, sollte, obwohl es meist als Selbstverständlichkeit betrachtet wird, möglichst perfekt beherrscht werden, oder? Jeder sollte also in der Lage sein, überzeugend zu kommunizieren.

In Anbetracht der Tatsache, dass unserer Gesellschaft auf dem Weg zur Wissensgesellschaft eine neue Definition von Arbeit zugrunde gelegt wurde, hat Kommunikation für jeden Arbeitnehmer an Bedeutung gewonnen. Von Handwerkern sind wir zu Kopfarbeitern geworden. Der sich immer weiter spezialisierende Arbeitsmarkt, der verstärkt auf Dienstleistungen baut, ist hart umkämpft. So wird nur der Erfolg haben, der es versteht, seine Fähigkeiten oder Produkte gekonnt zu präsentieren.
Vom Bewerbungsgespräch über Verhandlungen bis zum Vortrag – die Fähigkeit, überzeugend zu reden, ist ein Pluspunkt, der immer mehr Einfluss gewinnt.
Maschinen haben uns einen Großteil der Arbeit abgenommen und sind mittlerweile in der Lage, diffizile Arbeitsabläufe präzise und innerhalb kürzester Zeit auf höchstem Niveau zu koordinieren. Komplexe Rechner sind in der Lage, vernetzte Berechnungen auszuführen und entwickeln eine gewisse Form von künstlicher Intelligenz. Somit sind es die menschlichen, von Maschinen nicht ausführbaren Eigenschaften, die in Zukunft verstärkt über den beruflichen Erfolg des Einzelnen entscheiden werden. Nicht umsonst sind in der Arbeitswelt gerade die Menschen gesucht, die alles das, wozu Computer und Technik nicht in der Lage sind, besonders gut können. So sind Kreativität und Flexibilität genau wie eine ausgeprägte Rede- oder Präsentationsgabe zu karrierebestimmenden Eigenschaften geworden.

Sie sehen, Präsentation, Rhetorik und Kommunikation sind fest in unsere Welt integriert und haben durch ihre Weiterentwicklung die moderne Gesellschaft des 21. Jahrhunderts geformt.

Dieser Text möchte dazu beitragen, Ihnen theoretische Vorgänge, wie sie vor, während und nach einer Präsentation ablaufen, zu verdeutlichen.
Zuerst werden Sie die für Vorträge relevanten Grundlagen der Rhetorik und der Kommunikation kennen lernen, die Sie zusammen mit einer exemplarischen Anleitung für einen gelungenen Vortrag einsetzen können, um sich in der Praxis besser, gekonnter und selbstverständlicher zu präsentieren.

Hierbei soll auf die Systemteile „Kommunikation" und „Rhetorik und Verhandlungstechnik" verwiesen werden. Das Thema „Präsentieren" ist auf das Engste mit diesen beiden Themenkomplexen verbunden, weshalb sie in diesen Text mit einbezogen werden. Einige grundlegende Merkmale werden Sie vielleicht aus den anderen Modulen wieder erkennen, trotzdem können Sie zur Vertiefung Ihres Wissens diese beiden Systemteile noch einmal heranziehen.
Andere Aspekte werden Ihnen neu erscheinen, denn die weitläufigen Gebiete der Kommunikation und der Rhetorik sollen hier vor allem im Hinblick auf die Situation der Präsentation betrachtet werden. Diese ist im Vergleich zu Gesprächssituationen wie Sie sie in den Kursteilen „Rhetorik und Verhandlungstechnik" beziehungsweise „Kommunikation" kennen gelernt haben, eine völlig andere, da Sie als Redner quasi einen Monolog führen, dessen einziges Feedback in der Regel die nonverbale Reaktion des Publikums ist.

Nach dem Einblick in die Welt der Rhetorik und der Kommunikation werden Sie lernen, wie Sie einen Vortrag ausarbeiten, aufbauen und präsentieren können, wobei auch auf diverse visuelle Hilfsmittel verwiesen wird.
Außerdem erfahren Sie, wie Sie sich selbst am besten präsentieren, und wir verraten Ihnen Tricks, mit deren Hilfe Sie erkennen können, welche Wirkung Ihr Vortrag beim Publikum erzielt hat.

Neben diesen Grundlagen werden Sie in einem weiteren Kapitel mit Problemen konfrontiert werden, wie sie typischerweise in Präsentationssituationen auftauchen. Lösungsmöglichkeiten für diese Probleme werden im selben Abschnitt erläutert und sollen Ihnen für eigene Vorträge Rückenstärkung geben, wenn unvorhersehbare Ereignisse Sie aus dem Konzept zu bringen drohen.

Wenn Sie den Systemteil „Präsentieren" durchgearbeitet haben, werden Sie sicherlich nicht der perfekte Rhetoriker sein – dies würde mehrere Monate intensiven Trainings und das Sammeln praktischer Erfahrungen erfordern. Vielmehr werden Sie nach diesem Kurs das kleine Einmaleins des Präsentierens beherrschen – das heißt:

- Ihre Angst vor dem Reden vor Publikum wird sich vermindert haben.
- Ihr Selbstbewusstsein wird steigen.
- Sie können Ihre Wirkung auf andere einschätzen.
- Sie können überzeugend und anschaulich präsentieren.
- Sie beherrschen einige rhetorische Tricks, mit denen Sie Ihr Publikum für sich gewinnen.

Diese Grundlagen der Präsentation kann jeder lernen, denn im Grunde handelt es sich dabei lediglich um theoretisches Wissen. Erst die Praxis wird zeigen, wie Sie das Gelernte umsetzen. Und da Übung bekanntlich den Meister macht, sollten Sie sich in Zukunft nicht mehr scheuen, anstehende Präsentationsaufgaben zu übernehmen! Sie werden sehen, dass der Erfolg beim Publikum Sie bestärken wird und Ihr Selbstvertrauen dadurch wächst. Im Übrigen empfinden viele Menschen diese kleinen Erfolge vor Publikum als derart positiv, dass sie Arbeitsaufwand und anfängliche Nervosität gerne in Kauf nehmen.

Das eigentliche Ziel besteht also darin, durch die aktive Umsetzung des passiven Wissens ständig an der Optimierung von Kommunikationsprozessen zu arbeiten um somit das Berufsleben für sich und andere effektiv zu verbessern, indem Sie Ihre Vorträge in Zukunft besser, informativer und interessanter gestalten.

2. Kommunikation und Rhetorik als Grundlagen für eine gelungene Präsentation

Lernziele dieses Abschnitts:
Nachdem Sie diesen Abschnitt durchgearbeitet haben, sollten Sie wissen
- welche Rolle Kommunikation im Leben allgemein und bei Präsentationen insbesondere spielt,
- wie genau die Informationsübertragung bei einer Präsentation funktioniert, und daraus abgeleitet:
- worauf Sie kommunikativ achten sollten, wenn Sie eine Präsentation halten,
- welche Rolle Rhetorik spielt, wieder aus allgemeiner Sicht und bezogen auf Präsentationen,
- welche Sprech- und Atemtechniken Sie verwenden können, um Ihre Redetechnik zu verbessern, und
- welche stilistischen Mittel Sie verwenden können, um Ihr Publikum zu fesseln.

In diesem ersten Kapitel werden wir die Grundlagen der Kommunikation und der Rhetorik im Hinblick auf den Vortrag kennen lernen.

Die nervlich angespannte Situation, wie sie sich immer wieder bei Rednern einstellt, trägt oft dazu bei, dass Inhalte nicht so gezielt und prägnant formuliert und vermittelt werden können, wie es eigentlich der Fall sein sollte. Das Publikum hat dadurch Probleme, das Gesagte aufnehmen und verarbeiten zu können; so wird ein – aus inhaltlichen Gesichtspunkten betrachtet – gelungener Vortrag schnell als schlecht empfunden, weil die Übermittlung der Informationen nicht optimal verlief. Um diesen Fehler zu vermeiden, wird dieses Kapitel verdeutlichen, in welchem Maße Kommunikation und Rhetorik mit der Präsentation verbunden sind und inwieweit Kenntnisse in diesen Bereichen zur Verbesserung der Redefähigkeit beitragen können.

Durch die Definition und die Anwendung von Rhetorik und Kommunikation auf dem Gebiet der Präsentationstechniken werden wir feststellen, wie bereits kleinste sprachliche Feinheiten einen Vortrag deutlich verbessern können.

2.1 Ist Kommunikation alles?

Die Frage danach, ob Kommunikation alles ist, ist mit einem einfachen „ja" zu beantworten. Im Grunde lässt sich nämlich jede Form menschlichen Handelns auf kommunikative Aspekte zurückführen.

Die eingängigste und zugleich sinnvollste Definition von Kommunikation umfasst folgende Merkmale:

> - **Wer** sagt
> - **was**
> - zu **wem**
> - über welchen **Kanal**
> - mit welcher **Wirkung**.

Dieses Zusammenspiel aus Sender, Empfänger und Kanal ist Ihnen sicherlich aus dem vorhergehenden Systemteil „Kommunikation" vertraut. Aus diesem Grund werden an dieser Stelle nur noch einmal die grundlegendsten Strukturen wiederholt, um sie Ihnen wieder ins Gedächtnis zu rufen.

Das Modell der Kommunikation geht davon aus, dass jede Übermittlung von Informationen einen Kommunikationsakt darstellt. Es wird nach dem Sender (wer), der Art der Information (was) und dem Empfänger (wem) unterschieden. Außerdem spielt die Art der Übertragung (Kanal) eine Rolle, ebenso wie die erzielte Wirkung.
Greift man dieses Modell auf, so wird im Prinzip jedes Handeln Kommunikation, sobald Gedanken, Wissen oder Meinungen ausgetauscht werden.

Wenn Sie beispielsweise einem Verkäufer an einem Kiosk darauf hinweisen, dass er für die von Ihnen gekaufte Zeitung einen falschen Preis verlangt hat, so sind Sie der Sender, der das Tun des Verkäufers (Empfänger) mit Worten (Kanal) berichtigt (Art der Information), worauf dieser seinen Fehler korrigiert (Wirkung).

Doch auch folgende Situation ist ein kommunikativer Akt:

Der 15-jährige Jan sieht in der U-Bahn ein Mädchen in seinem Alter. Er findet sie hübsch, traut sich aber nicht, sie anzusprechen. Also versucht er, mit Blicken ihre Aufmerksamkeit zu erregen. Das Mädchen dagegen findet keinen Gefallen an Jan und ignoriert ihn.
In diesem Fall wurde als Kanal die Mimik gewählt. Die Information wird damit ohne Worte, das heißt nonverbal, übermittelt.

Präsentation und Moderation

Unser gesamtes Handeln beruht streng genommen darauf, eine intendierte Wirkung zu erzielen. Zu diesem Zweck senden wir Informationen aus und erhoffen uns bestimmte Reaktion darauf. Sowohl das Senden als auch das Empfangen der Nachricht kann bewusst und unbewusst auf verbaler oder nonverbaler Ebene erfolgen. Alle diese Handlungen sind aus wissenschaftlicher Sicht Kommunikation.

Im alltäglichen Sprachgebrauch werden dem Begriff „Kommunikation" engere Grenzen gezogen: Immer wenn zwei oder mehrere Personen Informationen austauschen, sei es mündlich oder schriftlich, kommunizieren sie miteinander.
Doch was passiert während eines Vortrags, bei dem nur eine Person spricht? Handelt es sich hierbei um keine Kommunikationssituation?

2.1.1 Die Kommunikationssituation während einer Präsentation

Während einer Präsentation sendet der Redner Informationen an seine Zuhörer. Dies tut er vorwiegend durch die Sprache, doch auch seine gesamte Körpersprache sendet permanent Signale an das Publikum.
Das Publikum dagegen reagiert fast ausschließlich nonverbal. Es entsteht also kein Dialog im Sinne eines Zwiegesprächs, bei dem Sender und Empfänger abwechselnd die Rolle des anderen einnehmen und einmal sprechen (senden) und dann wieder zuhören (empfangen).
Doch das Beispiel von Jan lässt erkennen, dass Kommunikation auch dann zustande kommt, wenn der Empfänger keine verbale Reaktion zeigt (das Mädchen ignoriert Jans Flirtversuche).
Diese Situation ergibt sich auch während einer Präsentation.
Sie sind als Redner der Sender. Ihr Publikum stellt den Empfänger dar. Die Wirkung, die Sie mit Ihrem Vortrag erzielen, ist aber nicht wie üblich eine verbale Gegenreaktion. Das Feedback, das Sie bekommen, besteht aus nonverbalen Gesten.

Was hier so abstrakt klingt, ist in der Praxis ganz einfach.

Nehmen wir an, Herr F. ist leitender Angestellter in einem Betrieb, der Landmaschinen produziert. In letzter Zeit sind die Umsätze rapide gesunken. Bei einer Versammlung möchte er in einem Vortrag die sinkenden Umsätze illustrieren und seine Mitarbeiter und Kollegen zu mehr Eigeninitiative überreden.
Nachdem Herr F. die Umsatzzahlen erläutert und mit denen der vergangenen Jahre verglichen hat, beginnt er mit seinem Appell an die Zuhörer:

„Wie Sie sehen konnten, liebe Kollegen und Kolleginnen, treiben wir mit unserer derzeitigen Firmenphilosophie unser Unternehmen langsam aber sicher in den Ruin. Deshalb sage ich Ihnen mit aller Deutlichkeit" – F.s Stimme wird erheblich lauter – „und ich sage es nur einmal: Sie müssen endlich Initiative ergreifen! Jeder Einzelne hier ist faul und verantwortungslos! So kann es nicht weitergehen ..."
Herr F. fährt unbeirrt mit seiner Rede fort und geht nicht auf die Reaktion seiner Zuhörer ein. Diese werfen sich vielsagende Blicke zu, schütteln die Köpfe, und einer der Mitarbeiter verlässt sogar den Raum.
Am Ende seines Vortrags blickt Herr F. gespannt in die Runde, doch diese lässt sich zu keinem Applaus hinreißen; alle gehen wortlos aus dem Raum.

Dieses Beispiel verdeutlicht, wie wenig Herr F. auf sein Publikum eingeht. Er betrachtet seinen Vortrag nicht als Dialog, sondern bombardiert seine Kollegen mit Vorwürfen; der nonverbalen Reaktion seiner Zuhörer schenkt er keine Beachtung. Stattdessen lässt er sich zu verbalen Angriffen verleiten, wodurch er natürlich die Gunst des Publikums nicht gewinnen kann.

Somit befinden wir uns während einer Präsentation in einer Kommunikationssituation, die nicht, wie man oberflächlich betrachtet meinen könnte, aus einem aktiven (Redner) und einem passiven (Zuhörer) Teil besteht.

> Einen guten Redner zeichnet seine kommunikative Kompetenz aus.

Das heißt, er ist sich bewusst, dass er in der Vortragssituation das Publikum nicht ausschließlich mit Informationen versorgt, sondern dass er sich in einer besonderen Form des Dialogs befindet, bei der die Reaktion des Empfängers im Normalfall aus nonverbalen Handlungen besteht.

2.1.2 Informationsübertragung bei Präsentationen

Wie bei allen Kommunikationsvorgängen wird auch bei Präsentationen und Vorträgen Information übertragen. Das Besondere an dieser Situation ist, dass Sender und Empfänger ihre Rollen nicht abwechseln, indem sie im Dialog verbale Information austauschen; vielmehr bleiben Sie als der Redner während des Vortrags der verbale Sender, der Zuhörer übernimmt dagegen die Rolle des ständigen Empfängers.
Das Problem jeder Kommunikation besteht darin, dass die Übertragung der Information nicht immer reibungslos klappt. Sie kann durch verschiedene Einflüsse gestört werden.

Kennen Sie das Kinderspiel „Stille Post"?
Ein Kind denkt sich einen Satz aus und flüstert es einem anderen Kind ins Ohr, das gibt die Nachricht flüsternd weiter, bis das letzte Kind den Satz laut ausspricht. Meist funktioniert die Übertragung nicht reibungslos, und aus „Frau Maier ist meine Nachbarin" wird „Der Geier ist in der Nachtbar drin".

Nach dem selben Prinzip entstehen Kommunikationsstörungen: Sie als Sender geben mit einer bestimmten Intention eine Information weiter, der Empfänger entschlüsselt diese Nachricht. Verfügen Sie beide aber nicht über die selben sprachlichen Codes, entstehen Missverständnisse.
Die Verantwortung für solche Störungen trägt der Sender als Initiator der Kommunikation. Verwendet er die Sprache als Code, ohne sich über die Wirkung Gedanken zu machen, wird die Information beim Sender nicht in der gewünschten Form ankommen.
Da, wie wir bereits wissen, während einer Präsentation die Rollen von Sender und Empfänger nicht getauscht werden, bedarf es einer besonderen Sensibilität des Redners, denn die positive Wirkung einer Rede liegt allein in seiner Hand. Versteht er es, seine Informationen so zu präsentieren, dass sie beim Publikum ankommen, wird er Erfolg haben. Wenig überzeugend wirkt er dagegen, wenn er mit seinen Zuhörern nicht auf dieselbe Kommunikationsebene gelangt.
Die einzige Möglichkeit des Redners, Kommunikationslücken aufzudecken, besteht darin, auf das nonverbale Feedback seiner Zuhörer einzugehen. Damit schließt sich der Kreis, indem festgestellt wurde, dass jede Form der Kommunikation ein Dialog ist.

2.1.3 Angemessene Kommunikation während einer Präsentation

Sie haben in den vorangegangenen Kapiteln gesehen, in welchem Ausmaß die Kommunikation den Hergang einer Präsentation beeinflusst. Aus diesem Grund finden Sie an dieser Stelle Ratschläge, die Sie in Ihrer kommunikativen Kompetenz selbst in der ungewohnten Situation des Vortragens vor Publikum nicht überfordert.

Vergessen Sie nie, dass eine Rede kein Monolog ist!
Sie stehen vor einem Publikum, das in seiner Gesamtheit Ihren Gesprächspartner ausmacht. Deshalb gilt: Gehen Sie auf Ihre Zuhörer ein, indem Sie Blickkontakt aufnehmen. Seien Sie sich bewusst, dass die Reaktion des Publikums auf nonverbaler Ebene statt findet. Das heißt für Sie, dass Sie besonders sensibel auf die Mimik und Gestik der Zuhörer eingehen sollten, um abschätzen zu können, wie Ihr Vortrag aufgenommen wird.

Stärken Sie Ihre Wahrnehmung!
Durch Untersuchungen von Reden und Reaktionen darauf wurde herausgefunden, dass reibungslose Kommunikation nur dann funktioniert, wenn der Referent über eine sensible Wahrnehmung verfügt.
Vor allem in der Situation des Präsentierens ist es wichtig, eine hohe Wahrnehmungsgabe zu haben, damit Sie auf Ihre Zuhörer eingehen können. Trainieren Sie Ihre Wahrnehmung, indem Sie öfter bewusst Mimik und Gestik von Menschen beobachten und sich Gedanken über deren momentane Stimmung und Gefühlslage machen.

Versetzen Sie sich in die Lage der Zuhörer.
Im Laufe dieses Kurses werden Sie noch mehrmals mit diesem Punkt konfrontiert werden. Nur wenn Sie sich sowohl bei der Vorbereitung als auch während des Vortrags in Ihr Publikum hineinversetzen, sind Sie in der Lage, Zugang zu ihm zu bekommen. Nur wer sein Publikum versteht, wird es auch überzeugen können. Im zweiten Kapitel werden Sie lernen, auf welche Aspekte Sie dabei besonders achten müssen.

2.2 Was ist Rhetorik?

Neben der Kommunikation spielt die Rhetorik eine entscheidende Rolle beim Präsentieren. Darüber haben Sie im Systemteil Rhetorik bereits viel gelernt.
Um seine Belange und Anliegen wirkungsvoll vermitteln zu können, gibt es eine Vielzahl sprachlicher Mittel, die einen Vortrag entscheidend verbessern.

Die wohl kürzeste Definition von Rhetorik ist das Schlagwort „Redekunst". Rhetorik vermittelt uns also die Kunst des Redens und liefert ein Konzept, nach dem jede Rede gehalten werden kann.

Präsentation und Moderation

Im Systemteil „Rhetorik und Verhandlungstechnik" haben Sie Mittel und Wege kennen gelernt, wie Sie sich in komplizierten Gesprächssituationen gegen Ihre Dialogpartner durchsetzen können. Sie haben auch gelernt, anhand welcher Merkmale Sie Ihre Gesprächspartner einschätzen können, was Sie in die Lage versetzt, Verhandlungen im Geschäftsleben zu Ihren Gunsten zu führen und zu entscheiden.
Rhetorik spielt aber nicht nur dann eine Rolle, wenn es darum geht, die eigene sprachliche Kompetenz möglichst geschickt einzusetzen, um zum Beispiel aus einem Meeting erfolgreich herauszugehen.
Auch im Bereich der Präsentation ist rhetorisches Geschick gefragt, damit Ihr Vortrag nicht nur durch gewissenhafte Ausarbeitung der Fakten, sondern auch durch Ihre Eloquenz besticht.

Wissenschaftlern zufolge hängt der Erfolg einer Rede maßgeblich von drei Komponenten ab: dem Inhalt des Vortrags, dessen Darbietung und der Persönlichkeit des Redners. Der geringste Anteil fällt dabei dem Inhalt zu. Das Auftreten und die Wirkung der Persönlichkeit haben bedeutend mehr Einfluss!

2.2.1 Ein geschichtlicher Abriss

Das Wissen um die Redekunst gab es bereits in der Antike. Schon damals beschäftigten große Redner sich mit der Rhetorik, die auch zu dieser Zeit schon als „die Gewinnung des menschlichen Geistes durch das Wort" verstanden wurde. Rhetorik beschränkte sich dabei vorerst auf den Zweck der Unterhaltung einer breiten Masse.

Wörtlich übersetzt bedeutet das aus dem Griechischen stammende Wort „Beredsamkeit" im Sinne von Fähigkeit, sein Publikum durch geschickte Wortwahl im wahrsten Sinne des Wortes zu überreden.

Um diese Kunst des Redens vermitteln zu können, gab es in der altgriechischen Antike spezielle Schulen, die zur Rhetorik erzogen. Gute Redner waren auch in der Antike hoch angesehene Leute, doch schon bald wurde die rhetorische Kunst zur reinen Theorie, indem Regeln und Techniken – gelöst von der individuellen Persönlichkeit – zu einem unpraktischen Regelwerk erstarrten.

Einer der bekanntesten Theoretiker dieser Zeit ist der Philosoph Platon (427–347 v. Chr.). Sein Schüler Aristoteles (384–322 v. Chr.) steht dagegen beispielhaft für die praktische Anwendung der rhetorischen Regeln. Sein rhetorischer Fünfsatz findet noch heute Anwendung bei Rednern.

Auch im antiken Rom wurde die Redekunst gepflegt, und schon bald zählte das Fach neben Grammatik, Dialektik, Arithmetik, Geometrie und Astronomie zu den so genannten „Sieben Freien Künsten".

Im deutschsprachigen Raum hielt die Rhetorik erst nach der Französischen Revolution Einzug. Vor allem zu politischen Zwecken bediente man sich immer wieder der Rhetorik, um ein großes Publikum auf die eigene Seite zu ziehen. Otto von Bismarck galt, ebenso wie Lenin oder Stalin, als hervorragender Redner und fand durch seine Reden Anklang bei einem breitem Publikum.
In jüngster Zeit setzt die Rhetorik ihren Schwerpunkt vor allem in der Wirtschaft. Hierbei geht es in erster Linie um reibungslose Kommunikationsabläufe und Informationsübertragung, die durch ihr hohes Maß an Verständlichkeit Missverständnissen vorbeugen und die Motivation steigern soll.

Doch auch wenn das Einsatzgebiet der Rhetorik sich im Laufe der Zeit verändert hat, finden die rhetorischen Prinzipien der Antike noch heute ihre Anwendung.
Dazu zählen neben einem nachvollziehbaren Aufbau, wie Sie ihn im zweiten Kapitel erlernen werden, auch die sprachliche Formulierung. Diese wiederum setzt sich zusammen aus

- verständlicher Aussprache (Sprech- und Atemtechnik)
- treffender Ausdrucksweise (rhetorische Mittel)

Diese Merkmale sind wichtige Voraussetzungen für eine gute Präsentation, denn nur wer sowohl akustisch als auch inhaltlich verstanden wird, wird als Redner erfolgreich sein.

2.2.2 Sprech- und Atemtechnik für Vielredner

Die richtige Sprech- und Atemtechnik ist von essentieller Bedeutung für eine gelungene Präsentation.

Präsentation und Moderation

Stellen Sie sich vor, Sie sind Geschäftsführer eines Unternehmens, das viele Kundenanrufe bekommt.

Sie entschließen sich, zur Verbesserung des Kundenservices, eine Telefon-Hotline einzurichten. Dafür suchen Sie eine Mitarbeiterin, die ausschließlich für die Kundenbetreuung am Telefon zuständig sein wird. Spätestens wenn Sie vor dieser Entscheidung stehen, wird Ihnen die Bedeutung einer „guten" Stimme bewusst werden. Mit ziemlicher Sicherheit werden Sie die Bewerberin nicht nach der Optik, sondern vielmehr nach Gehör auswählen. Denn was nützt das schönste Lächeln, wenn die Frau, deren Aufgabe das Telefonieren mit Kunden sein soll, ein dünnes, nichtssagendes Stimmchen hat oder sie dermaßen undeutlich spricht, dass man sie nur mit Mühe verstehen kann?

Nach diesem Prinzip funktioniert auch das Gelingen einer Präsentation. Kommunikationswissenschaftler haben herausgefunden, dass – neben der Persönlichkeit – die Bewertung eines Sprechers massiv durch dessen Sprechweise erfolgt. Es kommt also nicht nur darauf an, was man sagt, sondern wie es gesagt wird.
Ein guter Grund, die eigene Sprech- und Atemtechnik zu überdenken und sie gegebenenfalls zu trainieren!

2.2.2.1 Die richtige Atmung

Beginnen wir mit der Atemtechnik.
Im Prinzip ist das Sprechen eine besondere Form des Ausatmens, bei dem Töne erzeugt werden. Eine Verbesserung der Atemtechnik kann somit gleichzeitig die Sprechtechnik vervollkommnen. Ein positiver Nebeneffekt der richtigen Atmung ist auch, dass dadurch die Nervosität während des Redens verringert werden kann. (s.a. 4.1 Was hilft bei Lampenfieber?)

Sicherlich kennen Sie Menschen, denen Sie nicht gerne zuhören, weil sie eine hohe, kreischende Stimme haben. Oder Sie haben schon einmal einen Redner gehört, der ständig hörbar nach Luft schnappt. Diese Menschen atmen und reden falsch.

Doch wie atmen wir richtig?

Das Atmen nicht vergessen!
So banal es klingt, aber dieser Fehler wird immer wieder gemacht. Unbewusst hält der Mensch, sobald er in Stresssituationen gerät, den Atem an – vor Schreck verschlägt es ihm den Atem. Da aber gerade in Situationen, die Psyche und Körper als Belastung empfinden, die Sauerstoffzufuhr besonders wichtig ist, sollten Sie darauf achten, dass Sie überhaupt atmen und nicht die Luft anhalten!

Mund zu!
Obwohl man das Gefühl hat, durch den leicht geöffneten Mund mehr Luft aufnehmen zu können, sollten Sie immer durch die Nase atmen.

Zum einen sieht es wenig professionell aus, wenn ein nach Luft japsender Redner vor einem Publikum steht, und zum anderen hat das Einatmen durch die Nase den Effekt, dass die Luft gefiltert, angewärmt und befeuchtet wird. Auf diese Weise schonen Sie Ihre Stimmbänder und vermeiden Heiserkeit.

Brust- oder Bauchatmung?
Diese Frage stellt sich für die meisten Menschen erst gar nicht, da sie nicht auf Ihre Atmung achten.
Atmen Sie einmal mit geschlossenem Mund bewusst tief ein und wieder aus. Konnten Sie feststellen, wie sich Ihr Brustkorb gehoben und wieder gesenkt hat? Der Großteil der Bevölkerung gewährleistet seine Sauerstoffversorgung durch die Brustatmung. Atmen Sie nun einmal bewusst mit dem Bauch. Durch diese Atemtechnik wird die Lunge pro Atemzug mit doppelt soviel Sauerstoff versorgt wie mit der herkömmlichen Brustatmung.
Je mehr Sie einatmen, desto mehr Luft steht Ihnen zur Verfügung, die Sie beim Ausatmen zum Sprechen verwenden können. Da Faktoren wie Lautstärke, Deutlichkeit und Tonhöhe vom Luftstrom beim Ausatmen abhängt, sollten Sie bewusst mit Ihrer Atemluft haushalten. Die ideale Sprechatmung erreichen Sie, wenn Sie während des Redens nicht mehr als sechsmal pro Minute ein- und ausatmen müssen.

Atemübung
Eine einfache aber effektive Übung, mit der Sie kontrollieren können, ob Sie während des Sprechens richtig atmen: Nehmen Sie sich einen Zeitungstext und einen Bleistift. Lesen Sie den Text laut vor und setzen überall dort eine Markierung, wo Sie eine Atempause eingelegt haben. Wenn Sie den Text gelesen haben, achten Sie auf die Stellen, an denen Sie atmen mussten. Manche Leser oder Redner lassen sich zu sehr hetzen und übergehen Satzzeichen, die natürliche Sinn-, Atem- und Sprechpausen darstellen. Diese Art von Sprechern geht davon aus, dass ein flüssiger Stil von Kompetenz zeugt und vergessen dabei, dass auch Pausen zum flüssigen Sprechen gehören. Sie hetzen von Zeile zu Zeile, wobei die natürliche Betonung auf der Strecke bleibt. Für den Zuhörer wird der Vortrag auf Dauer unerträglich, denn vernünftig gesetzte Pausen erhöhen die Aufnahmefähigkeit des Publikums.
Wenn Sie bei der Leseübung dagegen die Pausen an Stellen gesetzt haben, an denen im Text Kommata, Punkte oder neue Absätze beginnen, können Sie davon ausgehen, dass Sie die richtige Sprechatmung haben. Allerdings sollten Sie dies auch in der Aufregung während einer Rede vor Publikum nicht vergessen!

2.2.2.2 Die adäquate Sprechtechnik

Die richtige Atemtechnik allein ist für eine deutliche Aussprache nicht ausreichend. Ebenso wichtig ist eine adäquate Sprechtechnik. Wenn Sie einen Vortrag halten müssen, sollten Sie sich deshalb immer vor Augen führen, dass eine angenehme Stimme ausschlaggebend für Ihren Erfolg sein kann. Im Allgemeinen ist die Wirkung einer Stimme von vier Faktoren abhängig, nämlich von Lautstärke, Sprechtempo, Stimmlage und Artikulation.

Lautstärke

Grundsätzlich gilt, dass ein Redner von seinem gesamten Publikum mühelos verstanden werden soll. Nichts ist schlimmer für den Zuhörer, als wenn allein schon das akustische Verständnis durch einen zu leise sprechenden Referenten zum Kraftakt wird. Achten Sie daher auf angemessene Lautstärke, vor allem dann, wenn Sie vor einem größeren Publikum ohne Mikrofon sprechen müssen.

Ein konstant eingehaltener Lautstärkepegel wirkt ermüdend auf die Zuhörer und ist ein weiterer Fehler, den Sie vermeiden sollten.

Durch die Variation der Lautstärke haben Sie die Möglichkeit, Wichtiges zu betonen. Dabei muss lautes Sprechen nicht immer ein Zeichen für Wichtigkeit sein – Sie können auch durch betont leises Sprechen die Aufmerksamkeit des Publikums gewinnen.

Sie haben die Möglichkeit, Ihre Lautstärke durch Flüstern, leises, normales und lautes Sprechen bis hin zum Brüllen zu variieren.

Die folgende Übung verdeutlicht den Effekt der Lautstärke. Lesen Sie den unten stehenden Satz erst in normaler Lautstärke, dann flüstern Sie oder schreien Sie den Satz. Sie werden merken, welch unterschiedliche Wirkung er allein durch die variierende Lautstärke erzielt.

„Wenn ich diese Regeln befolge, werde ich ein guter Redner sein!"

Ist Ihnen aufgefallen, dass das Flüstern den Satz wie ein Geheimnis wirken lässt, Schreien dagegen erweckt den Eindruck als ob Sie jemandem beweisen möchten, dass auch Sie ein guter Redner sein können.

Sprechtempo

Zu schnelles Sprechen ist einer der häufigsten Fehler. Aus Angst, aus dem Konzept zu geraten, den Faden zu verlieren oder durch Pausen ungeliebte Zwischenfragen zu riskieren, sprechen viele Redner in erster Linie schnell – nicht zuletzt, um den Vortrag in möglichst kurzer Zeit hinter sich zu bringen.

Wollen Sie jedoch ein guter Referent sein, ist ein angemessenes Sprechtempo unerlässlich. Passen Sie Ihr Sprechtempo daher immer der jeweiligen Situation an: Halten Sie einen Vortrag über ein komplexes Thema, achten Sie auf ein eher langsames Tempo; sprechen Sie dagegen über Dinge, die dem Publikum bekannt sein dürften, können Sie die Sprechgeschwindigkeit erhöhen. Durch hastiges, stockendes, flüssiges, dynamisches, abgehacktes oder pausenloses bzw. -reiches Sprechen können Sie das Tempo variieren.
Nehmen Sie doch noch einmal den Satz aus der vorhergehenden Übung, und sprechen Sie ihn in unterschiedlichen Geschwindigkeiten. Wie bei der Variation der Lautstärke

können Sie auch hier wieder die unterschiedlichsten Wirkungen feststellen. Wenn Sie das Komma durch eine Sprechpause betonen, wirkt die Aussage sehr eindringlich, sprechen Sie den Satz dagegen ohne Pause, so wirken Sie selbst wenig überzeugt von seinem Inhalt.

Stimmlage und Timbre

Tiefere Stimmen sprechen die meisten Menschen mehr an als hohe. Durch ihren sonoren Klang wirken Sie vertrauensvoller und glaubwürdiger. Hohe Stimmen haben dagegen den Vorteil, dass Sie bei gleicher Lautstärke besser verständlich sind als tiefe.

Das Timbre, die Klangfarbe der Stimme, kann nur durch ein intensives Training verändert werden. Dies ist allerdings nur bei Schauspielern oder Sängern erforderlich, die ihre Stimme bewusst einsetzen und verändern müssen. Für Sie ist es völlig ausreichend, die Wirkung Ihrer Stimmlage zu kennen, eine grundlegende Veränderung ist nicht notwendig, um Erfolg als Redner zu haben.

Während eines Vortrags sollte die Stimmlage, ebenso wie Tempo und Lautstärke, immer wieder moduliert werden, um den Zuhörer zu fesseln.
Betonen Sie daher sinnvoll, und vermeiden Sie es, Ihre Stimme im ständig gleichen Tonfall vor sich „hinplätschern" zu lassen.

Senken Sie Ihre Stimme am Satzende, um einen Punkt zu markieren. Bei Kommas können Sie Ihre Stimme heben. Auch bei Fragesätzen sollten Sie Ihre Stimme zum Satzende hin erhöhen, um den Fragecharakter zu verdeutlichen. Wenn Sie auf eine Kernaussage hinarbeiten, sprechen Sie immer höher, bis sie diese nach einer kurzen Wirkungspause zum Ausdruck bringen.
Sie können die Wirkung Ihrer Stimmlage testen, indem Sie einen kurzen Zeitungstext durcharbeiten, wobei Sie Betonungen markieren. Setzen Sie an Stellen, an denen Sie Ihre Stimme erhöhen möchten, einen Punkt auf die entsprechende Silbe. Stellen, die mit tieferer Stimmlage gesprochen werden sollen, markieren Sie durch Striche. Lesen Sie dann den Text laut mit den Modulationen der Stimmlage vor. Sicherlich erkennen Sie, wie interessant ein Text sein kann, wenn man ihn nur richtig betont.

Machen Sie sich diese Wirkung zu Nutze, indem Sie die Betonung bei Vorträgen bewusst einsetzen. Richtig betont wirkt ein Vortrag nicht nur interessanter, der Zuhörer hat auch das Gefühl, der Referent ist begeistert und überzeugt von dem, was er sagt. Dieses Gefühl wird sich auf das Publikum übertragen und somit zum Erfolg einer Rede beitragen.

Artikulation

Neben Lautstärke, Tempo und Stimmlage ist die Aussprache eine der wichtigsten rhetorischen Voraussetzungen für einen gelungenen Vortrag.

Es versteht sich von selbst, dass ein Redner, der klar und verständlich spricht, einen größeren Erfolg haben wird als jemand, der Silben verschluckt oder gar nuschelt.

Um akustisch gut verstanden zu werden, sollten Sie sich daher immer um deutliche Artikulation bemühen. Aber übertreiben Sie es nicht! Ein Referent, der sich betont um absolut korrektes Hochdeutsch bemüht, obwohl er im Alltag Dialekt spricht, macht sich schnell lächerlich. Längst ist es nicht mehr verpönt, eine leichte Dialektfärbung zuzugeben. Dies ist selbstverständlich keine Aufforderung, Ihren nächsten Vortrag im breitesten Plattdeutsch zu halten, aber machen Sie sich keine Sorgen über bestimmte landestypische Laute. Diese Besonderheit des Sprechens lässt Sie natürlicher wirken und macht Sie sympathisch.

Viel bedeutender dagegen ist es, nicht undeutlich zu sprechen. Mit drei einfachen Tricks können Sie sich einer klaren Artikulation sicher sein:

- Achten Sie darauf, dass sich Ihre Lippen beim Sprechen bewegen. Die Lippen sind als Sprechwerkzeug vorrangig für die Artikulation. Formen Sie die Laute deshalb nicht nur mit der Zunge, sondern auch mit den Lippen.
- Außerdem spielt der Unterkiefer eine wichtige Rolle für die deutliche Aussprache. Bewegen Sie ihn kaum, werden Ihre Worte gepresst und unverständlich klingen. Daher sollte der Unterkiefer sich beim Sprechen deutlich heben und senken. Zusammengepresste Kiefer lassen zu wenig Resonanz zu, als dass Sie mühelos verstanden werden könnten.
- Des Weiteren sollten Sie darauf achten, dass Sie „vorne sprechen". Das bedeutet, die Zunge sollte sich möglichst weit vorne bewegen, damit Sie die einzelnen Silben und Laute nicht verschlucken.

Allein diese drei simplen Übungen tragen in erheblichen Maße zur Verbesserung Ihrer Artikulation bei. Testen Sie die Wirkung vor allem immer dann, wenn Sie einen Vortrag vorbereiten.

Sie können auch durch Tonbandaufnahmen Ihre Artikulation auswerten. Sprechen Sie dazu einmal einen Text auf Kassette. Sprechen Sie dabei ganz natürlich. In einer zweiten Version nehmen Sie den Text auf, indem Sie ihn sehr deutlich sprechen. Der Unterschied wird beachtlich sein, und Sie werden merken, wie angenehm es ist, wenn man als Zuhörer dem akustischen Verständnis wenig Aufmerksamkeit schenken muss. So können nämlich viel mehr inhaltliche Informationen aufgenommen und verarbeitet werden – so kommen Sie dem Ziel, das jedem Referenten vor Augen schwebt, näher: Die Zuhörer sollen aus einem Vortrag lernen und ihr Wissen erweitern.

2.2.3 Rhetorische Mittel der Präsentation

Zur sprachlichen Formulierung gehört in der Rhetorik nicht nur die korrekte Sprech- und Atemtechnik. Auch der gezielte Einsatz rhetorischer Mittel fördert die Redekunst.
In diesem Kapitel werden wir uns mit wichtigen rhetorischen Mitteln auseinandersetzen. Eine treffende, prägnante Ausdrucksweise ist, wie Wissenschaftler durch die Analyse verschiedener Reden herausgefunden haben, eine grundlegende Voraussetzung für eine gute Rede.
Wir werden nun inhaltliche Stilmittel kennen lernen, die dazu beitragen, dass das Gesagte auch das ist, was der Redner auch wirklich sagen will.
Im zweiten Kapitel dieses Kurses werden wir noch einmal die Sprache als Werkzeug (3.2.2) betrachten, dann allerdings unter einem enger gefassten Aspekt, denn später werden Sie einzelne rhetorische Figuren kennen lernen, die Ihrer Rede das gewisse Etwas verleihen.

Doch vorerst zu den „Basics" der rhetorischen Mittel:

Sprechpausen

Bereits im Bereich der Sprechtechnik haben wir erfahren, dass Pausen, an den richtigen Stellen gesetzt, den Sinn des Gesagten unterstreichen helfen.

In der Rhetorik erfüllen Pausen jedoch noch zusätzliche Funktionen.

Das Einlegen von Pausen gibt dem Redner die Möglichkeit, Luft zu holen oder einen kurzen Blick auf sein Manuskript zu werfen. Die Zuhörer haben in dieser Zeit die Möglichkeit, das eben Gehörte noch einmal zu überdenken. Solche Pausen werden folglich immer am Ende von Sinnabschnitten gesetzt. Sie können sich als Redner damit auf die kommenden Punkte einstimmen, und die Zuhörer verarbeiten die übermittelten Informationen.

Eine weitere Funktion sinnvoll gesetzter Pausen ist die Erhöhung des Spannungsmoments. Kurz bevor Sie auf eine zentrale Aussage oder eine Ihnen besonders wichtige Information kommen, können Sie bewusst eine kurze Sprechpause machen. Die Aufmerksamkeit des Publikums wird mit diesem rhetorischen Trick ganz auf Sie gerichtet, da der Zuhörer während eines Vortrags eigentlich keine Pause erwartet.

Da Pausen zudem von Kompetenz und Stärke zeugen, sind sie ein besonders wichtiges Mittel der Rede. Viele Personen, die nervös sind, sprechen pausenlos, um peinliches Schweigen zu umgehen. Ein Redner, der sich traut, Pausen zu machen vermittelt dem Publikum, dass er unter keinem unermesslich hohen Erwartungsdruck steht.
Überbrücken Sie daher kleine Denkpausen nicht mit lästigen Füllwörtern wie „äh" oder „ähm". Zeigen Sie Mut zur Lücke – kurze Denkpausen sind menschlich und bringen Sie so Ihrem Publikum näher.

Damit Sie die wichtigen Pausen nicht vergessen, sollten Sie sie in Ihrem Manuskript, das Sie beim Vortrag dabei haben, durch Markierungen hervorheben.

Leere Worte

„Sobald die Umstände, die ich im Moment nicht näher erläutern möchte, sich der Situation angepasst haben, besteht die Möglichkeit, die Sache noch einmal vor der Geschäftsleitung darzulegen."

Oder:

„Über dieses Thema sprechen wir zum gegebenen Zeitpunkt."

Jemand, der nichts zu sagen hat, spricht in der Regel besonders viel. Da Zuhören anstrengend sein kann, sollten Sie auf Ihr Publikum Rücksicht nehmen, und Ihren Vortrag nicht unnötig in die Länge ziehen.

Sie werden niemanden überzeugen, indem Sie Ihr gesamtes Wissen an den Mann bringen. Halten Sie sich an Fakten, formulieren Sie klar und prägnant, kommen Sie nicht vom Thema ab. Lange verschachtelte Sätze führen zu Unverständnis, ebenso wie endlose Umschreibungen. Sagen Sie das, was sie sagen wollen, denn dann kommt es auch in der richtigen Form beim Publikum an.

Der Sinn eines Vortrags, nämlich Informationen weiterzugeben und die Zuhörer zu überzeugen, geht durch unnötig langes Reden verloren. Die Konzentration des Publikums sinkt, sobald es merkt, dass jemand vor ihnen steht, der zwar redet, aber nichts sagt.

Vermeiden Sie daher den übertriebenen Einsatz von Floskeln wie:

- „Gemeinsam sind wir stark" – Formulieren Sie konkreter! Beispielsweise: **„Nur als Team können wir den Umsatz steigern!"**
- „Ich möchte damit Folgendes sagen ..." – Vermeiden Sie Konjunktive, sagen Sie es lieber gleich! **„Dazu sage ich ..."**
- „Benutzen wir doch unseren gesunden Menschenverstand" – zweifeln Sie etwa an der Intelligenz Ihrer Zuhörer? Besser ist: **„Wir alle wissen ..."**
- „Lassen Sie mich einmal ehrlich sein" – das erweckt den Eindruck, als ob Sie es bisher nicht gewesen wären!

Nichtssagend sind auch Wörter wie „eigentlich", „gewissermaßen", „unter Umständen", „vielleicht". Halten Sie sich lieber an verlässliche Tatsachen, spätestens bei einer anschließenden Diskussion werden Sie als Nutzer von bloßen Phrasen enttarnt, wenn Sie sich ständig hinter vagen Formulierungen verstecken!

Humor

Nahezu jede Rede verträgt Humor und wird dadurch interessanter. Der Redner wirkt offener und natürlicher. Außerdem bietet das kurze Lachen dem Publikum einen kleinen Moment der Entspannung, bevor wieder aufmerksam zugehört werden muss.
Es ist also durchaus empfehlenswert, Humor in einen Vortrag einfließen zu lassen. Allerdings heißt das nicht, dass Sie einen Witz nach dem anderen erzählen sollen! Sie sind kein Clown, also machen Sie sich auch zu keinem!

Unterhaltsamer bei einem Vortrag ist nicht das Einbauen irgendwelcher Witze, sondern Schlagfertigkeit. Reagieren Sie zum Beispiel auf Zwischenrufe humorvoll, oder lachen

Sie bei Versprechern oder kleinen Pannen über sich selbst. Diese Art von Humor zieht das Publikum auf Ihre Seite, wogegen platte Witze eher Befremden auslösen werden.

Sie müssen auch nicht befürchten, dass das Publikum an Ihrer Glaubwürdigkeit zweifelt. Ernsthaftigkeit und Humor schließen sich nicht aus, wenn Sie das richtige Maß beibehalten. Versuchen Sie also nicht als exzellenter Unterhalter dazustehen, wenn Sie keiner sind. Verlassen Sie sich lieber auf Ihre Intuition und Spontaneität!

Die freie Rede

Frei vor Publikum sprechen zu können, ist die wahre Kunst des Redens und bedarf viel Übung und noch mehr Erfahrung.

Trotzdem gilt auch für Menschen, die selten vor Publikum sprechen müssen, dass eine „Rede" wörtlich genommen werden sollte. Reden Sie also, sprechen Sie, agieren Sie vor dem Publikum, aber halten Sie sich nicht verkrampft an Ihrem Manuskript fest!
Niemand wird von Ihnen verlangen, ohne ein Manuskript vor Ihr Publikum zu treten. Aber es wäre falsch, einen Vortrag Wort für Wort auszuformulieren, um ihn dann vorzulesen. Genauso gut könnten Sie sich den Vortrag sparen, indem Sie Ihr Manuskript vervielfältigen und an die Interessenten verteilen!

Eine Rede lebt im Wesentlichen von ihrem Referenten. Das Publikum erwartet Informationen, die Sie ihm verständlich machen sollen. Ein Redner, der sich an ein vorformuliertes Skript klammert, spricht in der Regel viel zu kompliziert. Die gesprochene Sprache folgt anderen Gesetzen als das geschriebene Wort! Wörtlich formulierte Vorträge sind nicht nur in der Vorbereitung sehr aufwändig, sie ermüden auch die Zuhörer schnell, weil Gedankengängen, die auf dem Papier einfach nachzuvollziehen sind, im mündlichen Sprachgebrauch nicht zu folgen ist.
Abgesehen davon wirkt ein Redner, der alles abliest, wenig kompetent und kann sein Publikum mit Sicherheit nicht so sehr begeistern wie jemand, der nur gelegentlich auf sein Manuskript schaut, ansonsten aber Blickkontakt zu den Anwesenden hält.

Um zu vermeiden, dass Sie am Text kleben, arbeiten Sie am besten mit Stichwortkarten. So sind Sie während des Vortrags gezwungen, nach eigenen Formulierungen zu suchen. Damit stellen sich kleine, erwünschte Denkpausen von selbst ein, Sie drücken sich verständlicher aus und Ihr Sprechtempo passt sich der Auffassungsgabe des Publikums an.

Ihr Manuskript sollte lediglich aus den einleitenden Sätzen und den Schlusssätzen bestehen, den Hauptteil notieren Sie in Stichpunkten. Da anfangs die Nervosität sehr groß ist, empfiehlt es sich, die ersten Sätze schriftlich ausformuliert festzuhalten. Auch ein vorformulierter Schluss ist zu empfehlen, da dies der letzte Eindruck ist, den Sie hinterlassen. Zitate oder wichtige Zahlenbeispiele können Sie ebenfalls wörtlich aufschreiben, der Rest des Vortrags sollte allerdings frei gestaltet werden.

Dies sind die wichtigsten Regeln der Kommunikation und Rhetorik im Zusammenhang mit einer Präsentation. Bevor erläutert wird, auf welchem Weg man zu einer gelungenen Präsentation gelangt, fassen wir die bisher erarbeiteten Ergebnisse noch einmal zusammen:

Zusammenfassung – Kapitel 2

Kommunikation definiert sich folgendermaßen:
Wer sagt **was** zu **wem** über welchen **Kanal** mit welcher **Wirkung**.

Für die Präsentation stellt sich eine besondere Form des Dialogs ein:
- Die Rollen von Sender und Empfänger werden nicht getauscht.
- Der **Redner** (Sender) vermittelt in erster Linie auf **verbaler Ebene**.
- Der **Zuhörer** (Empfänger) reagiert in der Regel mit **nonverbalen Handlungen**.

Da die fehlerfreie Informationsübertragung in der Hand des Redners liegt, sollte er
- sich immer bewusst sein, dass eine **Rede kein Monolog** ist,
- seine **Wahrnehmung trainieren**,
- sich in die **Lage der Zuhörer** versetzen.

Rhetorik bezeichnet die **Kunst des Redens**. Neben einem logisch-konsequenten Redeaufbau ist die **sprachliche Formulierung** wichtig für eine gelungene Präsentation. Diese setzt sich zusammen aus:
- **verständlicher Aussprache**,
- **treffender Ausdrucksweise**.

Durch die richtige Atem- und Sprechtechnik erlangen Sie eine verständliche Aussprache. Sie **atmen richtig** wenn Sie:
- **tief durchatmen**,
- durch die **Nase** atmen,
- den **Bauch** mitatmen lassen.

Für die **richtige Sprechtechnik** achten Sie auf:
- dem Raum angepasste **Lautstärke**,
- dem Publikum angepasstes **Sprechtempo**,
- angenehme **Stimmlage**,
- deutliche **Artikulation**.

Eine treffende Ausdrucksweise gelingt Ihnen, wenn Sie
- Mut zu sinnvoll gesetzten **Pausen** haben,
- **nicht** ausschließlich **leere Formulierungen** verwenden,
- **Humor** nicht gänzlich aus Ihrem Vortrag ausklammern,
- so weit wie möglich **frei sprechen**.

3. Die drei Hürden zur perfekten Präsentation

Lernziele dieses Abschnitts:
Nachdem Sie diesen Abschnitt durchgearbeitet haben, sollten Sie wissen
- welche drei Schritte bei jeder Präsentation notwendig sind,
- wie Sie Ihren Vortrag professionell vorbereiten,
- wie Sie Ihre Präsentation durchführen, insbesondere im Hinblick auf die drei Redephasen,
- wie Sie Feedback erhalten und daraus für weitere Präsentationen lernen können.

Ungeübte Redner finden sich häufig vor einem Berg von Schwierigkeiten wieder, wenn Sie einen Vortrag halten müssen. Von der exakten Auswahl des Themas, über die Dauer des Vortrags bis hin zur passenden Kleidung sind es tatsächlich viele Faktoren, die für die Erstellung einer Rede beachtet werden wollen.
Hinzu kommt noch, dass der Vortrag vor Publikum nicht nur die Präsentation von Fakten, sondern auch die Darstellung der eigenen Persönlichkeit bedeutet – mit Sicherheit ein weiterer Grund, warum viele Menschen Angst davor haben, Reden zu halten und auch, warum die meisten sich viel Mühe geben, um möglichst gut dazustehen.

Da die Fähigkeit, überzeugend argumentieren und sprechen zu können, im modernen Berufsleben des Wissensarbeiters immer wichtiger wird, werden wir nun eine Methode kennen lernen, die als Leitfaden für jeden Vortrag angewandt werden kann und mit System zu einer gelungenen Präsentation führt.
Allein schon die Tatsache, dass mit System an die Gestaltung einer Rede herangegangen wird, vereinfacht jeden einzelnen Schritt. Auf diese Weise werden keine wesentlichen Schritte übersehen.

Im Grunde sind es nur drei große Hürden, die Sie nehmen müssen, um erfolgreich präsentieren zu können: die Vorbereitung der Rede, die Durchführung, und nicht zu vergessen die Nachbereitung, denn mit einem Schlussapplaus des Publikums ist es noch nicht getan. Um Fehler oder Schwachpunkte erkennen und verbessern zu können ist eine gründliche Nachbereitung unerlässlich. Doch auch auf die Vorbereitung wollen wir großen Wert legen, denn in dieser Phase können die meisten Fehler noch vermieden werden.

Fangen wir also mit der Vorbereitung an, bevor wir auf den eigentlichen Vortrag eingehen.

3.1 Die Vorbereitung – wie baue ich einen Vortrag auf?

Wer eine mitreißende, überzeugende Rede halten will, sollte sich auf ein gründlich vorbereitetes Konzept verlassen können. Vor allem ungeübte Redner fühlen sich dank einer intensiven Vorbereitung sicherer und wirken auch während der Präsentation so, wenn sie wissen, dass sie sich eine Vorgehensweise zurechtgelegt haben und eigentlich nichts schief gehen kann.
Hinter einer gelungenen, durchdachten Rede stehen immer einige wichtige Arbeitsschritte, und oft ist der Redner, der sich am besten vorbereitet hat, am spontansten und somit am überzeugendsten, da er mit seinem Konzept im Hinterkopf am flexibelsten entscheiden kann.

Eine gründliche Vorbereitung gibt Ihnen aber nicht nur Selbstsicherheit. Sie bringt auch

- Einblick in das Thema,
- die Möglichkeit, den Ablauf des Vortrags weitgehend zu planen,
- die Chance, inhaltliche Lücken zu füllen,
- die Gelegenheit, darstellerische Schwachpunkte zu erkennen und gezielt zu verbessern.

Die Vorbereitungsphase zerfällt grob in fünf Schritte:

- Das Schaffen einer Ausgangsbasis durch Themenwahl und Publikumsbezug
- Die Formulierung des Redeziels
- Eine gründliche Stoffsammlung und die Aufbereitung der Informationen
- Die Ausarbeitung der Präsentation
- Ein Probedurchgang

Je nach Rede und Redner ist die Vorbereitungsdauer unterschiedlich lang anzusetzen. Je nach Komplexität des Themas und nach Ihrem Wissens- und Erfahrungsstand werden Sie länger oder weniger lang brauchen.
Obwohl kein pauschales Zeitlimit gegeben werden kann, trotzdem ein Tipp: Schieben Sie die Vorbereitung nicht zu lange vor sich her. In der Praxis hat es sich als sinnvoll

erwiesen, wenn zwischen Vorbereitung und Durchführung einer Präsentation mindestens ein Tag Pause liegt. Nervöse Redner gewinnen so Abstand, und außerdem macht jeder Mensch unter Zeitdruck schneller Fehler.

3.1.1 Thema und Publikum als Ausgangsbasis

Um die korrekte Vorgehensweise beim Erstellen einer Präsentation verfolgen zu können, werden wir die Einzelschritte immer wieder an einem praktischen Beispiel nachvollziehen. Wichtige Fragestellungen und Hinweise, die zu Ihrer eigenen Vorgehensweise beitragen, finden Sie jeweils in den gerahmten, grau hinterlegten Abschnitten.

Stellen Sie sich folgende Situation vor:

Der Betrieb, in dem Herr A. beschäftigt ist, veranstaltet einen Informationstag, an dem Kunden Einblicke in die Vorgehensweise der Firma gewinnen sollen. Herr A. ist Leiter des Kundeninformationszentrums und soll, wie einige seiner Kollegen auch, eine Präsentation zu seinem Aufgabengebiet vorbereiten.

Durch diesen Auftrag steht das Thema, über das Herr A. sprechen wird, jedoch noch lange nicht fest. „Das Aufgabengebiet der Informationsleitung" wäre eine viel zu weit gefasste Frage.

Wie wir bereits erfahren haben, macht es wenig Sinn, dem Publikum die gesamte Bandbreite Ihres Wissens zu vermitteln. Durch das Übermaß an Informationen würde die Aufmerksamkeit des Publikums nach und nach schwinden.

> Ein spezifisches Thema zu finden, ist der erste wichtige Schritt der Vorbereitungsphase.

Die im Beispiel angesprochene Fragestellung ist viel zu allgemein formuliert, um darüber einen Vortrag zu halten.

Herr A. könnte etwa über die Entstehung und Entwicklung der Kundeninformation, die Finanzierung, die Aufgaben der einzelnen Teammitglieder, die Erfolgsbilanz im Hinblick auf eine Umsatzsteigerung oder über die kontinuierlich steigende Kundenakzeptanz sprechen.

Sie sehen: Viel zu viele einzelne Faktoren, die unmöglich alle in einem Vortrag Platz finden werden.

Um entscheiden zu können, was das genaue Thema der Präsentation sein soll, müssen Sie Ihre Absichten genau definieren, um sicher zu gehen, dass Sie nicht „am Thema vorbei" sprechen werden.

Auf der Suche nach einem präzisen Thema geht Herr A. wie folgt vor:

- Welche Elemente beinhaltet das Thema? – **Überblick verschaffen**
- Über welche Faktoren weiß ich Bescheid? – **Sinnvoll selektieren**
- Wer spricht noch über dieses Thema? – **Themenwahl eingrenzen**

3.1.1.1 Überblick verschaffen

Im ersten Schritt verschafft man sich einen groben Überblick über die gestellte Aufgabe. Um auf das Beispiel zurückzukommen:

Herr A. fragt sich, aus welchen Elementen oder Teilkomplexen das Thema besteht.
Er erstellt eine Liste, auf der er notiert, was ihm zum Thema einfällt. Diese Liste enthält Stichpunkte, wie Sie sie auch schon oben in unserem Beispiel sehen, also beispielsweise Entstehungsgeschichte des Kundeninformationszentrums, Finanzierung, Teammitglieder und deren Aufgaben.

Anhand dieser Liste fährt Herr A. mit seiner Themenauswahl fort: Er sammelt Informationen zu den einzelnen Gebieten, die er auf seiner Liste hat. Dabei achtet er darauf, dass er sich noch auf allgemeine Fakten stützt; es macht in dieser Phase der Vorbereitung noch keinen Sinn, bereits ins Detail zu gehen.

Zum Themengebiet „Die Finanzierung der Kundeninformation" besorgt Herr A. sich also noch keine konkreten Bilanzen, sondern versucht herauszufinden, mit welchen Mitteln die Finanzierung bewerkstelligt wurde, wer daran beteiligt ist und wie hoch der Etat ist. Sobald Herr A. sich einen Überblick verschafft hat, geht er über zum zweiten Schritt.

3.1.1.2 Sinnvoll selektieren

Nun selektiert er die präzisierten Themen sinnvoll. Dabei geht er nach seinem persönlichen Empfinden vor.

Zur Themenselektion fragen Sie sich:

- **Welches Thema liegt mir besonders?**
- **Worüber weiß ich bereits jetzt am meisten?**
- **Wo liegt der Schwerpunkt meines Interesses?**

Lassen Sie also Themen außen vor, mit denen Sie nichts anfangen können. Ihre Motivation ist größer, wenn Sie sich gerne mit Ihrem Thema auseinander setzen!
Im Prinzip stehen die Auswahl und die Präzisierung Ihres Themas fest, doch der dritte Schritt darf nicht vergessen werden.

3.1.1.3 Themenwahl eingrenzen

Handelt es sich um eine Präsentation, die im Rahmen einer ganzen Vortragsreihe stattfinden wird, müssen Sie unbedingt klären, ob es noch jemanden gibt, der über das selbe oder ein ähnliches Thema sprechen wird.
Wie Sie vielleicht aus eigener Erfahrung wissen, ist es für die Zuhörer äußerst langweilig, wenn zwei Vorträge nahezu die selben Inhalte bieten. Hat das Publikum das selbe schon einmal gehört, werden Sie als Redner kaum die Aufmerksamkeit auf sich lenken können!
Klären Sie dies also im Vorfeld ab, und greifen Sie bei Bedarf auf ein anderes Thema zurück oder sprechen Sie mit anderen Referenten genau Ihre Themenkreise ab, um inhaltliche Überschneidungen zu vermeiden.

Herr A. entscheidet sich, über die Entstehung des Informationszentrums zu referieren. Diese Aufgabe hat noch kein Kollege übernommen, und da er entscheidend zum Aufbau des Zentrums beigetragen hat, hält er sich für geeignet, über dieses Thema zu sprechen.

> Steht Ihr Thema fest, wird es im nächsten Schritt zielgruppenorientiert angelegt.

Das bedeutet nichts anderes, als dass Sie schon jetzt herausfinden müssen, wer Ihr Publikum sein wird.

Wer sind also die Teilnehmer, auf die der Vortrag ausgerichtet sein muss?

Gezielte Hilfsfragen helfen weiter:

- Ist die Teilnehmergruppe homogen in ihrem Wissensstand?
- Was kann ich als Vorwissen erwarten? Handelt es sich also um Spezialisten oder um fachfremdes Publikum?
- Gibt es Gemeinsamkeiten innerhalb des Teilnehmerkreises (Alter, Beruf, Geschlecht)?
- Welches Interesse haben die Teilnehmer an der Veranstaltung? Welche Erwartungen haben sie?

Herr A. findet heraus, dass sein Publikum sehr unterschiedlich sein wird. Sowohl Firmenvertretungen von Großkunden als auch Einzelkunden werden kommen. Es werden also sowohl Spezialisten, die die Kundenbetreuung ihrer Firma leiten, als auch interessierte Laien vorhanden sein.
Die Erwartungen werden trotzdem zum größten Teil die selben sein: Möglichst umfassende Informationen, die Einblicke in das Unternehmen gewähren, die man sonst nicht hat.

3.1.2 Formulierung des Redeziels

Mit diesem Vorwissen zu Thema und Publikum kann Herr A. sein konkretes Redeziel formulieren. Er braucht ein Motiv, ein Redeziel, um in späteren Arbeitsschritten den Vortrag geschickt aufbauen zu können.

> Thema und Redeziel werden oft verwechselt – sie entsprechen sich jedoch nicht!

Achten Sie darauf, dass Sie den Inhalt der Rede, also das Thema, nicht mit dem eigentlichen Ziel verwechseln.
Redeziele sind immer auf das Publikum bezogen und drücken die Intention der Präsentation aus. Redeziele können unter anderem sein:

- das Publikum in ein Wissensgebiet einzuführen,
- die Zuhörer zu Eigeninitiative bewegen, zu motivieren,
- das Publikum mit neuen Erkenntnissen vertraut zu machen,
- es über einen Sachverhalt zu informieren,
- Problemlösungen anzubieten,
- Fragen zu klären,
- sich zu rechtfertigen.

> Fragen Sie sich auf der Suche nach einem Redeziel deshalb immer:
>
> - Was will ich mit meinen Worten erreichen?
> - Welche Reaktion meines Publikums erwarte ich?
> - Will ich informieren, zum Handeln auffordern oder Missverständnisse klären?
> - Was soll der Zuhörer, nachdem er meine Rede gehört hat, wissen?

Lautet das Thema der Rede beispielsweise „Die Erhöhung der Benzinpreise – kann sie gestoppt werden?", so gibt es dazu die unterschiedlichsten Redeziele. Ein Redner, der sich etwa um die Umwelt sorgt, könnte an sein Publikum appellieren, das Autofahren ganz sein zu lassen. Sein Ziel wäre also, die Initiative des Publikums zu wecken. Ein anderer wiederum könnte sich als Redeziel den Boykott aller Tankstellen an einem bestimmten Tag vornehmen. Ein dritter dagegen könnte allein informative Ziele verfolgen und sein Publikum darüber informieren, wie die hohen Benzinpreise überhaupt zustande gekommen sind.

An den ungleichen Redezielen lässt sich bereits erkennen, dass der Inhalt zweier Reden zum selben Thema starke Differenzen aufweisen kann.

> Das Redeziel gibt die Möglichkeit, einen den gesamten Vortrag logisch strukturierenden „roten Faden" zu finden.

Herr A. formuliert sein Redeziel folgendermaßen: „Ich möchte meinem Publikum Einblick in die Entstehung des Kundenzentrum gewähren. Dabei soll es unterhaltsam informiert werden, damit der einzelne Zuhörer seinen Kenntnisstand über unser Unternehmen erweitern kann."

3.1.3 Stoffsammlung und -aufbereitung

Erst nachdem Thema und Redeziel festgelegt wurden und Sie sich im Klaren über die Zusammensetzung des Publikums sind, kann mit der eigentlichen Vorbereitung begonnen werden. Diese wird mit einer gründlichen Stoffsammlung eröffnet.

Material für einen Fachvortrag finden Sie in der aktuellen Tagespresse, in Fachzeitschriften und entsprechender Literatur, in Archiven, bei anderen Vorträgen und nicht zuletzt in Internet.

Recherchieren Sie gründlich, verlieren Sie jedoch nie Thema und Redeziel aus den Augen!

Bei der Sammlung des Materials sollten Sie sich nicht wahllos alle Informationen verschaffen, die es zu Ihrem Thema gibt. Bereits jetzt können Sie selektieren, indem Sie folgendes berücksichtigen:

- Entspricht das Material den Ansprüchen der Zuhörer?
- Treffen die Informationen genau mein Thema oder streifen sie es nur am Rande?
- Wie aktuell sind die Informationen? Gibt es nicht vielleicht schon neuere Untersuchungsergebnisse?
- Sind die Informationen stichhaltig?

Selbstverständlich macht sich auch Herr A. auf die Suche nach Informationen für seine Präsentation. Da er speziell über die Entwicklung seiner Kundenabteilung sprechen möchte, wird er vor allen Dingen im Firmenarchiv fündig. Außerdem weiß er, war er doch am Aufbau beteiligt, selbst noch einiges zum Thema. Darüber hinaus informiert er sich durch einschlägige Literatur über die allgemeine Entwicklung des Kundenservice und besorgt sich aus der Buchhaltung der Firma aktuelle Zahlen über die Finanzierung und Kosten des Informationszentrums.

Das Material, das Sie gesammelt haben, wird nun ein weiteres Mal selektiert und dann aufbereitet. Gehen Sie Ihre gesamten Unterlagen ein weiteres Mal durch.

> Studieren Sie die Informationen auf
> - **ihren Informationsgehalt,**
> - **die Relevanz für das Publikum,**
> - **die geplante Dauer Ihres Vortrags.**

Das übrig gebliebene Material verwenden Sie nun, um Ihre Präsentation vorzubereiten. Dazu werden die Informationen inhaltlich geordnet.

Handelt es sich um einen umfangreicheren Vortrag, eignen sich größere Karteikarten zum Festhalten der wichtigsten Stichpunkte.
Gliedern Sie die verschiedenen inhaltlichen Aspekte, indem Sie sie auf einzelnen Karteikarten vermerken. Halten Sie sich kurz und formulieren Sie prägnant, das wird Ihnen später die Erstellung einer Gliederung erleichtern. Zusatzinformationen können Sie gegebenenfalls auf der Rückseite der entsprechenden Karte notieren, damit Sie wichtige Anhaltspunkte, Zahlen, Fakten oder Informationsquellen nicht mehr vergessen.

Auch Herr A. bedient sich dieser Vorgehensweise. Auf seinen Karteikarten finden sich diese Stichpunkte:

Gründung der Firma	Idee zur Schaffung eines Info-Zentrums	Entwicklung des Service in deutschen Unternehmen	Planung des Kundeninformationszentrums
Finanzierungskonzept	Schaffung zusätzlicher Arbeitsplätze	Anteil des Info-Zentrums an Umsatzsteigerung	Einsatz modernster Technik
Aufgaben des Info-Zentrums	Zufriedenheit und Akzeptanz bei den Kunden	Ausbau des Service in der Firma	Vergleich mit anderen Firmen

Nachdem Herr A. alle wichtigen Stichpunkte vermerkt hat, ordnet er sie nach ihrer Relevanz, indem er sie in Haupt- und Nebenaspekte unterteilt:

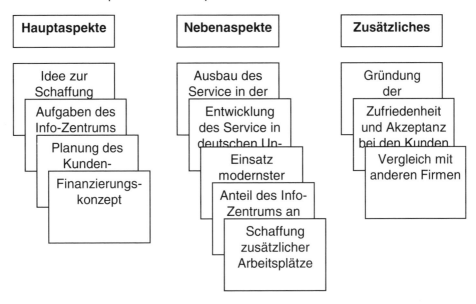

Auf diese Weise erhält Herr A. eine erste logische Gliederung. Hierbei sind die Informationen nach ihrer Wichtigkeit geordnet worden.

Gleichzeitig ergibt sich aus der Gewichtung der Einzelinformationen die Antwort auf die schlüssige Anordnung des Stoffes:

- Hauptaspekten sollte immer ein eigener Gliederungspunkt zugeordnet werden.
- Nebenaspekte bilden inhaltlich passende Unterpunkte, die zusätzlich erweitert werden können.
- Zusätzliche Informationen können während des Vortrags an passender Stelle und nicht zu ausführlich gegeben werden.

Das Konzept von Herrn A.s Vortrag über die Entstehung des Kundeninformationszentrums setzt sich demnach folgendermaßen zusammen:

1. Idee zur Schaffung eines Info-Zentrums
   a) Entwicklung des Service in deutschen Unternehmen
   b) Ausbau des Service in der Firma
2. Planung des Kundeninformationszentrums
   a) Konzeptentwicklung und -ausführung
   b) Vergleich mit anderen Firmen
   c) Einsatz modernster Technik

3. Das Finanzierungskonzept
   a) Subventionen und Etat
   b) Anteil des Info-Zentrums an der Umsatzsteigerung
   c) Schaffung neuer Arbeitsplätze
4. Aufgaben des Info-Zentrums
   a) Erläuterung der Aufgaben
   b) Zufriedenheit und Akzeptanz bei den Kunden
   c) Zukunftstendenzen

Auf diese Weise gelangen Sie systematisch zu einem zweckdienlichen Konzept, das Sie durch den Vortrag leiten wird.

3.1.4 Die Ausarbeitung der Präsentation

Die durch Selektion des Materials gewonnene Gliederung wird nun als Basis für die Erstellung des Redemanuskripts verwendet.

Schon einmal haben wir gehört, dass eine freie Rede, die gekonnt und souverän gehalten wird, das Publikum am meisten beeindrucken wird, da der Referent durch häufigen Blickkontakt zu seinen Zuhörern eine Bindung zu diesen aufbauen kann.
Ein Publikum, das sich persönlich angesprochen fühlt, wird natürlich positiver reagieren als Zuhörer, die einen Redner vor sich haben, der sich am liebsten hinter Redepult und Manuskript verstecken würde. Denn „frei reden" bedeutet, dass ohne jegliche Hilfsmittel eine längere Gedankenreihe stilistisch, flüssig und logisch dargeboten werden kann.
Es steht außer Frage, dass ein solcher Redner in der Position ist, hohe Kompetenz und Fachkenntnis zu vermitteln.

Nichtsdestotrotz kann eine Rede, die nicht frei gehalten wird, sehr gut sein. Immerhin sind nur die wenigsten Redeprofis in der Lage, völlig frei vor Publikum zu sprechen.

Der Erfolg einer Rede hängt dabei hauptsächlich von der Ausarbeitung des Manuskripts ab. Es gibt unterschiedliche Methoden der Ausarbeitung eines Manuskripts. Viele Redner sind der Ansicht, ein Stichwortzettel genüge, andere sind für die komplette schriftliche Ausarbeitung. Es beruhigt, wenn man weiß, dass alles aufgeschrieben ist. Aber:

> Eine Rede ist nur dann wirkungsvoll, wenn sie auch als solche empfunden wird. Alles abzulesen hinterlässt in jedem Fall einen schlechten Eindruck.

Dieser Gesichtspunkt darf bei der Vorbereitung nicht außer Acht gelassen werden, denn ein wörtlich ausformulierter Entwurf verleitet – vor allem den ungeübten Redner – zum Ablesen. Eine Auflistung von Stichworten dagegen ist ein roter Faden, der die nötige Sicherheit und gleichzeitig notwendige Distanz zum Manuskript verleiht.
Zum Üben des Vortrags eignet sich ein wörtlich ausgearbeiteter Vortrag jedoch gut – vor allem dann, wenn es für Sie die erste Präsentation seit langer Zeit ist.

Grundsätzlich gibt es drei Möglichkeiten der Ausarbeitung: der kurze Stichwortzettel, die erweiterte Gliederung und das ausführliche Manuskript.

Der Stichwortzettel

Stichwortzettel sind eine verlässliche Variante der Vortragsausarbeitung. Sie bieten einen roten Faden und ermöglichen trotzdem die freie Formulierung der Gedanken.

Verwenden Sie drei Karten aus dünnem Karton – etwa im Format DIN A 5.
Die erste Karte verwenden Sie für die Einleitung, die zweite für den Hauptteil, die dritte für den Schluss.

Vermerken Sie auf der Einleitungskarte stichpunktartig

- die Namen von Ehrengästen,
- gegebenenfalls den Namen des Veranstalters, der Sie zum Vortrag gebeten hat,
- den Redeanlass und das Thema,
- einen groben Ablauf des Vortrags.

Auf die zweite Karte schreiben Sie die Gliederungspunkte Ihrer Präsentation nieder.
Dazu können Sie noch Anmerkungen hinzufügen, wie etwa wichtige Daten, Zahlen oder Fakten, die Sie sich nur schlecht merken können.

Auf der dritten Karte vermerken Sie, wie Sie den Schluss gestalten wollen.
Um Ihren Vortrag gekonnt abzurunden, können Sie die Schlusssätze auch wörtlich niederschreiben. Zum Abschluss Ihrer Präsentation werden Sie vermutlich schon so gefasst sein, dass die Gefahr, sich am Text festzubeißen, nicht mehr besteht.

Die erweiterte Gliederung

Diese Möglichkeit der Gedankenstütze für Ihre Rede ist etwas ausführlicher als die Stichwortzettel-Methode.

Schreiben Sie für diese Form der Ausarbeitung die geplante Gliederung mit allen Unterpunkten auf.

Weitere Blätter oder Karteikarten werden entsprechend der Gliederungsnummerierung beziffert und stehen für ergänzende Notizen zur Verfügung. Darauf können Sie beispielsweise notieren:

- Wörtliche Formulierungen
- Beispiele
- Zahlen oder Daten
- Ergänzungen
- Vergleiche
- Namen

Auf diese Weise erhalten Sie zwei Arten von Redeunterlagen:

Die Gliederung als „roter Faden", die es Ihnen ermöglicht, klar strukturiert vorzugehen, und eine Reihe von Handzetteln, die Zusatzinformationen beinhalten und Sicherheit für den Vortrag gewährleisten.

Vergessen Sie dabei nicht, dass die Zusatznotizen nicht zu ausführlich sein sollten, denn damit besteht die Gefahr, zu sehr am Manuskript zu hängen und eine Ansammlung von Zetteln in Händen zu halten, die während des Vortrags schnell zu störendem Geraschel und verzweifeltem Suchen nach dem richtigen Blatt führen können.

Das ausführliche Manuskript

Ein Redner, der über wenig Erfahrung verfügt und nicht genug Mut hat, seine Gedanken frei zu formulieren, neigt häufiger dazu, seinen vollständig ausformulierten Text vorzutragen. Auch erfahrene Redner greifen zu offiziellen Anlässen oft auf ein ausgearbeitetes Manuskript zurück, wenn sie beispielsweise vor einem sehr anspruchsvollen Publikum reden müssen oder es auf jede Feinheit der Betonung ankommt.
Ein ausformuliertes Skript bietet zwei Möglichkeiten, eine Präsentation darzubieten: Sie können den Text auswendig lernen, oder Sie lesen mit dem so genannten „schweifenden Blick". Das Auswendiglernen erfordert eine hohe Konzentration und vor allen Dingen viel Zeit. Bleiben Sie dann während des Vortrags doch stecken, ist es äußerst schwierig, den Einstieg wieder zu finden. Dadurch erhöht sich Ihre Nervosität, und Ihr Publikum wird den Eindruck haben, Sie würden über etwas sprechen, wovon Sie im Grunde keine Ahnung haben.

Die zweite Methode, das Lesen mit schweifendem Blick, ist daher die sinnvollere.

Lesen mit schweifendem Blick bedeutet, dass der Text zwar abgelesen wird, der Blick aber möglichst oft und lange auf das Publikum gerichtet wird.

Beim Zuhörer entsteht so der Eindruck, der Redner verwende zwar ein Manuskript, formuliere aber weitgehend frei. Dieser Eindruck wirkt umso authentischer, je länger Sie in der Lage sind, den Blick vom Manuskript zu lassen.

Damit dieser Effekt auch tatsächlich seine Wirkung erzielt, bedarf das Manuskript einer besonderen Überarbeitung:

- Schreiben Sie den Text mit großer, leserlicher Schrift am Computer und drucken Sie ihn aus.
- Achten Sie auf einen großen Zeilenabstand.
- Machen Sie viele Absätze. Sie erleichtern Ihnen das Wiederfinden bestimmter Stellen beim Vortrag.
- Pausen, Betonungen, eventuell auch die Blicke ins Publikum markieren Sie dann mit Farbe zwischen den Zeilen.

Wenn Sie Ihr Manuskript auf diese Weise vorbereitet haben, üben Sie das Lesen mit schweifendem Blick so oft es geht vor einem Spiegel oder mit einem Bekannten, der Ihnen sagen kann, ob er sich durch Ihre Blicke beim Vortragen angesprochen fühlt oder nicht.

3.1.5 Ein Probelauf

Ganz egal für welche der drei Methoden Sie sich entschieden haben: Um sicher zu gehen, dass Ihre Präsentation gut verlaufen wird, sollten Sie einen Probedurchgang durchführen.

Ein solcher Probelauf sollte im Idealfall aus mehreren Durchgängen bestehen, bei denen jeweils unterschiedliche Faktoren beachtet werden.
Dabei stellt sich eine positive Begleiterscheinung ein: Je öfter Sie Ihren Vortrag durchspielen, desto selbstsicherer und routinierter werden Sie!

Durchgang 1: Kontrolle des Hörverständnisses

Oft merkt man erst beim lauten Lesen, dass ein Gedankengang, der auf dem Papier gut nachzuvollziehen ist, gesprochen nicht einleuchtend ist. Hinzu kommt noch, dass Sätze, die man nur akustisch präsentiert bekommt, nicht so lang sein dürfen wie visuell dargeboten. Das heißt, wenn Sie einen langen Satz, den Sie lesen, verstehen, heißt das noch lange nicht, dass Sie den selben Gedankengang aufnehmen könnten, würden Sie ihn vorgesprochen bekommen.
Bei diesem Durchgang kommt es also auf das Hörverständnis an.

Tragen Sie Ihr Referat daher laut und langsam vor. Sie können sich selbst auf Ihre inhaltliche Verständlichkeit prüfen oder jemanden bitten, Ihnen zuzuhören.

Achten Sie dabei besonders auf folgende Faktoren:

- Handelt es sich um ein sehr spezielles Fachgebiet, sollten Sie darauf achten, dass Sie eine Person bitten, die in etwa über den Wissensstand des tatsächlichen Publikums verfügt.

- Wenn Sie oder Ihr Testhörer merkt, dass es zu kompliziert wird, dem Vortrag zu folgen, markieren Sie die entsprechenden Stellen und formulieren Sie diese um. Oft reicht es schon aus, wenn lange, verschachtelte Satzgefüge entwirrt und verkürzt werden.
- Berücksichtigen Sie dabei immer auch Ihr Publikum. Ihre Sprache sollte sich dem Publikum anpassen. Fachsprache darf bei einem Laienpublikum nur spärlich und mit Erklärungen eingesetzt werden. Ein Fachpublikum dagegen wird Ihre Kompetenz unter anderem auch am Umgang mit Fachausdrücken bewerten.

Durchgang 2: Zeitkontrolle

Bei diesem Durchgang kommt es auf die Dauer des Vortrags an.
Ein guter Redner zeichnet sich dadurch aus, dass er die vorgegebene Dauer nicht im extremen Maße über- oder unterschreitet.

Tragen Sie Ihre Präsentation also komplett und ohne Unterbrechungen vor, und stoppen Sie dabei die Zeit. Gegebenenfalls können Sie Ihren Vortrag im Anschluss daran entsprechend verlängern oder kürzen.

Vergessen Sie nicht: In der Aufregung spricht man oft schneller als zu Hause. Planen Sie dies mit ein! Andererseits: Technische Hilfsmittel und das Publikum verlangen ihre Zeit. Pannen mit dem Dia-Projektor oder viele Zwischenfragen kommen in der Regel immer erst während der Rede vor!

Durchgang 3: Wirkungskontrolle

Dieser Durchgang ist vor allem dann wichtig, wenn Sie noch keinen Testzuhörer hatten. Tragen Sie sich Ihre Rede selbst vor dem Spiegel vor. Sie werden erstaunt sein, wie viele merkwürdige Angewohnheiten es gibt. Ständiges Kopfnicken, zu lässige Haltung, stocksteifes Dastehen, wildes Gestikulieren mit den Händen oder das nervöse Kneten der Finger. Es gibt unzählige Eigenarten, die das Publikum unnötig vom Inhalt der Präsentation ablenken könnte. Auf diese Dinge wird in Kapitel 3.2.4 eingegangen. Dort erhalten Sie Ratschläge, wie Sie sich am besten darstellen.

Nach diesem dritten Durchgang sollten Sie sich eine Pause gönnen. Die endgültige Schlussprobe führen Sie am besten erst einige Stunden später durch. Dann merken Sie auch, wie viel Sie schon ohne die Hilfe Ihres Manuskripts präsentieren können. Und Sie haben bis dahin auch den nötigen Abstand zu den vorhergehenden Durchgängen gewonnen, um Ihre Rede noch einmal wertfrei und möglichst objektiv beurteilen zu können.

3.2 Die Durchführung – Was muss ich beim Vortrag beachten?

Mittlerweile haben wir einen fertig ausgearbeiteten Vortrag vor uns liegen. Die Vorbereitungsphase ist damit abgeschlossen, doch ein in Stichpunkten oder Worten ausformulierter, logisch strukturierter Vortrag macht noch keine Präsentation.
Bei der Durchführung einer Präsentation gibt es einiges zu beachten, schließlich soll eine Rede in jeder Hinsicht Wirkung zeigen. Das Publikum soll überzeugt, beeindruckt und mitgerissen werden. Dies gelingt nicht allein mit einem inhaltlich gut ausgearbeitetem Vortrag. Faktoren wie der gezielte Einsatz unterschiedlicher visueller Medien, Ihr eigener Sprachstil und nicht zuletzt die Darstellung Ihrer Persönlichkeit beeinflussen den Erfolg Ihrer Rede zu etwa 65%.

Dieses Kapitel wird näher erläutern, wie Sie sich und Ihre Präsentation am besten verkaufen.

3.2.1 Die drei Redephasen

Jede auch noch so kurze Rede lässt sich in Einleitung, Hauptteil und Schluss unterteilen. Jede dieser drei Phasen enthält unterschiedliche Gesichtspunkte, denen wir nun Aufmerksamkeit schenken.

> Im Einzelnen besteht jede Präsentation aus drei Teilen:
> - **Einleitung**
> - **Hauptteil**
> - **Schluss**

Die Einleitung

Der ehemalige britische Premierminister Winston Churchill – der als hervorragender Redner bekannt war – soll einmal gesagt haben, eine gute Rede bestehe aus einem interessanten Anfang und einem beeindruckenden Schluss – alles was dazwischen liege, sollte möglichst kurz gehalten werden.

Diese Äußerung demonstriert, wie wichtig Einleitung und Schluss sind. Sie sollten diesen beiden Redeteilen zusammen etwa so viel Bedeutung zuteilen wie dem Hauptteil.

> Eine gute Einleitung besteht immer aus vier Informationselementen:
>
> - **Begrüßung**
> - **Nennung von Anlass und Thema**
> - **Bekanntgabe des geplanten Ablaufs**
> - **Überleitung zum Thema**

Die Begrüßung

Sie kann – je nach Teilnehmerkreis – sowohl sachlich als auch persönlich formuliert werden. In Zweifelsfall wählen Sie besser die förmlichere Anrede. Die Distanz zum Publikum kann während der Rede immer noch verkleinert werden. Ferner sind wichtige Ehrengäste oder der Initiator der Veranstaltung, der Sie zum Vortrag eingeladen hat, gesondert zu begrüßen. Doch die Begrüßung beinhaltet auch die Vorstellung der eigenen Person, wenn Ihr Publikum Sie nicht persönlich kennt.

Herr A. macht sich ebenfalls Gedanken über seine Begrüßungsformel. Da er die meisten seiner Zuhörer nicht kennen wird, entscheidet er sich für diese Form:

„Guten Tag, meine Damen und Herren, zu unserem heutigen Informationstag begrüße ich Sie sehr herzlich. Mein Name ist A. Ich bin der Leiter des Kundeninformationszentrums in unserem Haus ..."

Nennung von Anlass und Thema

Herr A. fährt fort:
„... und werde in den folgenden 30 Minuten versuchen, Ihnen einen Einblick in die Entstehung dieses Info-Zentrums zu gewähren."

In einem kurzen Satz wird Thema – und falls dies noch nicht in der Begrüßung geschehen ist – der Anlass der Präsentation vorgestellt.

Bekanntgabe des geplanten Ablaufs

Nachdem Sie die Zuhörer begrüßt, sich und das Thema vorgestellt und den Redeanlass gewürdigt haben, gehen Sie auf den Ablauf Ihres Vortrags ein.
Verpacken Sie dazu Ihre Hauptgliederungspunkte in einige verbindende Sätze. Zu diesem Zeitpunkt ist es noch nicht notwendig, irgendwelche inhaltlichen Details zu geben oder zu erläutern.

Herr A. benutzt dazu seine Gliederung (s. 3.1.3) und sagt Folgendes:

„Dabei werde ich zuerst auf Idee und Planung dieser Einrichtung zu sprechen kommen. Im Anschluss daran erhalten Sie einige Zahlen und Bilanzen zum finanziellen Konzept des Zentrums und zum Abschluss werden Sie erfahren, welche Aufgaben unser Info-Team zu bewältigen hat und wie es diese bewerkstelligt. Für Interessierte gibt es im Anschluss an meine Präsentation eine Info-Broschüre mit allem Wissenswerten."

Ganz richtig verweist Herr A. auch noch auf die Broschüre, die erhältlich ist. So ist das Problem vieler Zuhörer, ob sie sich Notizen machen sollen oder nicht, geklärt.

Überleitung zum Thema

Dies ist der kritischste Punkt der Einleitung, denn ab jetzt gilt es, das Publikum für sich und Ihre Präsentation zu begeistern. Ein simples „Na, dann lassen Sie uns mal anfangen" wird – verständlich – niemanden aufhorchen lassen. Genauso riskant wäre es, bereits jetzt mit Ihren fachlichen Argumenten aufzuwarten. Um Ihr Anliegen gut zu verkaufen, müssen Sie dafür sorgen, dass Sie die volle Aufmerksamkeit Ihrer Zuhörerschaft haben.
Zwischen den formelhaften einleitenden Erklärungssätzen und der Überleitung zum Thema sollten Sie ein kleine Pause machen, bei der Sie ins Publikum blicken.
Für die Überleitung sollten Sie sich „etwas Besonderes" ausgedacht haben:

Zitat oder Sprichwort

Oft wird als Einstieg ein geeignetes Zitat oder Sprichwort verwendet. Diese Methode wird am häufigsten benutzt, um eine Rede zu beginnen; sie sollte allerdings mit Vorsicht zum Einsatz kommen, denn nur ein wirklich passendes, nicht zu abgedroschenes Zitat wird seine Wirkung nicht verfehlen.

Die rhetorische Frage

Eine bessere Möglichkeit ist die rhetorische Frage. Sie sollte prägnant und provozierend formuliert werden.
Jemand, der eine neue Heiztechnik vorstellen möchte, könnte so beginnen: „Haben Sie gern kalte Füße? – Bestimmt nicht. Darum haben wir Abhilfe geschaffen ..."
Ein Banker, der einem ausgewählten Kundenkreis eine neue Möglichkeit der Geldanlage verkaufen möchte, würde vielleicht so beginnen: „Sie denken, Sie sind reich? – Gut möglich, aber wir haben eine Weg gefunden, Sie noch besser dastehen zu lassen ..."

Der Überraschungseffekt

Bei der Recherche nach Daten und Fakten für Ihren Vortrag sind Sie mit Sicherheit auf etwas gestoßen, das Sie überrascht hat. Benutzen Sie dies als Einstieg.

Sie könnten zum Beispiel so beginnen:
„Wussten Sie eigentlich, dass ..."
„Als ich mich auf diesen Vortrag vorbereitet habe, ist mir aufgefallen, dass ..."
„Können Sie sich vorstellen, dass ..."

Auch für Herrn A.s Vortrag eignet sich diese Methode. Er beginnt seine Überleitung mit: „Wussten Sie eigentlich, dass unsere Firma in der Servicewüste Deutschland eine der ersten Oasen war ..."

Das Unerwartete

Dieser Einsteig erfordert vielleicht etwas Mut, wird aber seine Wirkung nicht verfehlen.

Nehmen wir an, Sie sollen einen Vortrag über Stress halten. Welcher Einstieg wird Ihnen die Aufmerksamkeit des Publikums garantieren?

Sie könnten ein Tonband mit Straßenlärm, quietschenden Bremsen, Hupen, Schritten und Presslufthammer laut, etwa 30 Sekunden lang abspielen. Dann beginnen Sie in die Stille hinein mit einem Faktum wie „Lärm – lange Zeit galt er als Stressfaktor Nummer eins. Neuesten Untersuchungen zufolge ..."

Nach der Überleitung gehen wir von der Einleitung zum Hauptteil.

Der Hauptteil

> Der Hauptteil besteht darin, dem Publikum Argumente, Fakten und Ansichten zu vermitteln.

In diesem Teil Ihrer Rede haben Sie die Möglichkeit, Ihre Kompetenz unter Beweis zu stellen. Halten Sie sich Ihr Redeziel vor Augen und versuchen Sie, konsequent darauf hinzuarbeiten.
Den Ablauf dieses Teils haben Sie durch die Ausarbeitung Ihrer Präsentation schon festgelegt. Nun gilt es nur noch, die Aufmerksamkeit des Publikums nicht schwinden zu lassen.

> Die Aufmerksamkeit Ihres Publikums erreichen Sie durch:
> - **logische Gliederung** des Stoffes (Kurze Abschnitte, Sprechpausen)
> - **direkten Bezug** zum Publikum (Blickkontakt)
> - **gekonnte Darstellung** (vgl. „Kommunikation" und „Rhetorik" und Kapitel 3.2.2, bzw. 3.2.4)
> - Einsatz **visueller Elemente** (s. 3.2.3)

Wie Sie Ihrem Vortrag „das gewisse Etwas" verleihen, erfahren Sie in den folgenden Kapiteln. Doch erst noch ein paar Worte zum Abschluss einer Rede.

Der Schluss

Der Schluss einer Präsentation soll Ihren Vortrag abrunden. Neben dem ersten Eindruck, der sozusagen die Weichen legt, ist auch der letzte entscheidend, da er meist bleibend ist.
Er besteht in der Regel aus diesen Elementen:

> - **Kurze Zusammenfassung des Inhalts**
> - **Möglicher Appell an die Zuhörer**
> - **Dank an das Publikum**

Je nach Länge und Art Ihres Vortrags wird auch die Länge des Schlusses variieren. Eine kurze Zusammenfassung und der Dank an das Publikum sollte jedoch nie fehlen.

Kurze Zusammenfassung des Inhalts

Fassen Sie die Kernpunkte Ihrer Präsentation noch einmal zusammen, indem Sie die Hauptaussage jedes Gliederungspunktes mit anderen Worten noch einmal wiedergeben. Achten Sie aber darauf, dass eine Zusammenfassung nicht den Sinn hat, ein weiteres mal alle Ihre Argumente zu wiederholen. Sie soll prägnant formuliert sein und die Dinge auf den Punkt bringen.

Erinnern Sie sich? Aus der Gliederung von Herrn A.s Vortrag ging hervor, dass er im Zusammenhang mit der Finanzierung des Info-Zentrums auch über die Schaffung neuer Arbeitsplätze sprechen wollte. In seinem Vortrag waren die Ausführungen sicher anschaulich durch Vergleiche oder Beispiele illustriert, in der Zusammenfassung reicht es jedoch, wenn er sagt:
„Durch die Einrichtung des Informationszentrums konnten sieben neue Arbeitsplätze eingerichtet werden, und es waren keine Entlassungen nötig."

Möglicher Appell an die Zuhörer

Ein Appell an das Publikum ist nur dann nötig, wenn Sie es mit Ihrem Vortrag von einer anderen Meinung überzeugen oder Eigeninitiative anregen wollen.
Nach der Kurzzusammenfassung können Sie mit den Worten

„Deshalb fordere ich Sie noch einmal auf, ..." oder
„Aus diesen Gründen bitte ich Sie eindringlich, ..." oder
„Sie werden mir zustimmen und darum bitte ich Sie, ..."

noch einmal an das Publikum appellieren und so Ihr Anliegen verstärken. Bleiben Sie dabei aber immer freundlich, und zügeln Sie Ihr Temperament. Wutausbrüche werden als beleidigend empfunden und führen oft dazu, dass das Publikum „auf stur schaltet" und zu keiner Kooperation mehr bereit ist.

Dank an das Publikum

Eine Rede schließt immer mit einem höflichen Dank an das Publikum ab. Verdeutlichen Sie, dass Sie sich über die Aufmerksamkeit gefreut haben, und bieten Sie eventuell an, noch für Fragen zur Verfügung zu stehen.
Außerdem können Sie auf eine anschließende Diskussion überleiten oder den nachfolgenden Referenten ankündigen.

Hier einige Beispiele:

- „Zum Abschluss bedanke ich mich für Ihre Aufmerksamkeit. Sollten Sie noch Fragen haben, können Sie diese jetzt gern an mich richten."

- „Verehrtes Publikum, ich bedanke mich für Ihre Aufmerksamkeit und hoffe, dass Sie sich aktiv an der nun anschließenden Diskussion über ... teilnehmen."

- „Vielen Dank für Ihre Aufmerksamkeit. Nach einer 10-minütigen Pause wird mein Kollege, Herr B. über ... zu Ihnen sprechen."

Nach diesen Worten haben Sie es geschafft, und der Vortrag ist beendet. Machen Sie jetzt jedoch nicht den Fehler, zu schnell vom Podium zu laufen. Werfen Sie noch einmal einen Blick in die Runde und geben Sie den Zuhörern die Gelegenheit, Fragen zu stellen. Ordnen Sie dann Ihre Unterlagen und verlassen erst jetzt das Rednerpult.

Ein überstürzter Abgang vermittelt den Eindruck, Sie seien froh, endlich nicht mehr im Mittelpunkt stehen zu müssen – auch wenn es tatsächlich so sein sollte, vermeiden Sie dieses Bild!

3.2.2 Die Sprache als Werkzeug

Mit diesem Punkt tauchen wir nun, wie angekündigt, in die Feinheiten einer Präsentation ein.
Sie werden lernen, wie Sprache gezielt eingesetzt werden kann. Das nächste Kapitel erläutert den Einsatz visueller Hilfsmittel, und um das Gesamtbild abzurunden, bekommen Sie im Anschluss daran noch einige wertvolle Tipps zur Präsentation Ihrer eigenen Persönlichkeit.

Wie wir bereits gehört haben ist die Sprache, beziehungsweise die Stimme, neben der Persönlichkeit des Sprechers ein einflussreicher Faktor, der über Erfolg und Misserfolg einer Präsentation entscheiden kann. Ihr Sprachstil sollte folglich bei jedem Vortrag angemessen sein.
Folgende Tipps werden Ihnen helfen, die richtige Sprachebene zu finden:

Passen Sie sich Ihrem Publikum an!

Besteht Ihr Publikum aus einem Fachkreis, so können Sie sich fachsprachlich ausdrücken; Zuhörer, die noch wenig Ahnung von einem Thema haben, erwarten vor allem eine verständliche Aufbereitung der Informationen und kein Fachchinesisch.
In gleichem Maße sollten Sie Wert auf die Altersstruktur legen. Ein älteres Publikum erwartet Höflichkeit und formale Sprache, ein junges Publikum dagegen findet einen locker gehaltenen Vortrag ansprechender.

Kein Amtsdeutsch!

Vermeiden Sie die übermäßige Verwendung von Substantiven. Sie machen einen Vortrag starr und sachlich. Verben dagegen wirken aktiv und gestalten eine Rede lebendig.
Falsch wäre zum Beispiel:
„Bei Verwendung dieses Systems erfolgt die Ausgabe des Produkts erst nach Eingang einer schriftlichen Bestätigung."

Besser ist:
„Mit diesem neuen System werden Produkte erst dann abgesendet, sobald eine schriftliche Bestätigung eingegangen ist."

Anschaulich beschreiben

Abstrakte Formulierungen erschweren das Verständnis. Anschauliche Beschreibungen wie Vergleiche oder Beispiele lockern eine Präsentation auf und lassen Daten und Zahlen besser im Gedächtnis der Zuhörer haften.

„Allein im letzten Jahr waren 20 000 Verkehrstote zu verzeichnen".

Diese Formulierung erregt wenig Aufsehen.
Anschaulicher ist:

„Im vergangenen Jahr ist quasi die Bevölkerung einer gesamten Kleinstadt ausgelöscht worden: 20 000 Menschen verloren Ihr Leben bei Verkehrsunfällen ..."

Rhetorische Redefiguren

Redefiguren sind bei einem Vortrag wie das Salz in der Suppe. Sie signalisieren dem Zuhörer Redegewandtheit und Stilsicherheit des Redners und gestalten eine Rede so, dass es leicht fällt, aufmerksam zuzuhören.

Verwenden Sie daher immer einige rhetorische Figuren in Ihren Präsentationen – selbstverständlich gilt auch hier, dass das richtige Maß gefunden werden muss: Eine Rede, die vor rhetorischen Figuren nur so strotzt, ist nicht automatisch die bessere. Lockern Sie Ihre Rede nur an passender Stelle mit rhetorischen Figuren auf.

Auch wenn Sie es nicht wissen: Sie kennen mit Sicherheit einige Redefiguren, denn selbst in der Umgangssprache werden sie verwendet. Das zeigen auch die nachfolgenden Beispiele. Dazu finden Sie immer die entsprechende deutsche und/oder lateinische Bezeichnung der Figur:

- **Analogie/ Ähnlichkeit**: Redefiguren im Vortrag sind **wie** das Salz in der Suppe.
  Analogien gebraucht man zur Illustration und Veranschaulichung von Sachverhalten. So prägen sie sich besser ins Gedächtnis ein.

- **Metapher/ Bild**: Wer sich an die Regeln des Vortrags hält, ist **ein schlauer Fuchs**.
  Metaphern erfüllen die selbe Funktion wie Analogien. Sie veranschaulichen Fakten, indem treffende Vergleiche angestellt werden.

- **Paradoxon/ Scheinwiderspruch**: Für den Vortrag gilt: Wer **langsam** spricht, kommt **schnell** ans Ziel.
  Mit dieser Redefigur regen Sie das Publikum zum Nachdenken an, denn der scheinbare Widerspruch erregt Aufmerksamkeit und veranlasst zum Nachdenken.

- **Repetition/ Wiederholung**: Schon bald werde nicht nur ich ein **perfekter Redner** sein, auch Sie und Sie werden ein **perfekter Redner** sein, wir alle werden **perfekte Redner** sein!
  Die Wiederholung als rhetorische Figur, die zu Schulzeiten in Aufsätzen immer getadelt wurde, ist sehr gut dazu geeignet, das Augenmerk des Publikums auf einen konkreten Sachverhalt zu lenken.

- **Rhetorische Frage**: Können Sie es sich heute noch leisten, kein guter Redner zu sein?
  Auch dieses Stilmittel erregt die Aufmerksamkeit des Publikums. Durch den fragenden Charakter wird der Zuhörer zum Nachdenken angeregt. Eine rhetorische Frage zeichnet sich im Übrigen immer dadurch aus, dass Sie mit einem klaren „Ja" oder „Nein" beantwortet werden kann.

- **Klimax/ Steigerung**: Rhetorische Figuren sind nicht nur das Salz in der Suppe, sie sind die Butter auf dem Brot.
  Durch die Steigerung einer Eigenschaft (auch: gut, besser, am besten) ergibt sich ein Spannungsbogen, der dazu dient, die Aufmerksamkeit auf einen herauszuhebenden Sachverhalt zu lenken.

- **Verzögerung**: Sie werden sich fragen, warum Ihnen diese Tricks nicht schon früher schon jemand verraten hat. Ich will es Ihnen erzählen, doch zuvor erkläre ich Folgendes ...
  Diese Taktik darf wirklich nur sparsam eingesetzt werden, sie kann aber die gesamte Aufmerksamkeit bündeln, indem die Spannung nach und nach gesteigert wird.

- **Ironie**: Für eine Frau sind diese Tipps wertlos – sie kommt naturgemäß nicht in die Situation, eine Rede halten zu müssen.
  Mit kleinen Seitenhieben – die selbstverständlich nicht persönlich gemeint sein dürfen – erheitern Sie das Publikum und gelten als gewitzt und spontan.

- **Wortspiel**: Lieber ein **langweiliger Vortrag** als ein **vortragender Langweiler**. Das heißt, nicht der Inhalt allein zählt, sondern die Art der Darbietung.
  Wie die Ironie ist das Wortspiel eine Redefigur, die das Publikum erheitert und die Präsentation auflockert.

- **Prokatalepse / Vorwegnahme**: Gegner behaupten, aus einem stummen Fisch kann man keinen guten Redner machen. Ich sage, in jedem von uns steckt ein gewisses Potenzial.
  Mit der Vorwegnahme von Einwänden sind Sie vor allem dann gut gerüstet, wenn Sie mit Ihrem Vortrag ein Publikum von dessen Meinung abbringen sollen.

Alle diese Tipps und Tricks können das Beste aus Ihrem Vortrag herausholen. Sicher erinnern Sie sich: Der Inhalt allein macht nur einen geringen Teil aus, wie er verpackt wird, ist weitaus bedeutsamer. Halten Sie sich das immer vor Augen, wenn Sie eine Präsentation durchführen müssen.

3.2.3 Der Einsatz visueller Hilfsmittel

Neben dem passenden Sprachstil kann auch der Einsatz visueller Hilfsmittel einen Vortrag ansprechend gestalten. Vor allem im Zeitalter modernster Computertechnik ist die Verwendung kurzer Animationen oder anderer darstellerischer Mittel beinahe ein Muss für jede Präsentation geworden.

Nachfolgend werden wir einige Möglichkeiten der Visualisierung kennen lernen.
In beinahe jedem Veranstaltungsraum finden Sie Overheadprojektor, Flipchart oder Tafel. Welches der Projektionsmedien Sie verwenden, hängt von verschiedenen Faktoren ab:

Eignet sich das Medium für die Art der Darstellung?

Nicht jedes Medium erfüllt die gleichen Zwecke.
Ein Flipchart ist gut für die Skizzierung einiger Sachverhalte oder für das Notieren von Argumenten. Ein kompliziertes Diagramm während des Vortrags aufzumalen, würde jedoch seinen Sinn verfehlen. Wählen Sie daher immer das sinnvollste Medium für Ihre Verwendungszwecke aus.

Hat jeder einzelne Zuschauer die Möglichkeit, die Darstellung zu erkennen?

Beziehen Sie bei der Wahl des Informationsträgers die Größe des Publikums mit ein.
Das Flipchart eignet sich beispielsweise nur für kleine Gruppen bis zu 15 Personen. Der Overheadprojektor dagegen ist auch für ein großes Publikum geeignet.

Ist ein entsprechendes Gerät am Ort des Vortrags vorhanden? Funktioniert es?

Vergewissern Sie sich immer, dass ein intaktes Gerät am Veranstaltungsort vorhanden ist. Sie können sich die Mühe mit der Vorbereitung von Folien sparen, wenn es am Ende keinen Overheadprojektor gibt!

Soll ein Handout vorbereitet werden?

Auch diese Entscheidung bleibt im Prinzip dem Redner überlassen. Handelt es sich um einen längeren Vortrag, dessen Inhalte etwa als Weiterbildung oder Ähnliches gedacht sind, wird das Publikum für einige Unterlagen dankbar sein, um das Gehörte aufarbeiten und vertiefen zu können.
Ob sie die Handouts vor oder nach der Präsentation verteilen, entscheiden wiederum Sie. Verteilen Sie sie zu Beginn, kann das Publikum Notizen machen. Diese Möglichkeit ist also vor allem dann sinnvoll, wenn es sich um komplizierte Sachverhalte handelt oder eine anschließende Diskussion bevorsteht.
Der Vorteil, die Unterlagen erst nach dem Vortrag auszuhändigen, ist, dass das Publikum aufmerksamer Ihren Worten lauschen wird.

Jedes der Projektionsmedien bringt Vor- und Nachteile mit sich.

> Darstellungen, die vorbereitet werden können, sollten auch vorbereitet werden.

Das heißt, Diagramme jeglicher Art sollten auf Folien festgehalten werden. Das spart Zeit während des Vortrags, und die Gestaltung kann gewissenhafter und ansprechender vorgenommen werden.

Kurze Stichpunkte oder Ähnliches können – bei entsprechender Publikumsgröße – auf Flipchart oder Tafel vermerkt werden. Dadurch erhält der Vortrag eine gewisse Dynamik. Im Vordergrund sollte bei der Auswahl des Mediums jedoch immer die Sichtbarkeit und die Übersichtlichkeit stehen. Eine weitere Grundregel lautet:

> Verwenden Sie nie mehr als zwei visuelle Hilfsmittel auf einmal!

Overheadprojektor, Dias und dann auch noch eine bis in die letzte Zeile beschriftete Tafel stellen eine Reizüberflutung für jedes Publikum dar.

Versuchen Sie nicht, auf Biegen und Brechen jedes Ihrer Argumente visuell zu untermauern, sondern wägen Sie ab, ob es sinnvoll ist oder nicht.
Zahlen, Daten, Bilanzen oder Ähnliches lassen sich beispielsweise sehr gut durch Graphiken darstellen. Wählen Sie das passende Medium aus, und belassen Sie es dabei, dieses zu verwenden.

Wir wollen an dieser Stelle die unterschiedlichen Gestaltungselemente und deren Wirkweise erarbeiten.

> Eine visuelle Darstellung setzt sich meist aus drei Gestaltungselementen zusammen:
> - **Text**
> - **Formen / Symbole**
> - **Diagramm**

Text

Das Gestaltungselement Text ist die gebräuchlichste Form der Visualisierung. Um seine Wirkung auf das Publikum zu gewährleisten, achten Sie stets auf:

Leserlichkeit
Schreiben Sie mit großer, deutlicher Schrift. Wenn Sie per Hand schreiben, verwenden Sie Druckbuchstaben, bei Texterstellung per Computer sollten Sie deutliche Schrifttypen verwenden (zum Beispiel Times New Roman, Arial, Courier New).
Wenn Sie Folien für den Overheadprojektor vorbereiten: Wählen Sie die Schriftgröße so, dass Sie sie noch lesen können, wenn die Folie vor Ihren Füßen liegt, während Sie stehen. Dann wird auch die letzte Reihe im Publikum keine Mühe haben, sie auf der Projektion zu erkennen.

Übrigens: Wenn Sie mit dem Overheadprojektor arbeiten und auf bestimmte Punkte zeigen wollen, tun Sie das nicht direkt auf der Folie. Ihre Finger werden zu stark vergrößert und verdecken zu viel von der Folie, außerdem sieht der Zuschauer so nervöses Zittern sofort! Nehmen Sie einen Zeigestab oder Laserpointer zu Hilfe, und zeigen Sie auf die Projektion an der Wand.

Ordnung
Verwenden Sie Überschriften und Absätze.
Achten Sie auch darauf, dass die Informationen eine Reihenfolge aufweisen, die der Leserichtung entsprechen. Also nicht erst auf den letzten Absatz eingehen, um dann beim zweiten fortzufahren!
Um einzelne Fakten hervorzuheben, können zusätzlich Farben oder Rahmen verwendet werden.

Klipp und klar
Halten Sie sich mit Ihrem Text kurz. Schreiben Sie nie den genauen Wortlaut Ihres Vortrags auf Handout, Tafel oder Folie – das Publikum langweilt sich sonst. Lieber die Aussagen prägnant formulieren und sich auf das Wesentliche konzentrieren.

Formen / Symbole

Zu diesem Gestaltungselement zählen sowohl Zeichnungen als auch geometrische Formen.
Wenn Sie zum Beispiel mit einer Magnet- oder Pinnwand arbeiten, können Sie unterschiedliche Aussagen auf unterschiedlichen Formaten festhalten:
Alle Argumente etwa auf Rechtecken, die Gegenargumente dafür auf Ovalen. Das erleichtert die Übersichtlichkeit und der Zuschauer kann sich die Zugehörigkeit der Argumente besser einprägen.

Klarheit
Kleine Zeichnungen oder Piktogramme können ebenfalls als Blickfang eingesetzt werden. Das Frage- oder Ausrufezeichen am Rande eines Textes markiert beispielsweise bestimmte Stellen.
Verwenden Sie jedoch immer Zeichen, die Sie als bekannt voraussetzen können. Eigenkreationen sind hier nicht gefragt – sie sorgen nur für Verwirrung.

Diagramm

Diagramme sind in erster Linie dazu da, Zahlen zu veranschaulichen, Größenverhältnisse zu repräsentieren oder Entwicklungen zu veranschaulichen.

Wenn Diagramme zur Visualisierung eingesetzt werden, so dürfen sie nicht ohne jeglichen Kommentar, etwa als Folien auf den Overheadprojektor, gelegt werden.
Gehen Sie auf die visuell dargestellten Zahlen und Entwicklungen genau ein, indem Sie mit dem entsprechenden Diagramm arbeiten. Das heißt: Auf markante Punkte zeigen, Linien mit dem Zeigestab nachfahren, etc.

Die gängigsten Diagrammarten eignen sich für verschiedene Darstellungsformen:

Das Kurvendiagramm
Mit dem Kurvendiagramm lassen sich vor allem Entwicklungen, die über einen bestimmten Zeitraum kontinuierlich beobachtet wurden, darstellen.

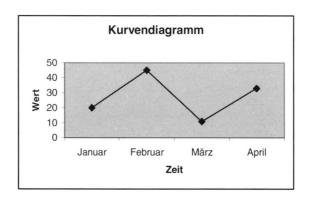

Das Tortendiagramm
Es visualisiert beispielsweise prozentuale Anteile verschiedener Faktoren, die zu einem Sachverhalt beitragen.

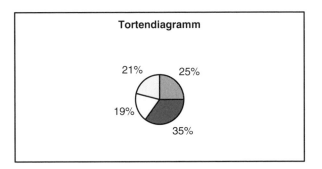

Das Säulendiagramm
Mit dem Säulendiagramm lassen sich Vergleiche gut darstellen oder absolute Veränderungen (zum Beispiel pro Monat oder Jahr) aufzeigen.

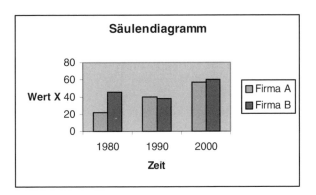

Diagramme sind ein essentielles Mittel, um Zahlen zu veranschaulichen. Wählen Sie je nach Bedarf das passende Diagramm und fügen es in Ihren Vortrag ein.

Allgemein gilt für den Einsatz visueller Elemente:

> Beziehen Sie Visualisierungselemente aktiv in Ihren Vortrag mit ein!

Die ganze Mühe, eine Diagramm oder ein Handout zu erstellen, war vergebens, wenn Sie Ihre Visualisierungsobjekte nicht in die Präsentation mit einfließen lassen.
Die Aussagekraft eines Diagramms sinkt auf ein Minimum, wenn Sie beispielsweise die Folie auf dem Overheadprojektor nur für einige Sekunden auflegen oder sie zwar liegen lassen, jedoch kein Wort darüber verlieren.

Deshalb sollten Sie sich merken:

> Visuelle Elemente immer nur so lange zeigen, bis ihre Inhalte besprochen wurden.
> Visuelle Elemente nie umkommentiert zeigen!

3.2.4 Die Darstellung der eigenen Persönlichkeit

Die Darstellung der eigenen Persönlichkeit eines Redners wird von den meisten Zuhörern als besonders wichtig empfunden.
Nicht nur Ausdrucksweise und Sprachstil sind ausschlaggebend, auch das Auftreten fließt entscheidend in das Gesamtbild mit ein, denn es ist immer der gesamte Mensch am Prozess der Kommunikation beteiligt.
So entsteht aus dem verbalen und dem nonverbalen Aspekt der Gesamteindruck, den ein Redner hinterlässt.

Bisher haben wir uns fast ausschließlich mit der verbalen Wirkung auseinander gesetzt. Wir haben gelernt, wie man richtig spricht und atmet, um gut verstanden zu werden. Wir wissen, aus welchen Teilen sich ein guter Vortrag zusammensetzt, und wir haben erfahren, welche Feinheiten des sprachlichen Ausdrucks zum Redeerfolg beitragen können.
Um das Wissen zu vervollständigen, werden wir nun die nonverbale Wirkung eines Redners kennen lernen.

> Der nonverbale Aspekt der Kommunikation wird durch die Körpersprache eines Menschen festgelegt.
>
> Zur Körpersprache zählen wir:
> - **Mimik**
> - **Gestik**
> - **Haltung**
> - **Kleidung**

Die Wirkung der Körpersprache ist nicht zu unterschätzen. Wissenschaftler, die sich mit der Körpersprache beschäftigen (Kinesik), haben herausgefunden, dass in einem Gespräch rund 50% der Informationen durch Körpersignale vermittelt oder verstärkt werden.

> Als Redner haben Sie nicht nur Zu-Hörer, sondern auch Zu-Seher!

Diese verstehen in der Regel die Signale, die Ihr Körper aussendet, ganz genau, auch wenn ihnen dies nicht bewusst ist.
Sicherlich haben Sie schon einmal an einem Vortrag teilgenommen und dann im Anschluss mit Ihrem Gesprächspartner über den Referenten gesprochen. Der Eindruck, den Sie von ihm hatten, ist nicht nur durch seine Worte entstanden. Körperliche Signale

wie Augenzwinkern, Schweiß auf der Stirn oder das Hin- und Hertreten von einem Fuß auf den anderen haben Ihnen gezeigt: Dieser Mann ist nervös.

Die Zeichen, die vom Körper ausgesendet werden, können aber auch zu Missverständnissen führen; zum großen Teil sind sie nämlich vom Kulturkreis abhängig.
Stellen Sie sich vor, Sie sitzen in einem Lokal in Brasilien. Obwohl keiner der Gäste die Hand hebt oder nach dem Ober ruft, kommt dieser immer dann, wenn die Gäste tatsächlich zahlen wollen. Sie wundern sich? In Deutschland ist ein Heben der Hand oder das Heranwinken ein übliches körperliches Signal, in Brasilien dagegen drückt man seinen Zahlungswunsch durch das Hochziehen einer Augenbraue aus!

Ein weiteres Beispiel: Die Zahl „Zwei" drückt man in Europa durch das Heben von zwei Fingern aus. In Japan dagegen wird die entsprechende Zahl der Finger, beginnend beim kleinen Finger, herunter geklappt. Die Zahl Zwei wird also durch den abgebogenen kleinen Finger und den Ringfinger zum Ausdruck gebracht.

Wir strahlen also mit dem Körper ständig Signale aus, auf die wir auch die entsprechenden Antworten bekommen. Unsere Umwelt reagiert auf unsere Körpersprache so, wie wir auf sie wirken und so wie sie uns versteht.

Körpersprache, die sich jedoch von jeder Situation löst und zu ständig wiederkehrenden Gesten führt, wird schnell als störend empfunden.
Marotten wie das dauernde Zurechtrücken der Brille oder das verstärkte Augenzwinkern kann ein Publikum irritieren und vom eigentlichen Vortrag ablenken.

Generell gilt für Mimik, Gestik und Haltung:

> Benehmen Sie sich natürlich, verstellen Sie sich nicht und studieren Sie kein Verhalten ein!

Mimik

> Mit offener Mimik gewinnen Sie ein Publikum für sich.

Blickkontakt
Für Ihren Gesichtsausdruck gilt vor allem eins: Blickkontakt!
Versuchen Sie, so oft wie möglich Ihren Blick auf das Publikum zu richten. Der Effekt ist klar: Sie schaffen eine persönliche Bindung zu den Zuhörern, und damit fühlt sich das gesamte Publikum von Ihnen und Ihrer Präsentation angesprochen. Fehlender Blickkontakt kann Ihnen als Ignoranz oder Arroganz ausgelegt werden und wirkt sich negativ auf Ihren Rederfolg aus.

Doch wie schafft man es, in der Nervosität ins Publikum zu blicken?

Eine gute Vorbereitung ist das A und O. Wenn Sie nicht ständig das Bedürfnis haben, sich am Manuskript orientieren zu müssen, bleibt Zeit, den Blickkontakt mit dem Publikum zu wahren.

Außerdem ist die Art des Blickes wichtig. Ein schweifender Blick, der keine einzelnen Zuhörer anspricht, verfehlt seine Wirkung meist komplett. Das Anstarren von drei oder vier Einzelpersonen wird von diesen als unangenehm empfunden, und der Rest des Publikums fragt sich, warum es keines Blickes gewürdigt wird.

Darum empfehlen geübte Redner, den Blick immer wieder auf Personengruppen ruhen zu lassen. In der Praxis sieht das so aus: Teilen Sie das Publikum in drei Gruppen ein: eine mittlere, eine linke und eine rechte Zone. Halten Sie abwechselnd mit diesen Gruppen Blickkontakt, indem Sie sich immer wieder einer der Gruppen zuwenden. Wechseln Sie immer wieder ab, ein monotones links, Mitte, rechts wirkt eingeübt und starr. Aus den einzelnen Gruppen können Sie etwa drei „Kontakter" auswählen, die Sie immer wieder bewusst, allerdings nur ganz kurz anschauen. Auf diese Weise wirkt der Blickkontakt natürlich, und das gesamte Publikum fühlt sich angesprochen.

Blickkontakt immer zu einzelnen Gruppen halten!

Bitte lächeln!
Ein zu ernster Redner erweckt selten die Sympathien des Publikums, also vergessen Sie nicht zu lächeln. Vor allem bei der Begrüßung oder am Ende des Vortrags, wenn Sie sich für die Aufmerksamkeit bedanken, wirkt ein freundliches Lächeln oft Wunder!

Gestik

Die Gestik, also die Sprache Ihrer Arme und Hände, sollte ebenfalls natürlich wirken. Mit Gesten betonen, unterstreichen und zeigen wird vermittelt, was mit Worten allein nicht so effektvoll zum Ausdruck gebracht werden kann. Alles, was eingeübt wurde, wirkt eigentlich nur aufgesetzt und lächerlich.

> Ihre Gestik gibt einen Großteil Ihrer Persönlichkeit preis.

Maßhalten
Ein wild in der Luft fuchtelnder Redner hat die Lacher auf seiner Seite, und ein Referent, der mit verschränkten Armen vor seinem Publikum steht, läuft Gefahr, dass dieses vor Langeweile einschläft.
Nutzen Sie die Gestik, um mit den Händen wichtige Argumente zu unterstreichen oder auf Diagramme zu zeigen. Alles andere ist überflüssig und wird vom Publikum als Störung gesehen.

Keine Marotten
Ständiges Fingerkneten, Haare aus der Stirn wischen oder das Spielen mit dem Kugelschreiber werden als störend empfunden und tragen in keiner Weise dazu bei, das Gesagte zu untermalen. Versuchen Sie daher, diese Marotten zu unterbinden, indem Sie sich diese Gesten bewusst machen und sie vermeiden.

Wohin mit den Händen?
Wenn Sie die Hände gerade nicht brauchen, legen Sie sie locker auf das Rednerpult, klammern Sie sich aber nicht daran fest, als ob Sie Angst hätten, gleich umzukippen! Sie können Ihre Arme auch anwinkeln und die Hände nicht auf das Pult legen. Dabei müssen Sie aufpassen, dass Sie die Arme nicht verkrampft an den Oberkörper pressen.
Keinesfalls dürfen Sie die Arme verschränken oder die Hände in die Hosentaschen stecken. Diese Gesten wirken verschlossen, und Sie würden sich damit vom Publikum distanzieren.

Wenn Sie Ihre Hände zur Unterstreichung Ihrer Worte benutzen, so tun Sie das am besten im Bereich des Oberkörpers, also zwischen Hüfte und Schulter. In diesem Bereich wirken Gesten am natürlichsten. Achten Sie dabei auch auf Ihren Aktionsradius: Zu weit ausholende Gesten wirken übertrieben.
In der Regel sollten Gesten immer mit beiden Händen durchgeführt werden. Forscher haben herausgefunden, dass diese Doppelgesten als offener und sympathischer empfunden werden.

Haltung

Auch hier gilt wieder das Prinzip der Natürlichkeit. Verkrampfen Sie sich nicht und stehen stocksteif da oder machen Sie sich vor Angst ganz klein.

Achten Sie auf eine lockere, aufrechte Körperhaltung. Die Beine stehen so, dass Sie einen sicheren Stand haben.

Eine aufrechte, ruhige Haltung ist ein Signal der Sicherheit.

Kleben Sie nicht am Pult, so dass noch genügend Aktionsradius für die Gestik der Hände bleibt.

Viele Redner beginnen im Laufe ihres Vortrags auch, auf und ab zu wandern. Vermeiden Sie sinnloses Gehen, das Publikum wird nämlich Ihren Schritten mehr Aufmerksamkeit widmen als Ihren Worten. Gehen Sie also nur dann, wenn Sie beispielsweise auf eine Notiz an der Tafel verweisen wollen.

Kleidung

Auch die Kleidung macht einen Teil unsere Körpersprache aus. Durch sie bringen wir unsere Weltanschauung, unseren Geschmack und Wohlstand zum Ausdruck.
Dass Kleider Leute machen, wissen wir alle, doch wie kleidet man sich als Redner am besten?

Die Faustregel: Dezente Kleidung passt immer!

Erscheinen Sie nicht zu extravagant als Referent. Es muss auch nicht immer der Nadelstreifenanzug oder das Kostüm sein, Jeans und T-Shirt sind jedoch auch nicht angemessen. Kleiden Sie sich also dezent, elegant, modisch, Anlass und Publikum entsprechend. Schließlich sollen die Zuhörer auf Ihre Rede achten und sich nicht die ganze Zeit über Gedanken über Ihr Outfit machen.

Und noch 2 Tipps: Wägen Sie ab, wenn Sie Ihre Kleidung auswählen! Will ich provozieren? Schocken? Oder habe ich tatsächlich etwas zu sagen, wobei zu auffällige Kleidung nur unnötig ablenken würde?
Frauen sollten nach wie vor nicht zuviel Haut zeigen – sonst entsteht schnell das Vorurteil „schöne Fassade, nichts dahinter."

3.3 Das Resümee – Welche Wirkung hatte mein Vortrag?

Sie haben Ihre Rede gründlich vorbereitet und sie dann auch gehalten, wobei Faktoren wie Visualisierung, Darstellung der Persönlichkeit und der Einsatz sprachlichern Feingefühls berücksichtigt wurden. Jetzt denken Sie, ist es mit dem Schlussapplaus geschafft? Leider nein! Eine Präsentation sollte immer systematisch nachbereitet werden, denn nun besteht die Chance, aus Fehlern zu lernen und beim nächsten Mal noch besser zu sein.

3.3.1 Die persönliche Einschätzung

Lassen Sie die Präsentation noch einmal vor Ihrem geistigen Auge Revue passieren und überlegen Sie, was in den einzelnen Redephasen gut gelaufen ist und was weniger gut war. Versuchen Sie auch, sich an die Reaktion des Publikums zu erinnern.

Stellen Sie sich, um ein Resümee zu ziehen, folgende Fragen:

- Habe ich mein Redeziel erreicht?
- Habe ich mit meinen Ausführungen die Erwartungen des Publikums erfüllt?
- Hat sich der Aufbau der Präsentation bewährt, oder war sie zu lang? Zu kurz?
- Wie habe ich kritische Punkte wie etwa die Überleitung von Einleitung zum Hauptteil bewältigt?
- Hat meine Kompetenz ausgereicht, oder hätte ich mich besser vorbereiten müssen?
- Konnte ich das Publikum begeistern?
- Waren meine körperlichen Signale gut? Wie war die Wirkung meiner nonverbalen Kommunikation?
- Konnte ich komplizierte Inhalte vermitteln?
- War die Auswahl der visuellen Hilfsmittel dem Anlass angemessen?
- War ich sehr nervös? Wenn ja, die ganze Zeit über oder nur zu Beginn?
- Was muss beim nächsten Mal anders / besser sein?

Diese Liste können Sie beliebig erweitern. Gehen Sie kritisch mit sich um, vergessen Sie aber nicht, sich für gelungene Redephasen zu loben! Diese Fragen mit einer simplen Zustimmung oder Verneinung zu beantworten ist ebenfalls nicht ausreichend. Suchen Sie nach Begründungen für das Gelingen oder Scheitern der einzelnen Aktionen!

3.3.2 Die Sichtweise Außenstehender

Da man die eigene Präsentation oft nur subjektiv betrachten kann, ist es ratsam, die Beurteilung Außenstehender in das Resümee zu integrieren.
Abgesehen davon werden Sie auch ungebetenes Feedback erhalten, weshalb Sie in der Lage sein sollten, mit Kritik umzugehen.

Welche Ziele erfüllt Feedback?

Feedback ist in erster Linie dazu da, sich einschätzen zu lernen.
Sie erkennen, wie sich Ihr Verhalten auf andere auswirkt. Nicht selten kommt es vor, dass wir glauben, unsere Sache gut gemacht zu haben, andere jedoch das Gegenteil behaupten. Durch die Aufnahme von Feedback lernen Sie, zu sehen, was Sie bei anderen auslösen. Dadurch können Sie an sich und Ihrer Fähigkeit, zu präsentieren, arbeiten. Außerdem werden Sie sich durch Feedback Ihrer Verhaltensweisen bewusst. Manchmal fallen uns bestimmte Eigenarten erst auf, wenn wir darauf hingewiesen werden. Wer merkt schon, dass er ständig mit der Zunge über die Lippen fährt und das Publikum das als störende Marotte auffasst? Oder wer wagt sich einzugestehen, dass man tatsächlich in der Lage war, aus einem Haufen lustloser Kollegen ein motiviertes Team zu machen? Feedback ist also auch dazu da, uns zu zeigen, was wir für andere darstellen.

So können Sie Reaktionen besser deuten und lernen sich selbst so kennen, wie andere Sie sehen. Achten Sie aber darauf, dass Sie nur hilfreiches Feedback ernst nehmen.

Welches Feedback zählt?

Die Kritik eines alten Widersachers oder einer Neiderin sollten Sie nicht allzu ernst nehmen, sie wird meist nicht sehr konstruktiv sein!

Verlassen Sie sich lieber auf die Aussagen kompetenter Kollegen, die in der Lage sind, Ihre Präsentation objektiv einzuschätzen.

Nur Rückmeldungen, die konkret an Ihrem Verhalten oder dem, was Sie gesagt haben, festzumachen sind, sind es wert, in Ihr Resümee mit einbezogen zu werden.

Feedback sollte ferner nur beschreibend, nicht bewertend gewertet werden. Immerhin handelt es sich um den Eindruck einer einzelnen Person – ob alle anderen Zuhörer das genauso empfunden haben, steht nicht außer Frage!

Wie gehe ich mit Feedback um?

Betrachten Sie Feedback immer als Angebot, etwas an Ihrem Verhalten zu verändern oder auch zu belassen. Sie müssen das nicht tun!

In jedem Fall sollten Sie dankbar für jedes Feedback sein. Es trägt dazu bei, an sich selbst zu arbeiten und sicherer und kompetenter zu werden.

Nehmen Sie sich immer Zeit für Feedback. Hören Sie zu, was Ihre Kritiker zu sagen haben, und wägen Sie erst dann ab, ob Sie diese Kritik berechtigt finden oder ob Ihnen Unrecht getan wurde.

Vergessen Sie nie, dass ein Außenstehender nur das beschreibt, was er gesehen hat. Wie Sie wirklich sind, kann er deshalb noch lange nicht wissen. Deshalb müssen Sie sich bei negativem Feedback nicht angegriffen oder verletzt fühlen.

Fragen Sie unter Umständen nach, wenn Sie einen Kritikpunkt nicht verstehen. Nur wenn Sie wissen, wie etwas gemeint ist, können Sie es reflektieren.

Nicht zuletzt: Freuen Sie sich über positive Rückmeldungen! Seien Sie stolz auf sich und Ihre Leistung und genießen Sie Ihren Erfolg!

Zusammenfassung – Kapitel 3

Eine **Präsentation** besteht aus **drei großen Hürden**, der **Vorbereitung**, der **Durchführung** und der **Nachbereitung**.

DIE VORBEREITUNG EINER REDE:
1. Phase: **Thema und Publikum als Ausgangsbasis**
Ein präzises Thema findet sich durch:
- Verschaffung eines Überblickes
- Sinnvolles Selektieren
- Eingrenzung der Themenwahl

Durch gezielte Hilfsfragen („Wer ist mein Publikum?") wird das Thema zielgruppenorientiert aufbereitet

2. Phase: **Ein Redeziel formulieren**
Thema und Redeziel entsprechen sich nicht. Legen Sie fest, was Sie mit Ihrer Rede erreichen wollen. Das Redeziel soll bei der Vorbereitung des Vortrags als roter Faden dienen.

3. Phase: **Stoffsammlung und -aufbereitung**
Gründliche Recherche immer mit Redeziel vor Augen durchführen!

Informationen überprüfen auf:
- Informationswert
- Publikumsrelevanz
- Dauer des Vortrags (Ist die Materialmenge ausreichend?)

Bei längeren Vorträgen hilft ein Karteikartensystem bei der Gliederung und Aufbereitung des Stoffes.

4. Phase: **Ausarbeitung des Materials**
Die Ausarbeitung erfolgt je nach Gewandtheit, Mut und Übung des Redners mit
- Stichwortzettel
- Erweiterter Gliederung
- Ausführlichem Manuskript

5. Phase: **Probelauf**
In mehreren Durchgängen wird
- Hörverständnis (Ist der Vortrag verständlich formuliert?)
- Dauer (Dauert er zu lange? Ist er zu kurz?)
- Wirkung (Wie wirkt der Redner auf das Publikum?)
getestet.
Nach längerer Pause erfolgt ein Gesamtdurchlauf.

DURCHFÜHRUNG DES VORTRAGS:

Es gibt **drei Redephasen**:
Die **Einleitung** besteht aus Begrüßung, Nennung des Anlasses/ des Themas, Erklärung des Ablaufes und Überleitung zum Hauptteil.
Der **Hauptteil** enthält die Darstellung der Argumente, Fakten und Ansichten des Redners.
Der **Schluss** beinhaltet eine Kurzzusammenfassung, einen möglichen Appell an das Publikum und Dank an die Zuhörer.

Sprache als Werkzeug:
- den Stil an das Publikum anpassen,
- nicht zu steif formulieren, viele Verben benutzen,
- anschaulich erklären und darstellen,
- rhetorische Redefiguren gezielt einstreuen.

Visuelle Hilfsmittel:
Overheadprojektor, Flipchart, Tafel, Magnetwand, Handout sind visuelle Hilfsmittel.
- Immer das passenden Medium auswählen.
- Nie mehr als zwei Medien einsetzen.
- Die drei Gestaltungselemente gezielt einsetzen: Text, Formen / Symbole, Diagramm.

Visuelle Hilfsmittel immer gezielt einsetzen; nur so lange zeigen, wie sie gebraucht werden, nie unkommentiert verwenden!

Darstellung der eigenen Persönlichkeit:
- **Mimik**: Durch Blickkontakt zum Publikum und ein offenes Lächeln schwindet die Distanz zu den Zuhörern.
- **Gestik**: Sie drückt die Persönlichkeit des Redners aus. Deshalb gilt: Maßhalten, Marotten ablegen, auf die Hände achten.
- **Haltung**: Eine aufrechte, lockere Haltung vermittelt Zuschauer und Redner Selbstsicherheit und Kompetenz.
- **Kleidung**: Nicht zu auffällig, dezente, modische Kleidung, die nicht unbedingt streng sein muss, ist immer angemessen.

NACHBEREITUNG EINER PRÄSENTATION:

Mit einer **Checkliste** den Vortrag Revue passieren lassen und sich selbst einschätzen.
Durch **Feedback** von Außenstehenden aus Fehlern lernen und sich selbst und seine Wirkung einschätzen lernen.

4. Probleme beim Präsentieren – Was tun?

Lernziele dieses Abschnitts:
Nachdem Sie diesen Abschnitt durchgearbeitet haben, sollten Sie wissen
- wie Sie vorgehen, um Probleme wie Lampenfieber zu meistern,
- wie Sie auf Blackouts reagieren,
- was Sie bei (technischen) Pannen tun und wie Sie mit einem schwierigen Publikum umgehen.

Ist der Tag der Präsentation gekommen, stellt sich bei vielen Rednern oft schon Stunden vor dem Auftritt ein flaues Gefühl im Magen ein. Sie wissen, eigentlich könnten Sie ganz ruhig sein, immerhin haben Sie Ihre Präsentation Schritt für Schritt vorbereitet, Sie haben Sie gegliedert, haben sich ein Manuskript zurecht gelegt, den Einsatz der visuellen Hilfsmittel bedacht und die Generalprobe, der letzte Probedurchlauf, hat auch geklappt. Was soll also noch schief gehen?

Versuchen Sie bis zum Vortrag einen ganz normalen Tag zu leben. Tun Sie das, was Sie immer tun, lesen Sie die Zeitung, trinken Sie Kaffee.
Bevor Sie aufbrechen, überprüfen Sie, ob Sie alle Unterlagen dabei haben und machen Sie sich dann rechtzeitig auf den Weg. So können Sie bei Verkehrsproblemen weitgehend ruhig bleiben.
Am Veranstaltungsort angekommen überprüfen Sie, ob alle benötigten technischen Hilfsmittel vorhanden sind und funktionieren. Machen Sie sich mit dem Raum vertraut, gehen Sie nach Möglichkeit schon einmal auf das Podium, von dem Sie sprechen werden, und versuchen Sie sich an die Situation zu gewöhnen.
Was Sie nicht tun sollten, ist, Ihr Skript noch einmal durchzugehen! Sie haben sich doch intensiv vorbereitet, und jeder Blick in Ihre Unterlagen würde Sie nur nervös machen!

Sie sehen, es gibt im Grunde genommen keinen Grund, aufgeregt zu sein. Doch selbst die geübtesten Redner klagen immer wieder über Nervosität – insbesondere kurz vor dem Auftritt.

4.1 Was hilft bei Lampenfieber?

Lampenfieber tritt immer dann auf, wenn man Angst hat, vor einem Publikum zu sprechen. Wissenschaftliche Untersuchungen zeigen, dass diese Art der Nervosität sehr weit verbreitet und beinahe niemand dagegen immun ist. Bei Lampenfieber verändern sich Kreislauf und Stoffwechsel, sodass körperliche Symptome wie Herzrasen, Schweißausbrüche, Zittern, Übelkeit oder verminderter Speichelfluss auftreten.
Unter solchen Umständen ist nicht daran zu denken, eine Präsentation souverän zu halten und Argumente überzeugend zu präsentieren. Doch was tun, wenn sich dieses beklemmende Gefühl breit macht?

Zunächst einmal sollten Sie sich bewusst machen, dass Lampenfieber eine völlig normale körperliche Reaktion ist. Sie wähnen sich in Gefahr, und ein gesunder Körper reagiert auf die Stresshormone, die dabei ausgeschüttet werden.

> Wenn Sie Lampenfieber abbauen wollen, müssen Sie die Gründe für Ihre Angst kennen.

Es ist nie die Gesamtsituation, die Sie so erschreckt! Versuchen Sie, die Faktoren, die Ihre Angst bewirken, herauszufiltern. Was befürchten Sie konkret?

- Keinen Ton herauszubringen?
- Zu stottern?
- Ausgelacht zu werden?
- Die Aufmerksamkeit des Publikums nicht für sich zu gewinnen?
- Das Publikum nicht überzeugen zu können?
- Unbekannten Personen gegenübertreten zu müssen?
- Zu wenig Fachwissen zu haben?
- Die treffenden Ausdrücke nicht mehr zu finden?

Es gibt viele Gründe für Lampenfieber.

> Erst wenn Sie Ihre persönlichen Symptome kennen, können Sie Lampenfieber bekämpfen.

Wenn Ihre Angst beispielsweise darin besteht, den Ansprüchen des Publikums nicht zu genügen, so machen Sie sich noch einmal klar, dass Sie sich gut vorbereitet haben und mit Sicherheit nicht jeder einzelne Zuhörer ein Profi auf Ihrem Wissensgebiet ist.

Befürchten Sie, dass Ihre Stimme versagen könnte?
Dann atmen Sie tief und gleichmäßig. Machen Sie noch einmal die Atemübungen, die Sie aus den ersten Kapiteln kennen.

Haben Sie Angst, sich zu blamieren?
Niemand wird Sie auslachen. Sie treten vor erwachsene Menschen, die vermutlich selbst schon einmal in der Lage waren, eine Rede halten zu müssen. Sie wissen also, wie Sie sich fühlen, und können kleine Fehler verzeihen.

Packen Sie die Angst also dort, wo sie genau sitzt.
Wenn Sie keine genauen Auslöser definieren können: Tief durchatmen und sich zu sagen, dass man gut ist, hilft in den meisten Fällen.
Außerdem ist die Angst, sobald Sie mit dem Reden anfangen, oft wie weggeblasen. Schließlich haben Sie dann Besseres zu tun, als sich Gedanken über das „Was-wäre-wenn" zu machen!

4.2 Blackout – was nun?

Ein Blackout – plötzlich nicht mehr weiter zu wissen – wird von vielen Rednern als schlimmste aller Pannen eingeschätzt.

> Prägnant formulierte Sätze und gut durchdachte Manuskripte verhindern die meisten Blackouts!

Ein Blackout wird nicht immer durch Lampenfieber hervorgerufen. Wer schlecht vorbereitet ist oder durch Zwischenrufe irritiert wird, kann schnell den Faden verlieren. Auch ein gut vorbereiteter Redner kann in der Präsentation stecken bleiben.

Meistens dauern Blackouts nur ein oder zwei Sekunden. Diese Zeit kommt Ihnen als Redner, der zudem noch weiß, dass der Faden gerissen ist, oft sehr lange vor, wogegen das Publikum den Blackout nicht einmal bemerken muss!
In der Regel werden erst Pausen, die länger als sieben Sekunden dauern, als übermäßig lang empfunden.
Machen Sie sich bewusst, wie lange sieben Sekunden dauern, indem Sie langsam von 21 bis 27 zählen.
Ziemlich lange, nicht wahr?

Sie müssen also keine Angst vor plötzlichen Blockaden haben, denn im Normalfall dauern Sie nie länger als sieben Sekunden.
Bereiten Sie sich aber zur Sicherheit trotzdem auf den Ernstfall vor, indem Sie überlegen, was Sie in einer Blackout-Situation machen.

Ehrlichkeit

Es ist keine Schande, einen Blackout zuzugeben. Sagen Sie einfach, dass Sie den Faden verloren haben. So weiß das Publikum, weshalb Sie eine Sprechpause machen, und außerdem sind solche Fehler nur allzu menschlich.

Was Sie aber nicht tun sollten, ist, nach irgendwelchen Ausflüchten zu suchen, die den Blackout begründen (die geringe Vorbereitungszeit etwa), denn damit würden Sie zuviel Schwäche zugeben und dem Publikum eine große Angriffsfläche bieten. Zuzugeben, dass Sie im Moment vor einer gedanklichen Blockade stehen, reicht völlig aus!

Wiederholung

Eine andere Möglichkeit, einen Blackout zu umgehen, ist die Wiederholung. Geben Sie das eben Gesagte mit anderen Worten noch einmal wieder, meist stellt sich der Redefluss wieder von selbst ein und Sie können fortfahren.

Beispiel einfügen

Bei einem Blackout können Sie zu dem eben Gesagten auch spontan ein Beispiel einfügen, wenn Sie eines parat haben. Dadurch verdeutlichen Sie nicht nur dem Publikum, sondern auch sich den Sachverhalt, und die gedankliche Logik spielt wieder mit.

Manchmal hat man als Redner auch ein Blackout mitten im Satz. Das passiert meist dann, wenn man sich in zu komplizierte Schachtelsätze verstrickt. Schon bei der Vorbereitung sollten Sie darauf achten, dass Sie einfache Sätze formulieren, damit das Publikum Ihren Gedankengängen folgen kann. Verhaspeln Sie sich trotzdem einmal in einem langen Satzgebilde, brechen Sie einfach ab und setzen noch einmal neu an. Dies wird Ihnen eventuell unangenehm sein, doch jedes Publikum wird Ihnen ein oder zwei solcher Hänger nachsehen!

4.3 Wie gehe ich mit unvorhersehbaren Pannen um?

Ganz einfach: mit Humor.
Pannen, die nicht einkalkulierbar sind, können weder Ihnen noch sonst jemandem in die Schuhe geschoben werden. Es lohnt sich also gar nicht, sich alle möglichen Horrorszenarien auszumalen – Sie können einen Stromausfall oder das Umfallen einer Blumenvase nicht vorhersehen.

> Passiert eine unvorhersehbare Panne, nehmen Sie's mit Humor!

Gehen Sie auf den Zwischenfall ein, indem Sie ihn in irgendeiner Weise kommentieren. Laute Geräusche einfach zu ignorieren oder sie übertönen zu wollen, macht einen weniger guten Eindruck, als auf sie zu reagieren.
Seien Sie spontan, Ihnen fällt mit Sicherheit etwas ein.

Ein Professor hatte während einer Vorlesung einmal mit ständigen Wackelkontakten zu kämpfen. Immer wieder war der Strom für einige Sekunden weg. Sein Kommentar: „Ich hoffe, Sie sehen auch, was ich sehe – oder nennt man das einen Blackout?" Nachdem das Licht wieder angegangen war, fuhr er mit seinem Vortrag fort.

Sie sehen, mit einer Panne wird auf diese Weise besser umgegangen als mit sturer Ignoranz. Oder hätten Sie es sympathischer gefunden, wenn der Redner so getan hätte als hätte er nichts gemerkt?

4.4 Wie gehe ich mit schwierigem Publikum um?

Das Publikum ist das größte Problem, vor das Sie bei einer Rede gestellt werden. Es gilt, die Zuhörer zu überzeugen, zu motivieren, von Ihrem Anliegen zu begeistern.
Jeder Redner wünscht sich ein interessiertes, aufmerksam lauschendes Publikum. Mit dem, was wir bisher über eine Präsentation gelernt haben, muss dieser Wunsch nicht unerfüllt bleiben, denn die Art des Vortrags steht in engem Zusammenhang mit der Zuhörerreaktion. Sobald Sie sich in Sprache, Stil und Niveau Ihrem Publikum anpassen, haben Sie schon halb gewonnen. Doch was tun, wenn das Publikum nicht so ist, wie Sie sich das vorstellen?

Unaufmerksamkeit

Wir alle kennen Referenten, die so sehr mit sich und ihrem Manuskript beschäftigt sind, dass sie gar nicht merken, wenn einige Zuhörer gelangweilt in ihrem Terminkalender blättern.

Ein aufmerksamer Redner merkt jedoch schnell, wenn sein Publikum müde wird. Doch was tun?

Den Störenfried ansprechen wie in der Schule? „Herr X., meine Ausführungen dürften auch für Sie relevant sein, also bitte!"
Das ist sicher der falsche Weg, denn Herr X. würde sich persönlich angegriffen fühlen, und der Rest des Publikums wäre erst einmal damit beschäftigt, herauszufinden, wer Herr X. ist und was er angestellt hat.

Es gibt viel subtilere und zugleich wirksamere Wege, die Aufmerksamkeit wieder auf den Vortrag zu lenken:

Pause

Hören Sie unvermittelt, unter Umständen sogar mitten im Satz zu sprechen auf. Teilnehmer, die sich gerade mit ihren Terminen beschäftigt haben, werden neugierig, warum es plötzlich so still ist, und schon haben Sie die ungeteilte Aufmerksamkeit wieder!

Rhetorische Frage

Das Stellen einer rhetorischen Frage erregt ebenfalls die Aufmerksamkeit des Publikums. Schon das Heben der Stimme zum Satzende weckt Interesse, doch auch der Drang, sich die Frage zu beantworten, wird die Aufmerksamkeit des Zuhörers wieder auf Ihre Ausführungen lenken.

Integration des Publikums

Eine weitere Möglichkeit, die Aufmerksamkeit des Publikums zu bündeln, ist, es in das Geschehen zu involvieren. Bitten Sie Ihre Zuhörer, sich etwa das Diagramm auf der letzten Seite des Handouts genauer anzusehen, oder beziehen Sie visuelle Hilfsmittel wie das Flipchart spontan in Ihre Rede ein. So sind die Teilnehmer gezwungen, der Präsentation konzentriert zu folgen.

Zwischenfragen

Ebenso kann es Ihnen passieren, dass Ihre Ausführungen als so interessant und brisant empfunden werden, dass das Publikum mit Zwischenrufen oder Zwischenfragen reagiert.

Dies mag zunächst ganz angenehm sein, weil der Redner sich der Aufmerksamkeit und dem Interesse des Publikums sicher sein kann, doch zu viele Fragen würden das zeitliche Konzept stören und andere Teilnehmer ablenken.

Wie soll man also auf Zwischenfragen reagieren?

Gehen Sie mit folgender Taktik vor:
Gleich die erste Frage „abwürgen", indem man auf eine anschließende Diskussion verweist, erwecken den Eindruck, Sie seien nicht in der Lage, die Frage zu beantworten.
Darum wird die erste Zwischenfrage immer beantwortet. Damit stellen Sie Ihre Kompetenz unter Beweis.
Taucht eine zweite Frage auf, wird diese ebenfalls beantwortet. Dann treffen Sie jedoch eine Vereinbarung mit Ihrem Publikum. Freuen Sie sich über das Interesse Ihres Publikums und weisen Sie höflich darauf hin, dass Sie Ihren Vortrag so konzipiert haben, dass die Problematik des Themas vorgestellt wird, eine anschließende Diskussion dann alle offenen Fragen klären wird.
Damit sind weitere Fragen erst einmal unterbunden. Werden trotzdem noch dritte oder vierte Einwände gestellt, bitten Sie, die Argumente im Gedächtnis zu behalten, damit sie nach dem Vortrag diskutiert werden können.

Mit dieser Taktik gelingt es Ihnen sicherlich, ein zu aktives Publikum im Zaum zu halten. Versuchen Sie, auf Fragen prinzipiell höflich zu reagieren, und seien Sie nicht ungehalten, als würden Sie sich gestört fühlen.

Zusammenfassung – Kapitel 4

Probleme, die während einer Präsentation auftauchen, sind meist Lampenfieber, Blackout, unvorhersehbare Pannen und ein schwieriges Publikum.

Lampenfieber ist eine normale Stressreaktion des Körpers und wird am Besten direkt an der Wurzel gepackt: Ursachen für die Symptome herausfinden und sie gezielt bekämpfen.

Blackouts sind keine Schande und können
- offen zugegeben werden,
- durch Wiederholung des eben Gesagten überbrückt werden,
- durch das Einfügen eines Beispiels zum eben Gesagten umgangen werden.

Unvorhersehbare Pannen sind nicht Ihre Fehler, also nehmen Sie sie einfach mit Humor!

Das Publikum ist eine der größten Schwierigkeiten, da es immer wieder anders reagieren kann.
Die Aufmerksamkeit des Publikums gewinnen Sie durch
- unvermutete Pausen,
- rhetorische Fragen,
- Miteinbezug der Zuhörer.

Ein „zu interessiertes" Publikum, das ständig Zwischenfragen stellt, halten Sie in Schach, indem Sie eine Taktik anwenden:
- Erste Zwischenfrage: beantworten.
- Zweite Zwischenfrage: beantworten und dann die Vereinbarung treffen, dass anschließend diskutiert wird.
- Weitere Zwischenfragen: auf die Vereinbarung hinweisen.

5. Der geborene Redner ...

... existiert nicht.

Niemand kann auf Anhieb eine umwerfende Rede halten. Üben Sie, indem Sie sich öfter freiwillig für kleinere Vorträge anbieten, und verzweifeln Sie nicht, wenn Sie nicht immer frenetischen Applaus ernten. Reden will gelernt sein, und Sie werden merken, wie Sie nach und nach selbstsicherer werden, je öfter Sie vor einem Publikum stehen.

Gehen Sie immer nach dem im dritten Kapitel beschriebenen Muster vor, so sind sie gut vorbereitet und müssen nicht befürchten, etwas Wichtiges außer Acht gelassen zu haben. Versuchen Sie, Ihre Präsentation durch den geschickten Einsatz sprachlicher und visueller Momente zu etwas Besonderem zu machen.

> Und vergessen Sie nicht: Je mehr Sie sich zutrauen, desto mehr wird Ihr Publikum Ihnen zutrauen!

Multiple-Choice Fragen

1. Warum kann das gesamte menschliche Handeln als Kommunikation bezeichnet werden?
   a) weil wir ohnehin fast ständig reden
   b) weil jeder Handlungsprozess durch das Aussenden verbaler und nonverbaler Signale eine Wirkung intendiert
   c) weil jeder Handlungsprozess darauf hinausläuft, dass über ihn gesprochen wird

2. Inwiefern kann eine Präsentation als Dialog verstanden werden?
   a) Das Publikum kann sich durch Zwischenrufe und Fragen auf ein Gespräch mit dem Referenten einlassen.
   b) Die Zuhörer können untereinander Dialoge führen, wenn ihnen der Vortrag nicht gefällt.
   c) Das Publikum sendet in der Regel nonverbale Signale, der Redner verbale, die beide Seiten aufnehmen und verarbeiten.

3. Von welchen Faktoren hängt die Wirkung einer Stimme ab?
   a) Lautstärke, Geschlecht, Timbre, Körpergröße
   b) Stimmlage, Sprechtempo, Alter, Temperatur
   c) Lautstärke, Stimmlage, Sprechtempo, Artikulation
   d) Artikulation, Modulation, Stimmung, Gesundheitszustand

4. Eine Rede muss völlig humorlos sein, damit der Redner ernst genommen wird. Trifft diese Aussage zu?
   a) die Aussage ist richtig
   b) die Aussage ist falsch

5. Wenn man eigentlich gar nichts zu sagen hat, eigenen sich Floskeln und Phrasen hervorragend, um Wissenslücken zu vertuschen. Stimmt diese Aussage? Begründung!
   a) diese Aussage stimmt nicht
   b) diese Aussage stimmt

6. Inwiefern unterscheiden sich Thema und Redeziel einer Präsentation?
   a) überhaupt nicht, Redeziel und Thema sind immer identisch
   b) das Thema ist der Inhalt des Vortrags, das Ziel ist die Absicht des Vortragenden
   c) es gibt unendlich viele Themen, das Redeziel besteht aber immer darin, schnell fertig zu werden

7. Auf welche Faktoren sollte man Recherchematerial immer untersuchen?
   a) Informationsgehalt, Unterhaltungswert, Länge des Textes
   b) Informationsgehalt, geplante Dauer des Vortrags, Publikumsrelevanz
   c) Publikumsrelevanz, Erscheinungsdatum, Schriftgröße

8. Auf welche Weise gelangt man nach der Materialsammlung am einfachsten zu einer Gliederung?
   a) mit dem Karteikartensystem
   b) mit Hilfe eines Vorgesetzten
   c) durch das Abschreiben alter Reden

9. Jedes Medium ist zur Visualisierung geeignet – Hauptsache, der Vortrag wird aufgelockert. Trifft diese Aussage zu?
   a) diese Aussage ist korrekt
   b) diese Aussage ist falsch

10. Muss immer ein Handout vorbereitet werden?
    a) das hängt von der Länge des Vortrags und dem Ermessen des Redners ab
    b) auf jeden Fall
    c) ein Handout ist immer überflüssig; wen der Vortrag interessiert, der kann selbst Notizen machen

11. Welche drei Gestaltungselemente dienen der Visualisierung?
    a) Foto, Film, Ton
    b) Diagramm, Symbol / Form, Text
    c) Wort, Bild, Ton

12. Werden visuelle Elemente eingesetzt, ...
    a) so genügt es, sie kurz zu zeigen
    b) sollen sie so lange wie möglich gezeigt werden
    c) sollen sie nur so lange gezeigt werden, wie ihr Inhalt relevant ist

13. Visuelle Elemente ...
    a) zeigt der geübte Redner nur nebenbei
    b) legt der geübte Redner nur auf, wenn er einen Blackout hat
    c) integriert der geübte Redner in seinen Vortrag

14. Blickkontakt zum Publikum wirkt am besten, wenn ...
    a) man einzelne Personen fest fixiert
    b) man ihn völlig meidet
    c) man das Publikum gedanklich in Gruppen unterteilt und diese abwechselnd anschaut

Wissensfragen

1. Wie definiert sich Kommunikation?
2. Welche Atemtechniken unterstützen einen Redner?
3. In welche fünf Schritte zerfällt die Vorbereitungsphase einer Präsentation?
4. Mit welchen Auswahlkriterien kann man ein Vortragsthema präzisieren?
5. Welche drei Möglichkeiten der schriftlichen Ausarbeitung einer Rede kennen Sie?
6. In welche drei Redephasen gliedert sich ein Vortrag?
7. Was soll in der Einleitung einer Präsentation enthalten sein? (Vier Faktoren)
8. Welche Funktion erfüllt der Hauptteil einer Rede?
9. Welche Elemente gehören in den Schluss einer Präsentation?
10. Durch welche vier Elemente wird die nonverbale Kommunikation (Körpersprache) eines Redners zum Ausdruck gebracht?
11. Mit dem letzten Wort ist ein Vortrag noch nicht beendet. Wie kann man ein persönliches Resümee ziehen? Warum sollte man das tun?
12. Was hilft bei Lampenfieber?
13. Wie kann man die Aufmerksamkeit des Publikums wieder für sich gewinnen?
14. Mit welcher Taktik kann man ein Publikum, das dauernd Zwischenfragen stellt, beruhigen?

Lösungen

Zeitmanagement

1. **Warum ist ein gutes Ziel- und Zeitmanagement heute wichtiger denn je?**
   Weil sich unsere Gesellschaft in den letzten Jahrzehnten stark verändert hat. Mehr persönliche Entscheidungen sind nötig, und nur diejenigen, die wirklich einen Plan für Ihr Leben haben, werden erfolgreich sein.

2. **Welche Arten von Zielen gibt es?**
   Es gibt große und kleine Ziele, kurz-, mittel- und langfristige Ziele, Lebensziele und tägliche Ziele. Sie alle hängen miteinander zusammen.

3. **Womit müssen Ihre Ziele auf alle Fälle übereinstimmen?**
   Mit der Lebensvision, also den Werten, Grundsätzen, der Persönlichkeit, den Neigungen und Fähigkeiten und dem ganz großen Lebensziel. Man muss seine Vision täglich leben, und es ist wichtig, dass Tages- Wochen- und längerfristige Ziele in dieser Vision enthalten sind. Sonst ist es praktisch unmöglich, die verschiedenen Ziele zu erreichen.

4. **Nennen Sie die vier Grundformen der Angst und erläutern Sie diese kurz!**
   - *Angst vor Hingabe*: Wenn wir uns ein Ziel setzen, geben wir uns dem Gedanken an die Zielerreichung vollkommen hin. Dadurch werden wir verletzbar. Mit einer neuen Zielsetzung geben wir außerdem etwas Altes auf; ein Teil unseres Selbst geht verloren. Wir werden unsicher, lassen uns leichter beeinflussen. Auch das verstärkt unsere Verletzbarkeit.
   - *Angst vor Einsamkeit*: Ziele können einsam machen. Wir betreten unbekanntes Terrain mit unbekannten Wegen. Vertraute Gewohnheiten, Verhaltensmuster, vertraute Menschen begleiten uns nicht mehr. Wir sind auf uns gestellt und müssen lernen, uns selbst ernst zu nehmen und den Weg alleine zu gehen.
   - *Angst vor Wandlung*: Wir geben mit der Zielsetzung alte, vertraute Wege auf. Jeder Mensch neigt eher dazu, alles beim Alten zu lassen, den gewohnten Pfaden zu folgen. Das ist bequemer und birgt auf den ersten Blick kein hohes Risiko. Sich äußere neue Ziele zu setzen, setzt innere Wandlung voraus. Das kann auf den einen oder anderen schon beängstigend wirken, denn oft müssen die Muster, die seit der Kindheit vertraut sind, losgelassen werden.
   - *Angst davor, sich festzulegen*: Sich Ziele zu setzen heißt, sich auf etwas festzulegen und dafür einzustehen. Wir selber sind verantwortlich für alles, was sich aus diesen Zielen ergibt; wir müssen uns deswegen vor uns selbst und vor anderen rechtfertigen.

5. **Warum sollte man sich Ziele setzen?**
   Dadurch nimmt man sein Leben selbst in die Hand. Man kann schon nach kurzer Zeit sehen, dass sich seine Pläne verwirklichen, dass man wirklich alles erreichen kann, was man sich vornimmt und man wird mit jedem Ziel, das man erreicht, motiviert, auch das nächste, größere und längerfristige Ziel mit Elan zu verfolgen und schließlich zu vollenden. Dabei muss man jedoch seine Stärken und Schwächen genau berücksichtigen und darf nicht vergessen, dass kein Mensch perfekt ist.

6. **Was ist einer der größten Irrtümer, wenn es um persönliche Stärken und Schwächen geht?**
   Dass man erfolgreich wird, wenn man an seinen Schwächen arbeitet. Dies ist ein fataler Irrtum, da sich sowohl das eigene Augenmerk als auch das Augenmerk der Mitmenschen auf die Schwächen richtet, die Stärken des jeweiligen Menschen also vollkommen vergisst. Es ist viel wichtiger, seine Stärken auszunutzen, da einen nur die Stärken wirklich erfolgreich machen und man sich dadurch von den anderen Menschen abhebt.

7. **In welchen drei Bereichen kann der Mensch seinen Lebenssinn (nach V. Frankl) finden?**
   - Durch Erarbeiten von produktiven bzw. kreativen Werten (ein Werk schaffen, eine Aufgabe erfüllen),
   - Durch Erarbeiten von sozialen Erlebniswerten (Kollegialität pflegen, sich sozial engagieren)
   - Durch Erarbeiten ideeller Werte (ideelle, religiöse oder sonstige Werte).

8. **Was bedeutet: „Don't work hard, work smart."**
   Frei übersetzt bedeutet das, dass man nicht hart arbeiten soll, sondern dass man das, was man macht, klug angeht. Denn es nützt nichts, wenn Zwölf- oder Fünfzehnstundentage an der Tagesordnung sind, man aber doch mit seiner Arbeit nicht nachkommt und die wesentlichen Aufgaben vernachlässigt werden.

9. **Welche Funktion hat die persönliche Vision?**
   Die persönliche Vision gibt einem Menschen Kraft, Ausdauer und Mut, Ziele zu verwirklichen. Sie schafft Motivation und Energie. Eine Vision gibt einem Menschen Selbstvertrauen. Dieser Mensch kann sich selbst vertrauen: seinen Zielen, seinen Ideen, seinem Handeln, aber auch seinem Körper und seiner Seele. Eine klare Lebensvision wird für andere durch Selbstbewusstsein und Ausstrahlung bemerkbar.

10. **Aus welchen Teilen setzt sich diese Vision zusammen?**
    Aus der Dimension der Beziehungen (Partner/in, Familie, Freunde, Bekannte, Arbeitskollegen), der Dimension des Intellekts (Wissensarbeit, Denken sowie die Entwicklung der Vorstellungskraft), der Dimension des Körpers (Pflege des Körpers, Sport, Ernährung) und der Dimension der Psyche (Zugang zur Intuition und Charakterbildung).

11. Was ist der so genannte Referenzrahmen?

Der Referenzrahmen meint die Summe der negativen und unangenehmen Erfahrungen, die wir in unserem Leben gemacht haben. Immer wenn wir in eine mit schlechten Vorerfahrungen beladene Situation geraten, bekommen wir Angst oder glauben, die Situation nicht oder nur schlecht bewältigen zu können. Je größer die Summe unserer negativen Erfahrungen ist, desto kleiner ist der Referenzrahmen. Wir glauben dann nicht mehr an Veränderungen und probieren keine neuen Handlungsmuster aus. Unsere Denkgewohnheiten erstarren. Dies nennt man Psychosklerose. Wenn es uns aber gelingt, diese Verhärtung und ihre Ursachen wahrzunehmen, ist der erste Schritt für Veränderungen gemacht.

12. Welche Übung kann helfen, Ihre Vision konkret aufzuschreiben?

Ich stelle mir folgende Situation vor: Ich feiere meinen 90. Geburtstag. Ein guter Freund hält zu diesem besonderen Anlass eine Rede. Er erwähnt alle Stationen in meinem Leben, nennt große Erfolge und stellt alles heraus, was ich bisher – sowohl beruflich als auch privat – erreicht habe. Daran kann ich ersehen, was ich mir wünsche und wie ich mir mein Leben vorstelle.

13. Wie soll die Vision aussehen? Nennen Sie die sechs Punkte!

- Meine Vision soll pro-aktiv formuliert sein, d.h. sie liegt in meinem Einflussbereich und stimmt mit meinen Fähigkeiten und Möglichkeiten überein.
- Die Vision muss mit meinen persönlichen Werten und innersten Überzeugungen übereinstimmen.
- Jede Vision entspringt meiner eigenen Vorstellungskraft und meinem eigenen Wollen.
- Ich bin mir im Klaren, dass ich für die Formulierung der Vision selbst verantwortlich bin.
- Ich formuliere meine Lebensvision positiv. Sie wird mir dadurch Motivation geben.
- Ich bin bereit, die Vision als Grundlage für alle weiteren Ziele zu nehmen.

14. Warum ist strategische Planung so wichtig?

Ziele ohne Strategie machen nicht viel Sinn. Wir können uns noch so viele Ziele überlegen, wenn wir den Weg nicht planen. Wege zum Ziel müssen genauso sorgfältig geplant werden wie die Ziele selbst. Wege und Ziele sind miteinander verknüpft. Wenn wir keine Strategien entwickeln, wie wir unsere Ziele erreichen können, werden wir enttäuscht werden. Planen wir aber Wege sehr sorgfältig, überlegen uns Alternativen, falls Hindernisse auftauchen und nehmen genug Proviant mit (unsere Lebensvision und unsere Prinzipien), so ist es wahrscheinlich, dass wir Erfolg haben und unser Ziel erreichen. Strategien entwickeln heißt aber nicht einfach nur Planung, sondern es bedeutet auch, dass wir uns auf das Wichtigste konzentrieren und klare strategische Vorgaben entwickeln.

15. Was bedeutet das Gleichgewicht der Lebensbereiche?
Es ist eine Illusion, zu glauben, die verschiedenen Lebensbereiche seien vollkommen isoliert zu bestimmen und zu leben. Nur ein Gleichgewicht der verschiedenen Lebensbereiche wie Beruf, Familie, Freunde, Hobbys u.a. schafft innere Ruhe und Ausgeglichenheit. So ist hochproduktive Arbeitszeit nur bei entsprechender körperlicher und geistiger Kraft möglich. Freunde und Familie ermöglichen Regeneration und Unterstützung. Unsere Freizeit ermöglicht es uns, Fähigkeiten zu leben, die in unserer Arbeitszeit zu kurz kommen. Gerade die gelungene Verwebung der einzelnen Bereiche und die Ausrichtung auf die persönliche Vision gibt Kraft, den Alltag zu meistern. Glückliche und erfolgreiche Menschen schaffen es, allen Bereichen ausreichend viel Aufmerksamkeit zukommen zu lassen.

16. Rufen Sie sich einige Fragen zur Zielfindung ins Gedächtnis und schreiben Sie mindestens fünf davon auf!
- Was würde ich tun, wenn ich unbegrenzte Möglichkeiten hätte? (Zeit und Geld spielen keine Rolle.)
- Wohin würde ich reisen, wenn ich ein Jahr Zeit und unbegrenzt Geld zur Verfügung hätte? Was würde ich auf dieser Reise erleben?
- Wie sähe ein Tag aus, von dem ich sagen könnte, er war vollkommen glücklich und erfüllend?
- Welche Tagträume habe ich?
- Welche Menschen und Dinge tun mir in meinem Leben gut, welche nicht?
- Gibt es Menschen, die ich bewundere? Was fasziniert mich an ihnen?

17. Welche Arten der Zielbeziehungen gibt es? (Drei Nennungen)
Es gibt komplementäre, konfliktäre und indifferente Ziele.

18. Welche sieben äußerst wichtigen Punkte müssen bei der Zielformulierung beachtet werden?
1. Ziele werden *persönlich* formuliert. Ein Ziel darf nicht so formuliert werden, dass die Realisierung von anderen Menschen abhängig ist.
2. Ziele sollen *positiv* formuliert werden. Man formuliert, was man will, und nicht, was man vermeiden will. Denn das Unterbewusstsein kann zwischen verneinten und nicht-verneinten Sätzen nicht unterscheiden.
3. Ziele sollen *im Präsens* formuliert werden. Wenn man Ziele so formuliert, als ob man sie schon erreicht hat, programmiert man sein Unterbewusstsein wirkungsvoll auf die tatsächliche Erreichung des Ziels.
4. Ziele sollen *realistisch* sein. Ziele, die nicht mit unseren Fähigkeiten, Voraussetzungen und unserer Motivation übereinstimmen, sind zum Scheitern verurteilt.
5. Ziele müssen *präzise* formuliert werden. Der Zielinhalt wird mit möglichst vielen Details, konkreten und direkten Angaben beschrieben. Je präziser und konkreter die Ziele formuliert werden, desto wahrscheinlicher ist es auch, sie zu erreichen.
6. Ziele sollen *messbar* sein. Das heißt, sie sollten anhand von genauen Angaben überprüft werden können.

7. Ziele sollen *terminiert* werden. Man bestimmt einen Zeitpunkt, bis zu dem das Ziel erreicht werden soll. Dieser Zeitpunkt darf nicht zu früh gewählt werden; besser ist es, wegen unvorhergesehener Probleme etwas mehr Zeit einzuplanen.

All dies sollte stets schriftlich erfolgen.

19. Es gibt einige Prinzipien, die die mentale Grundlage zur Zielerreichung bilden. Wie lauten diese?
- Die *Rolle des Unterbewusstseins*: Klar formulierte Ziele gehen in unser Unterbewusstsein ein. Unser Unterbewusstsein ist dann quasi auf das Erreichen dieses Zieles programmiert und tut alles, um uns zum „einprogrammierten" Ziel zu führen.
- Das *Prinzip des Glaubens*: Wir müssen uns selbst vertrauen und an unsere Ziele glauben. Unser Glaube an ein Ziel bzw. unser tiefes Vertrauen, etwas zu erreichen, führt uns zum Ziel. Wenn wir aber meinen, wir würden ein Ziel aus bestimmten Gründen doch nicht erreichen, dann wird es auch so sein. Oft hindern wir uns selbst daran, etwas zu erreichen, wenn wir an unseren Fähigkeiten zweifeln oder aufgrund schlechter Erfahrungen denken, negative Abläufe würden sich wiederholen.
- Das *Prinzip der Erwartungen*: Nicht nur das, was wir wollen, ist wesentlich, sondern auch das, was wir erwarten. Wenn Sie von vornherein nur mit Skepsis an eine Aufgabe gehen, tun Sie sich viel schwerer mit der erfolgreichen Erfüllung.
- Das *Prinzip der geistigen Äquivalenz*: Wir ziehen Personen und Dinge an, die mit unseren Gedanken und Vorstellungen übereinstimmen. Die Anziehungskraft unserer Gedankenstruktur zieht sowohl Probleme als auch Erfolge an.

20. Was versteht man unter der Qualität der Zeit?
Das bedeutet, dass man nicht zu jeder Zeit gleich leistungsfähig ist. Manchmal braucht man für eine Aufgabe drei Stunden, die man in seinem Leistungshoch in der Hälfte der Zeit erledigen könnte. Bei den meisten Menschen liegt das Leistungshoch vormittags. Die persönliche Leistungskurve kann davon jedoch stark abweichen.

21. Was ist das Pareto-Prinzip?
Das Pareto-Prinzip ist nach seinem Erfinder, dem Ökonom Vilfredo Pareto, benannt. Er fand heraus, dass 20% der Bevölkerung 80% des gesamten Volksvermögens besaßen. Dieses 80:20 Verhältnis findet sich auch in anderen Bereichen. Auf das Zeitmanagement bezogen besagt das Pareto-Prinzip Folgendes: 20% dessen, was man tut, ergeben 80% des Wertes aller Ergebnisse. Mit 20% meiner Arbeit erreiche ich 80% des gesamten Arbeitserfolges.

22. Was ist die sogenannte ABC-Analyse?
Die ABC-Analyse stellt fest, was wichtige und was unwichtigere Aufgaben sind. A-Aufgaben sind sehr wichtige Aufgaben, die man nur selbst erledigen kann. Sie tragen entscheidend zum beruflichen Erfolg bei. B steht für Aufgaben, die nicht ganz

so bedeutend, aber immer noch wichtig sind. C-Aufgaben sind weniger wichtig bzw. insgesamt unbedeutend(er) und sollten am besten rechtzeitig delegiert werden.

23. Was ist der ABC-Analyse sehr ähnlich? (Erläutern Sie an dieser Stelle auch Priorität-1 bis -4!)
Der ABC-Analyse ähnlich ist die Zeitmanagement-Matrix. Priorität-2 ist der Quadrant des Pareto-Prinzips. Verbringen wir die meiste Zeit in Priorität-2, so integrieren wir unsere Ziele in die Tagesplanung und arbeiten effektiv. Langfristige Ziele werden erfolgreich mit Priorität-2-Zeit bewältigt. Der Priorität-2-Quadrant ist der Quadrant der wichtigen, nicht dringenden Aufgaben. Priorität-1-Aktivitäten führen, wenn sie überhand nehmen, zu permanenter Hektik, Hetze, Getrieben-Sein und Burn-Out-Symptomen. In Priorität-1, dem Quadrant der wichtigen, dringenden Aufgaben, reagieren wir hauptsächlich, sind hektisch und gestresst. Wir verlieren die Kontrolle über langfristige Aufgaben und Ziele.
Priorität-4 (unwichtige, nicht dringende Aufgaben) resultiert häufig aus einer Flucht vor der Dominanz von Priorität-1. Herrscht Priorität-1 vor, ist die Versuchung groß, sich von dem Gefühl der Fremdbestimmung abzulenken.
Priorität-3-Aufgaben, also nur scheinbar dringende, nicht wichtige Aufgaben, sind bei vielen Menschen beliebt, weil sie relativ belanglos und einfach zu bearbeiten sind und die Ergebnisse ohne Konsequenzen bleiben. Letztlich ist die vorwiegende Bearbeitung von Priorität-3-Aufgaben die Flucht vor Selbstverantwortung. Da langfristige Ziele nicht erreicht werden und Re-Aktion den Tag bestimmt, fühlen sich Menschen, die sich in Priorität-3-Aufgaben flüchten, als Opfer der Umwelt.

24. Warum sollten Sie alles tun, um Störungen zu vermeiden?
Weil Störungen einerseits einen (negativen) quantitativen und andererseits einen (negativen) qualitativen Aspekt auf die Arbeit haben. Was den quantitativen Aspekt angeht, so ist zu sagen, dass eine Störung, die fünf Minuten dauert, durchaus einen Zeitverlust von einer halben Stunde verursachen kann, da man sich erst wieder in seine Aufgabe hineindenken muss. Ähnlich verhält es sich mit dem qualitativen Aspekt: Wenn man gestört wird, wird man aus seiner Konzentration herausgerissen und muss sich wie schon gesagt erst wieder in seine Aufgabe hineindenken. So kann es sein, dass man durch diese Störung den Faden verloren oder einen guten Gedanken schlichtweg vergessen hat.

25. Wie gehen Sie bei der Durchführung einzelner Aufträge (, die Sie anderen auftragen,) am besten vor?
Wenn ich anderen einen Auftrag erteile, stelle ich sicher, dass alles richtig verstanden wurde. Ich wähle geeignetes Personal aus und räume den anderen genug Zeit (und eventuell Hilfsmittel) ein, damit sie den Auftrag gut ausführen können. Ich teile den anderen meine Ziele genau mit und lege mit ihnen zusammen die Spielregeln fest. Darüber hinaus überwache ich die Durchführung des Auftrags und schreite ein, wenn etwas nicht nach Plan läuft, damit man sich gemeinsam Lösungsmöglichkeiten überlegen kann.

Lösungen

26. Welche Kapitel gehören in ein Zeitplanbuch?
- Jahres-, Monats- und Wochenpläne plus Übersichten über die wichtigsten Projekte,
- ein Kalendarium,
- der Datenteil,
- Adressen- und Telefonverzeichnis,
- Anleitungen, Arbeitsblätter, Checklisten und ähnliches.

27. Nennen Sie drei Stichwörter (ohne Erklärung), die zu den Grundsätzen methodischer Arbeit gehören!
Arbeitstagsvorbereitung, Tagesrückblick und gute Planung.

28. Wie erstellt man eine Zielkarte?
Zunächst schaut man sich die Ziele an, die man bereits definiert hat. Dann formuliert man Kernaufgaben für alle Lebensrollen. Man konzentriert sich auf wenige Kernaufgaben; pro Rolle sollten es nicht mehr als zwei oder drei sein. Auf der Basis dieser Kernaufgaben werden nun mittelfristige Ziele bestimmt. Dann gibt man den einzelnen Zielen Prioritäten und ordnet diese auf einer Zielkarte an. Anschließend entwickelt man für jedes Ziel unterschiedliche Strategien zu dessen Erreichung.

29. Warum ist Wochenplanung sinnvoll? Bitte erläutern Sie dies ausführlich! (Auch im Vergleich zur Tagesplanung.)
Die Woche schafft die Verbindung zwischen allen Lebensbereichen, unserer Vision und den formulierten länger- und kurzfristigen Zielen. In einer Woche gehen wir in der Regel durch alle Lebensbereiche. Planen wir wochenweise, ist es leicht, alle Lebensbereiche in die Planung mit einzubeziehen und auf ein Gleichgewicht zu achten. Durch eine alleinige Ausrichtung des Zeitmanagements auf einzelne Tage dagegen verliert man schnell den Blick für eine Balance. Zudem verhindert die scheinbare Priorität von an einem Tag dringend zu erledigenden Dingen den Blick aufs Ganze. Wochenplanung ist auch aus einem anderen Grund vorteilhaft: Sie berücksichtigt, dass wir Menschen mit Energie- und Leistungsschwankungen sind. Nicht an jedem Tag sind wir gleich leistungsfähig, motiviert und kreativ. Tagesplanung macht an energielosen Tagen nur Frust und Unlust, wenn wir unser Pensum nicht geschafft haben. Effektive Wochenplanung beinhaltet neben der Planung die Rückkoppelung. Am Ende der Woche ziehen wir Bilanz über die Erfüllung unserer Ziele, über Erfolge und Misserfolge. Über die Rückschau können wir Ursachen für Demotivation, Unlust und Fehler finden. Ausgehend von der Wochenrückschau planen wir dann die neue Woche. Die Wochenplanung bildet die Basis für unser tägliches Planen und Handeln.

30. Wie sieht eine gelungene Tagesplanung aus? (Drei Sätze genügen.)
Der Tagesplanung liegt selbstverständlich die Wochenplanung zugrunde. Die einzelnen Aufgaben werden auf die verschiedenen Tage der Woche verteilt. Dabei sollten jedoch an jedem Tag etwa 40 Prozent der Zeit für Unvorhergesehenes und Spontanes freigelassen werden.

31. Welche Tipps sind bei der Tagesplanung hilfreich? Nennen Sie mindestens sechs davon!

- Priorität-1- und Priorität-2-Aufgaben sollten gebündelt werden, d.h. gleichartige Aufgaben werden zusammengefasst.
- Liegen mehrere Priorität-1- oder Priorität-2-Aufgaben an, so ist es sinnvoll, auch innerhalb der Quadranten Prioritäten zu setzten, z.B. durch Nummerierung.
- Aufgaben und Projekte sollten stets erledigt werden, bevor sie dringend werden bzw. ein Zieltermin immer näher rückt.
- Morgens sollte man SOFORT mit den Priorität-1-Aufgaben beginnen und dabei bleiben, bis man fertig ist. Dann kann man Q-2-Aufgaben erledigen. Dafür sind störungsfreie Zonen am sinnvollsten.
- Auf keinen Fall sollte man morgens in die Versuchung geraten, erst ein paar Priorität-3 oder Priorität-4 Aktivitäten „zum Aufwärmen" mitzunehmen; sonst ist man womöglich erschöpft, bevor die wichtigen Aufgaben anstehen.
- Ziel ist es, möglichst wenig Zeit mit Priorität-1-Aufgaben verbringen zu müssen und dennoch bravouröse Resultate vorweisen zu können.
- Tagespläne sollten nicht dogmatisch gehandhabt werden. Sie dienen als Orientierung und als Hilfe, die Verbindung zwischen den Zielen zu halten. Bei Bedarf müssen Prioritäten geändert werden.

32. Welche Prinzipien sind bei der Planung der Tageszeit zu beachten? Nennen Sie nur einige wichtige Stichwörter!

- Großzügige Schätzung des Zeitaufwands für die einzelnen Aufgaben.
- Niemals die gesamte Arbeitszeit verplanen!
- Ausreichende Pausen. Nach einer Stunde konzentrierten Arbeitens sind 10 Minuten Pause optimal.
- Beachtung der persönlichen Leistungskurve (Wichtige Arbeiten werden in die leistungsstarke Zeit gelegt.)
- Abendliches Resümee über den Tag.

33. Wie lautet der siebte Schritt des erfolgreichen Zeitmanagements?

Aktion und Kontrolle. Nachdem Ziele formuliert, Situationen analysiert, Schwachstellen ausgemerzt und große und kleine Ziele geplant sind, steht nun die Aktion im Vordergrund. Es geht nicht um Re-agieren, sondern um Agieren; darum, die eigenen Ziele aktiv zu verfolgen. Die Ziele sowie die Vorgehensweise auf dem Weg dorthin sollten immer wieder einer kritischen Prüfung unterzogen und das Vorgehen sowie die Erreichung der einzelnen Ziele insgesamt kontrolliert werden. Außerdem sollte man auch weiterhin offen für Veränderungen bleiben und bedenken, dass niemand immer alles perfekt machen kann.

34. Nennen Sie fünf Gründe, warum ein Ziel unter Umständen nicht erreicht wurde!

- Die Ziele entsprachen nicht unserem Selbst. Unser Selbstvertrauen, unsere Fähigkeiten und notwendige persönliche Eigenschaften waren noch nicht so weit gewachsen.

- Unrealistische Ziele führen leicht zu Misserfolg.
- Die Umweltbedingungen haben sich geändert, wir haben versäumt, die Strategie anzupassen.
- Wir haben die Methoden zur Zielerreichung nicht konsequent angewandt.
- Ziele hatten Nebenwirkungen auf andere Lebensbereiche. Unerwünschte und nicht bedachte Nebenwirkungen können uns vom Erreichen des Ziels abhalten.

Kreativität und Problemlösung

1. Kreativität ist immer mit einem Schaffensprozess verbunden (1), bei dem das Zusammenspiel von schöpferischer Phantasie und deduktiv-rationalem Denken eine Rolle spielt (2). Außerdem hat Kreativität immer mit einer Innovation zu tun, da Vorwissen und neues Wissen zu einer Lösung kombiniert werden (3), wodurch Kreativität einen dynamischen Aspekt erreicht (4).

2. Kreativität kann bewusst eingesetzt werden. Dadurch, dass der kreative Prozess instrumentalisiert werden kann, lässt diese Fähigkeit sich steuern, trainieren und bewusst einsetzen.

3. Antwort c) stimmt. Kreativität ist eine Fähigkeit, die im modernen Berufsleben immer wichtiger wird.

4. Das konvergente Denken beschränkt sich auf die traditionellen Denkweisen, das heißt, es läuft auf altbekannten Wegen ab, die Naheliegendes gedanklich miteinander verbindet und zu einer logisch nachvollziehbaren Gedankenabfolge formt. Divergentes Denken dagegen geht neue Wege, ist nach allen Seiten offen und verlässt sich nicht auf rationale, naheliegende Schlussfolgerungen.

5. Das divergente Denken ist für kreative Prozesse erforderlich, da Kreativität neue Aspekte und unbekannte Lösungen verlangt.

6. Antwort a) ist richtig.

7. Die richtige Reihenfolge lautet: Gewöhnungsphase, Nachdenken, Spekulation, Frustration, Einsicht, Testphase. Antwort b) ist also richtig.

8. In dieser Phase kommen selten gute Ansätze zustande, da die einzelnen Informationspartikel wahllos aneinander gereiht werden, ohne dass eine sinnvolles System hinter den Überlegungen steht.

9. Antwort c) ist die richtige Antwort.

10. Nein, jeder Mensch hat die Fähigkeit, kreativ zu denken und zu handeln. Viele lassen diese allerdings im Laufe der Zeit verkümmern.

11. Antwort c) stimmt. Wissenschaftler haben herausgefunden, dass ein großes Allgemeinwissen die Kreativleistung positiv beeinflusst. Ein zu hoher oder zu niedriger IQ dagegen beeinflussen Kreativität in negativem Sinne.

12. Der Begriff *Kaizen* bedeutet übersetzt „Verbesserung". Das Konzept beinhaltet in erster Linie den aktiven Miteinbezug jedes Mitarbeiters, indem alle Verbesserungs-

vorschläge zum Ablauf einer Firma ernst genommen, überprüft und bei Eignung unter Mitarbeit der Angestellten realisiert werden.

13. 1. Jeden Tag über etwas staunen
    2. Bewusst unbekannte Wege gehen
    3. Keine Idee als absurd verwerfen ohne sie auf ihre Tauglichkeit zu prüfen
    4. Risiken eingehen und keine Angst vor dem Ungewohnten haben
    5. Misserfolge nicht als Versagen, sondern als Erfahrung werten

14. Antwort c) ist korrekt.

15. Die Antworten a), c) und f) sind richtig.

16. Wenn man sich nicht klar ausdrückt und seine Meinung unmissverständlich darstellt, kann es zu Missverständnissen kommen, die den kreativen Prozess behindern. Um kreativ sein zu können, muss man genau wissen, um was es sich bei einem Problem handelt.

17. Man kann negative Phrasen vermeiden, Kritik konstruktiv-positiv formulieren, unvoreingenommen sein und nachhaken, bevor man frühzeitig abblockt.

18. a), b), d), f) sind Kreativitätspusher

19. Die Urteilsfähigkeit wird gesteigert, Entscheidungen können leichter getroffen werden. Ein hohes Maß an Kreativität kann sich karrierefördernd auswirken. Der Prozess des Problemlösens wird vereinfacht.

20. b) ist richtig, dadurch wird im Lean Management erreicht, dass sich jeder Mitarbeiter seiner Verantwortung bewusst ist, und aus diesem Grund aktiv am Berufleben teilnimmt.

21. Antwort a) beschreibt die Definition eines Problems.

22. Antwort b) ist zutreffend.

23. a), b), f) und g) treffen auf den einfach strukturierten Problemtyp zu. Die Aussagen c), d), e) und h) definieren komplexe Probleme.

24. Herr F. lässt sich unter Druck setzen, und sieht das Problem als Belastung, nicht als Herausforderung (1). Er sammelt Unmengen von Informationen, ohne im Voraus zu selektieren (2), außerdem beschafft er sich seine Informationen nicht problem-, sondern hypothesenorientiert (3). Herr F. begeht auch den Fehler der Zentralreduktion. Das bedeutet, er reduziert sein komplexes Problem auf einen Aspekt, um sich die Arbeit zu erleichtern (4). Herr F. macht auch keine Prognose, sondern stürzt sich so-

fort auf die Lösung des Problems, wodurch Mängel übersehen werden können (5). Ein weiterer Fehler ist die sture Konzepttreue des Herrn F. Obwohl er merkt, dass seine Strategie nicht optimal ist, verbessert er sie nicht (6). Selbst auf konstruktive Kritik reagiert er negativ und betrachtet auch seine Arbeit keineswegs kritisch (7). Und Herr F. ist ein Einzelkämpfer, der Teamarbeit nicht akzeptiert, um allein das Lob zu ernten (8).

25. a), c), d), und e) sind Voraussetzungen für einen optimalen Problemlösevorgang.

26. 1. Problem erkennen und definieren
    2. Ziele setzen
    3. Annahmen machen
    4. Lösungsalternativen entwickeln
    5. Lösungsmöglichkeiten bewerten und Entscheidung treffen
    6. Lösung realisieren
    7. Ergebnis kontrollieren

27. Antwort c) trifft zu. Einen Schritt komplett zu überspringen ist im Sinne der Systematik nicht ratsam. Inwieweit ein Schritt ausgearbeitet wird, hängt vom jeweiligen Problem ab.

28. Antwort c) ist richtig.

29. b) trifft zu, die Einzelschritte konstituieren ein Gerüst, das die Suche nach einer Lösung unterstützt, aber Kreativität und Kombinatorik auf keinen Fall ersetzen kann.

30. Antwort b) stimmt. Eine geschickte Fragestellung ist das A und O einer erfolgreichen Problemlösung.

31. Auch ein erfolgreich gelöstes Problem ist auf dem Weg zur Lösung meist mit Schwierigkeiten verbunden. Diese Schwierigkeiten sollten untersucht werden, damit man aus ihnen lernt. Außerdem sollten die positiven Aspekte ebenfalls als positive Erfahrungen rekapituliert werden.

32. Man sollte Unstimmigkeiten zwischen den einzelnen Teilnehmern beseitigen, damit das Gruppenklima nicht gestört wird (1), es sollten möglichst Personen an einem Team beteiligt sein, die unterschiedliche Kompetenzen, Fähigkeiten und Wissensgebiete vorweisen können (2) und falsches Hierarchiedenken sollte fallen gelassen werden (3). Außerdem ist es wichtig, dass ein passender Raum mit ausreichend Platz und guter Ausstattung (Flip-Chart, Tafel, Tische, Stühle) vorhanden ist (4).

33. b), c) und f) sind Auswirkungen, die Teamarbeit in der Regel bewirkt.

34. a) ist richtig

Lösungen

35. Die Antworten b), c), e), f) und h) sind Regeln für kreatives Arbeiten

36. Man unterscheidet systematische Methoden, assoziative Techniken und Analogie-Strategien.

37. b) ist richtig, die Befreiung von falschen Vorstellungen fördert die Kreativität

38. Sowohl Antwort a), als auch Antwort c) treffen zu. Der Morphologische Ansatz ist eine Methode mit höchster Systematik, die durch die übersichtliche Tabelle alle Aspekte gleich wertet und keine Elemente übergeht.

39. b) trifft zu.

40. c) ist richtig. Meist geschehen Assoziationen unbewusst, indem Erinnerungen wieder zum Vorschein kommen. Durch Kreativtraining kann aber die Herbeiführung bewusster Assoziationen unterstützt werden.

41. Mindstorming wird von einer Einzelperson durchgeführt, Brainstorming bezeichnet dagegen den selben Vorgang in einer Gruppe.

42. Antwort c) definiert den Code 6-3-5 richtig.

43. Bei Bedarf kann diese Methode durch die Assoziationstechnik erweitert werden, um Ergebnisse zu spezifizieren.

44. Antwort c) beschreibt die Identifikationsmethode.

45. Die Synektik sucht nach Analogien in anderen wissenschaftlichen Breichen, während die Bisoziation sich damit beschäftigt, Analogien zu völlig sachfremden Gebieten oder Gegenständen zu finden.

Entscheidungsfindung

Wissensfragen

1. **Welche Varianten von Unsicherheit gibt es und wie kann man diese unterscheiden?**
   Es gibt externe und interne Unsicherheit, die durch selbst erdachte Wahrscheinlichkeiten gestützt werden.

2. **Was sind Informationen?**
   Informationen können verschiedenartig sein, wie etwa Daten, Beobachtungen, Mitteilungen, etc.
   Sie können klar oder auch wirr sein, manchmal muss man sich Informationen erst beschaffen. Informationen können Konsequenzen für die Entscheidung haben.

3. **Wo genau spielen sich Denkprozesse ab?**
   Im limbischen System, besonders aber im Hippocampus.

4. **Was versteht man unter Optionen?**
   Optionen sind Wahlmöglichkeiten; wenn mindestens zwei Optionen gegeben sind, spricht man von Alternativen.

5. **Welche Komponenten von Entscheidungsproblemen kennen Sie?**
   Informationen, Optionen, Ereignisse, Risiko und Unsicherheit, persönliches Konfliktverhalten und inneres Modell der Umwelt, Konsequenzen, Nutzen und Präferenz / Wert, Ziele und zielbedingte Konflikte, Gründe für die Entscheidung.

6. **Wie definieren Sie das Modell des „Homo oeconomicus"?**
   Es handelt sich um den rational und zweckorientiert handelnden Menschen.

7. **Was kennzeichnet eine Alternative?**
   Eine Alternative kann sein:
   eine bestimmte Handlung
   ein Handlungsstrang mit mehreren Teilhandlungen
   eine Strategie
   Des Weiteren kann das Entscheidungssubjekt die Alternative beeinflussen, und jeder Alternative sind Ergebnisse zugeordnet.

8. **Was versteht man unter Ereignissen, welche Unterscheidungsmöglichkeiten gibt es?**
   Ereignisse sind:
   Unkontrollierbare Begebenheiten
   Extern oder intern
   Zustände oder zukünftige Ereignisse
   Nicht abschätzbare Ereignisse können zu Unsicherheit führen

9. **Wie lässt sich Unsicherheit ausdrücken?**
   Verbal, durch das Entscheidungsverhalten und im Spezialfall numerisch.

10. **Welche Möglichkeiten bietet die Attributmatrix?**
    Wenn mehrere Konsequenzen zu erwarten sind, dann ist es möglich, eine Reihe von Attributen in einer entsprechenden Tabelle gegenüber zu stellen.

11. **Wie definieren Sie eine rationale Entscheidung?**
    Rationale Entscheidungen sind vernünftige Entscheidungen; es wird eine bewusste Analyse von intersubjektiv überprüfbaren Gründen durchgeführt.

12. **Auf welche Arten von Entscheidungen ist dieser Text angelegt?**
    Auf reflektierte und konstruktive Entscheidungen.

13. **Was besagt die Minimax-Regel?**
    Die Entscheidung erfolgt nach folgendem Prinzip: Man geht vom Eintreten den ungünstigsten Umweltsituation aus und wählt diejenige Alternative, die in dieser schlechtesten Situation den größten Nutzen bringt.

14. **In welchen Einzelheiten unterscheidet sich die sichere von der unsicheren Unterscheidung?**
    Bei der sicheren Entscheidung weiß man, welche Situation eintreffen wird und zu welcher Alternative welches Ergebnis gehört. Bei Unsicherheit ist das Gegenteil der Fall.

15. **Auf welche Wurzeln geht die Entscheidungsforschung zurück?**
    Auf Philosophie (Utilitarismus), Mathematik (Wahrscheinlichkeitstheorien von Bernoulli und Laplace) und Ökonomie (Konzept des Homo oeconomicus).

16. **Was sind deskriptive Entscheidungstheorien, was präskriptive?**
    Deskriptive Theorien liefern Beschreibungen des Entscheidungsverhaltens, präskriptive stellen Richtlinien und Hilfen für das Verhalten auf.

Multiple-Choice-Fragen

1. **Welcher Weg dient nicht der Entscheidungsfindung?**
   a) Strategie des mental shortcuts
   b) Wählen aufgrund einer einzigen Information
   c) Evaluation der eingetroffenen Konsequenzen

2. **Wovon handelt der Plan von Spencer Johnson?**
   a) von reflektiertem Entscheiden
   b) von intuitivem, reflektiertem Entscheiden
   c) von mehrstufigen Entscheidungsproblemen

3. **Wann findet der Zielbildungsprozess statt?**
   d) vor der Entscheidungsbildung
   e) während der Entscheidungsbildung
   f) nach der Entscheidungsbildung

4. **Womit beschäftigt sich das Pareto-Prinzip? Mit**
   a) ABC-Analysen
   b) Zuständen, die durch bestimmte Vorarbeiten verursacht wurden
   c) Effizienzsteigerung

5. **Wie können Präferenzen festgestellt werden? Durch**
   a) Rangvergabe bei Optionen
   b) Persönlichkeitstest
   c) Introspektion

6. **Die Definition von Nutzen lautet: Nutzen =**
   a) subjektiver Wert einer Konsequenz
   b) Beseitigung wertmindernder Gesetze
   c) Der numerisch angebbare Wert einer Option

7. **Konsequenzen sind**
   a) gleichzusetzen mit Zielen
   b) Zustände, die sich aus einer Wahl ergeben
   c) Grundsätzlich handlungsweisend

8. **Aus welchen Komponenten setzt sich das innere Modell zusammen? Aus**
   a) gefestigten Verhaltensweisen
   b) weiterführenden Handlungen
   c) Werten, Zielen und Kriterien, die eine Entscheidung beeinflussen

9. **Das innere Modell kann charakterisiert werden durch:**
   a) seine Statik
   b) seine Abschottung nach Außen
   c) die Prägung eines Menschen

10. **Definieren Sie „Entscheidung":**
   a) Prozess, dessen Hauptbestandteile Wahlmöglichkeiten und Urteile sind
   b) Selektive Auseinandersetzung mit den vorhandenen Möglichkeiten
   c) Prozess, bei dem Sie einzig zwischen zwei Alternativen wählen

11. **Optionen können sein**
   a) Informationen
   b) Strategien
   c) Subjekte

12. **Gründe sind nicht**
   a) argumentativ belegbar
   b) von Außenstehenden nachvollziehbar
   c) aus internen Komponenten zusammengesetzt

13. **Entscheidungen sind gekennzeichnet durch**
   a) immer neue Entscheidungsszenarien
   b) meist mehrstufigen Entscheidungen
   c) gegebene oder offene Optionenmenge

14. **Wie werden verschiedene Arten von Entscheidungen charakterisiert?**
   a) routinisierte Entscheidungen sind mit einigem kognitivem Aufwand verbunden
   b) stereotype Entscheidungen werden unbewusst bewertet
   c) reflektierte Entscheidungen bedürfen einer bewussten Analyse

15. **Intuition ist**
   a) ein reflexartiger Instinkt
   b) unbewusstes Wissen
   c) die Bezeichnung für eine Theorie über persönliche Erfahrungen

16. **Die Entscheidungsmatrix ist**
   a) ein verästeltes Baumschema
   b) eine Kreuztabelle
   c) eine Kreuztabelle, in der mehrere Konsequenzen und ihre Begleiterscheinungen dargestellt werden

17. **Welches der drei Entscheidungsschemata unterscheidet sich wesentlich von den beiden übrigen?**
    a) Gagné
    b) Brim
    c) Soelberg

18. **Der optimale Entscheidungszeitpunkt**
    a) liegt zwischen Entscheidungsvorbereitung und Entscheidungsrealisierung
    b) ist nicht genau festzustellen
    c) liegt zwischen Entscheidungsvorbereitung und Entscheidungsakt

19. **Welche Entscheidungsregel ist auf die Maximierung des Erwartungswertes bedacht und geht von Wahrscheinlichkeiten aus?**
    a) Bayes-Regel
    b) Minimax-Regel
    c) Savage-Niehans-Regel

20. **Was ist die Entscheidungshilfe von Think-Tools?**
    a) Eine Software, die Gedanken bildlich darstellen und umsetzen hilft
    b) Eine Stütze bei der Informationsbeschaffung
    c) Möglichkeit zur Reduzierung menschlicher Arbeitskraft

Arbeitsmethodik und Projektmanagement

Wissensfragen

1. **Was bedeutet Arbeit unter dem arbeitspsychologischen Aspekt? (4 Merkmale)**
   Arbeit ist:
   - zielgerichtete Tätigkeit und zweckrationales Handeln,
   - Daseinsvorsorge und dient der Schaffung optimaler Lebensbedingungen,
   - mit gesellschaftlichem Sinngehalt versehen und aufgabenbezogen
   - ein vermittelnder Prozess zwischen Mensch und Umwelt, der sich in eingreifenden und verändernden Tätigkeiten äußert.

2. **Welche drei Voraussetzungen müssen erfüllt sein, damit Sie an Ihrem Arbeitsplatz optimal arbeiten können?**
   - Der Arbeitsfluss muss ungestört erfolgen und für die Arbeitsleistung förderlich sein
   - Das Arbeiten muss ohne lange Lauf- und Verlustwege erfolgen können
   - Die persönlichen Körpermaße und Bewegungsabläufe sind die Grundlage für die Arbeitsplatzgestaltung

3. **Nennen Sie mindestens sieben Regeln, die bei der Einrichtung des Arbeitsplatzes beachtet werden sollten!**
   - Büromöbel sowie technische Geräte sollten den Arbeitsabläufen gemäß sinnvoll angeordnet sein. Oft ist ein Ecktisch dazu gut geeignet.
   - Die Arbeitsfläche muss groß genug sein (nicht kleiner als 100 x 60 cm).
   - Gutes Raumklima ist wichtig. Die optimale Raumtemperatur liegt bei 21 Grad, die relative Luftfeuchtigkeit bei 40 bis 60 Prozent.
   - Seinen Arbeitsplatz kann man sich ruhig nach seinem persönlichen Geschmack einrichten.
   - Der Lärmpegel sollte so niedrig wie möglich gehalten werden. Ruhe fördert die Konzentration und lässt entspannter arbeiten.
   - Der Arbeitsplatz muss so gestaltet sein, dass er an verschiedene Arbeitsabläufe angepasst werden kann.
   - Nur die absolut notwendigen Arbeitsmittel sollten im direkten Griffbereich des Arbeitsplatzes angeordnet sein. Der Arbeitsablauf spielt dabei die entscheidende Rolle.
   - Die Tischfläche sollte immer genügend Platz zum Arbeiten aufweisen. Nur die Unterlagen, die gerade bearbeitet werden, gehören dorthin; Papierstapel und Ähnliches haben darauf nichts zu suchen!

4. **Wie viele Kategorien der Anordnung gibt es und wie sehen diese im Einzelnen aus?**
   Es gibt drei Kategorien (A, B und C). Auf alles in Kategorie A hat man im Sitzen direkten Zugriff, ohne dass die Sitzposition verändert wird. Auf Dinge in Kategorie B hat man im Sitzen mit leichter Veränderung der Position (z.B. durch Vorbeugen oder

Strecken) Zugriff. Zugriff auf Kategorie C schließlich kann nur durch Verlassen der Sitzposition erfolgen.

5. **Was gehört in die verschiedenen Anordnungskategorien?**
Kategorie A ist in der Regel die freie Arbeitsfläche, auf der im Laufe des Tages verschiedene Schriftstücke bearbeitet werden. Diese Fläche sollte niemals mit Dingen überladen werden, die dort nicht hingehören. Computertastatur, Maus und Mauspad gehören bei den meisten Angestellten inzwischen in Kategorie A.

In Kategorie B stellt man Arbeitsmittel, die man häufig benötigt und auf die man daher schnell zugreifen muss. Das sind z.B. Stifte, Telefon, Ablagekästen, Büroklammern, Locher, Hefter, Radiergummi, Taschenrechner, Terminkalender, Block usw.

In Kategorie C gehören z.B. Ordner, die nicht ständig benötigt werden, technische Arbeitsmittel wie Kopiergerät, Fax, Drucker, Aktenvernichter und Briefwaage sowie Briefpapier, Umschläge, Etiketten, Kopier- und Faxpapier.

6. **Warum sollte die bei vielen Leuten beliebte „Zettelwirtschaft" im Allgemeinen vermieden werden und was sind Alternativen?**
Man sollte sie vermeiden, weil sonst wichtige Informationen, Termine und Kontakte vergessen werden oder verloren gehen können. Statt dessen sollte man lieber Terminplaner, Adressmappen, eigene oder vorgefertigte Listen und Formulare und die Wiedervorlage benutzen.

7. **Wie ist eine Kundenakte untergliedert?**
Das wichtigste Blatt der Kundenakte ist das Stammblatt. Darauf stehen Name, Adresse, Telefon- und Faxnummer, Ansprechpartner, spezielle Interessengebiete sowie vereinbarte Sonderkonditionen. Das Stammblatt muss ständig aktualisiert und bei Bedarf komplett erneuert werden. Man kann die Akte z.B. in folgende Bereiche unterteilen: Stammblatt, allgemeiner Schriftverkehr, Angebots- und Preislisten, Absprachen über Konditionen, Telefonnotizen, Lieferscheine, Rechnungen.

8. **Nennen Sie mindestens drei Vorteile der Wiedervorlage!**
   - Man wird rechtzeitig an die Erledigung von Aufgaben und Terminen erinnert,
   - Unterlagen stehen termingerecht zur Verfügung,
   - man spart Zeit, da nur die Dinge in der jeweiligen Tagesmappe aufbewahrt werden, die für die aktuelle Arbeit wichtig sind,
   - auch die anderen Mitarbeiter wissen, was man erledigen wollte, wenn man einmal nicht im Büro ist.

Lösungen 393

9. **Erklären Sie die zwei Methoden, wie man die Wiedervorlage verwalten kann und gehen Sie auf Vor- und Nachteile ein!**
Eine Variante ist, die Unterlagen (oder Kopien der Unterlagen) zu dem Termin in die Wiedervorlage zu legen, an dem man die nächste Bearbeitung durchführen will. Der Vorteil dieser Methode ist, dass alle benötigten Unterlagen zu einem bestimmten Termin sofort zur Hand sind. Der Nachteil ist, dass die Wiedervorlagemappe unter Umständen sehr voll werden kann und dass man dann kostbare Zeit verschwendet, diese volle Mappe zu durchsuchen.
Die andere Variante ist, ein Formular in die Wiedervorlage zu legen, auf dem genau vermerkt ist, wie man an die benötigten Unterlagen kommt. Der Vorteil besteht darin, dass die Unterlagen da sind, wo sie hingehören und somit auch für andere leicht zu finden sind. Außerdem bleibt die Mappe wesentlich überschaubarer, als wenn sie mit sämtlichen Schriftstücken und Angebotszetteln vollgepfercht ist. Ein Nachteil kann sich allerdings ergeben, wenn das Ganze schlecht organisiert ist. Dann ist der Zeitaufwand bei der Zusammenstellung nämlich sehr hoch, weil man erst alles aus einer schlecht organisierten Ablage heraussuchen muss.

10. **Woraus ergibt sich der optimale Ort für Ihre Ablage?**
Der optimale Ort ergibt sich aus der Zugriffshäufigkeit, dem Umfang der Unterlagen sowie den jeweiligen räumlichen Möglichkeiten. Aktuelle Vorgänge und Hilfsunterlagen wie Angebotslisten sollten sich immer nahe am Arbeitsplatz befinden.

11. **Wie können Sie Ihr Schriftgut ablegen?**
Man kann es stapeln (Stapelablage), stellen (in Ordnern oder Stehsammlern) oder hängen (in Hängemappen, -sammlern, oder -heftern). Außerdem muss man sich entscheiden, ob man sein Schriftgut locht bzw. heftet oder lose ablegt. Die Stapelablage ist im Allgemeinen jedoch sehr ungeeignet, wenn man seine Ablage sauber führen und jedes Schriftstück innerhalb kürzester Zeit zur Hand haben will.

12. **Welche Ablagetechnik ist wofür am besten geeignet?**
Für Belege, die unbedingt in strenger chronologischer oder numerischer Reihenfolge sortiert sein müssen (also z.B. für Rechnungen, Lieferungen etc.), verwendet man am besten Ordner. Zeitschriften, Prospekte und Kataloge von unterschiedlicher Größe und Breite sind in Stehsammlern gut aufgehoben. Alle Unterlagen, die entweder dünn sind oder sich gut gliedern lassen, können ruhig in der Loseblatt-Technik geführt werden, solange nicht auf eine strenge Reihenfolge geachtet werden muss. Das ist schneller als die Hefttechnik im Ordner. Die Stapelablage sollte grundsätzlich vermieden werden.

13. **Nennen Sie mindestens vier Anforderungskriterien, die Ihre Ablage erfüllen sollte!**
- Eindeutige Suchbegriffe machen leichten und schnellen Zugriff möglich und stellen sicher, dass Schriftstücke zum gleichen Thema im gleichen Behältnis landen.
- Die Ablage muss für alle Benutzer gleich transparent sein.

- Es muss schriftlich fixiert werden, wo sich ein bestimmter Schriftgutbehälter befindet.
- Das System muss erweiterungsfähig sein, da im Laufe der Zeit sicherlich neue Begriffe und Inhalte dazukommen werden.
- Das System muss so strukturiert sein, dass der Anwendungsaufwand ökonomisch vertretbar ist.

14. Was sind die wichtigsten drei Vorteile eines Aktenplans?
- Man kann jederzeit sehen, welche Akten wie betitelt sind und wo sie sich genau befinden.
- Das Ablegen von Schriftstücken geht mit einem guten Aktenplan viel schneller, da Schriftstücke sofort eindeutig zugeordnet werden können.
- Der Aktenplan hilft auch bei der Gliederung der Unterlagen. Nun kann man von Anfang an sinnvolle Untergliederungen vornehmen.

Insgesamt gesehen spart man durch einen gut durchdachten Aktenplan also viel Zeit.

15. Welche verschiedenen Varianten für den Aktenplan gibt es und unter welchen Voraussetzungen sollte welche Variante benutzt werden?
Es gibt Stichwortaktenpläne, Aktenpläne mit fester Struktur und Aktenpläne mit flexibler Struktur. Stichwortaktenpläne sollte man nur dann verwenden, wenn die Ablage aus wenigen Schriftgutbehältern besteht und sich in nächster Zeit nicht maßgeblich vergrößern wird, die einzelnen Akten dünn und überschaubar sind und man selbst der Einzige ist, der diese Ablage benutzt. Aktenpläne mit fester Struktur sind geeignet, wenn die Ablage nicht allzu umfangreich ist, der Zuwachs an neuen Suchbegriffen eher gering sein wird und nicht viele Leute auf die Ablage zugreifen. Aktenpläne mit flexibler Struktur sind zwar in der Erstellung etwas zeitaufwändiger, doch sie sind sehr gut geeignet, wenn die Ablage umfangreich ist und von vielen Mitarbeitern benutzt wird.

16. Welche Voraussetzungen müssen erfüllt sein, damit eine optimale persönliche Arbeitstechnik entwickelt werden kann?
- Bereitschaft, die eigenen Handlungen selbstkritisch zu überprüfen und alte Verhaltensmuster zu hinterfragen; dazu gehört vor allem Offenheit gegenüber Veränderungen.
- Veränderungswille, also die Bereitschaft, wirklich etwas zu tun, wenn man Schwachstellen erkannt hat.
- Durchhaltewille.

17. Wann kann eine optimale Arbeitstechnik nur greifen?
Wenn zwischen Person und Aufgabe ein Sinnzusammenhang besteht, d.h. wenn es zwischen Lebenssinn, Berufs-, Arbeits- und Arbeitsplatzzielen zumindest eine gewisse Übereinstimmung gibt.

18. Wie sieht der „Veränderungszyklus der persönlichen Arbeitstechnik" (Moser) aus? (6 Punkte)

1. Erfassung des Ist-Zustandes, 2. Analyse des Ist-Zustandes, 3. Erkenntnisse, 4. Zielformulierung, 5. Maßnahmen, 6. Kontrolle der Endergebnisse.

19. Über welche Gegebenheiten sollte man bei einer sinnvollen Planung immer so gut wie möglich Bescheid wissen?

Über externe Umweltgrößen, also z.B. natürliche Gegebenheiten, Gesetze oder Marktformen, die man in der Regel nicht beeinflussen kann. Außerdem über interne Daten und Begrenzungen wie Standort, Mitarbeiter, Maschinenkapazitäten, Vertriebssystem usw. Zudem muss man über all die Größen informiert sein, die innerhalb der Planungsperiode verändert werden können. So hat man die Möglichkeit, während der Durchführung eines Projekts auf Alternativlösungen auszuweichen. Dabei gilt es ebenfalls zu bedenken, welche kurz-, mittel- und langfristigen Auswirkungen es hat, wenn eine Entscheidung revidiert werden muss, bzw. ob es überhaupt möglich ist, eine bestimmte Entscheidung zu revidieren.

20. Welche Bezugsgrößen gibt es bei der Planung? (4 Punkte)

Den Bezugszeitraum, den Funktionsbereich, die Leitungshierarchie und die Planungshierarchie.

21. Welche Ebenen werden in der Planungshierarchie unterschieden? (3 Punkte)

Die strategische (oberste), die taktische (mittlere) und die operative (unterste) Ebene.

22. Wie ist die Beziehung zwischen den drei Planungsebenen?

Sie stehen in einem hierarchischen „Ableitungsverhältnis". Das bedeutet, dass ein taktischer Plan aus einem strategischen und ein operativer Plan aus einem taktischen „abgeleitet" wird. Man sollte nämlich immer vom Groben ins Detail, also von der obersten zur untersten Ebene, planen.

23. Welche Interdependenzen müssen bei Planungen berücksichtigt werden, die sich auf mehrere Perioden beziehen?

Eine Ausgangsentscheidung engt den Lösungsbereich für spätere Folgeentscheidungen ein.
Außerdem sind bei der zu treffenden Ausgangsentscheidung Folgeentscheidungen, die bereits geplant sind, zu berücksichtigen. Bei der Planung müssen immer Alternativlösungen bereitgestellt werden, da Prognosen oft nur sehr unsicher getroffen werden können.

24. Wie können auftretende Koordinationsprobleme gelöst werden?

Entweder schrittweise (sukzessive) oder gleichzeitig (simultan). Wenn man sukzessive plant, stimmt man die entstehenden Einzelpläne auf den Gesamtplan ab, wenn man simultan plant, plant man alle Funktionsbereiche in einem einzigen Planungsansatz gleichzeitig.

25. Warum sollte Ihre Planung immer elastisch sein?
Pläne müssen an zukünftige Änderungen jeglicher Art anpassungsfähig, d.h. elastisch sein, weil gerade bei der längerfristigen Planung immer wieder nicht vorhersehbare Ereignisse eintreten können. Mögliche Anpassungsmaßnahmen hängen weitgehend von Informationen über die Zukunft ab, die in den meisten Fällen unvollständig sind, da jede Planung einen gewissen zeitlichen Vorlauf erfordert. Gerade deshalb ist es besonders wichtig, dass die Planung so gestaltet ist, dass man schnell auf Veränderungen eingehen kann, ohne sein Soll-Ziel zu gefährden.

26. Was versteht man unter der sogenannten rollenden Planung und warum ist sie der nicht-rollenden Planung vorzuziehen?
Das bedeutet, dass beispielsweise bei einem Fünfjahresplan der erste Jahresplan als Feinplan (z.B. in Drei-, Vier- oder Sechsmonatspläne) eingerichtet wird, während die übrigen vier Jahrespläne noch Grobpläne sind. Nach Ablauf eines Teilplans (z.B. eines Halbjahresplans) wird weiter geplant, z.B. die übernächste Planungsfeinperiode, während die Grobplanung für die nächsten Jahre weiter bestehen bleibt. Die rollende Planung bietet gegenüber der nicht-rollenden Planung (bei der die Planungsfortschreibung nur sehr unregelmäßig bzw. gar nicht geschieht) viele Vorteile, weil viel detaillierter geplant wird, weil genug Zeit bleibt zum Planen und weil man sich auf Neuerungen besser einstellen und diese gleich in seine Planung mit einbauen kann.

27. Was ist ein Projekt?
Ein Projekt ist ein komplexes, zeitlich begrenztes Vorhaben, das aus einer Idee entstanden ist und bei dem oft fachübergreifend zusammengearbeitet werden muss.

28. Wie sieht der Ablauf eines Projekts aus? (7 Punkte mit Unterpunkten)
1. Projektauftrag, 2. Projektstrukturplan, 3. Projektablaufplan, 4. Projektorganisation / Projektteam, 5. Projektplanung (Kostenplanung, Terminplanung, Qualitätsplanung, Kapazitätsplanung, Informationsfluss), 6. Projektabwicklung (Kick-off-Meeting, Projektsteuerung, Projektverfolgung), 7. Projektabschluss.
Der Planung kommt eine entscheidende Rolle zu.

29. Von welchen Zielvorgaben wird ein Projekt bestimmt? (3 Punkte)
- Vom Sachziel: Was soll erreicht werden?
- Vom Terminziel: Bis wann soll das Projekt abgeschlossen sein?
- Vom Kostenziel: Wie viel darf das Projekt insgesamt kosten?

30. Was ist ein Projektstrukturplan?
Ein Projektstrukturplan gibt Auskunft über die verschiedenen Aufgaben. Er ist ein exzellentes Planungs- und Koordinierungsinstrument, da vom Groben ins Detail geplant wird, was wann von wem zu erledigen ist. Man sieht sofort, welche Rolle die jeweilige Aufgabe im Projektzusammenhang spielt. So sind Arbeits- und Verantwortungsbereiche klar abgegrenzt und genau definiert.

31. Nennen Sie die fünf wesentlichen Erfolgsfaktoren für Ihre Teamorganisation!
- klar vereinbarte Projektziele, mit denen alle Beteiligten einverstanden sind,
- Sicherung der notwendigen Projektunterstützung,
- Schaffung einer angemessenen Projektstruktur,
- Nutzung von Spezialistenwissen,
- gute Kommunikation und Information, sowohl innerhalb des Projektteams als auch extern.

32. Was sind die drei Phasen der Qualitätsplanung innerhalb eines Projekts?
Grundlage für die Qualitätsplanung ist die *Eingabeprüfung*. Hier werden beispielsweise Informationen, Teile, Ressourcen usw. geprüft, die in das Produkt bzw. die Leistung eingehen. Bei der *Durchlaufprüfung* überprüft man Zwischenergebnisse, um Abweichungen vom Standard frühzeitig auf die Spur zu kommen. Am Projektende kontrolliert man schließlich mit der *Ausgabenprüfung*, ob die Standards erreicht wurden.

Multiple-Choice-Fragen

1. **Wie viel Prozent der verfügbaren Arbeitszeit verbringen die meisten Menschen täglich mit Informationshandling?**
   a) 5 Prozent
   b) 15 Prozent
   c) 25 Prozent
   d) 35 Prozent

2. **Was ist die Grundlage für Ihre Arbeitsplatzgestaltung?**
   a) Das Einhalten modischer Trends
   b) Ihre persönlichen Körpermaße
   c) Eine gute Abschirmung gegen jede Seite

3. **Wie groß sollte die Arbeitsfläche mindestens sein?**
   a) 200 x 300 cm
   b) 100 x 60
   c) 60 x 20
   d) Ist vollkommen egal, Hauptsache man hat Spaß bei der Arbeit.

4. **Wie hoch sollte die Luftfeuchtigkeit im Büro in etwa sein?**
   a) Zwischen 10 und 20 Prozent
   b) Zwischen 20 und 40 Prozent
   c) Zwischen 40 und 60 Prozent
   d) Zwischen 60 und 80 Prozent

5. **Was bewirken helle, warme Farben?**
   a) Sie wirken sich positiv auf Stimmung und Wohlbefinden aus.
   b) Ihnen wird sehr warm.
   c) Sie können die Arbeit doppelt so schnell wie sonst erledigen.

6. **Von welcher Seite sollte der Lichteinfall bei Rechtshändern kommen?**
   a) Von links unten
   b) Von rechts oben
   c) Von links oben
   d) Seitlich

7. **Was bedeutet Kategorie B bei der Anordnung Ihres Arbeitsplatzes?**
   a) Dass Sie Ihre Sitzposition leicht verändern müssen, um auf Dinge, die Sie in Kategorie B gestellt haben, zugreifen zu können.
   b) Dort ist alles angeordnet, was mit einem „B" beginnt.
   c) Dort liegen ziemlich unwichtige Gegenstände herum.

8. **Ist Zettelwirtschaft im Allgemeinen sinnvoll?**
   a) Ja, weil man sich dann nicht mit zeitaufwändigen Formularen herumquälen muss.
   b) Nein, weil man gar nicht so viele Zettel in seiner Reichweite hat.
   c) Nein, weil Zettel leicht übersehen werden und verloren gehen können.

9. **Was ist ein Stammblatt?**
   a) Das wichtigste Blatt in der Kundenakte, auf dem Name, Adresse, Telefonnummer etc. vermerkt ist.
   b) Ein Blatt, auf dem alle Stammkunden eingetragen werden.
   c) Ein Blatt, das angibt, aus welchem Land die verschiedenen Kunden stammen.

10. **Aus wie vielen Fächern besteht die Wiedervorlage in den meisten Fällen?**
    a) Aus 31 bzw. 43 Fächern (für 31 Tage und 12 Monate)
    b) Aus 5 Fächern (für die Arbeitswoche)
    c) Aus 52 Fächern (eines für jede Woche des Jahres)

11. **Was ist ein typischer Fall für die Wiedervorlage?**
    a) Man schreibt sich einen Einkaufszettel, was man nach der Arbeit im Supermarkt besorgen muss.
    b) Nachdem man ein Angebot verschickt hat, möchte man eine Woche später nachhaken.
    c) Man legt seinen Aktenplan dort hinein.

12. **Welche Art der Ablage sollte man vermeiden?**
    a) Hängeablage
    b) Stellablage
    c) Stapelablage

13. **Welche Art der Ablage eignet sich am besten für Rechnungen?**
    a) Stapelablage
    b) Aufbewahren im Stehsammler – das ist optisch besonders ansprechend
    c) Loseblatttechnik
    d) Sauberes Abheften im Ordner

14. **Sind persönliche Stichwörter für die Ablage geeignet?**
    a) Nein, weil sonst womöglich mehrfach abgelegt wird und andere Mitbenutzer sich im persönlichen Stichwortsystem nicht auskennen.
    b) Nein, weil es eine Zumutung ist, dass Sie von den anderen verlangen, nach Ihren Stichwörtern abzulegen.
    c) Ja, weil Sie sich in Ihrem System immer gut auskennen.
    d) Ja, weil Sie so den anderen um Längen voraus sind.

15. **Welche der untenstehenden Begriffe ist eine Variante des Aktenplans?**
    a) Aktenplan mit unterstrichener Struktur
    b) Aktenplan mit flexibler Struktur
    c) Aktenplan mit unterschiedlicher Struktur
    d) Aktenplan mit Formularstruktur

16. **Sind Stichwortaktenpläne aufwändig?**
    a) Nein, nicht besonders.
    b) Ja, unheimlich.
    c) Ja, ziemlich.

17. **Welche Variante des Aktenplan sollten Sie wählen, wenn sehr viele Mitarbeiter darauf zugreifen?**
    a) Den Stichwortaktenplan
    b) Den Aktenplan mit fester Struktur
    c) Den Aktenplan mit flexibler Struktur

18. **Was sind die Ziele einer optimalen Arbeitstechnik?**
    a) Seine Arbeit stressfreier und effizienter auszuführen.
    b) Möglichst viel technisches Equipment zu benutzen.
    c) Seine Ziele gut zu planen.

19. **Nennen Sie eine Voraussetzung, die erfüllt sein muss, um eine optimale persönliche Arbeitstechnik entwickeln zu können!**
    a) Fähigkeit zur Selbstkritik
    b) Ehrgeiz
    c) Intelligenz
    d) Fleiß

20. Was müssen Sie zunächst genau kennen, um etwas zu verändern?
a) Den Soll-Zustand
b) Den Ist-Zustand
c) Die Ziele
d) Die Maßnahmen

21. Welche der folgenden Sätze ist geeignet, um den Ist-Zustand zu erfassen?
a) Das will ich tun, um mein Ziel zu erreichen!
b) Das muss ich verändern!
c) Wofür wende ich meine Zeit und Energie auf?
d) Ist dieser Zeit- und Energieaufwand wirklich gerechtfertigt?

22. Was kommt im Kreislauf des Veränderungszyklus zuerst? Die Zielformulierung oder die Maßnahmen?
a) Beides erfolgt gleichzeitig.
b) Die Zielformulierung
c) Die Maßnahmen

23. Über welche Gegebenheiten sollte man bei einem gelungen Planungsprozess unter anderem unbedingt Bescheid wissen?
a) Interne Daten und Begrenzungen
b) Interne Umweltgrößen
c) Über die Leitungshierarchie

24. Wie nennt man die Zeitdauer, auf die sich die Planung allgemein bezieht?
a) Planungszeitraum
b) allgemeiner Zeitraum
c) Bezugszeitraum
d) Planungsbezug

25. Wann gilt ein Bezugszeitraum als mittelfristig?
a) Zwischen einem halben und einem Jahr
b) Zwischen einem und zwei Jahren
c) Zwischen einem und fünf Jahren

26. Welche Gesichtspunkte umfasst die Leitungshierarchie?
a) Gesamtplanung, Leitungsplanung, Stellenplanung
b) Gesamtplanung, Bereichsplanung, Stellenplanung
c) Leitungsplanung, Bereichsplanung, Stellenplanung

27. Wie lauten die drei Ebenen der Planungshierarchie in der richtigen Reihenfolge (von oben nach unten)?
a) operativ, strategisch, taktisch
b) taktisch, strategisch, operativ
c) strategisch, taktisch und operativ

Lösungen 401

28. Wie sollte eine gelungene Planung immer verlaufen?
a) **Vom Groben zum Detail**
b) Vom Detail zum Groben
c) Von einem Ende zum anderen
d) Als Zickzacklinie

29. Wie können Koordinationsprobleme gelöst werden?
a) Simultan oder sensitiv
b) Sukzessive oder sensitiv
c) **Sukzessive oder simultan**

30. Was sind die typischen Merkmale eines Projekts?
a) **Neuartig, komplex, zeitlich begrenzt**
b) Sehr alte Struktur, komplex, zeitlich begrenzt
c) Einfach zu erledigen, zeitlich begrenzt, fachübergreifend

31. Wie geht man bei einem Projekt der Reihe nach vor?
a) 1. Projektauftrag, 2. Projektablaufplan, 3. Projektstrukturplan, 4. Projektorganisation / Projektteam, 5. Projektplanung, 6. Projektabwicklung 7. Projektabschluss
b) **1. Projektauftrag, 2. Projektstrukturplan, 3. Projektablaufplan, 4. Projektorganisation / Projektteam, 5. Projektplanung, 6. Projektabwicklung 7. Projektabschluss**
c) 1. Projektauftrag, 2. Projektplanung, 3. Projektstrukturplan, 4. Projektablaufplan, 5. Projektorganisation / Projektteam, 6. Projektabwicklung 7. Projektabschluss
d) 1. Projektauftrag, 2. Projektstrukturplan, 3. Projektorganisation / Projektteam, 4. Projektablaufplan, 5. Projektplanung, 6. Projektabwicklung 7. Projektabschluss

32. Aus welchen drei Zielvorgaben besteht ein Projekt?
a) **Sachziel, Terminziel, Kostenziel**
b) Terminziel, Kostenziel, Auftragsziel
c) Terminziel, Kostenziel, Soll-Ziel

33. Wie planen Sie beim Projektstrukturplan?
a) Die wichtigsten Aufgaben zuerst
b) Von den kleinen zu den großen Aufgaben
c) **Vom Groben ins Detail**
d) Die aufwändigsten Arbeiten zuerst

34. Ist es ratsam, zwei Mitarbeiter, von denen Sie wissen, dass sie sich nicht leiden können, in Ihr Projektteam aufnehmen, wenn Sie die Möglichkeit haben, alternativ zwei Mitarbeiter einzusetzen, die sich sehr gut verstehen?
a) Ja, denn durch die gemeinsame Arbeit entwickeln sie bestimmt mehr Verständnis füreinander.
b) Ja, weil alle lernen müssen, mit Schwierigkeiten umzugehen.

c) Nein, weil diese Mitarbeiter dann mehr mit ihren Differenzen als ihrer eigentlichen Arbeit beschäftigt sind.

35. Was ist bei den einzelnen Unteraufgaben zu bedenken?
    a) Immer wieder das Personal zu wechseln, damit keine Langeweile aufkommt.
    b) Sich damit nicht zu lange aufhalten; wichtig ist, dass das Gesamtprojekt gut vorankommt.
    c) Sie stets in Zusammenhang mit dem nächsten und vorhergehenden Schritt zu sehen.

36. Wo setzt man bei der Kostenplanung an?
    a) Bei den Mitarbeitergehältern
    b) Bei den zuvor definierten Arbeitspaketen
    c) Bei den technischen Hilfsmitteln
    d) Bei den Versandkosten

37. Wer soll den Zeitbedarf in einem Projekt ermitteln?
    a) Der Projektleiter alleine
    b) Jeder für sich
    c) Jeder Mitarbeiter soll seinen eigenen Zeitbedarf ermitteln und danach mit dem gesamten Team Rücksprache halten.
    d) Alle sollen zusammen bestimmen, wie lange der Einzelne braucht.

38. Was ist der Sinn der Durchlaufprüfung?
    a) Abweichungen vom Qualitätsstandard sofort auf die Spur zu kommen.
    b) Alle benötigten Mittel und Ressourcen zu ermitteln.
    c) Herauszufinden, welches Stadium das Projekt gerade durchläuft.

39. Wer ist der Hauptverantwortliche für den Informationsfluss?
    a) Das gesamte Team
    b) Der Projektleiter
    c) Der Abteilungsleiter
    d) Eine Person, die vom Team bestimmt wird

40. Was ist das Kick-off-Meeting?
    a) Ein Treffen, bei dem sich alle Projektmitglieder den Frust von der Seele reden können.
    b) Ein Fußballspiel, das man vor dem Projekt organisiert, um zu sehen, ob die Projektmitglieder ein gutes Team ergeben.
    c) Das Startgespräch am Anfang eines Projekts.

Lösungen

41. **Was ist ein wichtiger Tagesordnungspunkt des Kick-off-Meetings?**
    a) **Äußerungen der Mitglieder über ihre eigenen Vorstellungen**
    b) Lange Erklärung des Projekts
    c) Referat des Projektleiters über den Auftraggeber

42. **Wer erstellt im Kick-off-Meeting das Protokoll?**
    a) Der Projektleiter
    b) Jemand, der sich rege an der Diskussion beteiligt
    c) **Jemand, der sich voraussichtlich nicht oder nicht sehr an der Diskussion beteiligt**

43. **Welche Eintragungen gehören in die Projektdokumentation?**
    a) **Projektbeurteilung, eventuelle Zielabweichungen, Zwischenergebnisse usw.**
    b) Daten wie Kundenadresse, Ansprechpartner, Telefonnummer usw.
    c) Nur der Nettogewinn

44. **Was zeigt sich bei der Projektverfolgung?**
    a) Ob Folgeprojekte aus diesem Projekt entstehen können.
    b) **Ob optimal geplant wurde.**
    c) Ob alle die richtigen Ziele verfolgen.

Präsentieren und Moderieren

Multiple-Choice-Fragen

1. **Warum kann das gesamte menschliche Handeln als Kommunikation bezeichnet werden?**
   a) weil wir ohnehin fast ständig reden
   b) weil jeder Handlungsprozess durch das Aussenden verbaler und nonverbaler Signale eine Wirkung intendiert
   c) weil jeder Handlungsprozess darauf hinausläuft, dass über ihn gesprochen wird

2. **Inwiefern kann eine Präsentation als Dialog verstanden werden?**
   a) Das Publikum kann sich durch Zwischenrufe und Fragen auf ein Gespräch mit dem Referenten einlassen
   b) Die Zuhörer können untereinander Dialoge führen, wenn ihnen der Vortrag nicht gefällt
   c) Das Publikum sendet in der Regel nonverbale Signale, der Redner verbale, die beide Seiten aufnehmen und verarbeiten

3. **Von welchen Faktoren hängt die Wirkung einer Stimme ab?**
   a) Lautstärke, Geschlecht, Timbre, Körpergröße
   b) Stimmlage, Sprechtempo, Alter, Temperatur
   c) Lautstärke, Stimmlage, Sprechtempo, Artikulation
   d) Artikulation, Modulation, Stimmung, Gesundheitszustand

4. **Eine Rede muss völlig humorlos sein, damit der Redner ernst genommen wird. Trifft diese Aussage zu?**
   a) die Aussage ist richtig
   b) die Aussage ist falsch

5. **Wenn man eigentlich gar nichts zu sagen hat, eigenen sich Floskeln und Phrasen hervorragend, um Wissenslücken zu vertuschen. Stimmt diese Aussage? Begründung!**
   a) diese Aussage stimmt nicht
   b) diese Aussage stimmt

6. **Inwiefern unterscheiden sich Thema und Redeziel einer Präsentation?**
   a) überhaupt nicht, Redeziel und Thema sind immer identisch
   b) das Thema ist der Inhalt des Vortrags, das Ziel ist die Absicht des Vortragenden
   c) es gibt unendlich viele Themen, das Redeziel besteht aber immer darin, schnell fertig zu werden

Lösungen 405

7. Auf welche Faktoren sollte man Recherchematerial immer untersuchen?
   a) Informationsgehalt, Unterhaltungswert, Länge des Textes
   b) Informationsgehalt, geplante Dauer des Vortrags, Publikumsrelevanz
   c) Publikumsrelevanz, Erscheinungsdatum, Schriftgröße

8. Auf welche Weise gelangt man nach der Materialsammlung am einfachsten zu einer Gliederung?
   a) mit dem Karteikartensystem
   b) mit Hilfe eines Vorgesetzten
   c) durch das Abschreiben alter Reden

9. Jedes Medium ist zur Visualisierung geeignet – Hauptsache, der Vortrag wird aufgelockert. Trifft diese Aussage zu?
   a) diese Aussage ist korrekt
   b) diese Aussage ist falsch

10. Muss immer ein Handout vorbereitet werden?
    a) das hängt von der Länge des Vortrags und dem Ermessen des Redners ab
    b) auf jeden Fall
    c) ein Handout ist immer überflüssig, wen der Vortrag interessiert, der kann selbst Notizen machen

11. Welche drei Gestaltungselemente dienen der Visualisierung?
    a) Foto, Film, Ton
    b) Diagramm, Symbol / Form, Text
    c) Wort, Bild, Ton

12. Werden visuelle Elemente eingesetzt, ...
    a) so genügt es, sie kurz zu zeigen
    b) sollen sie so lange wie möglich gezeigt werden
    c) sollen sie nur so lange gezeigt werden, wie ihr Inhalt relevant ist

13. Visuelle Elemente ...
    a) zeigt der geübte Redner nur nebenbei
    b) legt der geübte Redner nur auf, wenn er einen Blackout hat
    c) integriert der geübte Redner in seinen Vortrag

14. Blickkontakt zum Publikum wirkt am besten, wenn ...
    a) man einzelne Personen fest fixiert
    b) man ihn völlig meidet
    c) man das Publikum gedanklich in Gruppen unterteilt und diese abwechselnd anschaut

Wissensfragen

1. **Wie definiert sich Kommunikation?**
   Kommunikation ist definiert als „Verständigung durch die Verwendung von Zeichen und Sprache". Hier: wer sagt zu wem was mit welchen Mitteln und welcher Wirkung.

2. **Welche Atemtechniken unterstützen einen Redner?**
   Die Atemtechnik setzt sich zusammen aus dem gleichmäßigen Atmen (Atmen nicht vergessen), dem geschlossenen Mund bei der Atmung, dem Bevorzugen der Bauchatmung gegenüber der Brustatmung und dem Training der Atemübungen.

3. **In welche fünf Schritte zerfällt die Vorbereitungsphase einer Präsentation?**
   Ausgangsbasis (Thema und Publikum) schaffen, Redeziel formulieren, Stoff sammeln und aufbereiten, ein Manuskript ausarbeiten, einen Probedurchgang machen.

4. **Mit welchen Auswahlkriterien kann man ein Vortragsthema präzisieren?**
   Man präzisiert ein Thema, indem man sich Überblick verschafft, dann sinnvoll selektiert und letztendlich die Themenwahl eingrenzt.

5. **Welche drei Möglichkeiten der schriftlichen Ausarbeitung einer Rede kennen Sie?**
   Ein Manuskript kann aus einem kurzen Stichwortzettel, einer erweiterten Gliederung oder einer wörtlichen Ausformulierung bestehen.

6. **In welche drei Redephasen gliedert sich ein Vortrag?**
   Die drei Redephasen setzen sich zusammen aus Einleitung, Hauptteil und Schluss.

7. **Was soll in der Einleitung einer Präsentation enthalten sein? (Vier Faktoren)**
   Die Einleitung soll Begrüßung, Vorstellung von Anlass und Thema, Erläuterung des Ablaufs und eine Überleitung zum Hauptteil enthalten.

8. **Welche Funktion erfüllt der Hauptteil einer Rede?**
   Der Hauptteil dient zur Darlegung der Argumente, Fakten und Ansichten des Redners.

9. **Welche Elemente gehören in den Schluss einer Präsentation?**
   Im Schluss sind eine Kurzzusammenfassung, ein Appell und der Dank an das Publikum enthalten.

10. **Durch welche vier Elemente wird die nonverbale Kommunikation (Körpersprache) eines Redners zum Ausdruck gebracht?**
    Mimik, Gestik, Haltung und Kleidung bilden den nonverbalen Kommunikationsaspekt des Redners.

11. Mit dem letzten Wort ist ein Vortrag noch nicht beendet. Wie kann man ein persönliches Resümee ziehen? Warum sollte man das tun?
Ein Resümee lässt sich durch eine Checkliste und das Feedback Außenstehender ziehen. Es ist notwendig, um die eigene Redefähigkeit zu verbessern und um sich und seine Wirkung auf andere besser einschätzen zu lernen.

12. Was hilft bei Lampenfieber?
Abgesehen von gründlicher Vorbereitung ist die Suche nach konkreten Gründen für das Lampenfieber und deren gezielte Bekämpfung ein Mittel, um seine Nervosität in Grenzen zu halten.

13. Wie kann man die Aufmerksamkeit des Publikums wieder für sich gewinnen?
Durch unvermittelte Sprechpausen, das Stellen rhetorischer Fragen und die Integration des Publikums in das Geschehen lenken die Aufmerksamkeit der Zuhörer auf den Vortrag.

14. Mit welcher Taktik kann man ein Publikum, das dauernd Zwischenfragen stellt, beruhigen?
Die Taktik besteht darin, die erste Zwischenfrage zu beantworten, eine zweite ebenfalls zu beantworten, gleichzeitig aber mit dem Publikum vereinbaren, alle anderen Fragen am Ende der Präsentation zu stellen. Weitere Fragen werden mit dem Hinweis auf die Vereinbarung nicht mehr beantwortet.

DEUTSCHER MANAGER-VERBAND E. V.
Bundesverband des Top- und Middlemanagements

Internationales Handelszentrum
Friedrichstraße 95
10117 Berlin (Mitte)

Tel 01805 836 835
Fax 01805 626 329

info@managerverband.de
www.managerverband.de